Was ist deutsch?
Fragen zum Selbstverständnis einer grübelnden Nation

Die Ausstellung steht unter der Schirmherrschaft
des Bundespräsidenten der Bundesrepublik Deutschland Dr. Horst Köhler.

Ausstellungskatalog
des Germanischen Nationalmuseums, Nürnberg

Herausgeber:
Germanisches Nationalmuseum
Generaldirektor G. Ulrich Großmann

Was ist deutsch?
Fragen zum Selbstverständnis einer grübelnden Nation

Germanisches Nationalmuseum, Nürnberg, in Kooperation
mit dem Kunst- und Kulturpädagogischen Zentrum der Museen in Nürnberg (KPZ)
2. Juni bis 3. Oktober 2006

Verlag des Germanischen Nationalmuseums

Ausstellungskataloge des Germanischen
Nationalmuseums

Herausgeber
Germanisches Nationalmuseum
Generaldirektor G. Ulrich Großmann

Kooperationspartner:
Leibniz-Institut für Länderkunde e. V. (IfL), Leipzig und
Gesellschaft für Konsumforschung (GfK) Nürnberg e. V.

Ausstellungskonzept und Katalog:
Thomas Brehm
Matthias Hamann
Katja Happe

Autoren:
Thomas Brehm (TB), Silvia Glaser (SG),
Matthias Hamann (MH), Dagmar Hirschfelder (DH),
Katja Happe (KH), Claus Pese (CP), Adriana Stöß (AS),
Sabine Zühlcke (SZ)

Redaktionelle Mitarbeit:
Ingrid Wambsganz

Organisatorische Mitarbeit:
Pamela Engelhardt, Wulf Göbel, Ingrid Kalenda,
Christine Kupper, Nina Neumann, Sylvia Schroll-Machl,
Lioba Pilgram, Adriana Stöß, Florian Zenger

Restauratorische Betreuung:
Arnulf von Ulmann, Roland Damm, Annika Dix,
Christina Erhardt, Bettina Guggenmos, Clare Heard,
Simone Heck, Ada Hinkel, Frank Heydecke, Petra Kress,
Oliver Mack, Sabine Martius, Christiane Meinert,
Karl Pöhlmann, Markus Raquet, Alexandra Scheld,
Roland Schewe, Elisabeth Taube, Harald Theiss,
Martin Tischler

Ausstellungsreferat:
Anne-Cathrin Schreck, Anja Löchner

Ausstellungsarchitektur:
Würth & Winderoll, Seefeld bei München

Aufbau:
Hauswerkstätten des Germanischen Nationalmuseums

Öffentlichkeitsarbeit:
Matthias Hamann, Dagmar Sachse, Christian Vogel

CIP-Aufnahme der Deutschen Bibliothek
Die Deutsche Bibliothek verzeichnet diese Publikation
in der Deutschen Nationalbibliographie;
Detaillierte bibliographische Daten sind im Internet
über http://dnb.ddb.de abrufbar.
ISBN-10: ISBN 3-936688-15-X
ISBN-13: ISBN 978-3-936688-15-3

Graphisches Konzept:
Udo Bernstein, Büro für Gestaltung, Nürnberg

Einbandgestaltung:
Udo Bernstein, Büro für Gestaltung, Nürnberg
unter Verwendung des Objektes »Pickelhaube eines
Infanterieoffiziers« (1848/50) aus den Sammlungen des
Germanischen Nationalmuseums

Herstellung:
Druckerei zu Altenburg, Altenburg

Die Ausstellung wurde gefördert
vom Freistaat Bayern, vertreten durch die Staatsministerien für Wissenschaft, Forschung und Kunst
sowie für Unterricht und Kultus.

Großzügige finanzielle Unterstützung verdankt das
Projekt den Hauptsponsoren:
Gesellschaft für Konsumforschung (GfK)
Nürnberger Versicherungsgruppe
Deutsche Bank

den Co-Sponsoren:
Karstadt an der Lorenzkirche, Nürnberg
Müller Medien
Ohropax
Staedtler Stiftung

und dem Fördererkreis des Germanischen
Nationalmuseums.

Die Ausstellung »Was ist deutsch?« ist Teil des Kultur-
programms »Nürnberg kickt« der Stadt Nürnberg zur
Fußball-Weltmeisterschaft 2006. Das Projekt »This Land
is my Land« der Kunsthalle Nürnberg steht in Verbindung mit »Was ist deutsch?«.

Danksagung

Der Dank des Generaldirektors und der Kuratoren gilt zunächst den Mitarbeitern des Germanischen Nationalmuseums, den Wissenschaftlern, die das Projekt sachkundig unterstützt haben ebenso wie den Mitarbeitern des Verlags, des Fotoateliers, der Restaurierungsabteilung, der technischen Werkstätten, der Registrarabteilung, dem Transportdienst und der Abteilung Marketing und Kommunikation. Viele Menschen haben an diesem Projekt Anteil genommen und einen wertvollen Beitrag geleistet.

Im einzelnen fühlen wir uns zu Dank verpflichtet:

Udo Bernstein, Wolfgang Eckart vom Bildungszentrum der Stadt Nürnberg, Buchhandlung und Antiquariat Grauer, dem Bundesamt für Migration, David Butchardt, Tarek Chafik, Karen Christenson, den Mitarbeitern der Congress- und Tourimuszentrale Nürnberg, Siegfried Grillmeyer von der CPH-Jugendakademie, der Druckerei zu Altenburg, den Mitarbeitern von generation digitale, Frank Gillard, Wulf Göbel, den Mitarbeitern des Goethe-Instituts, Sebastian Hackenschmidt, Andrea Haindl von der Handwerkskammer für Mittelfranken, Helmut Hauke, input media, dem italienischen Fremdenverkehrsamt, den Mitarbeitern des Leibniz-Instituts für Länderkunde e.V. Leipzig, Gabriele Jäckl, Werner Jacob, Ottheinz Jung-Senssfelder, Josef Kirmeier, Ulla Krebs, Judith Krieg, Norbert Krieg, Julia Lehner, Peter Lengle, Diana Lukas-Nülle, den Mitarbeitern von Lumas Art, Ulrich Maly, Massinger Konferenztechnik GmbH, dem Mobilen Kino e.V., Ruth Negendanck, Jörg Paetzke, Christel Passmann, Beate Scheufele, Ulrike Schöneberg, Sylvia Schroll-Machl, der Agentur steps, Ulrich Ramershoven von ullstein bild, Dirk von Vopelius, Thomas Wehr, Petra Winderoll, Klaus Würth, dem Zentralrat der Muslime in Deutschland und der Zentralwohlfahrtsstelle der Juden in Deutschland e.V.

Die Ausstellung wäre ohne die zahlreichen Leihgaben aus öffentlichem und privatem Besitz nicht realisierbar gewesen. Wir wissen, wie schwierig es ist, Werke für einen derart langen Zeitraum zu entbehren und sind daher für die Bereitwilligkeit, die Ausstellung zu unterstützen, sehr dankbar. Ebenso möchten wir den Sponsoren der Ausstellung danken. Sie alle haben das Projekt finanziell und logistisch auf hervorragende Weise unterstützt. Hauptsponsoren von »Was ist deutsch?« sind die Gesellschaft für Konsumforschung (GfK), die Nürnberger Versicherungsgruppe und die Deutsche Bank. Als Co-Sponsoren haben sich beteiligt: Karstadt an der Lorenzkirche (Nürnberg), Metz, Müller Medien, Ohropax, die Staedtler Stiftung und der Fördererkreis des Germanischen Nationalmuseums. Großzügige Unterstützung erhielt die Ausstellung durch den Freistaat Bayern, vertreten durch die Staatsministerien für Wissenschaft, Forschung und Kunst sowie für Unterricht und Kultus.

Weiterhin gilt unser Dank den Gremien, die zum Gelingen des Projekts beigetragen haben. Der internen Arbeitsgruppe gehörten an: Frank M. Kammcl, Hcidi A. Müller, Claus Pese und Jutta Zander-Seidel.

Für die Ausstellung haben im externen Beirat mitgewirkt: Hermann Bausinger (Univ. Tübingen), Wolfgang Brückner (Univ. Würzburg), Brigitta Schmidt-Lauber (Univ. Hamburg), Gregor Schöllgen (Univ. Erlangen) und Brigitte Schütz (München).

Der Wissenschaftliche Beirat des Germanischen Nationalmuseums hat das Projekt aufmerksam begleitet und konstruktiv unterstützt. Ihm haben zu diesem Zeitpunkt angehört: Wolfgang Brückner (Univ. Würzburg), Frank Büttner (Univ. München), Ingolf Ericsson (Univ. Bamberg), Jan Ostrowski (Univ. Thorn) und Werner Paravicini (DHI Paris).

Schließlich geht der Dank an die Leihgeber

Bad Münstereifel
Axel Thünker
Berlin
Deutscher Brauer-Bund e.V.; Deutsches Historisches Museum; Deutsches Rotes Kreuz; Galerie Berlin; Lumas Art; Sammlung Guenter und Luise Roese; Staatliche Museen zu Berlin - PK, Alte Nationalgalerie; Staatsbibliothek zu Berlin - Preußischer Kulturbesitz
Bonn
Deutsche Post eFiliale; Deutsches Museum Bonn; Haus der Geschichte der Bundesrepublik Deutschland
Braunschweig
Städtisches Museum Braunschweig
Bremen
Deutsche Gesellschaft zur Rettung Schiffbrüchiger
Bubenreuth
Günter Lobe
Buttenheim
Geburtshaus Levi Strauss Museum »Jeans & Kult«
Coburg
Hermann-Spielwaren GmbH
Dessau
Stiftung Bauhaus Dessau
Detmold
Lippisches Landesmuseum
Dresden
Militärhistorisches Museum
Düsseldorf
Anne-Marie von Sarosdy, Thomas Ruff
Erfurt
Galerie Rothamel
Frankfurt a. M.
Sammlung Volker Schlöndorff im Deutschen Filmmuseum; Deutsches Filmmuseum; Galerie Schwind; Verband der Automobilindustrie e.V.

Greifswald
  Privatsammlung, courtesy Pommersches Landesmuseum
Hamburg
  Archiv der Deutschen Grammophon; Valeska Achenbach und Isabela Pacini
Hohenberg
  Deutsches Porzellanmuseum, Sammlung Woeckel
Karlsruhe
  Staatliche Kunsthalle
Kitzingen
  Deutsches Fastnachtmuseum
Köln
  eva gronbach gmbh&co.kg
Leipzig
  Archiv der Bürgerbewegung Leipzig e. V.; Zeitgeschichtliches Forum Leipzig der Stiftung Haus der Geschichte der Bundesrepublik Deutschland
Lübeck
  Heinrich-und-Thomas-Mann-Zentrum, Buddenbrookhaus
Mülheim an der Ruhr
  Angela Klaus
München
  Bayerische Staatsgemäldesammlungen – Schack-Galerie; Bayerische Staatsgemäldesammlungen – Neue Pinakothek; Florian Süßmayr; Gabriel Sedlmayr Spaten Brauereibeteiligung und Immobilien KGaA München Historisches Archiv; Münchner Stadtmuseum; Stefan-Moses-Archiv, Fotomuseum im Münchner Stadtmuseum
Nürnberg
  ADAC; Arbeitsgemeinschaft Nürnberger Abfallwirtschaft; DB Museum im Verkehrsmuseum Nürnberg; Handwerkskammer für Mittelfranken; Landesgewerbeanstalt Bayern – Normenverkaufsstelle; Museen der Stadt Nürnberg; Neues Museum – Staatliches Museum für Kunst und Design in Nürnberg; Plakatsammlung Müller Medien; Stadt Nürnberg; Stadtarchiv; Thomas May
Ostfildern
  recom GmbH
Potsdam
  Stiftung Preußische Schlösser und Gärten Berlin-Brandenburg, Schloss Sanssouci,
Stuttgart
  Mercedes-Benz Museum
Vettelschloß
  Birkenstock Orthopädie GmbH & Co.KG
Villingen-Schwenningen
  Edwin Mieg oHG
Wehrheim
  Ohropax GmbH
Wenden
  Sammlung Weihnachten Rita Breuer
Winnenden
  Alfred Kärcher Vertriebs-GmbH

sowie an alle Leihgeber, die ungenannt bleiben möchten.

Inhalt

Vorwort

Die Ausstellung »Was ist deutsch?« geht einer Frage nach, die die Bundesrepublik seit der Wiedervereinigung verstärkt beschäftigt. Dies lässt sich an den Debatten um eine deutsche Leitkultur ebenso erkennen wie an der leidenschaftlichen Diskussion über die Rechtschreibreform, an mentalen Erinnerungsorten wie der »Ostalgie«, aber auch an dem Streit über das Denkmal für die ermordeten Juden Europas in Berlin. Die Frage hat offenbar Relevanz.

Die Antworten auf diese Frage sind vielfältig, hängen ab von politischer Couleur, geistigem Weltbild oder Bildungsgrad, Nationalität, persönlichen Erfahrungen und Stereotypen. Die Schau des Germanischen Nationalmuseums wird jedoch keine Antworten geben, sondern Antwortmöglichkeiten. Aus der historischen Sicht auf die Dinge – »Was war deutsch?« – ergeben sich Facetten für die Gegenwart, die jeder Besucher anders deuten wird. So vermeidet das Projekt die Schaffung eines Kanons und regt zur Diskussion an. Die etwa 700 Objekte, die in fünf Räumen zu sehen sind, entstammen im Wesentlichen der Kunst und Kultur der letzten 200 Jahre. Sie können im Ausstellungskatalog nur in geringem Umfang abgebildet werden. Die Auswahl beschränkt sich daher auf kulturelle Leitfossilien, die einen größeren Kontext aufscheinen lassen. Die Präsentation – sie besteht in der Mehrheit aus Objekten der Sammlungen des Germanischen Nationalmuseums – folgt dabei keiner chronologischen, sondern einer thematischen Ordnung. In den fünf präsentierten Themenfeldern »Geist«, »Charakter«, »Glaube«, »Sehnsucht« und »Vaterland« kommt es zu spannungsvollen Begegnungen, die Zustimmung oder Widerspruch auslösen werden, in jedem Fall aber Diskussion.

Das Konzept der Ausstellung wurde von drei Kuratoren im Dialog mit einer internen Arbeitsgruppe und einem externen Ausstellungsbeirat erarbeitet und vom Wissenschaftlichen Beirat des Hauses verabschiedet. Im Oktober 2005 fand zudem eine international besetzte Tagung statt, die unter dem gleichen Titel die Themenfelder untersuchte. Der Tagungsband ist mit dem Untertitel »Aspekte zum Selbstverständnis einer grübelnden Nation« im Mai 2006 erschienen.

»Was ist deutsch?« steht in einer Traditionslinie mit anderen Ausstellungen des Hauses, wie der großen Lutherausstellung (1983), den Projekten »Freiheit, Gleichheit, Brüderlichkeit« zu 200 Jahren Französischer Revolution in Deutschland (1989) oder zur Revolution von 1848: »1848: Das Europa der Bilder« (1998). Und doch ist sie anders: Während diese Ausstellungen großangelegte, kulturgeschichtliche Panoramen waren, spitzt »Was ist deutsch?« bewusst zu. Das muss die Ausstellung auch, denn eine definitive Antwort verbietet sich.

Wie unterschiedlich man sich der Frage nähern kann, zeigen die Beiträge in diesem Katalog, die inhaltlich und methodisch eine große Bandbreite besitzen. Nach einem einleitenden Essay der drei Kuratoren zu Relevanz und Aufbau der Ausstellung widmet sich Hermann Bausinger der Funktion von Stereotypen, mit denen die Frage nach dem Deutschen immer zu kämpfen hat. Friedrich Dieckmann arbeitet in seinem »Versuch über die Deutschen« mentalitätsgeschichtliche Leitlinien heraus, während Michael Klöcker christliche und nichtchristliche Glaubenswelten in Deutschland analysiert. Zwei Beiträge sind der deutschen Sprache gewidmet. Dagmar Rosenstock zeigt die Etymologie des Begriffs »deutsch« auf und arbeitet dabei sprachgeschichtlich, während Lutz Kuntzsch nach Spuren des heutigen Deutsch in anderen Sprachen fahndet. Seine Arbeit basiert auf einer umfangreichen Befragung, wie auch die Auswertung von Ronald Frank. Frank wertet eine empirische Untersuchung zum Image der Deutschen in Deutschland und in Europa aus. Selbstbild und Fremdbild werden hier einander gegenübergestellt. Gänzlich aus dem Blickwinkel des Amerikaners ist hingegen der Artikel von Eric T. Hansen geschrieben, der den Deutschen einen humorvollen Spiegel vorhält. Den umgekehrten Fall betrachtet Katja Happe, die über Deutschsein im Ausland schreibt. Schließlich bietet der Aufsatzteil zwei Fallstudien zur deutschen Mentalität: Brigitta Schmidt-Lauber geht der Gemütlichkeit nach, während Matthias Hamann der heutigen Italiensehnsucht auf den Grund geht. Zwischen diese Beiträge sind die Katalogeinträge gesetzt, die jeweils von thematischen Essays eingeleitet werden. Eine ausführliche Objektliste und eine Bibliographie beschließen den Band.

»Was ist deutsch?« ist eine Ausstellung, die zur Interaktion auffordert. Der Dialog ist integraler Bestandteil der Präsentation, wie Lioba Pilgram kurz umreißt. Für einen regen Gedankenaustausch sorgt aber auch die enge Kooperation mit dem Kunst- und Kulturpädagogischen Zentrum der Museen in Nürnberg (KPZ), in der die Ausstellung entstand. Das Projekt zeigt auch, dass eine derartige Fragestellung nicht nur in den Medien eine Rolle spielen muss. Das Museum wird bei diesem Projekt zum Ort der öffentlichen Diskussion, nicht nur der ästhetischen Präsentation.

G. Ulrich Großmann
Generaldirektor des Germanischen Nationalmuseums

Was ist deutsch?
Zur Notwendigkeit einer Frage

Matthias Hamann, Thomas Brehm und Katja Happe

Seit dem Frühling des Jahres 2005 gibt es im Internet eine Seite zu dem Thema »Rent a German«. Dieses nicht ernst, sondern zutiefst ironisch gemeinte Angebot preist verschiedene Deutsche an, die aufgrund ihres Pflichtbewusstseins, ihres Arbeitsethos' und ihrer Ausbildung ideale Begleiter für verschiedenste Belange sind. Der Kunde kann ein »Business, Family oder Holiday Package« buchen:

> »Rentagerman.de bietet Ihnen ein breites Angebot von Deutschen für ihre persönlichen und sozialen Bedürfnisse. Mit dem Deutschen Ihrer Wahl werden Sie eine einzigartige Erfahrung machen, von der Sie ein Leben lang zehren werden. Stellen Sie sich vor, Sie tauchen mit ihrem Deutschen bei Partys und Familienfeiern auf, oder sie verbringen einfach ein paar Stunden im Shopping Center um die Ecke. Welche Wahl Sie auch treffen, Sie werden Ihre Umgebung mit einem echten Deutschen sicher beeindrucken«[1].

Bei aller Ironie, die hinter dieser Idee einer deutschen Werbeagentur steckt, lassen die Angebote ein Muster deutscher Eigenschaften erkennen.

Auf ihre Weise definiert eine französisch-deutsche Grammatik von 1752 ebenfalls nationalcharakterliche Eigenschaften. In einer vergleichenden Aufzählung der »Art und Kennzeichen der Franzosen, Teutschen, Italiäner, Spanier und Engelländer« hält das Lehrbuch die Deutschen für aufrichtig, gesprächig, standhaftig und scharfsinnig, gottesfürchtig, getreu und in den Wissenschaften wahre Meister. Über Frauen heißt es: »In Frankreich sind sie stolz. In Teutschland häuslich. In Italien gefangen und böse. In Spanien Sclavinnen und verliebt. In Engelland Königinnen und unbändig«[2].

In seiner Klischeehaftigkeit ist dieses Urteil von »Rent a German« nicht allzu weit entfernt. In den 250 Jahren, die zwischen beiden Scherenschnitten des deutschen Charakters stehen, entwickelt sich bei den Deutschen ein Bewusstsein ihrer Nationalität. Es schwingt sich im Laufe des 19. Jahrhunderts zu nationaler Begeisterung auf, wird am Vorabend des Ersten Weltkrieges zum nationalistischen Trugschluss, in der NS-Zeit zum rassistischen Wahn. Die Ideologien, die sich das nationale Bewusstsein Untertan gemacht und missbraucht haben, sind durch die historische, soziologische und politologische Forschung weitgehend dargelegt worden[3]. Auch das Verschwinden des Nationalbewusstseins, das trotz einer immer wieder auflebenden Schlussstrichdebatte einem mehr oder weniger loyalen Bekenntnis zu den Organen der freiheitlich-demokratischen Grundordnung und zur Westbindung des inzwischen wiedervereinten Staates gewichen ist, ist historisch und kulturhistorisch geklärt worden[4]. Die Wiedervereinigung scheint nur ein kurzes Aufflackern von Nationalgefühl ausgelöst zu haben, das von einem ernüchternden Strom der wirtschaftlichen und mentalen Distanz nach wenigen Monaten gelöscht worden ist.

So nimmt es Wunder, dass seit etwa dem Jahr 2000 Konturen eines neuen Selbstbewusstseins zu konstatieren sind, denn es kommt unvermittelt, verbreitet sich vor einer düsteren Folie aus Stagnation und Pessimismus, und ist weder von einem wirtschaftlichen Aufschwung noch dem Gewinn einer Fußball-Weltmeisterschaft getragen, wie dies in den Jahren 1954 und 1990 der Fall war. Im Folgenden soll dies exemplarisch dargelegt werden. Dabei kann es nicht Aufgabe sein, aus den Beobachtungen voreilige Schlüsse zu ziehen, denn der Prozess ist zu jung, als dass eine umfassende – gründelnde, um beim »Deutschen« zu bleiben – Analyse möglich wäre. Vielmehr können die Spuren eines neuen Selbstbewusstseins nur angedeutet werden. Erste Beispiele finden sich in der Jugendszene und der Welt junger Erwachsener. Junge Musik wird zunehmend auf deutsch gesungen. Was nach Vorläufern wie BAP oder Udo Lindenberg in den 1980er Jahren unter dem Begriff »Neue Deutsche Welle« begann, hat nach dem Jahr 2000 einen neuen Aufschwung genommen. Neben die aus Leipzig stammenden »Prinzen« oder die durch deutschen Hip-Hop bekannten »Fantastischen Vier« sind eine Vielzahl von Gruppen getreten, die deutsch singen und die Charts dominieren. Die Gruppe »Mia« verursachte dabei mit ihrem Lied »Was es ist« (2003) einen Skandal. Textzeilen wie »Fragt man mich jetzt woher ich komme / Tu ich mir nicht mehr selber leid« oder »Wohin es geht das woll'n wir wissen / Und betreten neues deutsches Land« wurden als nationalistisch interpretiert. Tatsächlich spiegelt das Lied jedoch ein neues, offenes Deutschlandbild, dem junge Leute zunehmend in anderen Ländern zu begegnen scheinen[5].

Auch Trendmagazine haben sich mit dem Thema »deutsch« befasst. Im Herbst 2004 betreibt ein Deutschland-Heft von »Dummy« Selbstanalyse (Abb. 1)[6], eine Ausgabe des Magazins »Page« verfolgt neudeutsche Entwicklungen im Design[7]. Das seit kurzem erscheinende »Deutsch Magazine« sieht den Begriff deutsch gar als »Synonym für Weltoffenheit, Pluralismus und Toleranz«[8] und wendet sich dabei an ein Publikum bis etwa 30 Jahre aus der oberen Mittelschicht: an »dinkys« – double income, no kids yet. Junge Photographen und Designer arbeiten mit deutschen Klischees, wie die beiden Hamburgerinnen Valeska Achenbach und Isabela Pacini, die »deutsche« Landschaften in Szene setzen, oder Uwe Niklas, der in seiner

Diplomarbeit »100 Quadratmeter Deutschland« zusammengetragen hat[9]. Die Kölner Modemacherin Eva Gronbach arbeitet in ihrer Kollektion mit deutschen Symbolen wie dem Bundesadler (Abb. 2). Dieser Umgang mit dem Repertoire deutscher Befindlichkeit, der jedoch nicht diffamiert oder ironisiert, sondern Offenheit signalisiert, ist neu. Er trägt keinerlei Spuren einer Deutschtümelei und steht – zumindest vordergründig – nicht in einer Traditionslinie mit älteren Modellen von nationalem Selbstbewusstsein. Man mag diese Beispiele, die sich vermehren ließen, als zeitgeistige Randerscheinungen abtun. Tatsächlich ist jedoch eine Gesellschaft, die dem Jugendwahn anhängt wie die der Bundesrepublik, durchaus hellhörig für neue Tendenzen. Ansonsten würde die Tattoo-Sucht kaum die Oberarme und Lendenbereiche von 40- und 50-Jährigen befallen.

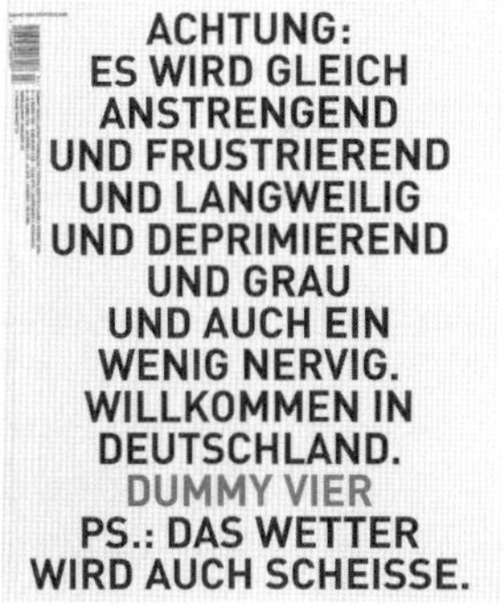

Weitere Beispiele zeigen, dass die gesellschaftliche Diskussion über das Wesen der Deutschen im Grunde weiter greift. Im April 2005 erschien »Spiegel spezial« mit dem Titel »Die Deutschen. 60 Jahre nach Kriegsende«. Der »Stern« veröffentlichte eine mehrteilige Serie, in der er nach den deutschen Tugenden und ihrer heutigen Relevanz fragt[10]. Auf dem Buchmarkt finden sich verstärkt Titel, die sich wissenschaftlich, essayistisch und populärwissenschaftlich mit der deutschen Mentalität befassen[11], oder Anthologien, die literarische Texte und Quellen zur deutschen Geschichte bereitstellen. Autobiographisch geprägte Werke oder ethnologisch anmutende Deutschlandbeschreibungen – durchaus von deutschen Autoren stammend – finden ein interessiertes Lesepublikum[12]. Und schlussendlich hat eine Fernsehshow mit Johannes B. Kerner »Unsere Besten« gewählt; gewonnen hat dabei Konrad Adenauer[13]. Dies vermag zu zeigen, dass die Frage

ACHTUNG: ES WIRD GLEICH ANSTRENGEND UND FRUSTRIEREND UND LANGWEILIG UND DEPRIMIEREND UND GRAU UND AUCH EIN WENIG NERVIG. WILLKOMMEN IN DEUTSCHLAND. DUMMY VIER PS.: DAS WETTER WIRD AUCH SCHEISSE.

Abb. 1: Willkommen in Deutschland. Dummy Gesellschaftsmagazin, Thema Deutschland, Herbst 2004, Titelblatt. Privatbesitz.

»Was ist deutsch?« die Zirkel der Avantgarde und der Trendscouts, aber auch die Sphäre der Feuilletons verlassen hat. Eine Antwort steht zwar aus; doch die Diskussion ist in Gang gekommen und hat den Bereich des deutschen Selbstmitleids und der Lust an der selbstzerstörerischen Anklage verlassen.

Auch die deutsche Politik widmet sich der Frage seit dem Jahr 2000 verstärkt. Ausgangspunkt bildet die durch das Wortspiel »Leit(d)kultur« ironisierte und dabei punktgenau beschriebene Diskussion. Ihren Beginn findet sie am 10. Oktober 2000, als Friedrich Merz, Vorsitzender der Unionsfraktion, in einer Pressekonferenz den Begriff

Abb. 2: Adlerpulli. Entw.: Eva Gronbach, 2003. eva gronbach gmbh&co.kg, Köln.

»Leitkultur« benutzte, um aus seiner Sicht die Notwendigkeit der Anpassung von Ausländern, die in Deutschland leben, an ein deutsches Wertesystem deutlich zu machen[14]. Die Reaktionen in den verschiedenen politischen Lagern, aber auch bei Meinungsträgern waren heftig und gipfelten in einer Rede des Vorsitzenden des Zentralrates der Juden in Deutschland, Paul Spiegel, der den Begriff mit der NS-Vergangenheit in Zusammenhang brachte und stattdessen eine Orientierung an den Werten des Grundgesetzes verlangte[15]. Im Kontext der Bundestagswahl im Herbst 2005[16], aus der Angela Merkel als Siegerin hervorging, fand die Diskussion eine Fortsetzung, die jedoch nicht mit der Leidenschaftlichkeit des Jahres 2000 geführt wurde und bald versiegte. Diesmal war sie von dem CDU-Politiker Wolfgang Lammert angestoßen worden, der in einem Interview die Fortsetzung der Diskussion forderte[17]. Den Hintergrund beider Diskussionsprozesse bildet die Frage, wie in Deutschland lebende Ausländer besser integriert, wie Parallelgesellschaften vermieden werden können, wie der Umgang mit Einwanderern geregelt werden kann. Natürlich schwingt die Frage nach der Selbstveror-

tung mit, die jedoch nicht formuliert wurde. Hierzu sind andere Quellen zu befragen, die die Selbstsicht und den Kanon dessen, was »deutsch« im offiziellen Sprachgebrauch bedeuten kann, hervortreten lassen: die Broschüre »Ein Handbuch für Deutschland«[18] und ein Fragenkatalog zur Einbürgerung, den die hessische Landesregierung im März 2006 für eine Bundesratsinitiative vorgelegt hat. Das Handbuch gibt praktische Hinweise, die von Informationen zum Ausländerrecht über das deutsche Versicherungswesen bis zur Erläuterung des Taxifahrens reichen. Auch Traditionen und Bräuche wie Osterhase oder Stammtisch werden dargelegt. Das Handbuch vermittelt das Bild eines weltoffenen Landes, so im Falle der Kulturnation: »Kunst und Kultur in Deutschland sind facettenreich und vielfältig, da sie regional, europäisch und international geprägt sind«[19]. Ein anderer Eindruck entsteht bei der Durchsicht des Einbürgerungstests, den das Bundesland Hessen in Form eines hundert Fragen umfassenden Katalogs Anfang 2006 vorlegte. Er war in neun Abschnitte gegliedert und betraf Bereiche des Allgemeinwissens ebenso wie die Akzeptanz des Grundgesetzes, wobei letzteres auf muslimische Einwanderer abzielte[20]. Es bleibt dahingestellt, ob die Methode geeignet ist, potentielle Verfassungsfeinde zu enttarnen oder integrativ zu wirken. Die Sinnhaftigkeit von Parametern, die nach dem Titel des Bildes »Kreidefelsen auf Rügen« von Caspar David Friedrich, dem Namen für die »documenta« oder der Bedeutung des »Wunders von Bern« fragen, ist jedoch in jedem Falle zu bezweifeln. Auch verbietet sich wahrscheinlich die Überlegung, wie viele Deutsche den Test so korrekt beantworten könnten, dass sie nicht ausgebürgert würden. Inhalte wie: »(35.) Welches Recht schützt Artikel 1 der bundesdeutschen Verfassung?« oder »(58.) Für die Abgeordneten in den Parlamenten gilt der Grundsatz des freien Mandats. Was heißt das?« sind nicht ohne Schwierigkeit. Der Test ist kein

Spiegel des selbstreflexiven Prozesses, wie er eingangs am gesellschaftlichen Diskurs festgemacht wurde, muss er doch ein tradiertes Deutschlandbild benutzen, in dem die Verantwortung für den Holocaust und damit für den Staat Israel, die Westbindung, die freiheitliche Grundordnung und die Kultur als Stützen aufscheinen.

Die Forderung, dass sich hier lebende Nicht-Deutsche mit dem Staats- und Gesellschaftsmodell auseinandersetzen sollten, dass das Erlernen der deutschen Sprache dafür unabdingbar ist, hat Berechtigung. Jedoch muss sich die Politik als Replik auf die Forderung: »Passt Euch an!« die Frage gefallen lassen: »Woran?«. Interessanterweise stammt der Begriff der Leitkultur, für dessen Verwendung Friedrich Merz gerügt wurde, gar nicht von ihm, sondern von Bassam Tibi. Er hatte 1998 einen Wertekatalog gefordert, der nicht nur die Einbürgerung erleichtert, sondern auch den Dialog mit dem nicht-europäischen Ausland[21]. Im Zusammenhang mit der Diskussion des Jahres 2000 setzt er seine These in einen historischen Bezugsrahmen: »In der Tat kann die aktuelle Situation in Deutschland im Kontext der Leitkultur-Debatte ohne die Eigentümlichkeit der Deutschen als eine verspätete Nation nicht angemessen verstanden werden. Und ich wiederhole es: Es sind nicht nur die NS-Verbrechen, die auf den Deutschen lasten, es kommt vielmehr das geschichtlich bedingte, gebrochene Verhältnis der Deutschen zu sich und zu ihrer Identität hinzu. Mehrmals waren die Deutschen aus diesem Grund eine Gefahr für Europa. Erst dann, wenn sie aufhören eine neurotische Nation zu sein, können die Nachbarn der Deutschen in Ruhe schlafen. [...] Aber in Deutschland, dem Land, in dem ich seit 1962 lebe – und seit 1976 den Bürger-Status durch Staatsbürgerschaft habe –, fühle ich mich an der deutschen Universität, an der ich seit 1973 als Professor wirke sowie in diesem Land unverändert fremd. Der Grund hierfür ist: Deutschland und seine Institutionen geben mir keine Identität! Das ist der Hintergrund für meinen Vorschlag einer europäischen Identität als gemeinsamer Basis für Deutsche sowie ihre Einwanderer. Warum reagieren die Deutschen so neurotisch und gleichermaßen ängstlich vor sich selbst auf diesen Vorschlag? Dies zeigt die fürchterlich irrational geführte Debatte um die Leitkultur«[22]. So lange also die Politik keine, vom Hamsterrad des Alltags befreite Antwort auf die Frage nach der Identität gibt, die jenseits von Faktenwissen und Verfassungstreue die Relevanz von Werten zum Gegenstand hat, wird das offizielle Deutschlandbild kaum ein Modell sein können – weder nach innen noch nach außen.

Eine dritte Quelle für die Diskussion um das Selbstbewusstsein bieten Offensiven, die die deutsche Wirtschaft im Verbund mit einer Reihe von Medien unternommen hat. Alle Bestrebungen zielen auf einen »Ruck«, der durch das Land gehen muss und stehen damit in der Tradition der Rede des ehemaligen Bundespräsidenten Roman Herzog,

Deutschland Land der Ideen

Ausgewählter Ort 2006

Abb. 3: Deutschland – Land der Ideen. Idee: FC Deutschland GmbH, 2005, Logo.

der dies bereits 1997 forderte[23]. Sie zielen auf einen Imagewandel und ein neues Selbstbewusstsein und stehen im Kontext der Fußball-Weltmeisterschaft 2006 und ihres Mottos: »Die Welt zu Gast bei Freunden«. Drei Initiativen sind hier relevant. Das Projekt »Deutschland – Land der Ideen« (Abb. 3) thematisiert den Erfindungsgeist als Wesenszug deutscher Mentalität: »Deutschland war und ist das Land der Ideen. Erfinder, Künstler, Philosophen, Wissenschaftler und Unternehmer haben es über Jahrhunderte dazu gemacht«[24]. Der Erfindungsreichtum, der »Made in Germany«, die deutsche Grundlagenforschung oder den Maschinenbau hervorgebracht hat, soll in seiner ganzen Bandbreite aufscheinen. Mittels eines Ideenwettbewerbs wurden 365 Orte in diesem Land der Ideen prämiert, wobei die Palette private oder öffentliche Institutionen, kulturelle und kirchliche Einrichtungen, Gedenkstätten, Museen, soziale Projekte, Unternehmen, Forschungszentren und Universitätsinstitute gleichermaßen umfasst. Auch die Ausstellung »Was ist deutsch?« wurde ausgezeichnet. Medienpartner ist die »Zeit«, ein Reiseführer erschließt die einzelnen Orte Tag für Tag[25]. Die zweite Initiative »Du bist Deutschland« appelliert an die Bevölkerung, an die eigene Stärke zu glauben[26]. Die breit angelegte Kampagne, die von einer Vielzahl deutscher Unternehmen entwickelt und finanziert wird, benennt historische und noch lebende Persönlichkeiten[27], umreißt plakativ ihren Lebensweg und fordert Leser oder Zuschauer auf, sich dies zum Vorbild zu machen: »Du bist Ludwig van Beethoven. Ihr seid richtig gut. Im Probenraum habt ihr den Putz von den Wänden gespielt, und deine Mutter findet euch »dufte«? Das ist toll! Aber deine Mutter ist keine Plattenfirma. Die meisten Bands wurden beim Spielen entdeckt. Nicht bei Casting-Shows. Nicht im Keller. Also, raus aus dem Probengemäuer und rauf auf die Bühne. Gib dem Zufall eine Chance, dich zu finden – und vor allem zu hören. Damit aus deinen Träumen goldene Schallplatten werden. Du bist Deutschland«. Der Text dieser Anzeige wird mit dem Bild eines jungen Sängers kombiniert, der auf der Bühne einen Luftsprung macht. Die Aktion »Du bist Deutschland«, die in den Medien kontrovers diskutiert und mit Häme überzogen wurde, hat vor-

dergründig altruistischen Appellcharakter und versucht, der geistigen und vor allem wirtschaftlichen Lethargie mit dem berühmten »Ruck« zu begegnen. Eine Durchsichtigkeit der Argumentationsstrategie, der es um eine Imageverbesserung des Wirtschaftsstandortes Deutschland geht, ist dabei jedoch nicht zu leugnen.

»Perspektive Deutschland« schließlich versucht, ein Meinungsbild einzufangen[28]. Die von Meinungsforschern und Medien durchgeführte Online-Meinungsumfrage läuft seit 2001 und untersucht das Stimmungsbild der Menschen in Deutschland. Ziel ist es zu analysieren, »wo der Veränderungsbedarf am dringlichsten ist und welche Reformmaßnahmen die Bürgerinnen und Bürger befürworten. Damit wird erneut die öffentliche Diskussion angeregt, und den Entscheidungsträgern in Politik, Wirtschaft und Gesellschaft werden konkrete Handlungsansätze aufgezeigt. Wir wollen aktiv Veränderungen in Deutschland bewirken«. »Perspektive Deutschland« will also den gesellschaftlichen Diskurs, der anfangs umrissen wurde, spiegeln. Bislang findet er in den unterschiedlichen Medien statt, die von Trendmagazinen, die eine kleine, wenn auch wichtige Zielgruppe erreichen, bis hin zur großen Fernsehshow am Samstagabend reichen. In Ausstellungen oder Museen, die noch einmal andere Menschen erreichen und eine interaktive Beteiligung ermöglichen, fand sie bisher keinen Raum.

Das mag verwundern, bietet sich doch das Medium Ausstellung geradezu an, Denkanstöße zu vermitteln und Menschen miteinander ins Gespräch zu bringen, sei es während des Ausstellungsbesuchs oder im Anschluss daran.

Durch das hohe kommunikative Potential, das Ausstellungen auszeichnet, sind sie prädestiniert für den Diskurs. Von Spezialisten abgesehen, suchen Besucher in Ausstellungen neben Informationen vor allem ein emotionales Erlebnis, das sich im

Wesentlichen aus der spezifischen Raumarchitektur, den inszenatorischen Komponenten der Ausstellungsgestaltung und nicht zuletzt aus der Konfrontation mit Originalobjekten herleitet. Ausstellungen sind mehr als dreidimensionale Bücher, sie sprechen den Besucher unmittelbar an, nehmen ihn mit all seinen Sinnen gefangen. Nicht von ungefähr bewegen sich Menschen in Museen anders als in anderen Gebäuden, lassen sich von der spezifischen Atmosphäre beeinflussen, die ihnen keine andere kulturelle Einrichtung bieten kann. Dabei hat das Ausstellungserlebnis individuelle und soziale Komponenten, wie Besucherstatistiken unterschiedlichster Museumstypen zeigen. Die Mehrheit bilden in der Regel nicht die Einzelbesucher, sondern Gruppen und Kleingruppen. Man will das Erlebnis mit anderen Menschen teilen, solange überfüllte Räume nicht die eigene Sicht auf die Objekte stören. Man will sich auch mitteilen, sei es, dass man in der Ausstellung seine Begleitung auf eigene Entdeckungen aufmerksam macht, oder aber dazu beiträgt, die Ausstellung weiter ins Gespräch zu bringen. Verstummen lassen die wenigsten Ausstellungen ihre Besucher.

Kommunikation findet in einer Ausstellung auf unterschiedlichen Ebenen statt[29]. So intendieren die Kuratoren bestimmte Interpretationen ihrer Objektzusammenstellungen, die von den Besuchern nicht zwingend in der gleichen Art aufgenommen werden müssen. Die Gestaltung entwirft visuelle Zusammenhänge, die ebenfalls eine gewisse assoziative Bandbreite gestatten. Und nicht zuletzt bringen die Besucher ihrerseits Erwartungen und Kenntnisse mit, die als Filter den eigenen Blick bestimmen. Durch Ausstellungstexte lassen sich diese verschiedenen Komponenten der Kommunikation meist nur unzureichend auf einen gemeinsamen Nenner bringen. Sie dienen bestenfalls der Erläuterung und Korrektur. Die sinnliche Wahrnehmung bleibt bestimmend. Auf den ersten Blick

scheint es, als seien diese verschiedenen Kommunikationsebenen nahezu unvereinbar. Und sie sind es in gewisser Weise auch, wenn man eine Ausstellung als einseitige Vermittlung von Erkenntnissen versteht. Bei durchschnittlichen Verweildauern von Sekunden und Minuten pro Objekt und Text, lassen sich unmittelbar nach dem Ausstellungsbesuch höchstens rudimentäre Kenntnisse abfragen. Doch was der von eigenen Interessen geleitete Besucher für sich mitnimmt, in sein Weltbild einpasst und es damit erweitert, was er im Gespräch mit anderen zur Präzisierung seines Denkens nutzt, entzieht sich häufig der wissenschaftlichen Betrachtung. Es besteht aber die auf Erfahrungen gestützte, berechtigte Vermutung, dass es weit mehr ist, als der bloße Konsum eines kulturellen Angebots.

Wenn eine kulturhistorische Ausstellung nicht als Lehrstoff sondern als Angebot zum Gespräch verstanden wird, lässt sich das kommunikative Potential auf ganz andere Weise nutzen. Assoziative Unschärfen werden nicht primär zur Bedrohung für den Vermittlungsinhalt sondern zur produktiven Chance. Nicht die von den Kuratoren intendierte Entschlüsselung ist die einzig richtige, sondern die eigene Sicht des Besuchers wird zum gleichwertigen Erkenntnisgewinn. Besucher werden nicht zum Lernkonsum motiviert, sondern zur lebendigen Auseinandersetzung mit dem Dargebotenen. Das Projekt Ausstellung wird nicht zu einem verminten Feld aller möglichen und unmöglichen Missverständnisse zwischen Kuratoren, Gestaltern und Besuchern, sondern zu einer gemeinsamen Plattform unterschiedlicher Meinungen und Bewertungen.

So gesehen steht gleichberechtigt mit der Frage »Was ist deutsch?« der Besucher im Mittelpunkt der Ausstellung. Er kann und soll die Präsentation mit seinen eigenen Kenntnissen und Bewertungen in Beziehung setzen und seine individuelle Antwort auf die Leitfrage der Ausstellung suchen und finden. Er kann dies um so mehr als diese Ausstellung in einem Museum gezeigt wird, das seine Sammlungs- und Forschungstätigkeit der Kulturgeschichte des deutschen Sprachraums widmet. Vor über 150 Jahren im Zuge der deutschen Nationalbewegung und nach dem Scheitern der Revolution von 1848 gegründet, finden sich in seinen Sammlungen Objekte von herausragender Bedeutung ebenso wie Gegenstände des täglichen Lebens. Die Vielfältigkeit der Sammlungstätigkeit, die auf den Museumsgründer Freiherr Hans von und zu Aufseß zurückgeht, zeugt nicht nur von einer großen wissenschaftlichen Begeisterung und von deutscher Gründlichkeit. Sie wirkt gerade heute außerordentlich modern. Sie zeigt, dass historische und kulturelle Entwicklungen sich begegnen und wechselseitig beeinflussen ohne immer in Deckung gebracht zu werden. Die kollektive Identität speist sich aus vielen Quellen, die für das Zusammenleben von Menschen entscheidende Frage ist die nach Quantität und Qualität der Gemeinsamkeiten, die ihnen ein Zusammenleben ermöglichen.

Der Besucher wird in der Ausstellung sicher manches vermissen, was für ihn »deutsch« ausmacht, und manches entdecken, was er bislang nicht im Blick hatte. Und manches wird er auch kritisch sehen in Themenauswahl und Objektzusammenstellung. Vielleicht sehen es sein möglicher Begleiter oder andere Besucher im Raum ähnlich. Man könnte sie ja einmal fragen, schließlich geht das Thema viele an und viele haben eine Meinung dazu.

Wer Hemmungen hat, sich mit fremden Menschen ins Gespräch zu begeben, wird dies über die assoziativen Gedankenspiele, die in jedem Raum zu finden sind, vielleicht überwinden, denn schwierig ist ja nicht das Gespräch an sich, sondern meist nur, es zu beginnen. Und wer es lieber im Nachgang und gründlichem Überlegen wagt, dem steht ein Gästebuch auf der Website der Ausstellung zur Verfügung.

»Was ist deutsch?« ist eine sehr breite und offene Frage, die eine Fülle von Assoziationen auslöst. Diese Assoziationen zu hinterfragen, zu bewerten, zu strukturieren und für den Besucher in ansprechenden und kommunikationsfördernden Einheiten zu präsentieren, ist die Aufgabe der Kuratoren der Ausstellung. Die Auswahl und Strukturierung der vielen Ideen und Themen geschah in einem langen und intensiven Diskussionsprozess. Die inhaltlichen Überlegungen wurden mit den räumlichen Möglichkeiten der Ausstellung sowie den zur Verfügung stehenden bzw. ausleihbaren Objekten in Deckung gebracht. Um zu einem tragfähigen Ausstellungskonzept zu gelangen, mussten alle drei Aspekte in Einklang gebracht werden.

Der Besucher wird nun eine Ausstellung vorfinden, die ihm eine Struktur vorgibt und viele Anregungen bietet, gleichzeitig aber auch die Möglichkeit eröffnet, eigene Fragen zu stellen und miteinander ins Gespräch zu kommen.

Für die Ausstellung »Was ist deutsch?« kristallisierten sich fünf Themenbereiche heraus, die auf der einen Seite die Vielfalt der Antwortmöglichkeiten auf die Frage betonen, auf der anderen Seite aber auch der Beschäftigung mit dieser Frage eine gewisse Struktur geben. Die Bereiche erhielten die Namen »Geist«, »Charakter«, »Glaube«, »Sehnsucht« und »Vaterland«. Trotz dieser ambitiös klingenden Titel wird in den verschiedenen Themenfeldern eine humorvolle und bisweilen ironische, trotzdem aber ernsthafte und kritische Präsentation gezeigt.

Das Themenfeld »Geist« beschäftigt sich mit verschiedenen Bereichen der »Kulturnation«. Von der Aufklärung bis in die west- und ostdeutsche Nachkriegsgesellschaft reicht das Bewusstsein der Deutschen, aufgrund der Leistungen von Geistesgrößen aus künstlerischen und wissenschaftlichen

Bereichen zum »Volk der Dichter und Denker« zu gehören. Mit Werken der Bildenden Kunst wird diese Einschätzung verdeutlicht und hinterfragt, einzelne Segmente widmen sich der Musik, dem Theater als »moralischer Anstalt«, den Denkern auf wissenschaftlichem Gebiet und den Autoren der Literatur.

Mit dem »Charakter« wird ein komplexer Begriff thematisiert, der vor allem die Segmente »Leistung«, »Tugend« und »Gemütlichkeit« umfasst. Erst das Zusammenspiel aller drei Aspekte eröffnet Blicke auf den gefühlten oder tatsächlichen Gemütszustand der Deutschen und ihre Wahrnehmung von außen. Bekannte Klischees werden beleuchtet und hinterfragt, aktuelle Tendenzen vorgestellt und zur Diskussion gestellt.

Der konfessionelle Flickenteppich, der in Deutschland durch die Reformation entstand und zu großen Konflikten führte, ist einer der Aspekte des Themenfeldes »Glaube«. Er prägte die deutsche Gesellschaft bis in die Nachkriegszeit hinein. Gleichzeitig wird auch die Bedeutung und Problematik anderer Glaubensgemeinschaften – religiöser wie wissenschaftlicher Natur – in diesem Themenfeld angerissen.

Das Themenfeld »Sehnsucht« beschäftigt sich mit den Träumen der Deutschen. Es fragt nach der Beziehung der Deutschen zu »ihrem« Wald, analysiert die Suche nach einem guten Herrscher und starken Mann und die Sehnsucht der Deutschen nach der Ferne, die sich vor allem in Italien erfüllte.

Im Themenfeld »Vaterland« wird kein Abriss der deutschen Geschichte geboten, sondern das mitunter schwierige Selbstverständnis der Deutschen in unterschiedlichen Segmenten zur Diskussion gestellt. Den Bezugspunkt aller Denkanstöße bildet der Holocaust. Umringt wird diese Sektion von Einheiten zu »Grenzen«, »Freiheit«, »Heimat« und »Zerrissenheit«. Die unterschiedlichen Erfahrungen in Ost und West leiten den Raum ein.

Das Germanische Nationalmuseum (Abb. 4) greift in Kooperation mit dem Kunst- und Kulturpädagogischen Zentrum der Museen in Nürnberg eine aktuelle Debatte auf. Die museale Umsetzung öffnet die Frage für ein breites Publikum. Dies umso mehr, als im Begleitprogramm interkulturelle Akzente gesetzt werden, die der bisher vor allem aus deutscher Perspektive geführten Diskussion neue Sichtweisen eröffnen.

1 http://www.rentagerman.de: »rentagerman.de offers a wide range of Germans for your personal and social needs. You can select the German of your choice for an exclusive lifetime experience: Imagine to appear with your German at parties, family events or just hang out with them at the local shopping center. No matter which occasion you choose, you will surely impress your environment by presenting an original German«.

2 Nouvelle et parfaite Grammaire Royale Françoise et Allemande. Neue und vollständige königliche Französische Grammatik. Leipzig 1752, S. 377–378.

3 Siehe die Bibliographie am Ende dieses Bandes.

4 Vgl. hierzu u. a. Hermann Glaser: Kulturgeschichte der Bundesrepublik Deutschland, 3 Bde. München – Wien 1989. – Edgar Wolfrum: Die geglückte Demokratie. Geschichte der Bundesrepublik Deutschland von ihren Anfängen bis zur Gegenwart. Stuttgart 2006.

5 »auslöser für dieses stück war ein erlebnis [...] zur zeit des bevorstehenden irakkrieges [...] in buenos aires. als [die Menschen] merkten, dass die beiden [gemeint sind zwei Freunde] aus deutschland kamen, schüttelten die leute im cafe ihre hände und sagten, ihr macht das gut in deutschland, ihr steht hier für den frieden.«, http://www.r-o-t.demiarockt_frame_flash.html am 2. 4. 2006.

6 Willkommen in Deutschland. Dummy Gesellschaftsmagazin, Thema Deutschland, Herbst 2004.

7 Vgl. Page 1, 2005: »Kein schöner Land«.

8 http://www.art-berlin.org.

9 Dabei wurde der Boden von einhundert signifikanten deutschen Orten wie der Zugspitze, des alten Bundestages in Bonn oder des Kölner Doms in der Größe von einem Quadratmeter photographiert. Die Arbeit ist noch nicht publiziert; wir danken an dieser Stelle Herrn Niklas für die Möglichkeit der Einsichtnahme. Auch die Diplomarbeit »Zipfelstürmer« (HfG Offenbach 2004) bei der Diana Lukas-Nülle die geographische Mitte und die vier Extrementfernungen untersucht hat, weist in eine ähnliche Richtung; vgl.: Diana Lukas-Nülle: Zipfelstürmer. Ein Magazin zur Lage der Nation. HfG Offenbach Dezember 2004.

10 Die fünfteilige Serie »Die neue Sehnsucht nach alten Werten«, begann im »Stern« 46, 2005.

11 Beispielsweise: Hermann Bausinger: Typisch deutsch. Wie deutsch sind die Deutschen? München 2000. – Friedrich Dieckmann: Was ist deutsch? Eine Nationalerkundung. Frankfurt a. M. 2003. – Hans-Dieter Gelfert: Was ist deutsch? Wie die Deutschen wurden, was sie sind. München 2005. – Brigitta Schmidt-Lauber: Gemütlichkeit. Eine kulturwissenschaftliche Annäherung. Frankfurt a. M. 2003. – Sylvia Schroll-Machl: Die Deutschen - Wir Deutsche. Fremdwahrnehmung und Selbstsicht im Berufsleben. Göttingen 2003.

12 Roger Willemsen: Deutschlandreise. Frankfurt a. M. 2002. – Axel Hacke: Deutschlandalbum. Reinbek bei Hamburg 2004. – Susanne Frank und Timothy Sonderhüsken (Hrsg.): Draußen nur Kännchen. Was wir schon immer über Deutschland sagen wollten. München 2001.

13 Finale der Sendung »Unsere Besten« mit Johannes B. Kerner und Steffen Seibert am 29.11.2003; vgl. dazu: http://www.zdf.de/ZDFde/inhalt/31/0,1872,2051839,00.html.

14 Merz hat kurz darauf seine Äußerungen präzisiert: »Ausländer, die hier leben wollen, müssen sich an das Grundgesetz halten und die Gesetze achten. Zwingend ist, dass sie Deutsch lernen und unsere Sitten, Gebräuche und Gewohnheiten akzeptieren. Dazu gehört, dass Religionsunterricht nicht an Koranschulen stattfindet, sondern an öffentlichen Schulen unter deutscher Schulaufsicht. Wenn das Tragen von Kopftüchern aus religiösen Gründen erfolgt, ist das in Schulen nicht akzeptabel – genauso wenig wie das grausame Schächten von Tieren«; zit. nach: Sie Spielen mit dem Feuer Herr Merz. Streitgespräch im Berliner Hotel »Hilton« mit Friedrich Merz, dem Vorsitzenden der CDU/CSU-Fraktion im Bundestag, und der Vorsitzenden der Grünen, Renate Künast, geführt von Helmut Böger. In: Bild am Sonntag, 3.12.2000.

15 »Was soll das Gerede um die Leitkultur? Ist es etwa deutsche Leitkultur, Fremde zu jagen, Synagogen anzuzünden, Obdachlose zu töten? Geht es um Kultur oder um die Wertvorstellungen der westlich-demokratischen Zivilisation, die wir in unserem Grundgesetz fest verankert haben? [...] Wenn dieses Prinzip als deutsche Leitkultur verstanden wird, dann kann ich das nur befürworten. Dann aber möchte ich alle Politiker in die Pflicht nehmen, sie auffordern, ihre populistische Sprache zu zügeln und zunächst einmal dafür zu sorgen, dass dieser Artikel 1 des Grundgesetzes auch umgesetzt und ernst genommen wird«; Paul Spiegel: Was soll das Gerede um die Leitkultur? – Auszüge aus der Rede des Präsidenten des Zentralrats der Juden in Deutschland zur Demonstration am 9. November. Zit. in: Die Welt, 11.11.2000, S. 3.

16 Die CDU hatte den Begriff im Jahr 2000 in ein Grundsatzpapier aufgenommen; die Grundlinien der Integrationspolitik waren auch im Wahlkampf 2005 die gleichen; vgl. Arbeitsgrundlage für die Zuwanderungs-Kommission der CDU Deutschlands, Berlin, 6. 11. 2000, Kapitel IV: »Integration [...] ist weder einseitige Assimilation, noch unverbundenes Nebeneinander auf Dauer. Multikulturalismus und Parallelgesellschaften sind kein Zukunftsmodell. Unser Ziel muss eine Kultur der Toleranz und des Miteinander sein – auf dem Boden unserer Verfassungswerte und im Bewusstsein der eigenen Identität. In diesem Sinne ist es zu verstehen, wenn die Beachtung dieser Werte als Leitkultur in Deutschland bezeichnet wird«.

17 Vgl.: »Das Parlament hat kein Diskussionsmonopol«. Interview in: Die Zeit, 43, 2005.

18 Bundesbeauftragte der Bundesregierung für Migration, Flüchtlinge und Integration (Hrsg.): A Manual for Germany – Ein Handbuch für Deutschland, 2. Aufl. Berlin 2005.

19 Ebd., S. 29.

20 Im Kapitel Verfassung und Grundrechte wird unter anderem gefragt: »(39.) Einer Frau soll es nicht erlaubt sein, sich ohne Begleitung eines nahen männlichen Verwandten allein in der Öffentlichkeit aufzuhalten oder auf Reisen gehen zu dürfen: Wie ist Ihre Meinung dazu? (40.) Wer kann in der Bundesrepublik Deutschland einen Antrag auf Ehescheidung stellen? (42.) Erläutern Sie den Begriff Religionsfreiheit! (47.) Welche Möglichkeiten haben Eltern, die Partnerwahl ihres Sohnes oder ihrer Tochter zu beeinflussen? Welche Handlungen sind verboten?«.

21 »Das europäische Bewußtsein darf nicht ethisch-exklusiv sein. Diese Forderung ist vor allem auf die Deutschen und ihre der Integration der Migranten im Wege stehende ethnische Bestimmung des Bürgers gemünzt. Im Gegensatz hierzu hat das okzidentale Europa eine kulturelle Moderne hervorgebracht, die, eben weil sie von ihrem Denkansatz her ethnisch ist, geeignet ist, kulturübergreifend zu gelten. Die benötigte Leitkultur innerhalb Europas, für die ich plädiere, soll eben auf dieser kulturellen Moderne basieren. Die Europäer scheinen einer zweiten Aufklärung zu bedürfen, in deren Rahmen sie ihr Verhältnis zum nichteuropäischen Rest der Welt im interkulturellen Dialog bestimmen. [...] Auf dem Boden der europäischen Moderne müssen sie einen Normen- und Werte-Katalog verbindlich für sich selbst und andere verlangen. Ich nenne diesen Katalog Leitkultur [...] Jede Diskussion über Toleranz im Multi-Kulti-Zeitalter muß eine gedankliche Verarbeitung von Alltagserfahrungen umfassen. Eine deutsch-vergeistigte Art der Diskussion über Toleranz in der multikulturellen Gesellschaft ist zu dieser Aufgabe nicht fähig. Erster Ausgangspunkt muß die Erkenntnis sein, daß jede wirklich pluralistische Gesellschaft ohne eine Leitkultur nicht auskommen kann«; Bassam Tibi: Europa ohne Identität? München 1998; zit. nach der erweiterten Taschenbuchausgabe 2000, S. 182–183 und S. 189.

22 Bassam Tibi: Die neurotische Nation. In: Welt am Sonntag, 3.12.2000, Beilage (Buchmagazin), S. I.

23 Aufbruch ins 21. Jahrhundert. Ansprache von Bundespräsident Roman Herzog im Hotel Adlon (Berlin) am 26.4.1997.

24 http://www.land-der-ideen.de. Die Initiative wird getragen von der Bundesregierung und der Wirtschaft, vertreten durch den Bundesverband der Deutschen Industrie (BDI) und führende Unternehmen, die sich in einer FC Deutschland GmbH zusammengeschlossen haben.

25 FC Deutschland GmbH (Hrsg.): Land der Ideen. Der Reiseführer. Ostfildern-Ruit 2006.

26 http://www.du-bist-deutschland.de.

27 »Du bist Deutschland« benennt dabei Musiker und Komponisten (Ludwig van Beethoven, Paul Kuhn), Politiker (Ludwig Erhard), Physiker (Albert Einstein), Publizisten (Alice Schwarzer), Erfinder (Otto Lilienthal), Dichter (Johann Wolfgang von Goethe), Sportler (Max Schmeling, Michael Schumacher, Claudia Pechstein, Faris Al-Sultan, Katharina Witt, Franz Beckenbauer), Architekten (Walter Gropius), Unternehmer (Adi Dassler, August Thyssen, Ferdinand Porsche, Beate Uhse), Künstler (Albrecht Dürer, Helmut Newton), einen Koch (Tim Mälzer) und einen Journalisten (Günther Jauch). Überschneidungen mit der eingangs erwähnten Fernsehsendung »Unsere Besten« gibt es nur im Falle von Johann Wolfgang von Goethe, Ludwig van Beethoven und Albert Einstein.

28 http://www.perspektive-deutschland.de.

29 S. Heiner Treinen: Ausstellungen und Kommunikationstheorie. In: Museen und ihre Besucher. Herausforderungen in der Zukunft. Hrsg. von der Stiftung Haus der Geschichte der Bundesrepublik Deutschland. Bonn und Berlin 1996, S. 60–71.

Wann ist deutsch?
Zu den Funktionen des Typisierens

Hermann Bausinger

Die Überschrift dieses Essays ist so formuliert, dass der Verfasser Gefahr läuft, von einer der Institutionen zur Pflege der deutschen Sprache als ironische Auszeichnung eine saure Zitrone zu erhalten – oder wenigstens eine Rüge. Wer deutsch ist und was deutsch ist, sind geläufige Fragen, die Frage nach einem bestimmten Zeitpunkt dagegen scheint nicht nur grammatisch falsch gestellt. Aber bei näherem Zusehen zeigt sich, dass sie geeignet ist, ein Licht auf die Funktion und die Bedeutung der Kategorie deutsch zu werfen.

Es ist ja doch nicht so, dass wir ständig mit dieser Kategorie umgehen. Für die große Mehrzahl aller Deutschen ist es beispielsweise eine schlichte Selbstverständlichkeit, dass sie deutsche Staatsbürger sind – sie sind es seit ihrer Geburt, und niemand hat es je in Zweifel gezogen. Dagegen wird die Kategorie für Zuwanderer zum Problem, nicht nur in der Auseinandersetzung mit ungewohnten Lebensformen, sondern auch im Blick auf den Prozess der Einbürgerung: Ist es wünschenswert, die neue amtliche Zugehörigkeit anzustreben, und was bedeutet sie? Vor allem aber sind diejenigen mit den einschlägigen Fragen konfrontiert, die über eine Einbürgerung zu entscheiden haben. Die Frage, wer deutsch ist, verbindet sich dann unmittelbar mit der, was deutsch ist, was also als Voraussetzung für die Staatsbürgerschaft gewertet werden muss. Als in den achtziger Jahren der starke Zustrom der Russlanddeutschen einsetzte, wurde darüber diskutiert, ob Kenntnis und Gebrauch der deutschen Sprache Bedingung sein sollten oder ob angesichts der rigorosen sowjetischen Assimilationspolitik nicht andere Kriterien herangezogen werden müssten; so wurden etwa festliche Vorkehrungen an Weihnachten als typisch deutsch betrachtet. Die wichtigste Vorentscheidung war allerdings schon im Vorfeld gefallen: Die aus dem Osten kommenden Aussiedler sind »Deutsche im Sinne des Grundgesetzes« entsprechend einer Regelung des Bundesvertriebenengesetzes, weil sie in ihren Herkunftsländern rechtlich definiert waren als Angehörige der deutschen Minderheit.

Für andere Zuwanderer – Arbeitsmigranten und Asylbewerber – gelten andere Voraussetzungen. Während bei den Aussiedlern die Zugehörigkeit vor allem aus der Abstammung von deutschen Auswanderern abgeleitet wird, sind sie zunächst einmal Ausländer. Damit stellt sich noch deutlicher die Frage, was einen Wechsel der Staatsbürgerschaft rechtfertigt. Es herrscht Einigkeit darüber, dass Sprachkenntnisse gefordert werden; aber die Meinungen und auch die Bestimmungen gehen auseinander hinsichtlich des verlangten Ausmaßes dieser Kenntnisse, und ebenso hinsichtlich der Frage, welche anderen deutschen Verhaltensformen und Einstellungsnormen darüber hinaus vorhanden sein müssen. Die Diskussion darüber führt zwangsläufig in das ja keineswegs juristisch vermessene Gelände kollektiver Eigenschaften, und es ist kein Zufall, dass öfter kritisch angemerkt wird, viele Einheimische erfüllten keineswegs die an die zugewanderten Fremden gerichteten Erwartungen. Im Gegensatz zu diesen wird von ihnen aber auch kein entsprechender Nachweis verlangt.

Auf den ersten Blick zielt die Wann-Frage auf historische Zusammenhänge. Tatsächlich ist die Kennzeichnung »deutsch« nicht in allen Epochen der Geschichte in gleichem Umfang und in gleicher Weise verwendet worden. Im großen Deutschen

Wörterbuch – im zweiten Band, der noch von den Brüdern Grimm selbst bearbeitet wurde – sind zahlreiche Belege angeführt, die vom frühen Mittelalter bis ins 19. Jahrhundert reichen; sie sind nicht in eine zeitliche Reihenfolge gebracht, lassen aber Schwerpunktbereiche erkennen. So tritt in der Zeit Martin Luthers, der mit seiner Bibelübersetzung weite Domänen für die Volkssprache eroberte (Abb. 5), die Bezeichnung »deutsch« stärker hervor. In den Jahrzehnten nach dem Dreißigjährigen Krieg entstehen die deutschen oder teutschen Sprachgesellschaften als Ausdruck einer Sammelbewegung, die dem zerstörten Land eine neue Mitte geben will. Im 18. Jahrhundert wird »deutsche Art« als wahrhaftig, auch als rücksichtslos und derb, den französischen Konventionen gegenübergestellt. Im frühen 19. Jahrhundert nimmt das Wort deutsch entschiedener als vorher eine politische Färbung an und begleitet die nationalen Bestrebungen bis zur Reichsgründung, verfestigt sich danach als selbstbewusst gebrauchte Vokabel in der Kampfstellung gegen äußere Feinde und Konkurrenten und überbrückt nach dem Zweiten Weltkrieg bis zu einem gewissen Grad die deutsch-deutsche Trennung im Hinweis auf die kulturelle Gemeinsamkeit. Die Geschichte des Wortes »deutsch« reflektiert so die politische Entwicklung; sie könnte, feiner strukturiert, einen Beitrag zur Geschichte nationaler Orientierungen und zu den Veränderungen des Nationalgefühls liefern.

Die Titelfrage visiert aber durchaus auch und in erster Linie die Gegenwart an: Wann, in welchen Situationen und in welchen Zusammenhängen, drängt sich die Charakterisierung »deutsch« auf? Da fällt zuerst in die Augen, dass das Etikett den Deutschen am häufigsten von außen her aufgedrückt wird. Während wir im allgemeinen nicht so recht wissen, was und wie die Deutschen sind, können im Ausland feste Bilder von den Deutschen abgeholt werden. Sie sind nicht immer erfreulich;

Abb. 5. Biblia das ist die gantze heilige Schrifft deudsch, 2 Bde. Martin Luther, Wittenberg 1535. Germanisches Nationalmuseum, Nürnberg.

vielfach haben Reste der militanten Kriegspropaganda überlebt, was man zum Beispiel an Trivialliteratur und auch an manchen Filmen aus dem angelsächsischen Raum ablesen kann. Aber auch in banalen, alltäglichen Zusammenhängen machen sich Ausländerinnen und Ausländer ein Bild von den Deutschen. Vor einiger Zeit wurden dazu in einem Tübinger Studienprojekt Beobachtungen angestellt. Griechische, japanische und US-amerikanische Studierende wurden gefragt, was ihnen bei

ihrem Aufenthalt in Deutschland am meisten auf-
gefallen sei, und sie wurden gebeten, Beiträge zu
einem Charakterbild der Deutschen zu liefern. Die
Befragten – immerhin 50 Personen – reagierten
recht vorsichtig, waren skeptisch gegenüber gängi-
gen Klischees und pochten auf die eigene Erfahrung. Aber sie verweigerten sich nicht, sondern be-
richteten über Beobachtungen und Erlebnisse, die
sie für charakteristisch hielten und die sie zum Teil
in kleine Charakterskizzen verlängerten.

Die so entstehenden Bilder kamen aber keineswegs zur Deckung. Die aus Japan kommenden Besucher monierten, dass deutsche Paare in aller Öffentlichkeit Hand in Hand gehen; sie fanden das
»moralisch nicht schön«. Eine Amerikanerin sagte,
händchenhaltende Paare seien in ihrer Heimat an
der Westküste die Regel – »we show more affec-
tion«, während die Deutschen ihre Gefühle nicht so
zeigten. Griechinnen und Griechen hoben den Arbeitseifer der Deutschen hervor; sie bezogen sich
dabei teilweise auf Erfahrungen in ihrer Heimat mit
deutschen Urlaubern, die selbst in ihren Ferien den
Wecker stellen, um schon in aller Frühe tätig sein
zu können, verwiesen aber auch auf den schon am
Morgen gut gefüllten Lesesaal der Bibliothek. Die
japanischen Gesprächspartner kamen zum entge-
gengesetzten Urteil, für das sie die für sie erstaun-
liche Beobachtung heranzogen, dass Studierende
bei warmem Wetter schon am Vormittag auf den
Wiesen lagen. Für Japaner ist es auch höchst seltsam, dass in einem Arbeitszimmer nur ein einziger
Wissenschaftler sitzt, während die Amerikaner mit
Befremden die geschlossenen Zimmertüren regis-
trieren, die in ihren Instituten eigentlich immer geheime Verhandlungen oder private Abschließung
signalisieren. Von griechischen Studierenden kam
Kritik an den deutschen Altersheimen, in die nach
ihrer Auffassung ältere Menschen von den Familien abgeschoben werden; Amerikaner und Amerikanerinnen lobten ausdrücklich die Qualität sol-

cher Heime, die sie kennen lernten, und auch die
japanischen Gäste interessierten sich besonders
für diese Institution, die bei ihnen erst in den Anfängen steckt.

Solche Unterschiede und Widersprüche zeigen,
wie relativ die Einschätzungen sind; schon die
Wahrnehmung unbekannter Gegebenheiten und
erst recht deren Beurteilung ist von Vorgaben ab-
hängig, die mitgebracht werden. Die Beispiele zeigen, dass das vermeintlich Typische über ein Kon-
trastprogramm entsteht: Was von den eigenen, den
gewohnten Verhältnissen am deutlichsten ab-
weicht, wird zur Charakteristik des Fremden herangezogen, und dies führt selbstverständlich zu
einseitigen Schlüssen. Viel spricht dafür, daraus
die Empfehlung abzuleiten, auf typisierende Bilder
und Urteile zu verzichten. Aber es ist schwer und
oft unmöglich, dieser Empfehlung nachzukommen.
Wir neigen dazu, nicht nur Individuen, sondern
auch Kollektive mit Eigenschaften zu versehen. Das
beginnt bei Familien (»eine spießige Familie«) und
reicht über Schulklassen (»gute« und »schlechte«
Klassen), Stadtviertel (»ein gefährliches Viertel«),
Städte und Regionen bis zu so komplizierten Gebil-
den wie ganzen Nationen. Paradoxerweise ist die
Kürze und Flüchtigkeit der Begegnung in vielen
Fällen kein Grund für den Verzicht auf generalisie-
rende Charakteristik, sondern eher ein Anstoß
dazu. Für die ausländischen Studierenden, die sich
nur wenige Wochen oder Monate in Deutschland
aufhielten, bestand ein besonderes Bedürfnis, die
diffusen neuen Eindrücke zu ordnen und auf einen
oder wenige Nenner zu bringen. Manche reisten
bereits mit der bewussten Absicht an, sich ein
umfassendes Bild zu machen; einer der japanischen Studenten hatte beispielsweise vor seinem
Deutschlandaufenthalt gründlich die Bibel studiert, weil er glaubte, auf diese Weise ein christ-
liches Land besser zu verstehen – er merkte allerdings schnell, dass dies eine Illusion war. Andere

werden durch die praktische Konfrontation mit der fremden Realität zu pauschalen Urteilen gedrängt, weil diese eine gewisse Sicherheit zu garantieren scheinen. Typisierung ist also Entlastung; sie vermittelt das Gefühl, man habe das Fremde verstanden, obwohl man ihm in Wirklichkeit nur einen Namen, ein Etikett verpasst hat (Abb. 6).

Ausländerinnen und Ausländer, die sich länger in Deutschland aufhalten, sind zwar gegen Simplifizierungen keineswegs gefeit, erweisen sich aber oft als besonders gute Beobachter. Vor allem gehen sie im allgemeinen weniger naiv mit dem Vergleich um; bei ihren Urteilen über die Deutschen reflektieren sie meist auch ihre eigene Ausgangsbasis, und sie setzen diese auch nicht unbedingt als überlegen an. Über manche Unterschiede amüsieren sie sich allerdings lebhaft; im Kabarett und in Büchern melden sich zugewanderte Autorinnen und Autoren manchmal mit ebenso präzisen wie ironischen Schilderungen deutscher Befindlichkeiten zu Wort. Als Beispiel kann das Buch »La deutsche Vita« von Antonella Romeo angeführt werden; die in Hamburg lebende Italienerin macht sich darin vor dem Hintergrund der dolce vita (die ja ihrerseits ein Stereotyp darstellt) über deutsche Schwerfälligkeiten und Umständlichkeiten lustig.

Bedenklich wird die Neigung zum Typisieren, wenn die Bereitschaft zur Korrektur und Revision abhanden kommt. Dies kann für den Einzelnen gelten, der von seinen Vereinfachungen nicht abweichen will; in vielen Fällen handelt es sich aber um einen längeren kollektiven Prozess, in dem sich bestimmte Annahmen und Unterstellungen so verfestigen, dass sie Modifikationen nicht mehr zulassen. Solche zementierten Typisierungen bezeichnet man mit einem aus der Drucktechnik übernommenen Begriff als Stereotype. Wenn die Deutschen auf diese Weise zu Bier trinkenden und Schweinshaxen essenden Lederhosenträgern werden, ist dies nicht allzu schlimm; die Tourismusindustrie

schlägt sogar mitunter aus dieser Bajuwarisierung Kapital; aber auch gravierendere Karikaturen werden oft auf Dauer fixiert. Die politischen Feindbilder, die in Teilen des Auslands im Verlauf der Jahrhunderte währenden kriegerischen Konfrontationen und zuletzt vor allem in der Zeit des Nationalsozialismus entstanden, sind ein sprechendes Beispiel dafür.

Es wäre allerdings ein verhängnisvoller Fehler, wenn man die Deutschen nur in der Opferrolle sähe. Selbstredend erliegen auch sie oft der Versuchung, komplizierte Sachverhalte mit einfachen Formeln beiseite zu schieben. Das gilt für schlichte Gemüter wie Urlaubsreisende, die ganze Völker als Räuber abstempeln, weil ihnen ein Badetuch abhanden gekommen ist; es gilt aber durchaus auch für Gebildete, die ihre Vorurteile im Gepäck mittragen. Im Zusammenhang mit einer Indienreise spricht Günter Grass einmal vom »Vorwissen als Schutzimpfung«; diese Metapher erklärt genau die Funktion der Abschirmung gegen eine Flut neuer, unverständlicher und deshalb riskanter Eindrücke. Bert Brecht notierte, nachdem er als Emigrant in den Vereinigten Staaten von Amerika gelandet war, in sein Journal, »etwas Unedles« hafte dort dem Verkehr der Menschen an; »ein Mann, in der Frühe im Garten einen Band Lukrez lesend«, sei hier undenkbar – die ironische Rückfrage liegt nahe, wo Brecht denn in den Kleingärten von Augsburg oder Moabit seine Lukrez-Leser entdeckt hat. Über seine amerikanischen Nachbarn äußerte sich Brecht übrigens recht positiv; die unmittelbare Erfahrung scheint dann doch das mitgebrachte antikapitalistische Klischee etwas ins Wanken gebracht zu haben.

In den ethnologischen Disziplinen wird die Erschließungskraft des fremden Blicks oft allzu vor-

Abb. 6: Die Toscana-Therapie: Schauspiel in 19 Bildern. Robert Gernhardt, Frankfurt a. M. – Zürich 1986. Privatbesitz.

behaltlos gerühmt – die Ethnographen adeln damit ihr eigenes Tun, das ja in aller Regel in einer Erkundung fremder Kulturen besteht. Aber auch sie sind durch ihr Vorwissen beeinflusst, und die Distanz ist nicht immer hilfreich. Ein bedeutender Anthropologe aus den USA, der vor allem durch seine Studien in Kanada bekannt geworden war, hielt sich in den 1960er Jahren mehrfach in der Steiermark auf und beschrieb die Lebensweise der dortigen Dorfbewohner. Ein deutscher Volkskundler sah sich später seinerseits in den Dörfern um und stellte schon in der Überschrift seines resümieren-

Abb. 7: Der heilige Rock von Köpenick oder die Macht der Uniform (In: Simplicissimus, Jg. 11, Nr. 33). Olaf Gulbransson, 12. November 1906. Germanisches Nationalmuseum, Nürnberg.

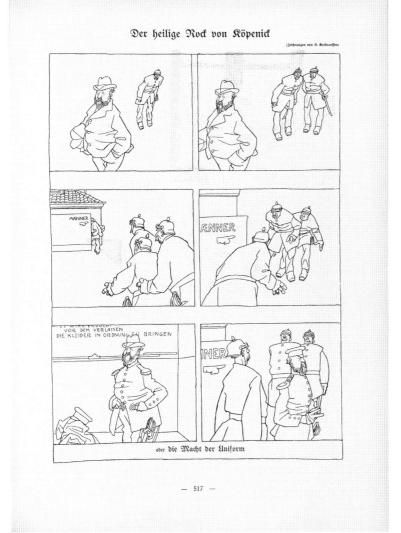

Der heilige Rock von Köpenick

oder die Macht der Uniform

— 517 —

den Aufsatzes fest: »John J. Honigmann beschreibt die Steiermark, und wir erkennen sie nicht«. Die Sichtweise des Fremden – in diesem Fall zum Beispiel die eines Abstinenzlers auf die dörflichen Trinksitten – garantiert keineswegs immer präzisere und objektive Beobachtungen, sondern bleibt oft genug im Geflecht unreflektierter Stereotype hängen.

Allerdings wäre auch die Annahme falsch, jedes Stereotyp zementiere nur Unsinn. Die kritischen Situationen, in denen Typisierungen entstehen, können die Auffassungen einnebeln, können den Blick aber auch schärfen. Wenn vor allem im Ausland von deutscher Ordnungsliebe gesprochen wird, ist dies zwar eine Kennzeichnung, die der wirklichen Entwicklung mindestens teilweise nachhinkt, aber sie ist aufgekommen in einer Zeit, in der Ordnung ein durchgängiges moralisches Prinzip in der Nation war – nämlich als die Disziplinierungsagenturen der Industrie und der Bürokratie noch verstärkt wurden durch die militärische Prägung des Verwaltungsapparats, akademischer und schulischer Einrichtungen und anderer ziviler Institutionen während des Kaiserreichs (Abb. 7). Überhaupt erklären sich viele Stereotype aus vergangenen Zeiten und Verhältnissen – was wiederum nicht heißt, dass sie in der Luft hängen ohne jeden Bezug zur Gegenwart; die geschärfte, auf das Stereotyp geeichte Orientierung findet fast immer Restbestände, welche die alte Typisierung rechtfertigen, freilich wird die Realität auch – oft schon im Akt der Wahrnehmung und noch öfter in der nachträglichen Interpretation – entsprechend zurecht gebogen, wie es das Beispiel Brechts deutlich macht.

Auch in der aktuellen Auseinandersetzung mit Deutschland und den Deutschen produzieren die Fremden nicht nur schiefe Bilder. Vielmehr verhilft der fremde Blick eben doch auch zur Entdeckung wichtiger Befunde. An einem harmlosen Beispiel erläutert: Vor einigen Jahren organisierten zwei deutsche Kulturwissenschaftler eine Tagung, in der Anthropologen aus der halben Welt ihre Perspektiven auf Deutschland präsentierten – »Inspecting Germany«. Die größte Beachtung in der Öffentlichkeit fand der Vortrag eines afrikanischen Forschers aus Kamerun, der über »Deutsche Hunde« sprach; Untertitel: »Ein Beitrag zum Verstehen deutscher Menschen«. Auch Flavien Ndonko stürzt sich in diesem Beitrag auf etwas, das sich elementar von dem unterscheidet, was er aus seiner eigenen Kultur kennt. In großen Teilen Afrikas bewegen sich Hunde frei, haben keine feste Unterkunft oder Anlaufstelle und suchen ihre Nahrung im Müll – kein Wunder, dass dem Wissenschaftler der Kontrast ins Auge fiel: relativ komfortable Hundehütten, Hundeleinen und allerhand sonstiges Zubehör, nach Kalorien berechnete und mit gesunden Zusatzstoffen versetzte Hundenahrung, Hundefriedhöfe und natürlich der Umgang mit den Tieren, der eine weite Skala von läppischer Fürsorge bis zu erbarmungslosem Drill abdeckt (Abb. 8). Nicht dass es dazu nicht auch kritische Beobachtungen und herbe Kommentare von deutscher Seite gäbe; im Zusammenhang mit der Erhöhung der Mehrwertsteuer ist es sogar zu einem heiß diskutierten Thema geworden, dass für Tiernahrung ein reduzierter, für Babywindeln dagegen der volle Steuersatz gilt. Aber die Deutschen nehmen die Zuwendung zu Tieren im allgemeinen nicht in ihr Selbstbild, in ihr »Image« auf; erst der fremde Blick verweist sie auf den in diesem Fall auch statistisch beglaubigten Akzent: Fast in der Hälfte der deutschen Haushalte lebt mindestens ein Haustier, und Hunde und Katzen nehmen dabei zu etwa gleichen Teilen und mit Abstand die vorderen Plätze ein. Die Deutschen, und wohl nicht nur die fanatischen Hundefreunde unter ihnen, kämen wahrscheinlich kaum auf die Idee, den problematischen »Prozess der Humanisierung« der Tiere als eine Folge der

»Desintegration der Familie« zu sehen. Eben dies steht aber im Zentrum der Argumentation des ausländischen Forschers.

Ein weiteres Beispiel aus der Arbeitstagung: Ein indonesischer Soziologe sprach über die Flohmärkte, die für ihn zum Bild der gegenwärtigen deutschen Gesellschaft gehören. Wiederum kann gesagt werden, dass für Deutsche, auch deutsche Ethnographen, dieses Phänomen eher im toten Winkel bleibt. Das Beispiel macht zugleich deutlich, dass das kontrastive Verfahren nicht zwingend auf die Betonung von Gegensätzen hinausläuft. Der von außen kommende Beobachter zog viele Parallelen zu den Formen des Bazars, arbeitete allerdings dann doch auch Unterschiede heraus wie den gebremsteren Redefluss der deutschen Händler und die sehr viel geringere Spannweite der Kostenbeträge beim Feilschen.

Die von außen her vorgenommenen Akzentuierungen und Erklärungen spielen eine wichtige Rolle für die Konstituierung des typisch Deutschen. Während Deutsche im Prinzip ihr gesamtes Leben verbringen können, ohne sich jemals zu fragen, was eigentlich »deutsch« ist und was »deutsch« bedeutet, drängt sich diese Frage all denjenigen auf, die mit Deutschen konfrontiert werden – auf dem Fußballplatz, in einem Ferienhotel, in Geschäftsbeziehungen und natürlich vor allem bei einem Aufenthalt in einer deutschen Region. Allerdings entgehen in der Regel auch die Deutschen der Frage nicht ganz – sei es, dass sie ihnen von ausländischen Besuchern gestellt wird, weil diese sich von der Antwort einen Kompass für die Orientierung im Land erhoffen, oder sei es, dass sie sich selbst in bestimmten Situationen die Frage vorlegen. Bezeichnend ist, dass sie meist zögernd an die Antwort und

Abb. 8: Der deutsche Schäferhund in Wort und Bild. Max von Stephanitz-Grafrath, Augsburg 1905. Germanisches Nationalmuseum, Nürnberg.

auch schon an die Frage herangehen. Was ist deutsch, typisch deutsch? Diese Frage wird in vielen Fällen nicht diskutiert als Frage nach den eigenen Befindlichkeiten und Charakterzügen, sondern abgehoben – so als ob es um etwas ginge, das zwar bedrohlich gegenwärtig ist, mit der eigenen Person aber nichts zu tun hat. Anders gesagt: Die Formulierung »Wir Deutschen« begegnet relativ selten; im allgemeinen heißt es: »Die Deutschen«.

Für diese Distanzierung gibt es mehrere Gründe. In vielen Fällen handelt es sich um eine Reaktion auf die Bilder und Urteile, die den Deutschen von außen her aufgedrückt werden. Weil es sich dabei sehr oft um Klischees handelt, die generalisierend angewandt werden, aber höchstens für einen Teil der Deutschen zutreffen, hat sich Skepsis gegenüber allen Verallgemeinerungen herausgebildet. Dass in ausländischen Reisebüros Plakate mit urigen Seppl-Figuren Deutschland präsentieren und repräsentieren, ist ein deutlicher Hinweis auf die problematische Pauschalierung; der bayerische Stil, wie er beispielsweise durch Janker und Dirndl verkörpert wird, hat zwar die Grenzen des Freistaats längst überschritten, ist aber keineswegs zu einem allgemein akzeptierten deutschen Merkmal geworden.

Damit ist auch schon ein zweiter Grund angedeutet. In Deutschland denkt man, vor allem im kulturellen Bereich, weniger national als regional (Abb. 9). Wir Franken, wir Alemannen, wir Westfalen, wir Sachsen, oder auch strikter lokalisiert: wir Berliner, wir Münchner, wir Frankfurter – das sind geläufige Selbstetikettierungen. Sie tragen der Tatsache Rechnung, dass Deutschland über viele Jahrhunderte keine staatliche Einheit, dass es in viele Territorien zersplittert und in viele Länder aufgeteilt war, die dank der föderativen Struktur auch später

ihre Eigenart und ihren Eigensinn bewahrten. Man hat darauf hingewiesen, dass die sogenannten Nationalspeisen bei uns Speisen sind, die nicht nur nach ihrer Herkunft regional sind, sondern die vielfach auch die Geschmacksnerven jenseits der regionalen Begrenzung verletzen.

Der dritte Grund ist der wichtigste. Man ist bei uns lange Zeit sehr pathetisch umgegangen mit dem Deutschen. »Deutsche Frauen, deutsche Treue, deutscher Wein und deutscher Sang« heißt es in dem 1841 entstandenen Lied, das 1922 offiziell zur Nationalhymne erklärt und dessen dritte Strophe über den Einschnitt von 1945 weg als Nationallied bewahrt wurde – das Adjektiv »deutsch« schien fast beliebigen Dingen und Werten eine höhere Weihe zu geben, und im Verlauf des 19. Jahrhunderts wurde die ganze Landschaft mit deutschen Denkmälern und Symbolen möbliert (Abb. 10). Dies war allerdings in den nationalistisch bestimmten Phasen der Geschichte nicht ungewöhnlich; ähnliche Belege könnten auch für andere Nationen beigebracht werden. »Deutsch« trägt aber auch noch die Hypothek der nationalistischen Übersteigerung und der imperialistischen Exzesse in der Zeit des Nationalsozialismus. Dies bestimmt bis heute manche Reaktionen im Ausland; Martin Walser beklagt in einem seiner letzten Romane die Erfahrung, »dass ein Deutscher immer zuerst ein Deutscher ist und erst dann ein Mensch«. Aber der NS-Hintergrund hat vor allem auch bei den Deutschen selbst das Misstrauen gegen alles blank Nationale verstärkt. Man sieht bis heute in Deutschland weit weniger Nationalflaggen als in anderen europäischen Ländern; während es dort vielfach üblich ist, die Flaggen und Fähnchen auch in Gärten und sogar in den Wohnungen zu zeigen, beschränkt sich der Gebrauch in Deutschland weitgehend auf öffentliche Institutionen und offizielle Anlässe – die teils organisierte und teils spontane Erzeugung eines Flaggenmeers bei nationalen Sportereignis-

Abb. 9: Schneekugel von Schloss Herrenchiemsee. 2005. Privatbesitz.

sen ist die Ausnahme. Die Befangenheit gegenüber nationalen Zeichen, ursprünglich zweifellos eine bewusste Abkehr von den Übersteigerungen der Hitlerzeit, ist inzwischen fast schon unreflektierter Bestandteil des typisch Deutschen geworden. Jugendliche erleben dies mitunter als Problem – wenn nämlich bei internationalen Treffen erwartet wird, dass die einzelnen Gruppen Farbe bekennen, und die deutschen Teilnehmerinnen und Teilnehmer haben keine Fahne oder national geprägte Kleidung zur Hand, und oft verfügen sie auch nicht über Lieder oder Tänze, die sie als deutsch ausgeben könnten.

All das bedeutet freilich nicht, dass »deutsch« aus dem Wortschatz der Deutschen verschwunden und dass die Vorstellung typisch deutscher Eigenheiten und Eigenschaften ganz aus der Vorstellungswelt der Deutschen verbannt wäre. Es gibt nicht nur die vereinfachten Bilder der Fremden, die Heterostereotype, sondern auch mehr oder weniger verfestigte Selbstbilder, Autostereotype. Und wenn ihre Aktivierung auch von individuellen Einstellungen und Befindlichkeiten abhängt – es lassen sich durchaus Konstellationen benennen, in denen sie bevorzugt abgerufen werden. Wann also spielt die Kategorie »deutsch« oder »typisch deutsch« für die Deutschen eine Rolle?

Auch für sie ist das kontrastive Verfahren von Bedeutung, anders gesagt: der Vergleich. Wo es um den Wettbewerb zwischen Nationen geht, liegt es nahe, dass mit der nationalen Bezeichnung zusätzliche Attribute verbunden werden. Bei internationalen Turnieren wie etwa der Fußball-Weltmeisterschaft werden von der Nationalmannschaft »deutsche Tugenden« erwartet, wobei mit diesem Begriff eine ganze Skala positiver (vorsichtiger gesagt: funktionaler) Eigenschaften abgedeckt wird: Disziplin, Härte, Zähigkeit, Einsatzbereitschaft – eigentlich alles, was den Sieg näher bringt. Im Fall von Siegen, vor allem bei unerwarteten Triumphen,

Abb. 10: Fest der deutschen Traube und des Weines. Franz Oswald Schiffers, 1936. Germanisches Nationalmuseum, Nürnberg.

dient die Zuschreibung deutscher Tugenden der Erklärung für den positiven Ausgang. Als die deutsche Mannschaft bei einem der letzten großen Wettbewerbe ein schon verloren geglaubtes Spiel durch energischen Einsatz noch »drehte«, operierte nicht nur die Bildzeitung mit dem Schlagwort von den deutschen Tugenden; auch der Bundestrainer zog sich darauf zurück, und der damalige Bundeskanzler Kohl übernahm freudig die Formel.

Häufiger ist allerdings die negative, die vorwurfsvolle Anwendung des Begriffs. Wenn die Mannschaft versagt, hat sie es an den deutschen Tugenden fehlen lassen. Und der deutschen Wirtschaft wurde in der Presse verschiedentlich bescheinigt, dass sie nur über die Rückkehr zu deutschen Tugenden aus der Depression herausfinden könne; auch in diesem Zusammenhang blieb freilich unbestimmt, worin die deutschen Tugenden konkret bestehen. Es geht in diesen Fällen um Kritik und Tadel, aber »deutsch« ist dabei positiv eingefärbt. Sehr viel häufiger aber sind negative Konnotationen. Sie stehen mit der Distanzierung der Deutschen von ihrer nationalen Definition in einem zirkulären Bedingungsverhältnis: Sie distanzieren sich, weil deutsch und erst recht das abstempelnde »typisch deutsch« meist negativ konnotiert sind, und die negativen Konnotationen sind eine Folge der Distanzierung.

Allerdings ist zu bedenken, dass Typisierungen grundsätzlich gerne mit negativen Urteilen verknüpft werden, zumindest in der alltäglichen Kommunikation. Schon wenn Handlungen einzelner Personen als typisch klassifiziert werden (»Typisch Hans«, »Typisch Erna«), bezieht es sich im allgemeinen auf negative oder doch problematische Züge; und erst recht gilt dies für kollektive Etikettierungen wie »Typisch Frau«, »Typisch Student«, »Typisch Bahn«, »Typisch CDU«. Ganz auf dieser Linie wird der Kommentar »Typisch deutsch« am ehesten abgerufen, wenn Handlungen oder Vorkommnisse in Frage gestellt werden.

Wenn auf der Autobahn trotz Geschwindigkeitsbegrenzung ein Raser überholt, stehen zwar auch andere Attribuierungen zur Auswahl. Manche Verkehrsteilnehmer sortieren ihre Negativliste nach Automarken; bei ihnen heißt es dann beispielsweise »Typisch BMW«. Und es gibt sogar Personen, die einigermaßen überzeugt sind, dass sich Verkehrssünder in bestimmten Landkreisen massieren und die deshalb ihre Kritik am Autokennzeichen ausrichten: »Typisch Schweinfurt«. Aber die häufigste verbale Attacke, manchmal eher scherzhaft, oft aber verbissen ernst gemeint, zielt auf die

Abb. 11: Deutsche Ausgabe eines Reisepasses der EG. 1994. Privatbesitz.

nationale Herkunft. Das kann auf Ausländer gemünzt sein (»Typisch Holländer«), aber häufiger noch wird die eigene nationale Gruppe an den Pranger gestellt: »Typisch deutsch«.

Jedermann kennt Vorgänge und Zustände, die diese kurze und fast immer kurzschlüssige Kennzeichnung nahe legen, und niemand ist ganz dagegen gefeit, dass ihm selbst die entsprechende Bemerkung über die Lippen kommt. Wenn ein Sachverhalt störend ins Blickfeld rückt, ist der Rekurs auf das Deutsche offenbar eine entlastende Möglichkeit – eine Möglichkeit unter anderen, aber nicht die am seltensten gebrauchte. Mallorca-Berichte im Fernsehen, die sich fast ganz auf die Gelage im »Ballermann« konzentrieren – die Betätigung des Aus-Knopfs erfolgt unter der Devise »Typisch deutsch«, die sich sowohl auf die reißerische Berichterstattung des Fernsehens wie auf die Situation vor Ort (an der sicherlich nicht nur Deutsche beteiligt sind) beziehen kann. Bürokratische Hemmnisse, ein unfreundlicher Beamter hinter dem Behördenschalter, die Zumutung, komplizierte Formulare auszufüllen oder unverständliche Gebrauchsanweisungen zu interpretieren – all diese Dinge erscheinen leicht als typisch deutsch, obwohl sie in vielen Fällen ganz allgemein mit der komplexen und durchorganisierten Gesellschaft und kaum mit deren nationalen Spielarten zu tun haben.

Diese Beobachtungen zum banalen Alltagsverständnis und Gebrauch des nationalen Stereotyps rücken die Typisierungen insgesamt in ein problematisches Licht. Sie nähren den Verdacht, dass die Kategorie »deutsch«, sobald sie die im Pass vermerkte Identitätsbezeichnung übersteigt (Abb. 11), nicht mehr viel hergibt, ja dass sie in vielen Fällen eher fiktiv als realistisch ist. Das stimmt so nicht ganz. Es gibt Bereiche, in denen eine nationale Besonderheit objektiv nachgewiesen werden kann. So sind nach einer im Frühjahr 2005 durchgeführten

Umfrage in Deutschland deutlich mehr Frühaufsteher als in den anderen europäischen Ländern. Dort gaben nur 15 Prozent ihre Aufstehzeit vor 6 Uhr an, in Deutschland waren es 29 Prozent. Diese abweichende Festlegung des Tagesrhythmus ist keine Bagatelle, sie wirkt sich auf die gesamte Lebensführung aus: Die Frühaufsteher gehen auch früher zu Bett, und da Vergnügen im allgemeinen eher in den Stunden nach Sonnenuntergang platziert ist, lassen sich von diesen Zeitangaben mit einiger Phantasie interessante Querverbindungen zum Thema Pflichtgefühl und Arbeitseifer ziehen. Aber erstens ist nicht sicher, ob ein Teil der vermeintlichen Frühaufsteher nicht statt tatsächlichem nur gewünschtes Verhalten vorgegeben hat (was freilich auch ein bezeichnendes Licht auf die Bewertung werfen würde); und außerdem erlaubt der im Vergleich höhere Prozentsatz noch nicht ohne weiteres die Feststellung, »die Deutschen« seien keine Langschläfer.

Ähnliche Einschränkungen sind auch bei anderen objektiven Befunden zu machen. Es ist richtig, dass in Deutschland sehr viel seltener und zudem meist im engeren Umkreis umgezogen wird als beispielsweise in den USA, aber auch seltener als in einigen anderen europäischen Ländern; und wiederum lassen sich von diesem Datum des weniger häufigen Wohnungswechsels Querverbindungen zu einem ganzen Verhaltens- und Einstellungsbündel herstellen: geringere Mobilitätsbereitschaft (die ja auch auf dem wirtschaftlichen Feld beklagt wird), ausgeprägte Beziehung zum Besitz und Besitzen (von ausländischen Kritikern manchmal als anale Disposition interpretiert), positive Einschätzung aller Zeichen und Rituale der Gemütlichkeit. Aber auch hier handelt es sich nur um einen Durchschnittswert, der für Teile der deutschen Bevölkerung gültig ist, und man muss sich fragen, ob die Einstellung des anderen Teils nicht ebenso wichtig ist. Die Aversion gegen einen Wechsel von Wohnung und Wohnort ist bei der jüngeren Generation

sehr viel weniger ausgeprägt, und möglicherweise stehen wir vor einer durchgängigen Verschiebung, die den früheren Befund zum überholten Stereotyp macht.

Die Kategorie »deutsch«, das scheinen diese Beispiele zu zeigen, ist als eine Kategorie der Verfestigung des Liquiden bevorzugt in der Vergangenheit angesiedelt; in Wirklichkeit ist dieses gewesene Deutsche ständig im Austausch mit Eigenschaften, die nicht oder noch nicht als »deutsch« gelten, ist also ständig in Veränderung begriffen. Was Friedrich Nietzsche (Abb. 12) als kritische Diagnose und als Appell vor dem Hintergrund nationaler Machtbestrebungen formulierte, ist auch unabhängig davon noch plausibel: »Wenn nämlich ein Volk vorwärts geht und wächst, so sprengt es jedes Mal den Gürtel, der ihm bis dahin sein nationales Ansehen gab: bleibt es stehen, verkümmert es, so schließt sich ein neuer Gürtel um seine Seele; die immer härter werdende Kruste baut gleichsam ein Gefängnis herum, dessen Mauern immer wachsen [...]. Der also, welcher den Deutschen wohl will, mag für seinen Teil zusehen, wie er immer mehr aus dem, was deutsch ist, hinauswachse. Die Wendung zum Undeutschen ist deshalb immer das Kennzeichen der Tüchtigen unseres Volkes gewesen.«

Wann ist deutsch? Die Mehrzahl der angeführten Beispiele und Überlegungen passen zu der Antwort: Immer dann, wenn vieldeutige Zusammenhänge und komplizierte Sachverhalte schnell einer eindeutigen Bewertung unterworfen werden. Das Nietzsche-Zitat und die ihm vorangeschickten Anmerkungen könnten eine noch kürzere Antwort nahe legen, die freilich ebenso um die Ecke gedacht ist wie die schief formulierte Frage: Wann ist deutsch? Gestern.

Abb. 12: Büste von Friedrich Nietzsche. Nach Max Klinger, 2005. Germanisches Nationalmuseum, Nürnberg.

Deutsch – was ist das für ein Wort ?

DAGMAR ROSENSTOCK

Wir sind es gewohnt, Sprachen nach den Namen der Länder, in denen sie gesprochen werden, oder nach den Namen der Sprecher zu benennen. So sprechen Franzosen französisch, Finnen finnisch, Dänen dänisch und Polen polnisch, während Niederländer niederländisch oder holländisch reden. Bei der deutschen Sprache ist die Herleitung jedoch nicht so leicht. Eine »deutschländische« Sprache gibt es nicht, denn wir nennen uns selbst nicht die »Deutschländer« (das bleibt einer Würstchenmarke vorbehalten), sondern die »Deutschen«, und das leitet sich, wie der Name Deutschland selbst, vom Eigenschaftswort »deutsch« ab.

Deutschland und die Deutschen tragen ihre Namen nach der deutschen Sprache. Andere Ländernamen gehen auf sehr alte Bezeichnungen zurück, die teils geographisch, also durch die Landesnatur, wie z. B. die Niederlande oder das »emporgehobene« Anatolien, teils durch antike Völker geprägt wurden, wie z. B. Ägypten, Persien oder Phönizien. Wieder andere wurden, wie die meisten europäischen Länder, z. B. Frankreich, England, Griechenland, erst in jüngeren historischen Zeiten nach ihren Bewohnern benannt.

Bevor wir uns die Frage stellen, wann und in welchen Zusammenhängen »deutsch« als Bezeichnung für eine Sprache auftaucht, betrachten wir noch, wie wir von unseren europäischen Nachbarn genannt werden. Eigen- und Fremdbenennung weichen oft sehr deutlich voneinander ab[1].

Im Norden und Nordwesten Europas nennt man uns Tyske und Duitse, in England sind wir die Germans, weil Dutch schon für die Niederländer gilt. Im Westen und Südwesten Europas spricht man von uns als von Allemands/Alemans, nach dem Stammesnamen der Alamannen. Im Südosten Europas bis zum Orient fächert sich die Bezeichnung für die Deutschen in Alemannen, Franken, Schwaben und Sachsen auf (Banater, Sathmar- oder Donauschwaben, Siebenbürger Sachsen), wobei das türkische »Almanya« aus dem Französischen entlehnt sein dürfte. Bei den slawischsprechenden Völkern im ostmitteleuropäischen Raum sind die Deutschen die »Stummen« oder »die unverständlich Redenden« (nemeckij, nemci), was an die Benennung fremder Völker als »Barbaren« (»Brabbler«) im alten Griechenland erinnert.

Das slawische Wort für »deutsch« wurde auch ins Ungarische, eine nicht-indoeuropäische Sprache, als »német« entlehnt. Schon diese Uneinheitlichkeit in der Benennung für ein mitteleuropäisches Land und seine Bewohner ist ein interessantes historisches Phänomen. Die italienische Form Tedeschi jedoch entspricht genau den »Deutschen«, wie wir selbst von uns sprechen und führt zu »deutsch« zurück.

Über »deutsch«, seine Wort- und Bedeutungsgeschichte, ist seit dem Erscheinen des Grimmschen Deutschen Wörterbuches um die Mitte des 19. Jahrhunderts sehr viel geforscht und geschrieben worden, und das nicht nur von Germanisten[2]. Standen zunächst die westliche Sprachgrenze, das Verhältnis des Fränkischen zum Romanischen/Altfranzösischen und die Herausbildung der deutschen und der französischen Nation im Vordergrund des Interesses, betont man heute eher den historisch-linguistischen Standpunkt und bezieht auch Bayern und Österreich, die östlicheren Räume des nachmaligen Heiligen Römischen Reiches, in die Betrachtung mit ein[3].

Im folgenden können aus den zahlreichen, mit viel wissenschaftlichem Scharfsinn geführten Diskussionen um »deutsch« und seine Geschichte nur einige wichtige Ansätze und Belege dargestellt werden. Die hier angeführten Titel ermöglichen aber durch ihre umfangreichen Literaturverzeichnisse weitere Studien zu diesem Thema. Was ist es also für ein merkwürdiges Wort, »deutsch«?

Schlägt man in einem etymologischen Wörterbuch nach[4], so findet man es als ein Adjektiv, das von einem althochdeutschen Substantiv »theod«/ »diot« mittels der heute noch wortbildenden, also produktiven Anfügungspartikel -isk/-isch gebildet wurde, wie z.B. himmlisch, irdisch, kindisch, dänisch, polnisch u.ä., auch welsch oder slawisch. Die althochdeutsche Form des Eigenschaftswortes zu »diot« lautete »diutisk«, aus dem sich später über das Mittel- und Neuhochdeutsche in verschiedenen Schreibvarianten, z.B. »tiutsch«, »teutsch«, »deudsch«, die heute gültige Form »deutsch« durchsetzte. Im mittelalterlichen Altfranzösisch sind Formen wie »tiedeis«, »tiois«, belegt, die wahrscheinlich zu den im Westen des deutschen Sprachraumes vorkommenden Bezeichnungen »ditsch« (z.B. Elsässerditsch), »dütsch« (z.B. Schweizerdütsch) und letztlich auch zu »dutch« umgewandelt wurden[5].

Deutsch und »theod/diot/diet«

Das Substantiv, von dem sich »diutisk« ableitete, kommt allerdings in unserem heutigen Sprachgebrauch nicht mehr vor und mutet uns fremd an. »Theod/thiod«, althochdeutsch »diot«, in mittelhochdeutscher Form »diet«, kann man annähernd mit »Stamm, Volksstamm, Volk, Volksgruppe, Volksversammlung«, möglicherweise auch »Gerichtsversammlung« oder »Heer« umschreiben. Es handelt sich dabei um ein sehr altes Wort, dessen Wurzeln in die europäische Vorzeit zurückreichen, wobei nicht nur die Kimbern und »Teutonen«,

oder eine zur Zeit der römischen Republik belegte illyrische Königin »Teuta«, sondern sogar der durch die Asterix-Geschichten bekannt gewordene keltische Gott »Teutates« zu seinen zwar nicht direkten, aber etymologischen Verwandten zählen[6]. Auch im Namen des »Teutoburger« Waldes haben sich Spuren dieser alten Herkunft erhalten.

Das gesamte Bedeutungsfeld eines aus dem Sprachschatz verschwundenen Wortes ist nicht leicht zu umreißen. Man kann sich ihm nur annähern, dies umso mehr, als auch synonyme Wörter nie ganz ein und dasselbe meinen – sonst hätten sie sich gar nicht entwickeln können. Bei »theod/ diot« klingt durchaus noch etwas Altertümliches an, das über den gebräuchlichen Begriff »Volk« hinausreicht – es steckt sozusagen »mehr drin«.

Das so alltägliche und in jeder Zeitung x-fach vorkommende »deutsch« leitet sich von einem Begriff ab, den wir nicht mehr richtig fassen und für den wir heute nur »Volk« sagen oder schreiben können. Das Wort »Volk« hat wiederum seine eigene Bedeutungsgeschichte[7], wobei die Art seiner etymologischen Verwandtschaft mit slawisch »pulk« (»Schar«, »Volksmenge«) ebenso wenig sicher geklärt ist wie ein möglicher Zusammenhang mit lateinisch »vulgus«. Ob das Wortfeld »folgen, Gefolgschaft«, englisch »follow«, mit »Volk« verwandt ist, wird von den meisten Wörterbüchern offen gelassen. Sicher entspricht englisch »folk« aber dem deutschen »Volk« ziemlich genau. Das im 19. und 20. Jahrhundert meist einseitig verwendete, heute politisch-ideologisch stark belastete und daher aus dem Wortschatz nahezu getilgte Eigenschaftswort »völkisch« kommt für diesen Bedeutungszusammenhang nicht in Frage, denn es ist eine neuzeitliche Bildung ohne mittelalterliche Tradition, die sich erst seit dem 15. Jahrhundert als »volckisch« (= »popularis«, »nach Art des Volkes«, bis hin zu »vulgär«) nachweisen lässt[8]. Mit dem Wort »deutsch« und dessen Überlieferung hat es nichts zu tun.

Im Laufe des späteren Mittelalters und der frühen Neuzeit im 14. und 15. Jahrhundert ist »thiod/diet« allmählich außer Gebrauch gekommen, so dass das Adjektiv »deutsch« heute kein direkt zu ihm passendes Substantiv mehr hat. Im Nibelungenlied des 13. Jahrhunderts kommt »diet« noch vor[9], bei Luther schon nicht mehr, und lange vor Kant und Goethe, und erst recht im heutigen Deutsch, ist es nicht mehr nachweisbar und vollständig durch »Volk« und »Leute« ersetzt worden, Begriffe, die dadurch auch eine Bedeutungserweiterung erfahren haben. Das allmähliche Verschwinden von »diet« spiegelt den tiefgreifenden sozialen Wandel der spätmittelalterlichen und frühneuzeitlichen Gesellschaften[10] und indirekt die Verschiebung und Verfestigung des Begriffs »deutsch« von der reinen Sprachbezeichnung hin zum Volks- und Landesnamen. Eine »diutsche diet« ist bezeichnenderweise nirgends belegt und wäre wohl auch einem Deutschsprechenden des späteren Mittelalters oder der frühen Neuzeit seltsam vorgekommen, so unnötig wie ein »weißer Schimmel«.

Es hat sich aber dennoch etwas von »thiod/diet« erhalten, und zwar in Personennamen wie Dietrich (= Theoderich, Theuderich), Dietlinde (= Theodelinde, Theudelinde), Dietwulf (= Theodulf), Dietmar (= Thietmar), Detlev u. a., und in einer Reihe von Ortsnamen wie Dietkirchen an der Lahn oder Dietfurt[11], den im süddeutschen Raum gleich drei Orte führen, zwei an der Altmühl und einer an der Rott in Bayern, Ditfurt an der Bode nördlich von Quedlinburg, (Salz)detfurth in der Gegend von Hildesheim, oder im Namen einer ganzen Landschaft im heutigen Schleswig-Holstein, in Dithmarschen. Die Namen von Detmold, der Hauptstadt des Lipperlandes, oder von Kirch-, bzw. Rothenditmold im nördlichen Hessen, unweit von Kassel, können dabei für das Bedeutungsfeld von »thiod/diot/diet« besonders aufschlussreiche Hinweise geben und sollen daher etwas näher betrachtet werden.

Deutsch und »Detmold«

Es ist in der Forschung unbestritten, dass der Name Detmold oder -ditmold auf »theotmallum/thiotmalli« zurückgeht, was man mit »Volksgerichtsstätte« umschreiben kann, wobei der Bestandteil »mallum«, zu -mold geworden, die Örtlichkeit selbst meint, den »Malberg« oder Gerichtsplatz, der meist erhöht angelegt war. In der Umgebung von Detmold gibt es noch weitere Orte mit dem Namensbestandteil -mold (Gesmold, Getmold, etwas weiter entfernt auch Versmold), aber mit anderen Bestimmungswörtern. Die Deutung als »Volksgerichtsstätte« gilt gleichermaßen für die beiden Ditmold-Orte in der Nähe von Kassel und für das nordfranzösische Timaux, das nach romanischen/französischen Lautgesetzen von »theotmallum« zu seiner heutigen Gestalt umgeformt wurde. Wir finden in diesen Ortsnamen den Begriff für theod/thiod (»Volk«, »Volksversammlung«) im Zusammenhang mit der Sphäre von Gericht und Rechtsprechung belegt – ein Forschungsansatz, der vor etwa fünfundsiebzig Jahren begründet wurde[12] und neuerdings wieder diskutiert wird[13]. Damit eröffnet sich ein Pfad zum in die vorgeschichtliche Zeit zurückreichenden Bedeutungsgehalt von »theod/thiod«, nämlich die Nähe zur formelhaften »Hohen Sprache« der Rechtsfindung und Rechtsherstellung in schriftlosen Kulturen. Die schillernden und sich teilweise überschneidenden Bedeutungsfelder von »theod/diot«, »liute/Leute« und »Volk« werden auch darin erkennbar, dass es z. B. keine Zusammensetzung aus »Volk« und »mallum« gibt, wohl aber bis heute ein sog. »Folketing« in Dänemark. »Leutkirch« im Allgäu dürfte dagegen dem »Dietkirchen« an der Lahn eher synonym sein.

Die Menschen, die sich im siebten, achten oder neunten Jahrhundert im fränkischen Reich, in Thüringen oder Sachsen auf der Gerichtsstätte versammelten, waren nicht das »ganze Volk« in seiner Menge mit allen dazugehörigen Unfreien, Frauen und Kindern, sondern repräsentierten die »thiod/diet«, denjenigen Teil des Volkes, der für die Rechtsprechung relevant war, der »etwas zu sagen« hatte, und für den es wichtig war, zu wissen, was sich während der Gerichtsverhandlung zutrug. Das kennzeichnet ältere Rechtsfindungsnormen und damit auch archaische Verfassungselemente[14].

Als sich nach dem Zerfall des Weströmischen Reiches in den westlichen und nördlichen ehemaligen Provinzen neue politische Gebilde etabliert hatten, repräsentierten diese einen altertümlichen Zustand von Organisation und Staatlichkeit, der sich beträchtlich vom spätrömischen Verwaltungsstaat unterschied. Ein wichtiges Merkmal dieser nicht territorial, sondern in Personengruppierungen oder »Stämme« gegliederten Verbände war, dass sie, von Runeninschriften auf unterschiedlichen Arten von Gegenständen abgesehen, über keine entwickelte Schriftlichkeit verfügten. Schriftlose Gesellschaften haben natürlich auch kein kodifiziertes Recht – Recht wird gesprochen und entsteht nach den mündlich tradierten Normen in der Gerichtsversammlung jeweils wieder aufs neue. Erst allmählich kam es im merowingerzeitlichen Frankenreich zur Aufzeichnung der mündlich überlieferten Volksrechte, z. B. der sog. Lex Salica für die Franken im 6. Jahrhundert, der Lex Baiuvariorum im 7. bzw. 8. Jahrhundert.

Um Gültigkeit und damit Verbindlichkeit zu gewährleisten, mussten vor Gericht bestimmte Ausübungsstandards in Ritus und Wortwahl zwingend beachtet werden, und das gerade, weil dem gesprochenen Wort weitaus mehr Gewicht beigemessen wurde als in Gesellschaften, die über Schrift verfügten. Das ist in sog. traditionalen Kulturen auch heute noch so, man denke z. B. an so etwas wie die uns recht archaisch anmutende »Loya Dschirga« afghanischer Clans oder Stammesverbände, die bei uns durch die Berichterstattung in den Medien bekannt wurde. Auch in hoch entwickelten europäischen Ländern mit Verfassung, schriftlich fixiertem Straf- und Zivilrecht und entsprechender Rechtsroutine, folgt die Sprechweise vor Gericht noch einem anderen Code als die normale alltägliche Umgangssprache; man sagt noch heute »Hohes Gericht«, spricht im angelsächsischen Kulturbereich den Richter mit »Euer Ehren« an, und selbst ein deutscher Fernsehkrimi-Kommissar wird sehr förmlich, wenn er jemanden verhaften muss (»Frau/Herr XY, ich nehme Sie fest wegen …«). Auch heute noch wird die mündliche Vereidigung nach feststehenden Formeln durchgeführt und hat schwerwiegende rechtliche Konsequenzen.

Der Begriff theod/thiod steht, im Gegensatz zu »Volk«, den Bereichen des Gerichtswesens und der Rechtsprechung nahe. Da verwundert es nicht, dass im sog. Heliand, einem in altsächsischer Mundart abgefassten Evangelien-Reimgedicht des späten 9. Jahrhunderts, die Gerichtsversammlung der Pharisäer mit »mari thioda« (= geehrte/hohe Gerichtsversammlung) angeredet wird[15].

Deutsch und »theodiscus/teutonicus«

Man kann das abgeleitete Adjektiv »diutisk« und damit auch seine mittellateinische Form »theodiscus« oder »theodisca lingua«, die für die Forschung geradezu zu Schlüsselbegriffen wurden, in ursprünglicher Bedeutung als »zur diot gehörig, volksüblich, volksgemäß« interpretieren. Zwischen ursprünglicher Bedeutung und der Verwendung im Sprachgebrauch des 8. und 9. Jahrhunderts ist aber sorgfältig zu unterscheiden. »Theodiscus«, oder in adverbialer Wendung »theodisce«, wurde für die Sprache verwendet. Das mittellateinische Wort ist in der Zeit zwischen 786 und 900 n. Chr. über 40mal in unterschiedlichen Schreibvarianten und Zusammensetzungen belegt und bezeichnet dabei fast immer die Sprache, und zwar in ihrem Gegensatz zum Lateinischen oder Romanischen. Die Frage, ob das Wort »theodiscus« eine Neuprägung karolingerzeitlicher Gelehrter war, oder ob man ein sowohl bei den Franken als auch bei den rechtsrheinischen Stämmen altbekanntes Wort nur durch das Anhängen der Endung latinisierte, hat die Forschung lange und kontrovers beschäftigt[16]. Heute rechnet man wieder mehr mit dem Altererbten[17].

Die Form *theodisk ist nur erschlossen worden, weil ein solches Adjektiv in unseren Schriftquellen, die in mittelalterlichem Latein geschrieben wurden, nicht erscheint.

In der Bibelübersetzung des gotischen Bischofs Wulfila findet sich allerdings als einer der ältesten Belege ein »thiudiskô« als Übersetzung von εθνικος, für »gentilis« in der Bedeutung »heidnisch«, »nach Art des Volkes« (eines Volkes, das erst zum Christentum bekehrt werden sollte)[18].

Der immer wieder zitierte älteste Beleg für das mittellateinische theodiscus ist der von Gregor von Ostia verfasste Bericht von 786 über die Synode von Cealchyd (heute Chelsea im Großraum London) im angelsächsischen Königreich Mercien in Mittelengland, gerichtet an Papst Hadrian zur Regierungszeit Karls des Großen[19]. Hier wird vermerkt, dass in Cealchyd die Beschlüsse der vorigen Synode von Corbridge in Northumberland »[...] tam latine quam theodisce« (= auf lateinisch und auf theodisk«) vorgelesen wurden, damit auch jeder Teilnehmer verstehen konnte, was gemeint war. Dieses »theodisce« war selbstverständlich kein »deutsch« in unserem heutigen Sinne, sondern am ehesten (angel)»sächsisch«, eben die Sprache derer, die in Cealchyd kein Latein konnten, sondern nur die »volksmäßige, volksübliche« Sprache. In dem Brief steht aber nicht etwa »saxonice«!

Aus diesem Text folgt zunächst, dass nicht alle Teilnehmer der Synode so gut Latein konnten, dass sie den Text auch ohne Übertragung ins »theodisce« verstanden hätten. Aber die Quelle lässt auch erkennen, wie hoch man das allgemeine Sprachverständnis bewertete, denn auch in kirchlichen Zusammenhängen entstand Rechtsverbindlichkeit nur durch das volle Verständnis der Beteiligten.

Auch das um nur zwei Jahre jüngere Beispiel eines Beleges für »theodiscus«, der Bericht der fränkischen Reichsannalen über die Verurteilung des Bayernherzogs Tassilo in Ingelheim 788, zeigt, welches Gewicht man dem allgemeinen Wort- und Textverständnis beimaß[20]. Ausdrücklich wird das Vergehen Tassilos, die Spaltung des Heeres, der »Heerschliß«, beschrieben (»quod in theodisca lingua *harisliz* dicitur«) und beim rechtsverbindlichen Namen genannt, d. h. das alte germanische Wort musste tatsächlich ausgesprochen werden, musste in »theodisca lingua« zu hören gewesen sein.

Das verweist auf die sog. »Malbergischen Glossen«, die dem Bedürfnis nach terminologischer Eindeutigkeit vor Gericht dienten, und mit denen sich der gedankliche Kreis wieder zu »theotmallum/ Detmold« schließt, denn diese übersetzenden Randbemerkungen zum Text der lateinisch abgefassten Lex Salica tragen ihren Namen eben vom »mallum« (-mold) oder »mallobergum«, vom »Malberg«, der erhöht angelegten Gerichtsstätte. Die Malbergischen Glossen ermöglichten die Übertragung lateinischer Rechtsbegriffe in die theodisca lingua für den Gebrauch vor Gericht, und sie überliefern uns die wirklich damals gesprochene, und nicht nur die geschriebene Sprache. Als historische Quelle sind sie daher von besonderem Rang[21].

Inwieweit das »theodisce« des ausgehenden 8. Jahrhunderts bereits die Erkenntnis und den Begriff eines mehrere stammesgebundene Dialekte übergreifenden »Germanischen« durch die damaligen Gelehrten belegt, mag dahingestellt bleiben[22]; ein Sinn für Zusammengehörigkeit muss sich jedoch entwickelt haben, sonst wäre eine Stelle aus der Biographie Alfreds des Großen von England, die von Bischof Asser, bezeichnenderweise einem Waliser, verfasst wurde und etwa um die Wende zum

10. Jahrhundert datiert wird[23], nicht verständlich. Es geht dabei eigentlich nur um eine protokollarische Frage am Königshof: »[…] ultra morem omnium Theotiscorum« (= entgegen der Sitte aller »Theodisken«) sitzt die Königin bei den Westsachsen nicht neben dem König. Natürlich sind diese »Theodisken« keine »Deutschen«, aber für Bischof Asser gehörten sie doch zusammen; er hatte wohl ein Gehör für die gemeinsamen Sprachmerkmale zwischen Angelsachsen, Sachsen auf dem Kontinent, Franken und all den anderen, die »theodiske« Mundarten sprachen.

Während bei Notker dem Deutschen, der im Kloster St. Gallen um die Wende zum 11. Jahrhundert lebte und schrieb, schon »in diutiskun« (= auf deutsch) vorkommt[24], begegnet erst im Annolied gegen Ende des 11. Jahrhunderts das Wort »deutsch« in Bezug auf Menschen, Land und Leute[25].

Außer »theodiscus« erscheint in den Quellen seit dem 9. Jahrhundert auch »teutonicus«, das sicher schon bei den zeitgenössischen Gelehrten die Assoziation zu den alten Kimbern und Teutonen und ihren Kriegszügen erweckte. Man kannte den Begriff aus der antiken Literatur, nicht zuletzt aus den Vergilglossen des Servius[26] über die nach »teutonischer Art ihre Wurfgeschosse Schleudernden«, wobei in der Antike noch nicht ganz klar war, ob es sich bei den Kimbern und Teutonen eher um Kelten oder um Germanen handelte. Im Laufe des 10. und 11. Jahrhunderts kommt »teutonicus« in den Quellen recht häufig vor und meist mit Bezug auf das nachmalig »Deutsche«. Die Forschung sah darin sogar ein Zeichen der etablierten Vorstellung eines »deutschen« Reiches gegenüber dem westfränkischen, »französischen«[27].

Ein bekanntes Beispiel dafür ist der Ausdruck »regnum Teutonicorum«, mit dem Papst Gregor VII. das Reich Heinrichs IV. im Zusammenhang mit dessen Gang nach Canossa bezeichnete. Dieser öfter auch abfällig gemeinte Name hat sich nicht durchgesetzt, denn selbst im heutigen Italienisch sind die Deutschen die »Tedeschi« (von »theodisci«) und nicht etwa die »Teutonici«, aber geblieben ist er den Deutschen bis heute, wenn auch scherzhaft. Vom »furor Teutonicus« abgesehen, ist der sog. »Teutonengrill« an den italienischen Küsten noch recht bekannt, und erst im Januar 2006 stand in einer großen deutschen Tageszeitung ein Leitartikel zum Problem des Zuzuges deutscher Arbeitskräfte in die Schweiz mit dem Titel »Völkerwanderung«. Er schließt mit dem Satz: »[…] weil sonst zu viele Teutonen kommen«[28].

Deutsch, »französisch« und die Straßburger Eide

Die Geschichte des Wortes »deutsch« führt weit in die europäische Vergangenheit zurück, in das frühe Mittelalter, eine Zeit, in der allmählich die Grundlagen für die späteren Staatengefüge gebildet wurden. Nach der Völkerwanderungszeit mit ihren vielfältigen kulturellen Brüchen hatte sich auf dem Gebiet des spätrömischen Galliens das Reich der Franken etabliert, in dem der Adelsclan der Merowinger für Jahrhunderte die Könige stellte. Erst im achten Jahrhundert wurden sie durch den Aufstieg der Karolinger abgelöst. Das Reich der Franken bildete in seiner sprachlichen und kulturellen Verbindung mit Gallien die Grundlage des späteren Königreiches Frankreich, ein Staat, der als französische Republik bis auf den heutigen Tag besteht und sich »La France«, also »Francia« (= Franken), nennt. So zählen die Franken zu Recht zu den historischen Wegbereitern Europas[29]. Als Sprache hat sich in Frankreich aber, ungeachtet der langen Herrschaftstradition einer fränkischen Oberschicht, das romanische »Französisch« (= nach Art der Franken«), als Erbin der spätrömischen »lingua rustica romana« (= des bäuerlichen Romanisch) durchgesetzt.

Eine der schönsten und bekanntesten Textüberlieferungen des Mittelalters stellt der Bericht Nithards, eines Verwandten Karls des Großen, dar, der in seiner »Historia Francorum« die Zusammenkunft Karls des Kahlen und Ludwigs des Deutschen in Straßburg im Februar 842 und das dort geschlossene Bündnis gegen Lothar, ihren Bruder bzw. Halbbruder überliefert[30]. Alle drei Könige waren Enkel Karls des Großen. Nithard hat in seine Erzählung den Wortlaut der Eidesformeln eingefügt, in altfranzösischer und in althochdeutscher Sprache, so dass ein einzigartiges Sprachdokument, wenn auch in jüngeren Abschriften, auf uns gekommen ist, die sog. »Straßburger Eide«. Man ging dabei so vor, dass der ostfränkische König Ludwig, der »rex orientalis Franciae«, den bezeichnenderweise schon die zeitgenössischen Annalen des westfränkischen Klosters St. Bertin einen »rex Germaniae« bzw. »rex Germanorum« nennen und der erst viel später in Deutschland »Ludwig der Deutsche« hieß[31], den Eid in altfranzösischer Sprache leistete und der westfränkische König Karl der Kahle »in theodisca lingua«, auf althochdeutsch in fränkischer Mundart, um das für die Rechtsgültigkeit so wichtige volle Verständnis zu gewährleisten[32]. Auch die Gefolgsleute von Karl und Ludwig sprachen ihre Gelöbnisse jeweils wechselseitig auf »deutsch« und »französisch«.

Die von den Königen gesprochenen Absätze lauten:

»Pro Deo amur et pro Christian poblo et nostro commun salvament, d'ist di in avant, in quant Deus savir et podir me dunat, si salvarai eo cist meon fradre Karlo et in aiudha et in cadhuna cosa, si cum om per dreit son fradra salvar dist, in o quid il mi altresi fazet; et ab Ludher nul plaid numquam prindrai, qui meon vol cist meon fradre Karle in damno sit.

In Godes minna ind in thes Christianes folches ind unser bedhero gealtnissi, fon thesemo dage frammordes, so fram so mir Got gewizci indi maht furgibit, so haldih tesan minan bruodher, soso man mit rehtu sinan bruodher

scal, in thiu thaz er mig sosoma duo; indi mit Ludheren in nohheiniu thing ne gegango, zhe minan willon imo ce scadhen werhen.«

Übersetzung sinngemäß:

»In/für/bei Gottes Liebe und des christlichen Volkes und unser beider Erlösung, von diesem Tag an fürderhin, sofern so mir Gott Wissen und Macht gibt, so halte ich diesen meinen Bruder, so (wie) man mit Recht seinen Bruder (halten) soll, indem dass er mir das gleiche tue; und mit Lothar in keinem Ding (zusammen)gehe, das meinen Willen ihm zu Schaden werden (ließe).«

Bemerkenswert ist dabei, dass der Ausdruck »teudisca lingua« im Erzähltext Nithards vorkommt, aber der Begriff des »Christianes folches«, des »christlichen Volkes«, als Übersetzung von »Christian poblo« in den Eiden erscheint. Hier ist, und das beleuchtet wieder das Bedeutungsfeld von »thiod/theod«, das Volk in seiner Gesamtheit gemeint, nicht nur das gerichtsrelevante. Von einer »Christian theoda« o. ä. ist nicht die Rede, sondern vom »folc«, als Entsprechung zu altfranzösisch »poblo« aus lateinisch »populus«. Karl der Kahle sprach die Eidesformel aber auf »theodisce«!

Die Straßburger Eide lassen in der unmittelbaren Gegenüberstellung der Texte gut erkennen, wie grundlegend sich das romanische Altfranzösisch und das germanische »Theodisk«/Althochdeutsch im 9. Jahrhundert voneinander unterschieden, und dass, ungeachtet zahlreicher wechselseitiger Entlehnungen, sich keine strukturell gemischte romanisch-germanische Sprache entwickeln konnte. Eine Verständigung untereinander war wohl für die meisten Gefolgsleute der beiden Könige aus den drei Reichsteilen ohne Dolmetscher nicht möglich. Im westlichen Reich der Franken, aus dem später Frankreich wurde, hat sich das romanische Französisch durchgesetzt. Im mittleren Teil, im Reich Lothars, dürfte Zweisprachigkeit der Bevölkerung am häufigsten anzutreffen gewesen sein, wie es heute noch in Luxemburg, im Elsaß und in »Lothringen«

der Fall ist, während im überwiegend rechtsrheinischen, nachmalig »deutschen« Gebiet wohl meist nur »theodisce« gesprochen wurde. Die sprachliche Nähe zu den angelsächsischen Mundarten, die ja auch zu den »theodisken« zählen, war noch so ausgeprägt, dass Missionare wie Winfried/Bonifatius und Willibrord bei ihren Predigten auch ohne Dolmetscher verstanden wurden, was bei iro-schottischen Predigern nicht so selbstverständlich erscheint, da sie ja »welsch« (= gälisch) sprachen. In den östlichen Grenzräumen des Reiches, im östlichen Sachsen, Thüringen, Mainfranken und Baiern, kam es dagegen zu häufigen Kontakten mit Slawen, nicht zuletzt aufgrund der Beziehungen zum Großmährischen Reich, und demzufolge mit Sicherheit zu wechselseitigen Sprachkenntnissen.

Die Sprachgrenze im Westen links des Rheines zwischen der in spätrömischer Tradition stehenden, romanischsprechenden und schließlich unter die fränkische Herrschaft eingegliederten Bevölkerung des Frankenreiches, und den rechtsrheinisch siedelnden Stammesverbänden, die nicht dem römischen Einfluss ausgesetzt waren und daher kein Latein und kein Romanisch, sondern eben »germanische« Idiome sprachen, entstand im frühen Mittelalter, so wie man auch allmählich die deutliche Sprachgrenze zu den slawischsprechenden Volksgruppen und Stämmen weiter im Osten wahrnahm. Die historischen Wurzeln unserer föderal organisierten Staatsverfassung, die uns heute durchaus noch politische Probleme bereiten kann, liegen letztlich in der Völkerwanderungszeit und bei den später »deutschen« Stämmen der (Ost)Franken, Friesen, Sachsen, Thüringer, Alemannen, Schwaben und Baiern. Erst im Hochmittelalter begann die Ausweitung deutscher Siedlungstätigkeit zwischen Elbe und Oder bis in den ostmitteleuropäischen Raum hinein.

Das eigentliche böhmische Becken blieb dabei tschechisch besiedelt, und die deutsch-tschechische Sprachgrenze reicht bis heute am dichtesten ans Altsiedelland in Oberfranken und an Erzgebirge und Vogtland heran. Der mit seinen vielfachen Verzahnungen recht schwankende Verlauf der slawisch-deutschen Ortsnamengrenze vom östlichen Teil Schleswig-Holsteins über das sog. Wendland in Niedersachsen, über Sachsen-Anhalt, Thüringen, Franken und Bayern bis Südmähren und Österreich ist nach wie vor Gegenstand landesgeschichtlicher und namenkundlicher Forschung.

Rein sprachgeschichtlich gesehen sind das aber ganz junge Ereignisse, denn die Entstehung der großen Untergruppen innerhalb der indoeuropäischen Sprachfamilie (z. B. italische, germanische, slawische Sprachen) oder gar die Entstehung eines anzunehmenden Ur-Indoeuropäischen selbst, spielten sich sozusagen in »grauer Vorzeit« ab, wobei die Datierung solcher Prozesse in die Altsteinzeit nicht weniger spekulativ ist als die Annahme, der Wortschatz der frühesten jungsteinzeitlichen Ackerbauern spiegele sich im Indoeuropäischen. Nur moderne interdisziplinäre Forschungsansätze von Evolutionsbiologie, Paläoanthropologie, Archäologie, Paläo-Ethnobotanik und -zoologie, Ethnologie, Indogermanistik, Vergleichenden Sprachwissenschaften, Paläolinguistik, Namenkunde u. a. haben hier Chancen auf Erkenntnisfortschritt[33].

Im Laufe des späteren Mittelalters verfestigte sich der Gebrauch von »deutsch« als Landes- und Volksname immer mehr. Deutschland wurde das Land, in dem diejenigen wohnen, die deutsch sprechen und deswegen »die Deutschen« heißen.

Die Gemeinsamkeit der theodisca lingua, die trotz aller Dialektunterschiede von Dänemark über Sachsen bis ins Langobardenreich südlich der Alpen verstanden wurde, bildete eine der stärksten geistigen Klammern zwischen den Stämmen untereinander und eine der wichtigsten Voraussetzungen für eine spätere »deutsche« Identität.

Als 1486 zum Reichstitel »Sacrum Imperium Romanum« (Heiliges Römisches Reich) noch der Zusatz »Nationis Germanicae« (Deutscher Nation) hinzugefügt wurde, war das eine damals sehr moderne, aus der Antikenbegeisterung der Renaissance hergeleitete Bezeichnung, die mit dem alten theodiscus der karolingischen oder dem teutonicus der ottonischen Zeit nichts mehr zu tun hatte, denn von »Nationen« war damals nicht die Rede. Die Schwelle zur Neuzeit war am Ende des 15. Jahrhunderts längst überschritten und »deutsch« war als Sprach- und Volksname selbstverständlich geworden.

Aus der vielschichtigen und bis heute spannenden Wort- und Bedeutungsgeschichte von »deutsch« konnten hier nur wenige Aspekte angesprochen werden, die aber dazu anregen sollen, sich selbst wieder mehr und ohne Vorurteile mit der deutschen Sprache zu beschäftigen. Germanistik ist keine ausschließlich deutsche Wissenschaft, und speziell die Geschichte des Wortes »deutsch« interessiert Historiker und Sprachwissenschaftler auf der ganzen Welt, von Deutschland und England über Ungarn bis Japan, um nur einige Beispiele zu nennen. Mit Internet-Suchmaschinen ist eine Fülle von Informationen zu »deutsch« oder »theodiscus« zu finden, die es erlauben, Fundiertes von nur Unterhaltsamem oder gar Skurrilem zu unterscheiden.

Durch alle fünf Hauptfelder der Ausstellung zieht sich wie ein roter Faden »deutsch« als Wort und Begriff.

So findet sich die Sehnsucht nach Italien bereits in den Beziehungen der Karolinger zu den Langobarden, die ja auch die »theodisca lingua« sprachen und in der lang angestrebten und im Jahr 800 erreichten Kaiserkrönung Karls des Großen.

Der Glaube ist im Deutschen vor allem repräsentiert in der Bibelübersetzung Luthers, die für die Standardisierung der neuhochdeutschen Schriftsprache den wichtigsten Meilenstein setzte.

Zum Vaterland wurde den Angehörigen der alten frühmittelalterlichen Stämme das Land, in dem die Menschen »diutisk« (= deutsch) sprachen.

Der Geist spiegelt sich in der Fülle der deutschsprachigen Literatur, von den Merseburger Zaubersprüchen bis zum modernen Roman.

Für den Charakter sei die Frage gestellt, ob die noch heute gebräuchliche Wendung bezeichnend sein könnte, bei der man ohne diplomatische Umschweife, aber auch ohne besondere Geschicklichkeit, ziemlich direkt zur Sache kommt: »auf deutsch gesagt«, oder »reden wir deutsch miteinander«.

1 Zu Selbst- und Fremdbenennung vgl. Ludwig Rübekeil: Suebica. Völkernamen und Ethnos. Innsbruck 1992, bes. S. 29–36.

2 Als Einführung und Überblick, auch über ältere Literatur, vgl. Hans Eggers (Hrsg.): Der Volksname Deutsch. Darmstadt 1970. – Hermann Jakobs: Theodisk im Frankenreich, 2. Aufl. Heidelberg 1999.

3 Ingrid Strasser: Diutisk-deutsch. Neue Überlegungen zur Entstehung der Sprachbezeichnung. Österreichische Akademie der Wissenschaften, Phil.-hist. Klasse, Sitzungsberichte Bd. 444, 1984, S. 1–54, bes. S. 24–26.

4 Z. B. Friedrich Kluge: Etymologisches Wörterbuch der deutschen Sprache, 24. Aufl. Berlin 2002.

5 Vgl. im Rolandslied, in dem die Tiedeis, womit wohl die Franken gemeint waren (Franceis sind bereits »Franzosen«), in einem Zug mit Alemannen, Sachsen und Baiern genannt werden (Vers 3793 und folgende, zitiert nach H. Jakobs, wie Anm. 2).

6 Vgl. mit weiteren Beispielen Leo Weisgerber: Theudisk. Der deutsche Volksname und die westliche Sprachgrenze. In: Leo Weisgerber (Hrsg.): Deutsch als Volksname. Ursprung und Bedeutung. Darmstadt 1953, S. 40–95, bes. S. 42–45.

7 Vgl. hierzu Otfrid Ehrismann: Volk. Eine Wortgeschichte (vom Ende des 8. Jahrhunderts bis zum Barock). Gießen 1970. – Otfrid Ehrismann: Theodiscus/thiudisk – Derivat und Basislexem. In: Wolfgang Haubrichs (Hrsg.): Deutsch – Wort und Begriff. Zeitschrift für Literaturwissenschaft und Linguistik (= LiLi) Bd. 24, 1994, H. 94, S. 47–68.

8 Vgl. Jacob und Wilhelm Grimm: Deutsches Wörterbuch. Leipzig 1854 ff.

9 Vgl. Georg Friedrich Benecke, Wilhelm Müller und Friedrich Zarncke: Mittelhochdeutsches Wörterbuch. Leipzig 1854–1866, Nachdruck 1990, mit Belegstellen zu »diet«.

10 Die rechtlich-korporative Bedeutung ist noch deutlich spürbar in Wendungen wie »israhelische diet« für die jüdische Synagogengemeinde oder »varnde diet« für »Fahrendes Volk«. Vgl. G. F. Benecke, W. Müller und F. Zarncke (Anm. 9).

11 Zu den Ortsnamen wie Dietfurt oder Detfurth, die eigentlich »Volks«- oder »Heerfurt« bedeuten, hat Eugen Rosenstock-Huessy: Frankreich-Deutschland. Mythos oder Anrede. Berlin 1957, S. 47–56, bes. S. 53 eine Parallele in Frankreich angeführt, nämlich Doué, das sich aus »thiodwat« analog zu »dietfurt« herleiten soll. Dieser Ort in Zentralfrankreich am Fluss Douet hieß aber schon gallorömischer Zeit »Doadum«, so dass die vermutete Verwandtschaft mit Dietfurt an der Altmühl wohl nicht besteht.

12 Eugen Rosenstock: Unser Volksname Deutsch und die Aufhebung des Herzogtums Bayern (1928). In: Hans Eggers (Hrsg.): Deutsch als Volksname. Darmstadt 1970, S. 32–102.

13 Vgl. H. Jakobs (Anm. 2), S. 82–83.

14 Vgl. Reinhard Wenskus: Stammesbildung und Verfassung. Das Werden der frühmittelalterlichen gentes. Köln 1961.

15 Vgl. H. Jakobs (Anm. 2), S. 27.

16 Vgl. Heinz Thomas: Frenkisk. Zur Geschichte von theodiscus und teutonicus im Frankenreich des 9. Jahrhunderts. In: Rudolf Schieffer (Hrsg.): Beiträge zur Geschichte des Regnum Francorum. Sigmaringen 1990, S. 67–95.

17 Vgl. Thomas Klein: Zum Alter des Wortes »deutsch«. In: W. Haubrichs (Anm. 7), S. 12–25.

18 Vgl. H. Jakobs (Anm. 2), S. 19 und Tibor Lénárd: Der ostgermanische Aspekt in der Frühgeschichte des Volksnamens deutsch. Wien 2002.

19 Zitiert nach H. Jakobs (Anm. 2), S. 15 und Anm. 25.

20 Annales Regni Francorum ad a. 788, zitiert nach H. Jakobs (Anm. 2), S. 34 und Anm. 107.

21 Vgl. Ruth Schmidt-Wiegand: Die Malbergischen Glossen, eine frühe Überlieferung germanischer Rechtssprache. In: Heinrich Beck (Hrsg.): Germanische Rest- und Trümmersprachen. Berlin–New York 1989, S. 157–174. Wiederabgedruckt in: Ruth Schmidt-Wiegand: Stammesrecht und Volkssprache. Ausgewählte Aufsätze zu den Leges barbarorum. Weinheim 1991, S. 78–95.

22 Vgl. Eugen Lerch: Der Ursprung des Wortes »Deutsch«. In: H. Eggers (Anm. 2), S. 261–289, bes. S. 269 und Ernst Erich Metzner: Deutsch – welsch – wendisch. Die Anfänge des Namens theodiscus/deutsch in Alt-Europa. In: Der Sprachdienst Bd. 47, 2003, S. 89–98.

23 De rebus gestis Aelfredi c. 13, zitiert nach H. Jakobs (Anm. 2), S. 18 und Anm. 38.

24 Zitiert nach H. Jakobs (Anm. 2), S. 14 und Anm. 22.

25 Vgl. H. Jakobs (Anm. 2), S. 73, 74.

26 Vgl. Leo Weisgerber: Vergil Aeneis VII 741 und die Frühgeschichte des Namens Deutsch. In: L. Weisgerber (Anm. 5), S. 11–39.

27 Vgl. H. Thomas (Anm. 16), S. 88 und Anm. 118.

28 Konrad Mrusek: Völkerwanderung. In: Frankfurter Allgemeine Zeitung, 21. 1. 2006.

29 Titel einer archäologischen Ausstellung 1997 im Reiß-Museum in Mannheim.

30 Nithardi historiarum libri IV, Buch 3, Kap. 5, zitiert nach http://www.phil.uni-erlangen.de, 22. 03. 2006.

31 Vgl. Wilfried Hartmann: Ludwig der Deutsche. Darmstadt 2002, S. 3.

32 Der Text folgt dem Abdruck bei Ruth Schmidt-Wiegand: Eid und Gelöbnis, Formel und Formular im mittelalterlichen Recht. In: Peter Classen (Hrsg.): Recht und Schrift im Mittelalter. Sigmaringen 1977, S. 55–90, bes. S. 62–72.

33 Vgl. dazu Roger Blench und Matthew Spriggs (Hrsg.): Archaeology and Language. London–New York 1997. – John V. Day: Indo-European Origins. The Anthropological Evidence. Washington D.C. 2001.

Wofür halten Sie sich?

Eric T. Hansen

Wenn ich in meinen zwanzig Jahren unter Deutschen eines gelernt habe, dann dies: Sie haben keine Ahnung, wer Sie sind.

Bei Lesungen aus meinem Buch »Die Nibelungenreise« komme ich an eine bestimmte Stelle, die unter den deutschen Zuhörern eine rätselhafte Reaktion hervorruft. Die Stelle beschreibt meinen ersten Eindruck von Deutschland, als ich 1981 aus Amerika hierhin kam: Die Kleidung war raffinierter, die Autos waren kleiner, und das Radio spielte englischsprachige Songs, die ich noch nie gehört hatte.

Sie lachen. Und ich habe keine Ahnung, warum. Irgendwann hielt ich es nicht mehr aus und fragte nach. Ein Zuhörer erklärte: »Sie meinen damit, dass wir Deutschen nicht mal in unserer eigenen Sprache singen wollen. Jemand von außen erkennt sofort, was wir Deutschen nicht sehen: Dass wir überhaupt kein Selbstvertrauen besitzen.«

Kein Selbstvertrauen? Die Deutschen? Moment mal.

Es stimmt schon, dass wir Ausländer, die in Deutschland leben, öfters mal Adjektive verwenden, die nicht nur schmeichelhaft sind, wenn wir über die Eingeborenen diskutieren: »überheblich«, zum Beispiel, »besserwisserisch«, ja, sogar »arrogant«. Von deutschem Egoismus, Chauvinismus, von end-

Abb. 13: Blechtrommel. Original-Requisit aus dem Film »Die Blechtrommel«. Nicht datiert. Sammlung Volker Schlöndorff im Deutschen Filmmuseum, Frankfurt a. M.

loser Bauchnabelschau ist die Rede. Aber Mangel an Selbstvertrauen? Davon merkt man von außen keine Spur.

Es gab ein paar deutsche Gruppen wie Boney M, die auf Englisch sangen, als ich 1981 nach Deutschland kam, doch mehr als alles andere waren die frühen 8oer die Zeit der Neuen Deutschen Welle. Das waren Bands wie Abwärts, DAF, Extrabreit, Ideal, Nena, Trio, Peter Schilling und die ganzen anderen, nicht zu vergessen Karat und BAP. »Deine Blauen Augen!« – »Es geht voran!« – »Da da da!« Nein, mit »englischsprachigen Songs, die ich noch nie gehört hatte«, meinte ich Popmusik aus England. Auf Hawaii, wo ich aufgewachsen bin, hörten wir den guten alten amerikanischen Rock – Bruce Springsteen, Tom Petty, Lynyrd Skynyrd. Den Deutschen war das alles nicht mondän genug. Hier hörte man Ultravox, Visage, OMD und The Clash. Vielleicht hatten ein paar Trendsetter in New York mal von diesen Bands gehört, hier aber waren sie überall bekannt. Kultur aus anderen Ländern zu importieren, war für die Deutschen absolut normal. So gut wie jede deutsche Kleinstadt hatte die gleiche kulturelle Neugier wie die New Yorker. Und natürlich ein Theater, eine Oper, eine Philharmonie, ein Museum und eine Zeitung, die Nachrichten aus Frankreich brachte und ein intellektuelles Feuilleton führte.

Deutschland war für mich wie ein riesiges buntes Kaufhaus für Kultur aus aller Welt. Neben deutscher Literatur konnte ich auch Bücher aus meiner Heimat, aber auch aus Italien, Schweden, Südamerika und vielen anderen Ländern finden. So viele französische Autoren wie in deutschen Buchhandlungen findet man in keinem amerikanischen Bookstore. Ich habe es geliebt. Ich durchstöberte die Plattensammlungen und Bücherregale von Bekannten. Ich ließ mir sagen, wer Rainer Werner Fassbinder, Wim Wenders, Werner Herzog und Volker Schlöndorff (Abb. 13) waren. Ich entdeckte Stefan Zweig, der, in seiner Schwärmerei für europäische Kultur, als guter Leitfaden diente, andere Autoren zu entdecken, von Dostojewski über Montaigne bis zu Knut Hamsun. Ich trug mein letztes Geld in die Billigbuchhandlungen, suchte die gesammelten Werke von Goethe und Schiller zusammen und dazu »Best of Stephan Sulke«. Als ich zurück nach Hawaii ging, zwang ich meinen Vater, mit mir in »Das Boot« (mit Untertiteln) in einem Uni-Kino zu gehen, weil kein Mensch mit mir dahin wollte, und ich fand endlich einen Kabelkanal, der Fassbinders gewaltiges 13-teiliges Epos »Berlin Alexanderplatz« sendete – neben einer Menge halbpornographischer Filme aus Frankreich.

Ich erinnere mich an meinen letzten Tag bei Montanus, ich hatte noch ein paar Mark übrig: »Was ist das? ›Gesammelte Werke von Theodor Storm‹?«

»Ach, irgendso'n deutscher Klassiker«, meinte der Verkäufer.

»Ich nehm's!«

Was ich die ganze Zeit über nicht ahnte, war: Die Deutschen um mich herum sahen das anders. Sie schlichen den ganzen Tag mit langen Gesichtern herum und sorgten sich krumm, wie sehr Deutschland verkitscht und verdummt wurde. Die deutsche Sprache sterbe aus, die deutsche Kultur sterbe aus, die Deutschen verlören ihre Identität. Sie übten sich in Sätzen wie »Unser Land wird zu einer kulturellen Wüste« (Abb. 14). Während ich mich mit Kultur voll saugte, ging um mich herum das Abendland unter.

Fast zwanzig Jahre später saß ich mit einem leitenden Redakteur einer wichtigen deutschen Wochenzeitung zusammen und wir diskutierten das Phänomen Amerikanisierung. Ich meinte, »Deutschland ist gar nicht amerikanisiert.« »Aber natürlich sind wir das«, meinte er. »Sie brauchen nur die ›Spiegel‹-Bestsellerliste anschauen – die meisten Titel darauf sind amerikanisch.« Im Nebenzimmer lag zufällig ein Spiegel. »Schauen wir doch nach«, sagte ich. Doch manche deutsche My-

then will man nicht entzaubern. »Brauchen wir nicht«, winkte er ab. »Es ist einfach so.« Ein paar Tage später schaute ich aber doch nach. Zwanzig Titel standen auf der »Spiegel«-Bestsellerliste (Belletristik) vom 11. April 2005. Unter ihnen fanden sich tatsächlich viele amerikanischen Titel – fünf. Zwar nicht ganz »die meisten«, aber immerhin einer mehr als die vier deutschen Titel. Wenn ich deutscher Autor wäre, würde mich diese Liste schon in die Verzweiflung treiben. Doch woher stammen eigentlich die anderen elf Titel?

Ich zählte: Zwei kamen aus Schweden, einer aus Irland, einer aus England und sechs aus Frankreich. Mein Gott, dachte ich: Deutschland wird gar nicht amerikanisiert, dass ist nur ein raffiniertes Täuschungsmanöver. Während die ganze Nation mit Angst und Schrecken nach Amerika schaut, wird Deutschland heimlich frankisiert. In der Tat kann man die 16 ausländischen Titel auf der Best-sellerliste als Zeichen kultureller Überfremdung interpretieren und als Beweis, dass die Deutschen ihre eigene Kultur verachten. Wenn man es unbedingt will. Einfacher wäre es zu sagen: Die Deutschen lieben ausländische Kultur. Kaum ein anderes Land in Europa ist so sehr an fremden Kulturen interessiert wie Deutschland. Und das nicht erst seit 1945. Schon die Bestsellerliste des Mittelalters strotzt vor ausländischen Titeln. In ihrem Standardwerk »Daten deutscher Dichtung« identifizieren die Autoren Frenzel und Frenzel 34 deutschsprachige romanähnliche Werke aus den Jahren 1170–1270, also aus dem hohen Mittelalter, der ersten Glanzzeit der deutschen Literatur[1]. Wie populär diese Werke wirklich waren, weiß niemand mit Sicherheit, doch es gibt den Hinweis, dass am ehesten jene Werke die Zeit überstanden haben, die oft abgeschrieben und verteilt

Abb. 14: Deutschland im deutschen Buch. Entw.: Christian von Hattingberg, 1938. Die »Nürnberger Plakatsammlung« der GfK und NAA im Germanischen Nationalmuseum, Nürnberg.

worden sind. Von diesen 34 erhaltenen Romanen kann man nur 13 Werke als Original-Deutsch ansehen – unter anderen das Nibelungenlied. Die anderen, also über die Hälfte, sind Adaptionen ausländischer Originale, meist aus dem Französischen oder Lateinischen. Die meisten großen Werke der deutschen mittelalterlichen Literatur sind Übersetzungen. Der John Grisham des Mittelalters war ein Franzose: Chrétien de Troyes, Autor der Originale von Parzival, Erec, Iwein und anderen.

Die intensive Liebe der Deutschen zur ausländischen Kultur zieht sich durch alle Epochen. Man kann nicht behaupten, dass Goethe und Schiller ihre Werke aus anderen Sprachen übersetzt haben, doch etwa die Hälfte ihrer Dramen basiert auf Vorlagen oder auf der Geschichte anderer Kulturen, von »Egmont« und »Iphigenie auf Tauris« bis hin zu »Wilhelm Tell« und »Die Jungfrau von Orleans«. Selbst »Faust I« entstand vermutlich dank eines internationalen kulturellen Austauschs. Der historische Faust war zwar Deutscher, aber ohne die Engländer wäre er lange vor Goethe in Vergessenheit geraten. Im 16. Jahrhundert entstand das erste deutsche Volksbuch über den Magier und seine Späße, das gleich in Übersetzung nach England exportiert

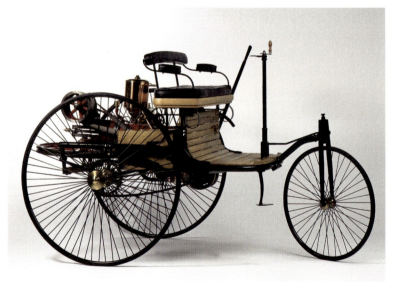

Abb. 15: Modell des Benz Patent-Motorwagens (im Maßstab 1 : 2,5). Entw.: Karl Benz, 1886. Mercedes-Benz-Museum, Stuttgart.

wurde. Wenige Jahre später schuf der englische Dramatiker Christopher Marlowe ein Bühnenstück aus dieser Übersetzung, das so populär wurde, dass es rückübersetzt nach Deutschland zurückkehrte. Zahlreiche Volkstheater- und Marionettentruppen tourten mit der Geschichte in verschiedenen Versionen auf dem Kontinent herum, bis zweihundert Jahre später Goethe den Stoff beinahe gleichzeitig als deutsches Volksbuch und als italienisches Puppenspiel kennen lernte. Marlowes Einfluss sollte man nicht unterschätzen: während die Volksbücher den Magier stur als bösen Scharlatan darstellten, war es Marlowe, der ihn zum sympathischen Wissenschaftler machte. »Ohne diese ganze Entwicklung mit Marlowe hätte Goethe seinen ›Faust‹ nie geschrieben«, meinte Heike Hamberger, Leiterin des Faust-Museums und Faust-Archivs in Knittlingen, dem vermuteten Geburtsort des historischen Faust.

Nein, die Deutschen verlieren ihre Kultur nicht. Sie pflegen sie genauso wie sie sie immer gepflegt haben: Indem sie ins Ausland fahren, mit neuen Impulsen heimkehren und aus diesen Impulsen eine frische Kultur schaffen. Dann lehnen sie sich bei einem kühlen Bier gemütlich zurück und meckern darüber, dass sie überfremdet werden.

Vielleicht kommt die deutsche Angst vor Überfremdung daher, dass die Deutschen ihre eigene Kultur gar nicht mehr wahrnehmen. Das Auto ist ein gutes Beispiel. Wenn heute ein Musiker beginnen würde, deutsche Pophymnen auf das Auto zu singen – »Oh Baby, flieh mit mir in meinem VW-Polo« – würden die Kritiker ihn als billige Bruce Springsteen-Kopie beschimpfen. Das Auto als kulturelle Ikone gehört einfach den Amerikanern. Dabei ist es eine deutsche Erfindung (Abb. 15).

Selbst der amerikanische Traum ist nichts anderes als unsere Version einer europäischen Erfindung, die sich bereits im Mittelalter großer Beliebtheit erfreute. Lange bevor wir Amerikaner unseren

Tellerwäscher-zum-Millionär-Mythos erfanden, erzählten sich die Deutschen unaufhörlich die Geschichte des Ritters auf Abenteuerfahrt. Es ist derselbe Mythos.

Im adeligen bzw. feudalen Herrschaftssystem des Mittelalters, in dem die meisten Menschen in Unfreiheit oder Halbfreiheit lebten, hatten Nicht-Adelige kaum Möglichkeiten, sozial aufzusteigen. Doch es gab Ausnahmen. Eine davon war der besondere Dienst am Herren, die Spezialität der sogenannten Ministerialen. Den heutigen Staatsministern nicht unähnlich, übernahmen die mittelalterlichen Ministerialen die Arbeit, zu der die Obrigkeit keine Zeit oder Lust hatte, sei es die Verwaltung herrschaftlicher Ländereien, den Schriftverkehr mit anderen analphabetischen Adeligen oder das Verprügeln von Bauern, die ihre Steuern nicht entrichtet hatten. Wer es als unfreier Ministeriale schaffte, für seinen Herren unverzichtbar zu werden, hatte gute Aufstiegschancen. Da diese Ämter meist vererbbar waren, konnten Ministerialenfamilien über einige Generationen soviel Macht, Reichtum und Einfluss gewinnen, dass sie am Ende mehr mit ihren adeligen Herren gemeinsam hatten als mit anderen Unfreien.

Die coolsten Ministerialen waren die Ritter. Wer sich in Raufereien hervortat, bekam eine Rüstung – das mittelalterliche Äquivalent eines Porsche – und tat beim nächsten Scharmützel sein Bestes, als besonders waghalsig aufzufallen. Bei Misserfolg war man halt tot, aber bei Erfolg konnte man fast alles werden, wovon man träumte. Nach den Kreuzzügen haben einige höher stehende Ministerialen sich Fürst irgendeiner Wüstengrafschaft nennen dürfen. Das erklärt, warum Rittertum noch heute sexy ist. Es geht um mehr als nur Eisenpanzer und Schwerter. Es geht um die Idee des glorreichen Aufstiegs, die gleiche Idee, die heute in den amerikanischen Ghettos die Kids anfeuert, Basketballspieler oder HipHopstar zu werden.

Heute ist es nur eine Abenteuergeschichte für Kinder; im Mittelalter war das Publikum solcher Geschichten erwachsen. Selbst »Parzival«, das größte literarische Kunstwerk des deutschen Mittelalters, ist eine Tellerwäschergeschichte mit Schwert und Rüstung: Der junge Parzival ist adelig, weiß es aber nicht. Er wächst im Wald auf, weitab von der Welt des Rittertums. Als er jedoch zum ersten Mal einem Ritter begegnet, weiß er: so einer will er auch werden. Obwohl er zunächst alles falsch macht, weil er ein ungehobelter Waldjunge ist, schafft er es aufgrund seiner Kraft, seines Talents und Durchsetzungsvermögens, ein großer Ritter zu werden. Am Ende wird er sogar zum Gralskönig. Er wusste es nicht, aber das Gralskönigtum hat nur darauf gewartet, dass er seinen Weg macht. Alle Elemente der typischen amerikanischen Erfolgsgeschichte sind hier schon enthalten: Der bescheidene Anfang; die Einführung in eine ihm überlegene Gesellschaft mitsamt Missverständnissen und Fettnäpfchen; die Herausforderungen, die Fehlschläge, die Abwege, die vom Ziel wegführen und der Zweifel, dass er es je erreicht; der mysteriöse Freund, der im richtigen Moment auftaucht und mehr. Dies ist die Tellerwäschergeschichte in ihrer ursprünglichen Form: eine europäische Erfindung.

Das Merkwürdige ist nicht, dass Amerika diesen Traum modernisierte und sich zu eigen machte. Viel merkwürdiger ist es, dass das heutige Europa keine moderne Version davon pflegt. Europäer und vor allem Deutsche glauben, solche Träume träumten nur andere. Sie gehen davon aus, dass ihre Kultur kein fruchtbarer Nährboden für Träumereien ist. Während Amerika sich für das Land der unbegrenzten Möglichkeiten hält, versteht sich Deutschland als das Land der endlosen Bürokratie, politischer Unbeweglichkeit und wirtschaftlicher Innovationsunlust. Die Amerikaner glauben, ihr Land sei besonders; die Deutschen halten ihr Land für besonders schwierig.

Selbst wenn es überhaupt nicht stimmt. Laut einer Studie der Statistics Canada, des kanadischen Amtes für Statistik, ist eher Deutschland das Land der unbegrenzten Möglichkeiten als Amerika. Die Studie, die 2004 in dem Buch »Generational Income Mobility« von Miles Corak im Cambridge Verlag vorgestellt wurde[2], misst die Einkommensunterschiede zwischen den Generationen. Wenn die überwiegende Mehrheit der Kinder am Ende ihres Lebens das gleiche Einkommen erzielen wie ihre Eltern, dann gibt es in dieser Gesellschaft wenig soziale Mobilität. Die Kinder bleiben in der gleichen Schicht gefangen. Das ist kein Zeichen für eine stabile Gesellschaft, sondern für eine starre Gesellschaft. Es ist weder Aufstieg noch Abstieg möglich. Egal, wie dumm sie sich anstellen, die Reichen können sich darauf verlassen, reich zu bleiben; die Armen haben keine Hoffnung, der Armut jemals zu entkommen. Das sind mittelalterliche Zustände. Wenn der unfähige Reiche ebenso verarmen wie der fähige Arme reich werden kann, dann entsteht Chancengleichheit. Das Ergebnis der Studie: die faktische soziale Mobilität ist in Deutschland höher als in den USA. Auf der Liste der Länder mit der höchsten sozialen Mobilität stand Deutschland leider nicht ganz oben – auf den obersten Rängen kleben die skandinavischen Länder – aber deutlich höher als England, Frankreich und – ganz unten – die USA. Dabei ist die hohe deutsche soziale Mobilität keineswegs unsichtbar. Sie ist kein Geheimtipp, nichts, was ausschließlich ein paar Mitgliedern eines Geheimbundes vorbehalten ist. Man erfährt davon fast täglich aus der Presse. Die Medien sind voller Artikel über Unternehmer und Unternehmen, die es gerade an die Spitze geschafft haben. Selbst im »Spiegel« erscheint jede Woche eine Erfolgs- oder Aufsteigergeschichte. In den fünf Ausgaben vom August 2005 waren fünf solche Erfolgsgeschichten (wenn auch mit der üblichen Marken-Skepsis) enthalten: In einem Gespräch darf der nagelneue Allianz-Vorstandschef Michael Diekmann, ehemals Philosophiestudent, ausgiebig seine Weisheiten über Wirtschaft, Politik und Kundenattraktivität ausplaudern; nach dem Kauf von Reebok wird Adidas als eine deutsche Weltfirma präsentiert, die Nike von der Spitze drängen will; ein vorbildlicher Milliardär in der Kleinstadt Künzelsau darf die Deutschen in einem Gespräch beschimpfen, es ginge ihnen zu gut und sie wüssten es nicht; es werden erfolgreiche deutsche Unternehmer in Polen porträtiert, und mit Erstaunen festgestellt, dass eine kleine schwäbische Firma sich jenseits der Öffentlichkeit zum Weltmarktführer in Sachen Reiseführer gemausert hat. Selbst die vielen Skandal- und »Deutsche-Firma-in-Trouble«-Geschichten, für die der »Spiegel« so berühmt ist, drehen sich nicht um irgendwelche Looser, sondern um große, erfolgreiche Firmen. Nein, die Medien machen kein Geheimnis daraus, dass es genug Deutsche und deutsche Firmen gibt, die es ganz nach oben schaffen.

Genau wie in Hollywood werden auch in Deutschland um bestimmte Promis Legenden gebildet: Claudia Schiffer wird in einer Diskothek entdeckt. Thomas Jahn, der Regisseur des deutschen Blockbusters von 1997 »Knockin' on Heaven's Door«, machte als Taxifahrer Bekanntschaft mit seinem Star Til Schweiger, der ihm nach der Fahrt sagte, er werde seinen Film produzieren. Sendungen wie »Deutschland sucht den Superstar« feiern die ungebändigte soziale Mobilität junger Leute wie in einem Fiebertraum. Gerhard Schröder war Sohn eines Hilfsarbeiters und einer Fabrikarbeiterin, absolvierte eine Lehre zum Einzelhandelskaufmann, musste die Mittlere Reife in der Abendschule nachholen und endete als Bundeskanzler. Angela Merkel wuchs als Pfarrerstochter in einer Kleinstadt in der DDR auf, nicht unbedingt die beste Voraussetzung für eine Karriere in der CDU, schlug zunächst, weitab vom öffentlichen Leben, einen wissenschaftlichen Berufsweg ein, verirrte sich dann ohne große Vorbereitung mit Mitte 30 als Frau in die bekanntlich männerdominierte Politik und wurde Bundeskanzlerin.

In Amerika würde jede einzelne dieser Geschichten mit dem Satz enden: »Siehst du, mein Kind? Bei uns kann jeder Präsident werden!« Dieser Satz stimmt auch in Deutschland, aber man sagt ihn nicht. Hier zu Lande gibt es zwar moderne Rittergeschichten genug, doch Erfolgsmenschen gelten höchstens als Exoten, niemals als Vorbilder. Faktisch sind die Deutschen äußerst ehrgeizfreundlich, doch als grundsätzlicher Teil der deutschen Seele wollen sie die soziale Mobilität nicht einstufen. Sie sind wie die Familie mit einem Transvestiten als erstgeborenem Sohn: Sie erkennen zwar an, dass jemand im eigenen Land ab und zu etwas Ungewöhnliches macht, aber das sagt nichts über den Rest der Familie. Das Land der unbegrenzten Möglichkeiten bleibt trotzdem immer woanders. Und das, obwohl hier zu Lande jede Woche 150 Millionen Euro für Lottoscheine ausgegeben werden. Die Amerikaner wollen den sozialen Aufstieg so sehr, dass sie sich darüber identifizieren. Auch die Deutschen wollen den sozialen Aufstieg, sie wollen sich nur nicht darüber identifizieren.

Und das ist längst nicht alles, worüber die Deutschen sich nicht identifizieren wollen. »Ich sehe mich überhaupt nicht als Deutscher«, sagte der junge Mann, der im Verlagswesen arbeitete. »Ich habe so wenig gemeinsam mit einem Bayern oder Hamburger wie mit dem Mann im Mond. Ich bin Bürger der Welt, höchstens ein Europäer, vielleicht auch Kölner, aber kein Deutscher.« Es war also ein typisch deutsches Gespräch, wie man es in Köln, Bayern, Hamburg und auch sonst überall in Deutschland führt. Wenn Ihnen jemand erzählt, er sei Weltbürger, ist das ein sicheres Zeichen dafür, dass er Deutscher ist.

Wir saßen in einem schicken Café in Köln zur Zeit der Fußballweltmeisterschaft 2002, und wir hatten eigentlich über Fußball gesprochen, aber dann, logisch bei all dem stolzen Fahnenschwenken in der WM-Zeit, ging die Konversation nahtlos über zu den Gefahren des Patriotismus. »Ich habe überhaupt keinen Bezug zum deutschen Staat«, behauptete er. »Dieser Staat hat überhaupt nichts mit mir zu tun, mit dem, was ich bin.« »Du meinst, abgesehen von der Sprache, deiner Schul- und Uni-Ausbildung, deinem Job, diversen Freiheiten, der Infrastruktur, der Wirtschaft und den Werten, die du verinnerlicht hast, zum Beispiel auch deiner intellektuellen Distanz zum Staat?« Da wurde er wütend. Er begann, sämtliche Sünden des deutschen Staates aufzulisten, von den alten Nazis in der Justiz über Umweltsünden bis hin zum geistfeindlichen Materialismus der Gesellschaft. Er zog richtig vom Leder. Er wurde immer lauter, und bald war er auch rot im Gesicht. Am Anfang dachte ich: Wir spielen hier ein intellektuelles Spiel, wir amüsieren uns über das abstrakte Puzzle des Patriotismus, der uns nicht wirklich nahe gehen kann, weil es eine völlig abstrakte Frage ist. (Heute kommt Patriotismus langsam wieder in Mode, doch in den Feuilletons und in politischen Reden wird immer wieder klar, dass die meisten deutschen Entscheidungsträger Angst davor haben.) Jetzt dachte ich: Ich werde gleich von einem Pazifisten erschlagen. Ich muss irgendwas tun. Ich begann zu nicken und ich nickte solange, bis sein Gesicht wieder eine normale Farbe hatte.

Diese verkorkste Beziehung zum Staat geht offenbar tiefer als nur eine intellektuelle Spielerei. Es geht den Deutschen richtig zu Herzen. Sie haben offensichtlich eine intensive Bindung zum Staat, aber sie ist eher wie die Beziehung eines Sohnes zu einem Vater, der ihn zutiefst enttäuscht hat. Der Sohn sagt: »Du hast mich enttäuscht.« Der Vater erwidert: »Ach, ich konnte nicht anders, so schlimm bin ich nicht, du wirst das verstehen, wenn du älter bist.« Das ist die falsche Antwort, und der Sohn beschließt, nie wieder mit ihm zu reden, außer, er braucht Geld, und wird fortan immer aufbrausend, wenn seine Freunde nach seinem Vater fragen.

Als ich zum ersten mal erfuhr, dass die meisten Deutschen sich kaum trauen, Sätze wie »Ich bin stolz auf mein Land« oder »Ich liebe mein Land« über die Lippen zu bringen, war ich mehr als schockiert. Als Amerikaner glaube ich an das natürliche Recht eines jeden, sein Land zu lieben. Auch wenn man gleichzeitig auf manche Dinge laut schimpfen muss. Wer sein Land nicht achtet, das ihn hervorgebracht hat, kann sich doch selbst auch nicht achten. So denken wir Amerikaner, und je mehr ich über die deutsche Beziehung zum Staat erfuhr, desto mehr beschlich mich das Gefühl, hier in Deutschland von 83 Millionen Selbstmordgefährdeten umgeben zu sein. Ich schaute die Leute auf der Straße an, wenn ich spazieren ging, und dachte: jeden Moment könnte der deutsche Selbsthass explodieren wie eine geistige Atombombe und in der Mitte Europas nichts hinterlassen als ein schwarzes Loch.

Als zwanzig Jahre lang kein kollektiver Selbstmord passiert war, begann ich, die Deutschen etwas näher anzuschauen. Für ein Volk, das angeblich keinen Nationalstolz besitzt und Tag für Tag unter einer schweren Bürde von Scham und Selbstverachtung herumstolpert, geht es den Deutschen ziemlich gut. Ich würde sogar sagen, die Deutschen gehören zu den robustesten und lebendigsten Völkern der Welt. Irgendwo holen sie eine Menge Selbstachtung her. So viel, dass sie sich leisten können, auf den Patriotismus anderer Länder herabzublicken.

Die Antwort kam mit einem jungen Skinhead.

Es war in einer Daytime-Talkshow vor einigen Jahren. Skinheads waren eingeladen, mit anderen jungen Menschen zu diskutieren und sich selbst und ihre Ansichten zu erklären. Ein bekennender rechtsradikaler Skinhead und selbsternannter Patriot wurde gefragt, warum er denn Deutschland so großartig finde. Seine gewählte Antwort: »Na, wegen Goethe und Schiller und so«.

Ich gebe zu, ich hatte ein wenig Mitleid mit ihm. Im Rampenlicht sah er leicht überfordert aus. Er hatte als einziger die Einladung zur Show angenommen. Die klügeren unter seinen Kameraden hatten es abgelehnt, sich den Kameras zu stellen, und ihn hinter der feindlichen Linie allein zurück gelassen. Wenn ihn die Talkmasterin jetzt um sein Lieblings-Goethe-Zitat gebeten hätte oder gar um seine Meinung über das Problem der Individualisierung und Sozialisierung unter dem Aspekt des Gruppenselbsterhaltungszwangs bei »Faust«, wäre er vermutlich in Tränen ausgebrochen.

Doch seine Antwort erstaunte mich. Alles andere an seiner Einstellung war radikal, nur diese Antwort nicht. Sie hätte nicht biederer ausfallen können. Von einem englischen Skinhead hätte man so was nicht gehört. Sicher, Shakespeare ist dem Engländer sehr wichtig, aber wenn der Engländer von Shakespeare spricht, spricht er von einem Dichter. Mit der Nation als politischem Gebilde hat er nichts zu tun. Goethe und Schiller schon. Wenn die Deutschen von den beiden Dichtergrößen reden, sprechen sie nicht von zwei großen Dichtern, sie sprechen von einem einzigen Phänomen, vom Goetheundschillerding. Diese Namen werden so oft an Stelle von »Kultur« genannt, dass ich überrascht bin, dass der Duden nicht schon längst einen eigenen Eintrag dafür hat, so ähnlich wie:

Goetheundschiller (n), mystischer Ursprung alles Deutschen, der Garten Eden des deutschen Geistes, die einzig anerkannte Grundlage deutscher Größe, Garant und Rechtfertigung der Stellung der Deutschen in der Welt. Weitere deutsche Mythen: Wolpertinger, Schlaraffenland, Vineta, 1968, Leitkultur.

Die Deutschen beziehen ihre nationale Identität nicht aus der Politik, sondern aus der Kultur. Jedoch nicht aus der Kultur selbst – die wenigsten Skinheads werden sich wirklich intensiv mit Goethe und Schiller befasst haben, und das gilt ebenso für die meisten Politiker. Die Identität stiftende Instanz ist vielmehr die Anerkennung der Kultur. Dabei sind die Deutschen sich gar nicht bewusst, wie ungewöhnlich das ist.

Auch andere Länder sind stolz auf ihre Kulturerrungenschaften. Kein Engländer würde Goethe über Shakespeare stellen, und kein Franzose würde irgendeinen ausländischen Schreiberling über auch nur irgendeinen ihrer heimischen Dichter stellen. Wir Amerikaner halten Hemingway für den Erfinder des modernen Romans. Aber wenn es um Nationalidentität geht, denken Franzosen, Engländer und Amerikaner nicht an tote Dichter, sondern an Politik.

Für England wurzelt Nationalstolz immer noch im Empire. Der Engländer feiert alles, was ihn an die Größe des vergangenen Weltreiches erinnert, von der Queen im Buckingham Palace bis hin zum pseudoimperialistischen Superagenten 007, und zwar am liebsten bei einer Tasse anständigen indischen Tees. Apropos James Bond: Obwohl England wirtschaftlich und militärisch schwächer ist als Deutschland, sieht es sich noch immer als Weltreich und verhält sich auch so in der internationalen Politik, wenn auch heute zumeist an der Seite von Amerika. Frankreichs Nationalidentität ist vielleicht die merkwürdigste überhaupt: Noch heute verehren die Franzosen einen despotischen Sonnenkönig, einen größenwahnsinnigen Diktator namens Napoleon und die blutrünstigen Terroristen einer gescheiterten Revolution. Sie finden das alles einfach toll. Das macht sie in ihren eigenen Augen zu »la grande Nation«. Ironischerweise stammt die amerikanische Nationalidentität nicht aus dem heutigen Status als Superpower, sondern aus der Befreiung Europas von Nazi-Deutschland und, mehr als alles andere, dem erfolgreichen Freiheitskampf gegen England und der Geburt der modernen Demokratie 1776.

Selbst wenn wir Amerikaner die Schwächen unserer großen politischen Männer wie George Washington, Abraham Lincoln und John F. Kennedy kritisieren, tun wir das mit Bewunderung in der Stimme. Die Deutschen schwärmen höchstens für Karl Marx oder Theodor Adorno, aber ihre Staatsgründer betrachten sie mit größter Distanz. Wenn man von Bismarck spricht, kommt man nicht ins Schwärmen, sondern landet bei Hitler. In einflussreichen Büchern wie in »Von Bismarck zu Hitler« Sebastian Haffners[3] ist das Allerwichtigste die Linie, die man von der Reichsgründung 1871 zur Scham des Dritten Reichs ziehen kann. Ein Historiker sagte mir einmal: »Die Reichsgründung war der schlimmste Fehler, den Deutschland hatte machen können.« Es gibt keinen Bismarcktag, keinen Adenauertag, keinen Karl-der-Große-Tag. Der offizielle Nationalfeiertag 3. Oktober wirkt behelfsmäßig und aufgesetzt. Selbst wir Amerikaner zeigen mehr Begeisterung für die Einigung der beiden Deutschländer als die Deutschen, die 15 Jahre später immer noch unsicher sind, ob das überhaupt so eine gute Idee war.

Wir Amerikaner betrachten das Amt des Präsidenten im Kino und Fernsehen von allen möglichen Seiten. »Dave« zeigt einen Kleinstadtlehrer, der als Doppelgänger an die Stelle des echten Präsidenten tritt und endlich Ehrlichkeit in das Weiße Haus bringt. In »Absolute Power« wird ein Dieb Zeuge eines Mordes, an dem der Präsident mitschuldig ist. »Thirteen Days« erzählt halbdokumentarisch die Geschichte des Showdowns zwischen Chruschtschow und Kennedy in der Kubakrise. Im Fernsehen wird die Politik des Weißen Hauses dramatisiert und vermenschlicht, jüngst in der Serie »Commander In Chief«, in der eine Frau das Amt über-

**Abb. 16: Faust am Studiertisch. Julius Hübner, nicht datiert.
Germanisches Nationalmuseum, Nürnberg.**

nimmt, sowie in der schon seit sechs Jahren laufenden Serie »West Wing«. Als das ZDF 2005 mit »Kanzleramt« versucht hat, »West Wing« nachzumachen, wollte kaum jemand die Serie sehen. Für uns Amerikaner ist das Amt des Präsidenten eine Idee, und zwar eine gute Idee. Für die Deutschen ist das Amt des Bundeskanzlers nur ein Amt. Die Deutschen kämen genauso wenig auf die Idee, die Angela-Merkel-Story zu verfilmen wie die Story ihres Briefträgers. Nun ist es nicht so, dass die Deutschen sich nicht für Politik interessieren. Im Gegenteil, sie lieben Politik. Das sieht man schon an ihren politiklastigen Zeitungen, Talkshows, Stammtischgesprächen und an der hohen Wahlbeteiligung. Politik ist des Deutschen liebstes Hobby. Nur machen sie keinen Mythos daraus.

Aus ihrer Kultur aber schon.

Die Deutschen verehren das Goetheundschillertum wie eine Staatsreligion. In den letzten paar Jahren haben die nationale und die kommunalen Regierungen meines Landes zusammen jährlich über eine Milliarde Dollar für Kultur ausgegeben; hier zu Lande wenden Bund, Länder und Kommunen jährlich mehr als 80 Milliarden Euro für Theater, Kino, klassische Musik und Museen auf. Dabei ist Deutschland wirtschaftlich gesehen fünfmal kleiner als die USA. Kein anderes Land der Welt – auch Frankreich oder England nicht – gibt so viel Geld für Kultur aus. Wenn man die Kulturausgaben in Relation setzt zum Bruttoinlandsprodukt, gibt nur Finnland einen höheren Anteil am Staatsetat aus. Der deutsche Staat sorgt auch dafür, dass den öffentlich-rechtlichen Sendern, die als Bastion gegen das volksschädliche Privatfernsehen gelten sollen, rund 6,7 Milliarden Euro im Jahr zufließen – mehr als jedem anderen TV-System der Welt, ob staatlich oder privat finanziert (die vier BBC-Sender bekommen rund 4,3 Milliarden Euro im Jahr). Wir Amerikaner würden uns nackt fühlen, wenn unser Militär nicht gut genug ausgestattet wäre; die Deutschen würden sich nackt fühlen, wenn nicht in jeder Kleinstadt eine Oper stünde. Dabei sind die Deutschen offenbar gar nicht so sehr von der Oper begeistert, wie der Staat es gern hätte, denn kaum eine Oper in Stadt und Land kommt ohne staatliche Subventionen aus. Als Amerikaner sage ich mir: Wenn ein Dorf ein Theater will, sollen die Menschen das Geld dafür selber auftreiben. Der deutsche Staat schaudert bei dem Gedanken, das Volk könne zu wenig Zugang zu Wagner haben.

Die Deutschen verehren eine Museumskultur. Von den etwa 80 Theaterstücken der großen Berliner Bühnen im November 2005 waren, laut einer Auflistung der Zeitschrift »Tip«, mindestens 19 über einhundert Jahre alt. Von den 42 Stücken in »The New Yorker« waren nur zwei so alt. Wenn ich die Leute in die neuesten Aufführungen von »Hedda Gabler«, »Wintermärchen« und »Die Räuber« gehen sehe, frage ich mich, ob sie immer noch versuchen, ihrem Deutschlehrer zu imponieren. Dagegen hat selbst ein Popcorn-Movie wie »Jurassic Park« mehr gesellschaftliche Relevanz. Der Steven Spielberg-Actionfilm von 1993 erzählt die Geschichte eines geldgierigen Unternehmers, der mithilfe von Gentechnik Dinosaurier zum Leben erweckt, mit katastrophalen Folgen. Eine Geschichte mit Moral also – eine Parabel über die Gefahren der amoralischen Wissenschaft im allgemeinen und der DNA-Forschung speziell; eine Warnung vor der Einmischung des Menschen in die Natur. Ein Kunstwerk kann kaum aktueller sein. Ich wundere mich noch heute, dass die Grünen diesen Film nicht mitpromotet haben.

Goethes »Faust« (Abb. 16) dagegen ist so veraltet, dass ich zweimal überlegen würde, bevor ich meine Tochter dahin schicke. Gretchen ist als Frau so naiv, schwach und charakterlos, dass sie lieber den Kindsmord wählt, als Verantwortung für ihre Dummheit zu übernehmen. Mein Gott, das Leben ist voller Herausforderungen, jetzt ist sie halt alleinerziehende Mutter, soll sie dazu stehen. Das höchste Lob, das man an ihren Grabstein meißeln könnte, wäre: Sie erregte Mitleid. Überhaupt, das bisschen Sex soll Sünde sein? Was macht dieser Mephisto für einen Job? Wir leben in einer Welt voller Serienkiller, Menschenhandel und Krieg, und Mephisto fällt nichts Besseres ein, als Faust eine Tussi abschleppen zu lassen? Er war wohl nicht der effektivste Teufel, den die Hölle zu bieten hatte.

Doch Aktualität ist nicht der Sinn hinter dem deutschen Kulturkult. Was die Deutschen in Goetheundschiller suchen, ist die erhabene Sprache, der Anhauch von Würde und die intensive Intelligenz, die den Deutschen das Gefühl gibt: Deutschsein ist schön. Das Goetheundschillertum ist eine Seelenutopie, die die Sehnsucht nach vergangener Größe erfüllt, aber nicht wie die englische Empire-Nostalgie auf politischem Terrain, sondern auf kulturellem Gebiet.

Die meisten Menschen stellen sich eine »Identität«, was immer das sein mag, als etwas vor, das natürlich und von alleine aus dem Unbewussten heranwächst. Das beste Beispiel eines Versuchs, bewusst eine ganze Volksidentität zu erschaffen, sind die Bayern (Abb. 17).

Wenn Amerikaner an Deutschland denken, stellen sie sich Lederhosen, Oktoberfest und die Alpen vor. Wie kam es zu diesem Klischee, fragte ich den europäischen Ethnologen Walter Hartinger von der Universität Passau. Das Schuhplattel-Image der Deutschen, erzählte er, wurde während der Industrialisierung im 19. Jahrhundert aus Süddeutschland nach Amerika exportiert, als viele Leute aus dem süddeutschen Raum ausreisten mit ihren Trachten im Gepäck. »Da werden diese Stereotypen mitgenommen«, sagte er. Es blieb nur die Frage, warum die Bayern überhaupt in das ganze Leder-

hosenzeugs verknallt sind. Seine Antwort: Sie bastelten daraus ihre Identität. »Bayern war damals neu«, sagte er. »Zwischen 1803 und 1815 entstand unter Napoleon ein neues Land, das vorher nicht existiert hatte. Vor allem die bayerischen Könige Ludwig I. und sein Sohn Maximilian II. haben gesagt, wir müssen diesem Land eine neue Identität schaffen, und zwar keine militärische.« Denn Bayern lag eingekeilt zwischen zwei militärischen Übermächten – Österreich und Preußen. Es war ihnen klar, militärisch konnten sie niemals konkurrieren. Sie mussten einen anderen Weg suchen. »Sie haben versucht, sich kulturell zu profilieren«, sagte Hartinger. »Vor allem ab 1848, nach der Revolution, als klar war, dass Österreich aus dem Deutschen Bund herausgedrängt und Preußen die Führung übernehmen würde. Maximilian II. und sein Vater

Ludwig I. haben das Militär vernachlässigt und das Geld gezielt in den Bereich des Kulturellen gelenkt.« Ludwig I. errichtete Bauten für das Volk – die Bavaria, die Walhalla, die Befreiungshalle. Auch Theater und Museen, Kunst für das Volk, alles, um die eigene Identität zu fördern. »Dann, unter König Maximilian II.«, sagte Hartinger, »wurde das Ganze systematisch gefördert. Er wollte ganz gezielt eine bayerische Identität fördern, die auf der Überlegenheit der bayerischen Kultur basiert. Er hat die besten Wissenschaftler, Kulturwissenschaftler und Mathematiker an die bayerischen Universitäten geholt, dazu eine Menge führender Philosophen aus dem Norden Deutschlands berufen.«

Neben Wissenschaft und Kunst hat er auch das Brauchtum gezielt gefördert. Aus der Mode gekommene Trachten wurden neu geschneidert und ver-

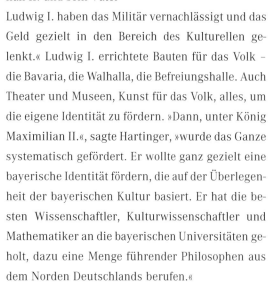

Abb. 17: Hofbräuhaus – Momentaufnahme bei 35 Grad im Schatten. Nicht datiert. Gabriel Sedlmayr Spaten Brauereibeteiligung und Immobilien KGaA München Historisches Archiv, München.

gessene Volkstänze wieder einstudiert. Maximilian II. feierte eine große Trachtenhochzeit, zu der aus allen Landgerichten jeweils ein Brautpaar mitsamt ortsüblichem Begleiter in Tracht zu erscheinen hatten. Nur er trug königliches Ornat. »Im Vorfeld wurden viele Trachten erfunden«, sagte Hartinger. »Es lief über die Gerichte und die Bürgermeister in den Regionen. Die regionale Kleidung hat es oft nicht mehr gegeben oder nur beschränkt.« Ironischerweise ist Maximilian II. gescheitert. Er hat nur ein Bruchteil seiner Pläne durchgesetzt. Hartinger: »Er wollte in jedem Ort einen Fonds gründen, damit alle Bürger sich Trachten leisten könnten. In den Rathäusern wollte er Gemälde anbringen lassen, damit die Leute ein Vorbild hatten, auch Schneider sollten finanziert werden. All das wurde nicht realisiert. Aber er hatte eine Atmosphäre geschaffen. Zwanzig bis dreißig Jahre später hat es gewirkt, und zwar durch die Pflegevereine.«

Das bayerische Brauchtum, das wir jetzt kennen, kam erst richtig in Schwung mit den gezielten Pflege- und Trachtenbewegungen der 1880er, die auf dem Vorstoß Maximilians II. basierten. »Man machte eine Selektion aus einzelnen Elementen des

Abb. 18: Arbeitszimmer von Wilhelm Grimm. Moritz Hoffmann, um 1860. Germanisches Nationalmuseum, Nürnberg.

Brauchtums, die irgendwo noch da waren«, sagte Hartinger. »Die Kleider der Oma wurden nach ästhetischen Gesichtspunkten neu geschneidert. Man konnte sich ein Vorbild an Zeichnungen und Gemälden aus dem 18. Jahrhundert nehmen, die Jäger darstellten oder Frauen auf dem Markt in ihrer Festtagskleidung. Oder aus Votivbildern. Die Trachten, wie wir sie jetzt kennen, sind so gut wie alle Neuschöpfungen der Pflegetradition.«

Als Ludwig I. und Maximilian II. ans Werk gingen, lag die Idee einer kulturellen Identität schon lange in der Luft. Seit der Jahrhundertwende hatten deutsche Intellektuelle versucht, aus ihrer gemeinsamen Geschichte und Sprache auch eine gemeinsame Identität heraufzubeschwören. Schon vor Napoleons demütigendem Spaziergang durch Deutschland forderte Schlegel 1800 in seinem »Gespräch über die Poesie« Wissenschaft und Kunst auf, »die alte Kraft, den hohen Geist wieder frei [zu] machen, der noch in den Urkunden der vaterländischen Vorzeit vom Liede der Nibelungen bis zum Flemming und Weckerlin bis jetzt verkannt schlummert.«[4] Der Philosoph Johann Gottlieb Fichte sprach von einem »Urvolk« und in Berlin, das gerade von Napoleon besetzt war, verlangte er 1807 in seinen »Reden an die deutsche Nation« (obwohl es noch keine deutsche Nation gab) eine deutsche Nationalerziehung, die von den Gebildeten ausgehen sollte. Die Intellektuellen sollten die Massen erziehen[5].

Die Künstler hörten den Aufruf und eilten dem noch nicht ganz geborenen deutschen Nationalcharakter zu Hilfe. Der Autor Gustav Freytag schrieb zwischen 1872–1880 mit riesigem Aufwand und nach langen Recherchen den sechsbändigen national angehauchten Romanzyklus »Die Ahnen«[6], in dem das Schicksal einer deutschen Familie von germanischen Urzeiten bis in die Gegenwart erzählt wird (es fängt im Jahr 357 an!). Ihm und seinen Lesern war klar: Der deutsche Stolz begründet sich nicht in unwichtigen politisch-geographischen Details, sondern in der Länge ihrer Geschichte: »Sum diu hic, ergo sum«. Ich war schon immer hier, also bin ich.

Die Brüder Grimm (Abb. 18) suchten eine deutsche Identität in den alten Mythen und Liedern, in der Geschichte und vor allem in der Sprache (nicht in den Märchen – diese waren, das gaben sie selbst zu, eher international als deutsch). In seiner Selbstbiographie schrieb Jacob Grimm über seine Suche durch die Geschichte nach einer Richtlinie für heute: »Ohne Zweifel hatten die Weltereignisse und das Bedürfniß, sich in den Frieden der Wissenschaft zurückzuziehen, beigetragen, dass jene lange vergessene Literatur wieder erweckt wurde; allein man suchte nicht bloß in der Vergangenheit einen Trost, auch die Hoffnung war natürlich, daß diese Richtung zu der Rückkehr einer anderen Zeit etwas beitragen könne.«[7] In einem Vortrag vor einer politisch geladenen Germanistenversammlung 1846 in Frankfurt am Main definierte er Identität über die gemeinsame Sprache: »Was ist ein Volk? Ein Volk ist der Inbegriff von Menschen, welche dieselbe Sprache reden.«[8] Solche Sprüche zeigen, wie verzweifelt man nach einer Definition von »Volk« suchte: Wir Amerikaner sprechen auch eine gemeinsame Sprache mit England, Kanada und Australien und sind trotzdem nicht daran interessiert, dort das Wahlrecht zu beantragen. Doch wer gezwungen ist, eine Nation mit apolitischen Begriffen zu erfassen, muss sich was einfallen lassen.

Als das Gerede um die deutsche Einheit radikaler wurde, waren es die Intellektuellen, die von Revolution sprachen. Auf dem Wartburgfest von 1817 kamen 500 Studenten der Burschenschaften und Verbindungen zusammen und haben von da aus eifrig den revolutionären Ruf nach Freiheit und Einheit in den Universitäten verbreitet. Die Burschenschaften beriefen sich gern auf Schiller, der schon 10 Jahre nach seinem Tod eine gottähnliche

Stellung hatte. Die Forderungen der Studenten wurden teilweise wortgetreu in die Paulskirchenverfassung von 1849 und über diese in die Weimarer Reichsverfassung von 1919 und in das Grundgesetz von 1949 aufgenommen. Es waren auch diese Kids, die das Schwarz-Rot-Gold aussuchten, das heute wieder auf der deutschen Fahne steht.

Der anti-semitische, anti-polnische, anti-französische, anti-katholische und anti-adelige Lehrer »Turnvater Jahn« konzipierte seine Turnvereine für

Schüler als patriotische Zellen, in denen deutsches Volksgut verbreitet wurde (Abb. 19). Heute kann man über »patriotisches Turnen« schmunzeln, aber damals schien es dem Staat ebenso bedrohlich wie heute die Falun Gong-Bewegung dem chinesischen Staat. Bevor Jahns Bewegung endlich verboten wurde, gab es über 100 Turnplätze allein in Preußen. Gleichzeitig sprossen Hunderte von politisch motivierten Männergesangsvereinen aus dem Boden (Abb. 20), in denen deutsches Volksgut intoniert wurde, in Anlehnung an die Idee, dass die gemeinsame Volksseele in den alten Volksliedern und Märchen zu finden sei.

Naiver geht es kaum. Ein pragmatischer Amerikaner hätte sich nicht an die Professoren, sondern

Abb. 19: Das erste bayerische Bundesturnfest zu München 1862. Germanisches Nationalmuseum, Nürnberg.

Abb. 20: Gesänge zum Deutschen Sängerfest in Nürnberg vom 20. bis zum 23. Juli 1861. Germanisches National-museum, Nürnberg.

lich in den Gesangs- und Turnvereinen gesungen, und diese Vereine hatten eine Massenwirkung. Der Gedanke griff.

In den fast siebzig Jahren zwischen Napoleon und Bismarck passierte alles in ihren Köpfen. Bis das deutsche Reich 1871 endlich gegründet wurde, war die wirkliche Revolution schon längst passiert: Die Deutschen hatten bereits eine Nationalidenti-tät, und diese war Sache der Kultur und der Intel-lektuellen, nicht der Politiker.

Folgerichtig nennen sich die Deutschen »Kul-turnation« und gehen aus irgendeinem Grund da-von aus, dass die anderen Länder der westlichen Welt auch Kulturnationen seien. Aber sie sind es nicht. Andere Länder haben ebensoviel Kultur wie Deutschland, definieren sich aber als Nation nicht darüber. Im meinem 315.000-Einträge-Wörterbuch der englischen Sprache finde ich nicht mal den Be-griff »cultural nation«.

Als die amerikanischen Kolonien den Weg in die Unabhängigkeit antraten, spielten die Intellek-tuellen kaum eine Rolle. Es waren zwar Publizisten am Werk, aber deren Aufgabe war es, den eng-lischen Feind zu diffamieren. Thomas Jefferson, der wichtigste Mitverfasser der Unabhängigkeitserklä-rung, wird oft als Philosoph bezeichnet, aber sein Thema war nicht das Volk, sondern die Demokratie, und er war eindeutig in erster Linie Politiker. Ben-jamin Franklin war Erfinder und Wissenschaftler, und seine Autobiographie war ein Bestseller, doch seine diplomatischen Beiträge zur Revolution wa-ren noch wichtiger. Unsere Revolutionäre waren in erster Linie Politiker. Die Theorie einer Volksiden-tität war ihnen unwichtig: höchste Priorität war, sich diese verdammten Steuern vom Leib zu halten und die renitenten englischen Soldaten rauszu-schmeißen. Die amerikanische Revolution war in erster Linie ein politischer Akt; die Identität folgte dicht darauf.

Bei den Deutschen war es genau umgekehrt.

an Politiker gewandt. Er hätte keine veralteten Ge-schichten hervorgekramt, sondern handfeste wirt-schaftliche Vorteile versprochen. Stellen Sie sich vor, die amerikanische Revolution wäre von Stu-denten, Amateurturnern und Männerchören ausge-tragen worden, die ständig Shakespeare zitiert und Lieder von John Locke gesungen hätten. Wir Amis würden heute noch Plumpudding essen. Wenn Schlegel mit einem 600-Jahre-alten Heldenepos zu einem Amerikaner gekommen wäre und irgendwas vom Nationalcharakter geschwärmt hätte, hätte der Ami gesagt: »Friedrich, it's just a story.«

Doch es waren mehr als nur Ideen, die zwischen ein paar Philosophen in den Elitensalons diskutiert wurden. Ihre patriotischen Liedtexte wurden täg-

Das erklärt einiges. Warum feiern sie weder ihre Politiker noch ihre Wirtschaftshelden? Weil weder Politik noch Wirtschaft die Deutschen deutsch machen. Warum können sie Popkultur genießen, aber nicht ernst nehmen? Weil sie dann mit dem Goetheundschillertum konkurriert. Das erklärt, wieso die Deutschen in der ständigen existentiellen Angst leben, sie könnten ihre Identität verlieren – damals an Frankreich, heute an Amerika. Einen Hamburger zu essen, heißt, europäische Esskultur zu verraten; in einen Brad-Pitt-Film zu gehen, heißt, »Faust« zu vernachlässigen. Was für andere Alltag ist, ist für die Deutschen existenzbedrohend. Das ist auch eine Erklärung dafür, warum die Deutschen heute in ihrem Selbstbild verunsichert sind. Seit 1945 stehen sie vor der Aufgabe, ihre Stellung als Nation in der westlichen Gemeinschaft neu zu definieren, und seit 1989 ist dieser Prozess in die heiße Phase gegangen. Faktisch sind sie dieser Aufgabe gewachsen. In eine Welt, die von Globalisierung, Supermächten, Raumfahrttechnik und einer komplizierten internationalen diplomatischen Bühne geprägt ist, passen die Deutschen sehr gut. Das weiß jeder da draußen, der irgendwas mit ihnen zu tun hat. Nur die Deutschen sehen es nicht. Wie sollten sie auch? Sie basteln an einer politischen Identität und können dabei nur auf ein kulturelles Vorbild zurückgreifen.

Am Ende einer steilen, von Bäumen gesäumten Straße hoch über dem Rhein nicht weit von Bad Honnef steht ein zweistöckiges Haus, das im spätklassizistischen Stil auf dem Gewölbekeller eines uralten Keltergebäudes der Minoriten gebaut wurde. Die Villa heißt »Haus Parzival«. Hier hat der Germanist, Übersetzer, Dichter und Vollblutromantiker Karl Simrock seine Sommer verbracht.

Simrock hatte bei Schlegel und Arndt studiert, empfing ab und zu Besuch von den Brüdern Grimm und Ludwig Uhland und verfasste selber schwärmerische Gedichte über die Schönheit des Rheins.

Bekannt wurde er als Übersetzer zahlreicher Werke aus dem Mittelalter und dem germanischen Altertum, von der »Edda« über die Gedichte Walthers von der Vogelweide bis hin zu Wolfram von Eschenbachs »Parzival«. Sein wichtigster Verdienst war, das »Nibelungenlied« mit einer schwungvollen und lesbaren Übersetzung populär zu machen, ja, es sogar zu einer Art deutschem Ersatz-Gründungsmythos zu erheben. Er gehörte zum harten Kern der deutschen Identitätsbastler.

Sein Haus Parzival liegt ein paar Meter ab von der Straße hinter einem schwarzen, verschnörkelten Eisenzaun. Das Haus ist gelb, dieses typisch deutsche Buttergelb. Das sanft ansteigende Gelände ist voller Pflanzen – gepflegte Blumenbeete, wild wachsende Gräser. Selbst das Unkraut ist malerisch. Dazwischen ein Teich, ein Vogelbad, ein Tisch mit Gartenstühlen aus Holz. Buchen und Eichen machen den Garten schattig.

Ich stand eine Weile vor dem Zaun und betrachtete den Garten. Er atmete Ruhe, und ich bildete mir ein, dass man von hier aus den Rhein riechen konnte. Alles war leicht. Hier war jeden Tag Sommer. Ich stellte mir vor, wie Simrock im Garten spazieren geht. Er kümmert sich um seine Beete und den Spargel. Er hat ein Buch dabei, einen dieser alten Lederbände, die von außen kaum identifizierbar sind, weil der Umschlag keine bunte Graphik enthält. Nach einer Weile setzt er sich hin und liest. Wenn der Tag zur Neige geht, nimmt er ein Glas Wein dazu.

Es war das perfekte deutsche Leben. Das Leben, das die meisten Deutschen heimlich leben wollen – damals wie heute. Ein großes Haus – weder eine Mietwohnung noch eine protzige Villa, eher ein … Sitz. Genug Geld, um finanziell unabhängig zu sein, aber nicht so viel, dass man als reich beschimpft wird. Im Haus hat man eine Küche mit offenem Kamin. Keine Mikrowelle, kein Plastik. Alles strahlt Ursprünglichkeit aus: echter Stahl, echtes Holz. Ein

Perserteppich, ein Klavier, ein Hausmädchen. Ein Arbeitszimmer – damit ist eine Privatbibliothek gemeint, mit bequemen Stühlen und einem breiten Schreibtisch, denn »arbeiten« heißt, man befasst sich mit dem Griechischen und mit Latein. Der ideale Deutsche arbeitet mit den Dingen des Geistes. Nicht des Hirns, sondern des Geistes. Er hat Muße. Dass er kein Snob ist, zeigt, dass er nebenbei ein Handwerk ausübt. Er respektiert die Arbeit mit den Händen, und verbringt deshalb viel Zeit im Garten, er kocht selbst in der Küche, wenn Gäste kommen, oder, wie Simrock es tat, er pflanzt einen kleinen, edlen Weingarten an und nennt seinen Wein nach einer Figur aus den alten Schriften, mit denen er sich gerade beschäftigt: Eckenblut, nach dem Riesen in der Dietrichssage. Wenn Freunde vorbeikommen, gehen sie am Rhein spazieren und diskutieren die Arbeit am griechischen Text und die Entwicklungen in Frankreich oder in den anderen wichtigen Regionen der Welt.

So will jeder Deutsche sein, dachte ich mir, als ich da stand. Was vor mir liegt, ist nichts weniger als die deutsche Seele selbst. Jetzt war meine Chance gekommen. Ich konnte erfahren, wie die deutsche Seele sich anfühlt. Ich musste mich nur ein Stündchen an diesen Tisch in den Garten setzen. Wenn ich die jetzigen Bewohner nett fragte, würden sie es sicher zulassen.

Ich klingelte. Aber es machte keiner auf. Niemand war zu Hause.

1 Herbert A. Frenzel und Elisabeth Frenzel: Daten deutscher Dichtung. Chronologischer Abriss der deutschen Literaturgeschichte von den Anfängen bis zur Gegenwart, 2 Bde. 1. Aufl. Köln 1953.

2 Miles Corak: Generational Income Mobility in North America and Europe. Cambridge 2004.

3 Sebastian Haffner: Von Bismarck zu Hitler. Ein Rückblick. München 1987.

4 Friedrich von Schlegel: Gespräch über die Poesie. 1800. In: Kritische Friedrich-Schlegel-Ausgabe, 35 Bde. Hrsg. von E. Behler. München 1958 ff.

5 Johann Gottlieb Fichte: Reden an die deutsche Nation. Berlin 1808.

6 Gustav Freytag: Die Ahnen. Berlin 1872–1880.

7 Jacob Grimm: Selbstbiographie. In: Ausgewählte Schriften, Reden und Abhandlungen. Hrsg. von Ulrich Wyss. München 1984.

8 Jacob Grimm: Kleine Schriften, 8 Bde. Berlin 1864–1890, hier Bd. 7, S. 556.

»Am deutschen Wesen«

Matthias Hamann

Der Begriff »Geist« lässt sich in seiner Bedeutungsbreite nur schwer fassen und kaum übersetzen, wie die Übertragung »esprit« deutlich macht. Bei »deutschem Geist« stellen sich beschreibende Adverbien wie »schwer«, »tief« oder »gründlich« ein; der Schlussvers: »Und es mag am deutschen Wesen / einmal noch die Welt genesen« aus Emanuel Geibels Gedicht »Deutschlands Beruf« von 1861 scheint den Kern des »Geistes« zu treffen. Die hybride Vorstellung, deutsche Denkungs- und Handlungsweise seien prädestiniert, die Welt zu retten und zu führen, hatte in der deutschen Kultur durchaus prägende und zerstörerische Kraft. Daher soll diesem Element hier kurz nachgegangen werden. Einen zweiten Zugang zum Geist bietet die Definition der Deutschen als dem Volk der Dichter und Denker, also ein Zugang über das Modell der Kulturnation, das noch immer Gültigkeit hat. Einen dritten eröffnen Leitmotive, die sich über längere Zeiträume verfolgen lassen.

Die deutsche Geistesgeschichte kennt verschiedene Figuren, die als Ausdrucksträger des heroischen »deutschen« Wesens fungierten. Dazu zählt Uta von Naumburg, die vom idealtypischen Standbild im Chor einer gotischen Kirche zum Inbegriff der »deutschen« Frau wurde: zurückhaltend, stolz, innerlich. In die Typenreihe gehört weiter der Bamberger Reiter, jenes Porträt eines jungen Adligen, der als Symbol aufrechten und edlen Handelns interpretiert wurde. Auch der Ritter aus Dürers Meisterstich »Ritter, Tod und Teufel«, ein Sinnbild des deutschen Trutzes, des unbeirrten Voranschreitens auch in größter innerer und äußerer Gefahr, gehört in die Reihe deutscher Charakterdarsteller. Das Gegenbild des heroischen deutschen Wesens bildet das ängstliche, das sich im deutschen Michel fassen lässt. Zwar ist der deutsche Michel heute kaum noch zu finden, wie auch die anderen Typen als Inkarnationen ausgedient haben, doch es schwingt eine Reminiszenz an den hasenfüßigen Deutschen mit der Schlafmütze mit, wenn die »German Angst« umgeht. Das Zentralgestirn deutscher Mythologie vereint all diese Vorstellungswelten miteinander: Faust. Das »Faustische« – Goethes Vers »zwei Seelen wohnen, ach, in meiner Brust« ist nicht nur ausgedeutet, sondern bis zur Sinnentleerung zitiert worden – beschreibt ein Schwanken zwischen Welt und Weltflucht, zwischen Empfinden und kühler Ratio, zwischen Natur und kühnem Gedankengebäude. Die Chimäre Faust ist zum Inbegriff eines deutschen Geistes geworden, der vor allem eines ist: zerrissen. Die Zerrissenheit als Topos begleitet die deutsche Geistesgeschichte bis in die Gegenwart hinein. Das Fragen nach dem Urgrund – »dass ich erkenne was die Welt / Im Innersten zusammenhält« – führt zu jenem Grübeln und Gründeln, das den Deutschen zu eigen sein soll. Thomas Mann hat in seinen patriotisch gestimmten »Gedanken zum Kriege« von 1914 von den Deutschen als »dies innerlichste Volk, dies Volk der Metaphysik, der Pädagogik und der Musik« gesprochen und ihnen den Bereich der Kultur im Abgrenzung zur »Zivilisation« der westlichen Nachbarländer zugesprochen, wobei Kultur »Geschlossenheit, Stil, Form, Haltung, Geschmack [...] irgendeine gewisse geistige Organisation der Welt« bedeutet. Es handelt sich keineswegs um eine nur der Binnensicht entstammende Interpretation. In ihrem Buch »De l'Allemagne« hat Madame de Staël 1810 ein geistiges Deutschland beschrieben, das sich völlig der Reflexion hingibt. Das Denken – so die Dichterin – kann sich in einem Land, dem ein Norm setzendes Zentrum fehlt und das stattdessen eine Vielzahl von Staaten, Städten und Universitäten kennt, frei entfalten. Das föderale System der Bundesrepublik Deutschland bietet hierfür noch immer die Grundstruktur. Allerdings ist mit dem Wechsel des Regierungssitzes und der sich seit einigen Jahren abzeichnenden Hegemoniestellung Berlins auch diese Vielgestaltigkeit ins Wanken geraten. »De l'Allemagne« spiegelt gedanklich die Einleitung von Schillers »Horen« aus dem Jahr 1794, in der der Dichter angesichts der Nachwehen der Französischen Revolution an das Ideal »veredelter Menschlichkeit« appelliert und zum geistig-ästhetischen Diskurs aufruft, um ihn dem »Partheygeist« entgegenzustellen. Nicht etwa zum politischen Widerstand, und dies scheint symptomatisch. Der Topos des deutschen Dichters und Denkers ist der eines Zurückgezogenen. Sein Ort ist nicht öffentlich, wie etwa die griechische Agora oder das französische Café, es ist sein Studierzimmer, vielleicht noch sein Salon. Dies sind die Geburtsorte der Philosophie. Kant hat im angeblich fernen Königsberg, das er nie verlassen hat, ein Gedankengebäude errichtet, das wie kein zweites aus Deutschland stammendes philosophisches System das abendländische Denken beeinflusst hat. Er ist die Verkörperung des Zurückgezogenen an sich. Öffentliches Denken findet in der Universität statt, an einem anderen Geistes-Ort, der bis zur Unruhe von '68 in seinen Grundzügen Studierzimmer und Salon vereint. Die Diskussion um den Standort Deutschland scheint jedoch den Mythos von der Innerlichkeit des deutschen Denkens zu beenden. Die aus Politik und Wirtschaft stammenden Forderungen nach Vernetzung, Clusterbildung und Exzellenzzentren, die gerade an die Geistes-Wissenschaften herangetragen werden, könnten das Ende des einsamen Denkens bedeuten. Praktikabilität wird zum Sprengsatz im Elfenbeinturm.

Das Studierzimmer findet sein Pendant im »trauten Heim«, das – anders als das englische »home, sweet home«, dem konnotierte Muster des Einrichtungsstils und ein wohl bestellter Garten zugehören – für Ruhe und Rückzug vom tätigen Leben steht. Der mentale Grundzustand des deutschen Privat-Seins ist die Gemütlichkeit, ihr geistiger Ort die Idylle. Bildlich und literarisch wird sie im letzten Drittel des 18. Jahrhunderts vorgeprägt, und zum veritablen Geisteszustand gerät die Idylle im Biedermeier, nicht zuletzt oder vor allem wegen der restaurativen politischen Bedingungen, die die frische Morgenluft der Befreiungskriege, aber auch der französischen Revolution von 1830 zum Mief werden ließen. Biedermeierlichkeit ist jedoch ein Zustand, der nicht allein auf einen Zeitabschnitt zu beziehen ist. Die wirtschaftlichen Nöte, die Deutschland gegenwärtig plagen, führen zu einer Renaissance des Biedermeiers. Dies äußert sich nicht allein in grotesk großen Sitzmöbellandschaften, sondern in einer zunehmenden Teilnahmslosigkeit der Deutschen an politischen Prozessen. Heim und Studierzimmer scheinen topographische Leitmotive zu sein, die zumindest bis in die späten 1960er Jahre reichen. Möglicherweise ist die dann einsetzende mentale Wende keine Abkehr davon, wie das Establishment, zu dem die Protestgeneration nach dem Marsch durch die Instanzen geworden ist, zeigt. Man ist im Idyll der Führungsetage angekommen. Eine Beurteilung der gegenwärtigen Situation verbietet sich aus Gründen der fehlenden historischen Distanz. Zu konstatieren ist zwar eine geistige Wiederbelebung bürgerlicher Grundmuster, ihr steht allerdings eine Jugendgeneration gegenüber, die diesen Vorstellungen in weiten Teilen abhold ist.

Eines jener Grundmuster ist die Haltung zur klassischen deutschen Kultur. Auch wenn die Deutschen ihre Klassiker nicht lesen, so verehren sie sie doch. Seinen beredten Ausdruck findet dies in Jubiläen wie dem Schillerjahr 2005, oder dem Mozartjahr 2006, wobei die Frage der nationalen Zugehörigkeit großzügig behandelt wird. Für Österreicher ist Mozart Österreicher, ungeachtet der Tatsache, dass er lediglich Untertan des Salzburger Erzbischofs war und keineswegs Bürger im Staate Österreich. Die Erinnerung an den unbequemen Heinrich Heine ist eher eine pflichtgemäße. Unbequeme Denker eignen sich für Jubiläen nicht sonderlich. Die heutige, stark von Events geprägte Klassikerverehrung trägt Züge der Popkultur, unterscheidet sich jedoch im Grunde nicht von der früherer Zeiten. Das Schillerjahr 1905, bei dem dem Dichter mit entsprechenden Feiern und »Events« gedacht wurde, zeigt das. Ein zweites Grundmuster ist die Haltung gegenüber dem Buch. Die mentale Stellung, die der Dichtung zukommt, mündet im hohen Rang, den man dem Buch zuweist. Ein Schlagwort wie Buchpreisbindung, die Existenz zweier bedeutender Buchmessen in Frankfurt und Leipzig oder das »Literarische Quartett«, bei dem sich im Zweiten Deutschen Fernsehen namhafte Kritiker zu guter Sendezeit zankten, zeigen das. Beide Verehrungsformen, sowohl die des Buches wie des Autors, resultieren möglicherweise aus der entscheidenden Rolle der deutschen Sprache für die Mentalitätsgeschichte. Das Fehlen einer umfassenden staatlichen Ordnung ließ die Sprache zum Surrogat für nationale Stabilität werden. Diese Entwicklung setzte mit den ersten Bibelübersetzungen ein, wurde durch Luthers Gesamtübertragung verfestigt und mit der Sprachwissenschaft und der Normierung der Orthographie im 19. Jahrhundert abgeschlossen. Die virulente Rolle von Sprache lässt sich an der Diskussion über die Rechtschreibreform ablesen, bei der jeder ein Wörtchen mitredet.

Deutschland ist in der Selbst-, aber auch der Außensicht jedoch nicht nur ein Land der Dichtung, sondern auch der szenischen Künste. Tatsächlich ist die enorme Theaterdichte, in der sich die oben erwähnte Kleinstaaterei und heute die föderale Struktur spiegelt, einzigartig. Eine Fülle von Vorstellungen, Interpretationen oder Festivals zu den verschiedenen Gattungen prägt die Theaterlandschaft. Sieht man von der leichten Muse ab, so trägt das deutsche Theater oftmals belehrende Züge. Bereits Schiller fordert, dass das Theater eine »moralische Anstalt«, also ein Ort der Bildung sein müsse. Diese Haltung ließe sich über Bertolt Brecht und Heiner Müller bis heute verfolgen. Die kritische Grundhaltung gilt vereinzelt auch für das Fernsehen. Noch immer verbergen sich zwischen den unterschiedlichen, oftmals international oder gar global sich bis hin zu den Kulissen perpetuierenden »Formaten« Perlen intellektueller Unterhaltung. Produktionen wie »Die Manns« stehen hier exemplarisch für engagiertes Bildungsfernsehen, das in eine Traditionsreihe mit Schillers Ansatz und dem »Kleinen Fernsehspiel« der 1960er und 1970er Jahre zu stellen ist. Daneben jedoch spielt das sogenannte Unterschichtenfernsehen eine große Rolle, dessen Bildungsniveau vor den öffentlich-rechtlichen Sendern nicht Halt macht.

Auch der deutsche Film setzte von Beginn an wichtige Impulse. Dies gilt für den expressionistischen Stummfilm ebenso wie für die Ufa-Zeit, in der »Metropolis« von 1927 ein filmischer Meilenstein war. Das NS-Regime löste einen ungeheuren

Exodus kreativer Kräfte aus, von dem sich das deutsche Filmschaffen erst im viel beachteten Autorenfilm der 1960er bis 1980er Jahre erholen konnte. Seit einigen Jahren erlebt der deutsche Film einen Boom, wobei das Ende nicht abzusehen ist.

Schließlich ist Deutschland ein »Land der Musik«, dessen ungeheure Tradition bis heute anhält. Auch dies ist der kleinstaatlichen Struktur des Heiligen Römischen Reiches Deutscher Nation zu verdanken. Von Buxtehude über Mannheim bis Wien lassen sich musikalische Zentren definieren. Die Notwendigkeit der Repräsentanz schuf für Komponisten und Musiker eine gute Auftrags-, wenn auch nicht unbedingt lukrative Ertragslage. Der musikgeschichtliche Beitrag Deutschlands lässt sich an den Gattungen zeigen, die durch deutsche Komponisten nachhaltig geprägt wurden: die Kirchenmusik Bachs, die Sinfonien Beethovens, die Vollendung und Überwindung der Gattung zugleich sind, Wagners Opern und das deutsche Lied. Der Einfluss ist nach wie vor vorhanden, denn inzwischen leistet die Jugendkultur einen wichtigen Beitrag. Dies reicht von Popschlagern über die sogenannte Hamburger Schule bis zu Techno und den Klängen von Rammstein. Wie alle anderen Gattungen auch, so wurde die Musik während der NS-Zeit instrumentalisiert und durch exkludierende Entartungsdefinitionen »arisiert«. Dabei fanden sich eine Reihe von Persönlichkeiten, die sich willfährig am bösen Spiel beteiligten. Zum Leitbild wurde jedoch Richard Wagner erhoben, was diesem sicherlich schwer fassbaren Komponisten bis heute anhängt.

Musik, Theater und Dichtung sind in der Selbstdefinition unumstößliche Säulen der Kulturnation, die sich in Abhängigkeit von den Zeitläuften dem Politischen annähert oder davon entfernt. In Relation zu diesen Phasen der Kulturnation lassen sich – in einer zugegebenermaßen schablonenhaften Betrachtung – Leitmotive ausmachen. Das mit der Französischen Revolution einsetzende bürgerliche Zeitalter kennzeichnet ein Hang zum Traumhaften. Die Träume können einstiger Größe nachhängen, wie die Mittelalterrezeption zeigt, aber auch zukünftige Größe postulieren, wie sich in der Architektur nachweisen lässt. Sie können jedoch auch das Individuum betreffen. Die Kunst des 19. Jahrhunderts durchweht immer wieder der Wunsch nach Entgrenzung, nach einem Zusammen- und Aufgehen in der Natur. Dies gilt für die Romantik ebenso wie für die Gründerzeit und den Jugendstil. An die Seite der Träume treten im ausgehenden 19. und frühen 20. Jahrhundert vermehrt künstlerische Aufbruchsstimmungen. Sie äußern sich in Gruppierungen und Institutionen wie dem »Blauen Reiter« oder dem Bauhaus, kennzeichnen jedoch auch Gattungen wie die Landschaftsmalerei. Die fortschreitende Demokratisierung, die das 20. Jahrhundert

zumindest teilweise durchläuft, schafft neue Bildwelten. Die Lösung von lange tradierten gesellschaftlichen Modellen, die von der zwischen 1880 und 1960 entstehende
Massengesellschaft über den Abschied der jungen Generation von engen Moralvorstellungen bis hin zum grellen Individualismus reicht, wird in Medien wie der Photographie künstlerisch begleitet und kommentiert. Das 20. Jahrhundert ist jedoch auch
eine Epoche, deren Krisenzeiten zu künstlerischem Kommentar Anlass geben. Dies
gilt für die 1920er Jahre, die neben der Euphorie eben auch die Depression kennen,
genauso wie für die Jahre anhaltende »Stunde Null«. Die frühe Nachkriegszeit bot
zwar alle Chancen eines Neuanfangs, war jedoch auch Sinnbild völliger Orientie-
rungslosigkeit, hatte doch die Kulturnation gerade ihre dunkelste Zeit erleben müssen. Mit diesen Zeitabschnitten verglichen, wirken die 1980er Jahre in der Retrospektive geradezu idyllisch. Mental gesehen waren sie es nicht. Die Aufarbeitung der NS-
Zeit hatte zu erheblichen Zweifeln am eigenen Selbstverständnis, zu einer fast durchweg kritischen Haltung der Intellektuellen gegenüber dem Staat, in dem sie lebten,
geführt – eine Position, die sich durchaus auch in der DDR beobachten lässt. Das Bild
des selbstreferentiellen Grüblers und Gründlers überlagert das des hehren Dichters
und Denkers.

Der kritische Dialog setzt sich auch über die Phase der Wiedervereinigung hinweg bis heute fort. Die düsteren Prognosen zu Altersentwicklung, Arbeitsmarkt und
Globalisierung erfordern geradezu den kulturellen Kommentar. Dennoch zeichnet
sich in vielen Bereichen ein erneuter Aufbruch ab. Er betrifft das Deutsch-Sein. Die
Zahl der Autoren, die sich durchaus positiv mit dem heutigen Deutschland beschäftigen wächst. In der Jugendkultur setzt sich deutschsprachige Musik durch. Deutsche
Malerei aus Leipzig und Dresden erzielt Höchstpreise, der neue deutsche Film verdrängt Hollywoodproduktionen von den Spitzenplätzen. Das Bewusstsein für Deutschland scheint sich zu wandeln und einer zwar nüchternen, gleichwohl aber liebevollen
Akzeptanz Raum einzuräumen. Die Diskussion darüber prägt die interessierte Öffentlichkeit sehr stark. Und so beschäftigen sich die Deutschen auch unter veränderten
Vorzeichen mit ihrem Lieblingsthema. Sich selbst.

Ritter, Tod und Teufel

Albrecht Dürer

1513

Kupferstich

Germanisches Nationalmuseum, Nürnberg;
Inv.Nr. K 670, Kapsel 121a

Vor einer steil aufragenden, düsteren Landschaftskulisse reitet bildparallel ein gerüsteter Ritter mit Schwert und Lanze, aufrecht im Sattel sitzend. Sein trabendes Pferd trägt ihn möglicherweise der Burg auf dem Berggipfel zu, denn ein Weg führt dort hinauf. Ross und Reiter werden von einem springenden Hund – Symbol der Treue, aber auch des Scharfsinns und der Gelehrsamkeit – begleitet, der hinter den Pferdehufen ins Bild springt. Mit bildfüllender Macht verdecken Pferd und Reiter zwei Gestalten, an denen sie vorüberziehen, ohne den Blick zu wenden: rechts ein gehörnter Teufel mit Eberkopf, Bocksbeinen und Tierklauen, auf Höhe des Pferdenackens eine Personifikation des Todes mit skelettiertem Schädel, in dem Schlangen nisten. Der auf einer Schindmähre sitzende Tod hält dem Ritter ostentativ ein ablaufendes Stundenglas entgegen, das ebenso unbeachtet bleibt wie die ganze Erscheinung. So wie der Hund dem unbeirrten Ritter angehört, so ist der Schädel links dem Tod als Attribut zuzuweisen.

Die Forschung hat den Reiter zeitweise als »Raubritter« interpretiert und damit eine zeitkritische Position Dürers postuliert. Inzwischen hat sich die zweite Interpretation des Ritters als Ideal des humanistisch geprägten Christen durchgesetzt, der die erbärmlichen Feinde des Menschen ignoriert, sind sie doch reine Spukerscheinungen und damit Erfindungen eines schwachen Geistes. Die deutsche Geistesgeschichte hat dieser Lesart eine nationale Variante beigegeben. Die Unbeirrbarkeit, mit der der Ritter vorangeht und die Gefahren am Wegesrand ignoriert, ist im Laufe des 19. Jahrhunderts und vor allem im 20. Jahrhundert als Inbegriff des Trutzes und damit des deutschen Wesens gelesen worden. Die rein formale Ähnlichkeit des Helms mit dem Stahlhelm der Wehrmacht im Zweiten Weltkrieg hat die Entstehung propagandistischer Bildparaphrasen befördert.

MH

Lit.: Albrecht Dürer. Das druckgraphische Werk in drei Bänden, Bd 1. Bearb. von Rainer Schoch, Matthias Mende und Anna Scherbaum. München–London–New York 2001, S. 169–170.

Die »Rast« gehört zu den »Reisebildern« Schwinds, einer Serie von intimen Gemälden aus dem Spätwerk, in denen der Maler Erinnerungen an seine Jugend bildlich verarbeitet hat. Auf den Wurzeln eines Baumes rastet ein junger Wanderer, sein Ranzen und ein Hund als treuer Begleiter liegen neben ihm. Der Blick ist auf die Landschaft gerichtet, die im hellen Licht eines Sommertages vor ihm liegt. Der Weg führt über eine steinerne Brücke zunächst zu einem kleinen Schloss, zu dem ein Torturm Einlass gewährt; seine Renaissancegiebel verschwinden hinter zwei großen Bäumen im Mittelgrund. Den tief gestaffelten Landschaftsraum markieren weitere Stationen, die vor dem jungen Mann liegen: ein dichter Wald, eine (Kloster?)Kirche auf einem Hügel, eine Burg an schroffem Abhang, schließlich eine weite Ebene und das Hochgebirge am Horizont.

Den Wanderer erwartet keine großartige Landschaft, sondern eine kleinteilige und damit durchmessbare. Die Versatzstücke dieser Bildwelt erinnern an Landschaftsbeschreibungen Eichendorffs wie überaupt das gesamte Bildmotiv Eichendorffs »Taugenichts« entlehnt scheint: »Wem Gott will rechte Gunst erweisen«. Die Landschaft evoziert mit ihren Stilelementen ein nicht datierbares, gleichwohl vage »altdeutsch« definiertes Zeitbild. Der Weg des Wanderers führt nicht durch die Gegenwart, sondern durch eine Stimmungslandschaft spätromantischer Prägung und kommt in seiner idyllischen Bildfindung biedermeierlichen Szenerien gleich. Die politische Unruhe, die Deutschland in der Mitte des 19. Jahrhunderts erlebt, hat hier keine Spuren hinterlassen.

M H

Lit.: Moritz von Schwind. Meister der Spätromantik. Hrsg. von der Staatlichen Kunsthalle Karlsruhe. Ostfildern-Ruit 1997, S. 219.

Rast auf der Wanderschaft
Moritz von Schwind
(Kopie von M. Mogensen nach dem 1931 beim Glaspalastbrand zerstörten Original)
vor 1855/1860
Öl auf Leinwand
Bayerische Staatsgemäldesammlungen –
Neue Pinakothek, München
Inv.Nr. 11696

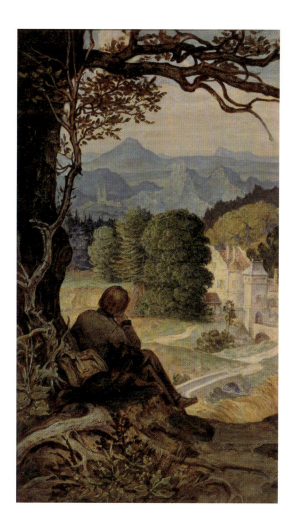

Deutschland das Land der Musik

Entw.: Lothar Heinemann

1938

Offsetdruck

Die »Nürnberger Plakatsammlung« der GfK und NAA
im Germanischen Nationalmuseum, Nürnberg

Inv.Nr. NAA 03855

DEUTSCHLAND
das Land der Musik

Mit keiner Kunstgattung war das NS-Regime so eng verwoben wie mit der Musik. Die Propaganda missbrauchte die ungeheure musikalische Tradition des deutschsprachigen Raums mit ihrer Vielzahl von musikalischen Zentren, der großen Anzahl der Komponisten, Dirigenten und Orchester und die mit deutscher Musik zu verbindenden Gattungen von der Kirchenmusik Bachs über Schuberts Lieder bis zu Wagners Opernkosmos. Damit postulierte das »Dritte Reich«, legitimer Erbe der Kulturnation zu sein. Einzelne Komponisten wie Beethoven, Wagner oder Bruckner wurden als elementarer Ausdruck deutschen Wesens interpretiert. Der NS-Staat bot Musikern, die sich auf das System einließen, große Möglichkeiten, wie die Verstrickungen der Dirigenten und Komponisten Wilhelm Furtwängler, Carl Orff oder Richard Strauß zeigen.

Ein Adler mit geöffneten Schwingen, der aus einem Orgelprospekt erwächst, dominiert das Werbeplakat. Die Orgel wird durch Rampenlicht von unten angestrahlt, der Rumpf des Adlers steht in leichtem Gegenlicht. Die wirkmächtige Komposition erinnert an Filme und Bauten des NS-Regimes und hat imperialen Anspruch. Die Verschmelzung des Staates mit der Königin der Instrumente garantiert den Schutz der Musik und die ewige Gültigkeit der Werbebotschaft.

Jedoch waren weder die Werke moderner Komponisten noch die als »Negermusik« diffamierten Strömungen des Jazz oder Swing schützenswert. Sie wurden ebenso als »entartet« bezeichnet wie puristische Aufführungspraktiken und Inszenierungen. Nicht konforme, aber auch traditionelle jüdische Musiker wurden diffamiert und mit Berufsverbot belegt. Gelang ihnen die Ausreise nicht – wie den Komponisten Paul Dessau, Paul Hindemith und Kurt Weill, den Dirigenten Otto Klemperer oder Bruno Walter – erlitten sie oft ein furchtbares Schicksal bis hin zur Deportation.

M H

Lit.: Das Dritte Reich und die Musik. Hrsg. von der Stiftung Schloss Neuhardenberg, Schloss Neuhardenberg. Berlin 2006.

Die Büste gehört zu einer Serie von Porträts, die William Wauer im Zeitraum um 1920 schuf. Diese Köpfe sind ein wichtiges Zeugnis der spätexpressionistischen Plastik in Deutschland. Wauer verleiht dem menschlichen Antlitz eine neue Ausdruckskraft, wobei das Porträt Bassermanns durch die Betonung der Wangen- und Mundpartie und die Dominanz der Augenhöhlen besticht.

Albert Bassermann (1867–1952) war einer der großen Charakterdarsteller des deutschen Stummfilms. Seit 1887 arbeitete er am Theater und kam 1895 nach Berlin. In den folgenden Jahren wuchs sein Ansehen derart, dass er zu Beginn des 20. Jahrhunderts als einer der bedeutendsten Darsteller galt. Sein Filmdebüt 1912 war ein Meilenstein für die Akzeptanz des neuen Mediums. Auch dort ist Bassermanns Bedeutung eminent. Zu seinen großen Stummfilmen zählen »Das Weib des Pharao« (1921), »Der Mann mit der eisernen Maske« (1922) und »Alt-Heidelberg« (1923). Bassermann gelang der Wechsel zum Tonfilm; wichtige Rollen spielte er u. a. in »Dreyfus«, »Alraune« (beide 1930) und »Ein gewisser Herr Gran« (1933).

Als seine Frau 1934 wegen ihrer jüdischen Abstammung Auftrittsverbot in Deutschland erhielt, brach Bassermann mit seiner Heimat. Über Österreich und die Schweiz emigrierte er 1939 in die USA, wo er mit einer kleinen Rolle Aufmerksamkeit erregte. Dies rettete ihn vor der Abschiebung. Es folgte eine Karriere in den USA mit abwechslungsreichen, meist positiven Charakterrollen, in jener Zeit eine Seltenheit für einen emigrierten deutschen Schauspieler.

M H

Lit.: Internationale Sprache der Kunst. Gemälde, Zeichnungen und Skulpturen der Klassischen Moderne aus der Sammlung Hoh. Bearb. von Ursula Peters. Ostfildern-Ruit 1998.

**Büste des Schauspielers
Albert Bassermann**
William Wauer
1921
Bronzeguss,
Gießerstempel: W. Füssel Berlin
Germanisches Nationalmuseum, Nürnberg
Inv.Nr. Pl. 3227

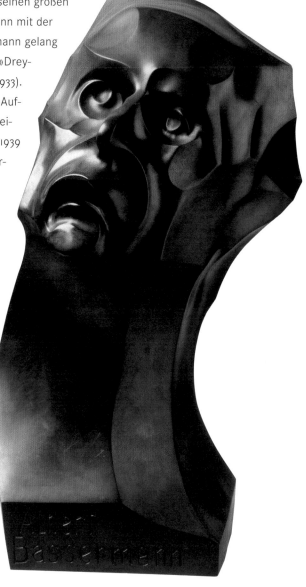

Gotische Kirche auf einem Felsen am Meer

Karl Friedrich Schinkel
(oder zeitgenössische Kopie)
um 1815
Öl auf Leinwand
Privatsammlung, courtesy Pommersches
Landesmuseum, Greifswald
Inv.Nr. aa 001802

Den Gemälden Karl Friedrich Schinkels war bereits zu ihrer Entstehungszeit ein großer Erfolg beschieden. Das Publikum schätzte die gedankliche Tiefe der Werke, aber auch die Verbindung romantischer Sehnsucht und sachlicher Präzision. Daher wurden die Werke mitunter kopiert, wie auch im vorliegenden Fall anzunehmen ist.

Wie auf einer Theaterbühne inszeniert der Maler eine klar gegliederte Landschaft, deren bildlichen Höhepunkt ein mächtig auf steilem Fels aufragender Dom darstellt, der seine Fassade dem Meer und der dort im Westen untergehenden Sonne zuweist; der Chor wird im Sockelbereich von Bäumen verdeckt. Am Fuße des Felsens liegt rechts ein befestigter Handelshafen, in dem Schiffe ankern, davor, an einer Bucht, eine Ansiedlung, links erstreckt sich auf dem Plateau der Kirche ein Wäldchen, das die optische Verbindung zum Vordergrund schlägt. Am vorderen Bildrand fährt ein geschmückter Vierspänner mit höfisch anmutenden Passagieren dem Meer entgegen. Einer von ihnen weist mit der Hand auf Hafen und Dom hinüber. Im hellen Gegenlicht der Sonne erscheint die Kathedrale fast visionär. Die Geste der Randfigur ist nur der Schlussstein der gesamten Komposition, die mittels räumlicher Organisation, Lichtregie und Farbgebung – vom Braun des Vordergrundes über das Grün der Mittelzone zum maritimen, lichtdurchfluteten Blau des Hintergrundes – auf die Erscheinung der Kirche zuläuft. Der Kirchenbau ist jedoch keine Vision, sondern in seinem Detailreichtum und der urbanen Einbindung real. Er ist mit dem Hafen – hier Ort des Handels und des betriebsamen Lebens – zusammen zu sehen.

Der gotische Dom beschäftigte Schinkel nicht nur in mehreren Gemälden, sondern auch architektonisch. Seit 1813 beteiligte er sich an verschiedenen Konkurrenzprojekten für einen Denkmaldom: Vollendung des Kölner Doms als Denkmal des Neuen Reiches, ein »Dom aller Deutschen« auf dem Völkerschlachtsareal in Leipzig und ein Denkmal der Befreiungskriege in Berlin. In Schinkels Vorstellung ist die gotische Kathedrale nicht Sinnbild des Mittelalters, sondern eines freien bürgerlichen Geistes. So wenig aber, wie die Denkmäler zeitnah gebaut wurden, so wenig brach sich dieser Geist Bahn, sondern erstickte in der Restauration der folgenden Jahrzehnte.

M H

Lit.: Andreas Haus: Karl Friedrich Schinkel als Künstler. München–Berlin 2001.

Böcklin hat die zweite Fassung des Gemäldes für seinen Mäzen, den Grafen Schack in München gemalt, der mit der Technik der ersten Version nicht zufrieden war. Insgesamt sind fünf großformatige Fassungen des Werkes entstanden, zu denen eine vorbereitende Ölskizze und eine Reihe von thematisch verwandten Gemälden – darunter die drei erhaltenen Fassungen der späteren »Toteninsel« (1880, 1883 und 1886) – zu zählen sind. Damit ist der Werkkomplex die entscheidende Bilderfindung im reifen Œuvre Böcklins.

Gerade dieser Fassung war eine große Wirkungsgeschichte beschieden. Der Böcklinschüler Rudolph Schick (1869) umreißt die Grundstimmung: »Es geht eine wunderbare Trauer und Melancholie durch das Bild. Es scheint Scirocco und die Luft ist weiß, nach unten grau und hat oben lange Windstriche. Die Zypressen und die anderen Bäume neigen sich stark, fast wie bei Scirocco-Sturm. Böcklin scheint aber nicht gerade Sturm gemeint zu haben, auch ist das Wetter ziemlich ruhig. Er sagte, Bäume und Buschwerk sehen immer wie vom Sturm bewegt aus, auch bei ruhigem Wetter [...] bei dem beständigen Windwehen vom Meer her wachsen sie so phantastisch bewegt landeinwärts«. Böcklin selbst hat die Trauernde, die am Ufer steht, als »letzten Sproß einer alten Familie« bezeichnet. Nimmt man einzelne Motive der von der Natur des Parks weitgehend zurückeroberten Villa hinzu – der geschlossene Fensterladen im Obergeschoss, die ruinöse Treppe hinunter zum Strand – so ergibt sich eine Vision von Tod und Untergang der Zivilisation angesichts einer übermächtigen Natur.

Zugleich formuliert Böcklin jedoch eine Vision der Unendlichkeit und der subjektiven Entgrenzung. Damit steht das Werk in einer Tradition mit Bilderfindungen Caspar David Friedrichs. Gegen Ende des Jahrhunderts wird das Werk zur künstlerischen Ikone, wie die Worte Heinrich Wölfflins belegen: »Es ist ein Bild, das wir uns nicht mehr wegdenken können, an das sich Fäden nach allen Seiten anknüpfen. Wo von der Empfindung unseres Jahrhunderts die Rede ist, wird die »Villa am Meer« genannt werden müssen« (1897). Die Fäden, die gesponnen wurden, reichen vom Werk Richard Wagners bis zur Kunst des Fin de Siècle und des Jugendstil.

M H

Lit.: Arnold Böcklin. Eine Retrospektive. Hrsg. von der Öffentlichen Kunstsammlung Basel/ Kunstmuseum, Bayerische Staatsgemäldesammlungen/ Neue Pinakothek, München und Réunion des musées nationaux, Paris. Heidelberg 2001.

Die Villa am Meer (2. Fassung)
Arnold Böcklin
Bezeichnet unten links: A. Böcklin 1865
Öl auf Leinwand
Bayerische Staatsgemäldesammlungen –
Schack-Galerie, München
Inv.Nr. 11536

Lofotenlandschaft mit Wolke

Ernst Wilhelm Nay

1938

Öl auf Leinwand

Germanisches Nationalmuseum, Nürnberg

Inv.Nr. Gm 1696

»Ich weiß, daß ich die Malerei der Zukunft male […] und ich glaube, daß die Zukunft nicht mehr allzu fern ist. Daß sich hier ein europäisches Maß anbahnt, ist nicht mehr zu bezweifeln«. Diese im Jahre 1943 geschriebenen Zeilen des jungen Malers Ernst Wilhelm Nay lassen aufhorchen. Seine Bilder stehen in diametralem Gegensatz zur offiziellen Kunstpolitik, die ihn als »entartet« diffamierte. Nays malerische Karriere, die 1931 mit der Verleihung des Preußischen Staatspreises ihren glänzenden Auftakt fand, war mit der Machtergreifung der Nazis ins Stocken geraten. Zwar beschäftigte sich Nay weiterhin mit aktuellen Entwicklungen, vor allem in der französischen Kunst, doch er erhielt 1937 Ausstellungsverbot, seine Bilder wurden aus öffentlichen Sammlungen entfernt. Hilfe aus der verzweifelten Situation brachte Edvard Munch, der dem jungen Kollegen einen längeren Aufenthalt in Norwegen finanzierte. Die Werke, die dort entstanden, wurden in Oslo verkauft, so dass Nay den Aufenthalt im nächsten Jahr finanzieren konnte.

Das Gemälde zeigt eine von steil aufragenden Bergen dominierte Landschaft, in deren Mitte ein Gewässer liegt. Über dieser glatten Fläche hängt eine tiefe, dunstige Wolke, die sich an die Berghänge schmiegt. Die schroffen Bergwände lassen nur ein kleines Stück eines weiß gehaltenen Himmels frei, und dennoch wirkt die Szene keineswegs bedrohlich, denn die starke Buntfarbigkeit sorgt für eine fast heitere Bildstimmung. Nay zerlegt die Hochgebirgslandschaft in schmale, amorphe und dynamisch sich streckende Farbflächen, die die Wirkung der klaren und hellen Farben unterstreichen.

Die Norwegenbilder Nays bezeichnen eine biographische, kunsthistorische und geistesgeschichtliche Wende. Die Freiheit, die Nay im Norden erfährt, überträgt sich auf seine Kunst. Im Zustand der inneren Emigration gelingt ihm der Durchbruch zu neuen Bildschöpfungen. Nach 1945 wurde Nay zu einem Wegbereiter der abstrakten Kunst in Deutschland.

M H

Lit.: Ursula Peters: Moderne Zeiten. Die Sammlung zum 20. Jahrhundert. Kulturgeschichtliche Spaziergänge im Germanischen Nationalmuseum, Bd. 3. Nürnberg 2001.

Von 1978–82 entsteht Immendorffs Werkkomplex »Café Deutschland«, der neben großformatigen Gemälden eine Folge von Linolschnitten umfasst. Thema ist das Café als Kommunikationsort, in dem sich verschiedene Realitätsebenen treffen und Vergangenheit und Gegenwart, Realität und Fiktion einander gegenüberstehen.

Auf einer runden Platte vor einer Mauer, die die Graphik in zwei Bildhälften und damit in Ost und West teilt, sitzt ein männlicher Zeitzeuge, der sich durch Zeitungen frisst. Inschriftlich ist die Platte mit »Heuler« betitelt, sie zeigt ein chinesisch anmutendes Zeichen, wohl das Signée der Gesellschaft für deutsch-chinesische Freundschaft. Am Tresen stehen und sitzen Kaffeehausbesucher, darunter auch Immendorff und gegenüber A. R. Penck, der mit seiner Rechten eine Hälfte des Bundesadlers in den Raum streckt. Die beiden sind Symbol der Solidarität, verband sie doch eine intensive Künstlerfreundschaft. Vor ihnen in der linken unteren Bildecke erscheint ein mit einem Pinsel gefesselter Bundesadler. Den Künstlern gegenüber lehnt an der Mauer ein Soldat mit Pickelhaube als Vertreter des Wilhelmismus, der das Brandenburger Tor hoch hält. Brandenburger Tor und Mauer sind Chiffren, die im Werkkomplex von »Café Deutschland« immer wieder auftreten und für die Trennung Deutschlands sowie für den Wunsch nach derer Aufhebung stehen. Auf der anderen Seite der Mauer tragen kleine Figuren Betonplatten eine Leiter hinauf, und die Quadrigapferde des Brandenburger Tors werden durch die Luft gewirbelt. Darüber sitzen in einer Empore, an deren Breitseite ein Mao-Plakat befestigt ist, Marx, Stalin und Lenin. Auf gleicher Höhe zertrümmert links von der Mauer ein Radioaktivitätszeichen ein Hakenkreuz.

Das Café zeigt ein Panorama politischer Wirklichkeiten und Träume, die kaleidoskopartig durcheinander gewirbelt werden und beleuchtet die deutsch-deutsche Realität um 1980.

A S

Lit.: Jörg Immendorff: Café Deutschland Adlerhälfte. Hrsg. von der Städtischen Kunsthalle Düsseldorf, Düsseldorf 1982.

Heuler (Café Deutschland, Zustand Nr. 11)

Jörg Immendorff

1982/1993

Linolschnitt, Schwarz und Braun auf Japan

Germanisches Nationalmuseum, Nürnberg

Inv.Nr. H 8370

Jahrhundertschritt

Wolfgang Mattheuer

1987

Öl auf Leinwand

Sammlung Guenter und Luise Roese, Berlin

Mattheuers »Jahrhundertschritt« gehört zu einer größeren Serie von Werken, die das Thema umkreisen. Seit den frühen 1980er Jahren hat sich der Leipziger Künstler mit einer albtraumhaften, aggressiven Figur beschäftigt, die in wechselnder Körperlichkeit den Bildraum durchmisst und beherrscht. Die zugehörigen Werke tragen Titel wie »Verlorene Mitte«, »Verlust der Mitte«, »Albtraum« und eben »Jahrhundertschritt«, und bilden Varianten dieses Werkes.

Ein zu einer geduckt vorwärts stürmenden Masse gebündelter Mann bewegt sich entlang einer Mauer, die die Straße und den Gehweg nach hinten begrenzt. Diese Mauer trägt links bunte Farbspuren, Buchstaben und einen Regenbogen. Auf Höhe der Gestalt bricht die Farbe ab, die Wand erscheint weiß. Darin nähert sie sich farblich dem energisch ausschreitenden Bein. Die Nacktheit wird jedoch im rechten Bein des Unholds konterkariert, denn es steckt in einem schwarzen Hosenbein mit blutroter Naht und roten und grünen Flecken. An die Stelle des Oberkörpers tritt eine schwarze Wolke, in der sich ein Gesichtsprofil und ein Schädel abzeichnen; über ihnen taucht ein dumpfes, aber immerhin menschliches Gesicht aus dem Dunkel auf.

Flankiert werden die Köpfe von der Silhouette einer zum Hitlergruß erhobenen Hand und der zum Sozialistengruß geballten Faust. Schwarz, Weiß und Rot verweisen zusammen mit der faschistischen Geste auf die eine, die gereckte Faust auf die andere deutsche Diktatur. Die Bedeutung der Gesten ist jedoch umkehrbar: unterdrückte Wut und hilfloses Recken der Hände sprechen ebenso daraus, worin sich die symbolische Vielschichtigkeit dieser bildlichen Inkarnation des 20. Jahrhunderts, zumal des deutschen, manifestiert.

M H

Lit.: Ursula Mattheuer-Neustädt: Bilder als Botschaft – Die Botschaft der Bilder. Leipzig 1997.

Der nach einem Gemälde des Jahres 1989 (»Besetztes Haus«, 1989, Öl auf Leinwand, 82 × 112 cm, Krefelder Kunstmuseen, Dauerleihgabe aus Privatbesitz; WV 695-3) entstandene Druck zeigt im linken Bildmittelgrund ein mehrgeschossiges, weißes Wohnhaus, das von Zweigen und Ästen leicht verdeckt wird. Den rechten Vordergrund der Arbeit beherrscht ein Baum, dessen Blütenstand den Zeitpunkt des Entstehens angibt: Frühling. Auch der zentrale Vordergrund wird von Blättern und Zweigen überlagert. Das Ergebnis ist eine zunächst idyllisch wirkende Stadtlandschaft. Gleichwohl erschweren der Bildausschnitt und die Blattüberschneidungen des Vordergrundes eine exaktere Bestimmung des Gebäudes. Es bleibt unklar, ob der sichtbare Bereich des Hauses im Erdgeschoss oder im ersten Stock beginnt. Zudem lässt Richter – wie in den meisten seiner gegenständlichen Landschaften – die Konturen der Dinge leicht verschwimmen, so dass eine Verortung schwierig wird. Das Ergebnis ist keineswegs ein veristisches Abbild der Wirklichkeit. Gleichwohl liegt dem Werk ein konkreter Wirklichkeitsbezug zugrunde. Es handelt sich um ein besetztes Haus in Köln, Ludolf Camphausen Straße 36, in der Nähe von Richters Atelier. Richter hatte das Haus 1989 aufgenommen, und diese Fotografie bildet die Grundlage des Werks. Die Perspektive des durch die Zweige aufgenommenen Bildes trägt voyeuristische Züge. Wie ein Beobachter dringt der Betrachter in die häusliche Idylle ein und lässt sie fragwürdig erscheinen.

M H

Lit.: Gerhard Richter. Ausst.Kat. Kunstsammlung Nordrhein-Westfalen Düsseldorf/ Städtische Galerie im Lenbachhaus und Kunstbau München. Hrsg. von der Kunstsammlung Nordrhein-Westfalen. Mit einem Essay von Armin Zweite und dem Werkverzeichnis 1993 – 2004. Düsseldorf 2005.

Besetztes Haus
Gerhard Richter
1990
Offset in Schwarz und Grau
Germanisches Nationalmuseum, Nürnberg
Inv.Nr. VT 143

Deutschsein im Ausland

Katja Happe

Deutschsein im Ausland ist ein Zustand, den viele Deutsche mindestens einmal pro Jahr erleben, nämlich, wenn sie in Urlaub fahren. Das Ziel ist dann entweder Mallorca oder eine ähnlich stark von Deutschen dominierte Region der Welt, um sich auch in der Fremde zu Hause zu fühlen. Oder man bemüht sich, an einen Ort zu fahren, der nicht von Deutschen überlaufen ist, um dann dort in die jeweilige neue Kultur möglichst tief einzutauchen, nicht aufzufallen und dadurch viele neue Eindrücke zu gewinnen. Dort wird es dann wahrscheinlich weder Sauerkraut noch Körnerbrot, weder die Sportschau noch die Bildzeitung geben, also keines der Dinge, die in typischen deutschen Urlaubsregionen an der Tagesordnung sind. Der Urlauber, der in eine dieser »fremden« Regionen fährt, wird dies mit Absicht tun und in der Zeit seines Urlaubes weder deutsches Essen, noch deutsche Zeitungen oder sonstige Elemente vermissen, die ihn an Deutschland erinnern. Dafür sind die Zeit meist auch zu kurz und die neuen Eindrücke zu vielfältig.

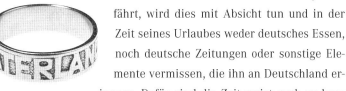

Abb. 31: Fingerring »Vaterlandsdank«. 1914. Germanisches Nationalmuseum, Nürnberg.

Doch was ist mit denjenigen, die für eine längere Zeit im Ausland leben? Inwiefern vermissen sie deutsche Eigenheiten, Vertrautes und Gewohntes? Und inwieweit behalten sie das, was ihren deutschen Charakter, ihre deutsche Identität und Herkunft ausmacht, auch im Ausland bei?

Den Antworten auf diese Fragen will dieser Text nachgehen: Wie ist es, mit einer deutschen Identität im Ausland zu leben? Vermisst man Deutschland und hat Sehnsucht nach bestimmten Aspekten? Und kann man überhaupt vermeiden, sich nach Deutschland zu sehnen?

Wenden wir uns zunächst dem ersten Fragenkomplex zu – der Sehnsucht nach Deutschland, wenn man im Ausland lebt. Ein historisches Beispiel mag dies illustrieren und verdeutlichen.

Das 19. Jahrhundert brachte für viele Menschen in Europa Hunger und Elend mit sich[1]. Missernten, ein starkes Bevölkerungswachstum und gesellschaftliche Veränderungen führten zu einer Verelendung großer Bevölkerungsteile. Massenarbeitslosigkeit, drohende Hungersnöte und fehlende soziale Aufstiegschancen führten dazu, dass ein Leben in der Fremde, in einem neuen Land, als große Chance auf ein besseres Leben erschien. Die noch jungen Vereinigten Staaten von Amerika, erschienen vielen als das »gelobte Land«, in dem sie einen neuen Anfang wagen wollten. Die neue Gesellschaft mit ihrer Durchlässigkeit der sozialen Stände, dem Fehlen eines fest gefügten, traditionellen und die Gesellschaft beherrschenden Adelsstandes und das großteils noch unbekannte und weite Land boten viele Möglichkeiten. Bis 1860 wanderten über 5 Millionen Menschen aus ganz Europa in die USA aus. Auch aus Deutschland versuchten viele, dem Elend in ihrer Heimat zu entkommen, zum Teil zog es größere Gruppen und sogar kleinere Dörfer gemeinsam in die Neue Welt[2].

Doch auch wenn die Zukunft in einem neuen Land mit der Hoffnung auf ein besseres Leben verbunden war, so war es doch für die meisten Menschen eine Auswanderung nicht aus freiem Willen, sondern aus einer Zwangslage heraus. Ihr Leben in ihrer bisherigen Heimat ließ ihnen kaum eine andere Wahl. Um sich so schnell wie möglich auch in der neuen Umgebung heimisch zu fühlen, nahmen viele Auswanderer die alte Heimat, also Deutschland, mit in die neue[3]. Das »Mitnehmen der alten

Heimat« darf jedoch nicht zu wörtlich genommen werden, das tatsächliche Gepäck der meisten Auswanderer war nur klein. Umso größer waren die ideellen und mentalen Werte (Abb. 31), die mit den Menschen in die USA oder nach Kanada kamen.

Am offensichtlichsten wird die Verbundenheit zwischen der alten und neuen Heimat durch die vielen deutsch klingenden Ortsnamen in Nordamerika. Francfort, Berlin, Potsdam und Bethel finden sich ebenso wie Hamburg, Rhinelander oder auch Brunswick (Braunschweig)[4]. Man kann sicher davon ausgehen, dass diese Orte von Menschen aus den jeweiligen Regionen gegründet wurden und dass damit eine enge Verbindung zur alten Heimat hergestellt werden sollte.

Außer den Namen der Heimatorte nahmen die Auswanderer weitere Dinge und Gewohnheiten mit und etablierten sie an ihrem neuen Heimatort, unter anderem ihre Vorliebe, Vereine zu gründen. Vereine waren und sind ein Ort der Geselligkeit, im Ausland noch viel stärker als in Deutschland selbst. Hier kann der sportliche Erfolg oder die Erfüllung des jeweiligen Vereinszweckes im Mittelpunkt des Vereinslebens stehen, im Ausland ist es jedoch viel stärker das Zusammensein mit Menschen gleicher Herkunft, mit denen man über gemeinsame Erinnerungen und Interessen reden kann. Kommunikation und Erinnerungsaustausch sind ganz wesentliche Faktoren deutscher Vereine im Ausland. So verwundert es nicht, dass im Jahr 1901 der Bayern-Verein Baltimore zu einem großen Maskenball einlädt (Abb. 32). Dieses Plakat in deutscher Sprache deutet darauf hin, dass es genügend Adressaten gegeben haben muss, die deutsch verstanden und einer solchen Einladung Folge leisten konnten. Ein weiteres Indiz für die rege Vereinstätigkeit der Deutschen im Ausland ist der Hinweis, dass der Bayern-Verein eine »Section des Bayer. Nationalverbandes von Nord-Amerika« ist. Offensichtlich gab es noch andere Vereine, die sich sogar zu einer

Dachorganisation zusammengeschlossen hatten[5]. Als besondere Attraktion des Maskenballes wird angekündigt, dass die Eröffnung der 1. deutschen Eisenbahnlinie zwischen Nürnberg und Fürth auf der Bühne nachgestellt werden soll. Auch dies ist ein Hinweis auf die enge Heimatverbundenheit der nach Amerika ausgewanderten Deutschen, da damit ein Ereignis gefeiert wird, dass die Erinnerung an besonders herausragende deutsche Leistungen wach halten soll.

Abb. 32: Maskenballanzeige des Bayern-Vereins in Baltimore. 1901. Germanisches Nationalmuseum, Nürnberg.

Durch die Vereine konnten die Auswanderer ein Stück ihrer alten Heimat mitnehmen und die Erinnerung daran wach halten. Gelegenheiten gab es genug, sei es durch das Singen deutscher Lieder, die Gründung einer deutschen Schule oder das Feiern deutscher Feste. Wenn heute noch in den USA jedes Jahr Dutzende von »typisch deutschen« Oktoberfesten stattfinden[6], so zeigt dies, wie sich die Bewahrung von Traditionen mittlerweile verselbstständigt hat. Diese Feste finden nicht mehr nur allein oder hauptsächlich für die in Amerika lebenden Deutschen statt, die damit ihre Heimatverbundenheit demonstrieren wollen, sondern sie zelebrieren heute das Klischeebild eines deutschen Festes, auf dem jedermann mitfeiern kann, auch wenn er oder sie gar keinen Bezug zu Deutschland hat. Statt der Erinnerung steht der Kommerz im Vordergrund.

Bei genauerer Betrachtung ist verwunderlich, dass die Erinnerung bei den Auswanderern eine so wichtige Rolle spielte. Sicher, wenn sie im 19. Jahrhundert auswanderten, gingen sie in Amerika einer ungewissen Zukunft entgegen, doch was ließen sie zurück, an dass sie sich erinnern wollten? Ursprünglich war die Auswanderung bei den meisten eine Folge der ärmlichen persönlichen Lebensverhältnisse in Deutschland gewesen (neben der Abenteuerlust, die besonders bei jungen Menschen den Entschluss zur Auswanderung erleichtert haben dürfte), was vermissten sie also im neuen Land? Sicher nicht ihre niedrige soziale Stellung, ihre Arbeits- und Perspektivlosigkeit und sicher auch nicht den Hunger während schlechter Jahre. Dennoch gab es Dinge, die vielen erinnernswert und behaltenswert erschienen. In Briefen von Auswanderern[7] scheinen sie deutlich auf: Natürlich ist es die Familie, die vermisst wird, aber auch die vertraute Landschaft, ein bestimmter Ort. Auch die deutsche Literatur und Musik und besonders deutsches Essen werden immer wieder angesprochen.

Da sie viele dieser Dinge in ihrer neuen Umgebung nicht vorfanden, blieb ihnen nur die Erinnerung daran, und diese Erinnerung wird verstärkt, wenn man sie mit anderen teilen kann, etwa in einem deutschen Verein.

Hinzu kommt, dass in der Erinnerung vieles verklärt wird[8]. Sofern die Auswanderer in Amerika erfolgreich waren und ihre Lebensumstände sich verbesserten, konnten sie auf ihr früheres Leben mit einer gewissen Nostalgie zurückblicken, in deren Licht die Vergangenheit oft nicht mehr so schlimm erschien. In diesem Kontext werden positive Elemente der Vergangenheit verstärkt, während negative Erfahrungen keine so große Rolle mehr spielen.

Es entwickelt sich mit dieser Nostalgie und der Erinnerung an Elemente der Vergangenheit ein Verlangen nach eben diesen Erinnerungen. Und das ist die Chance für wiederum andere Auswanderer. Metzger, die deutsche Würste herstellen, Bäcker, die deutsches Brot backen oder Köche, die ein deutsches Restaurant eröffnen, erfreuen sich besonders bei anderen im Ausland lebenden Deutschen großer Beliebtheit, denn durch sie oder besser durch ihre Produkte werden Erinnerungen wieder fassbar. Man muss sich nicht mehr nur an den Geschmack der alten Heimat erinnern, sondern man kann die Heimat ganz konkret schmecken. Hersteller von deutschen Lebensmitteln haben deshalb im Ausland meist großen Erfolg bei ihren jeweiligen Landesgenossen, weil sie ein Zuhausegefühl transportieren und die Erinnerungen der Auswanderer mit realen Produkten unterstützen und stärken[9].

Schwieriger sind dieser Transport und die Konkretisierung von Erinnerungen mit Landschaften und Orten. Die Vegetation in der neuen Heimat ist meist aufgrund der klimatischen Gegebenheiten nicht mit der in Deutschland vergleichbar, und das Anpflanzen vertrauter Pflanzen muss nicht immer gelingen. Und eine Landschaft ist sicher nicht transportabel. Dennoch verwundert es nicht, dass viele Deutsche sich an Orten ansiedeln, die ihrer heimatlichen Landschaft oder Region zumindest ähnlich sind, so dass die Erinnerungen sich leichter übertragen lassen.

Mit dem Essen, mit der Bauweise ihrer Häuser und mit der Gründung von deutschen Vereinen haben Auswanderer versucht, ihre Heimat Deutschland in ihr neues Lebensumfeld zu transportieren und dort Dinge, die ihnen vertraut und wichtig waren, wieder zu etablieren. Man kann dies nicht nur an den Einwanderern in die USA ablesen, auch in den deutschen Kolonien in Afrika (Abb. 33) und in den Auswanderungsgebieten in Südamerika. Überall finden sich deutsche Elemente, die von den Auswanderern importiert wurden. Und es ist ein Zeichen für die Langlebigkeit solcher Tradition und Erinnerungen, wenn noch gut 100 bis 180 Jahre nach den großen Auswanderungswellen (oder wie im Falle der Kolonien nach der Gründung dieser Kolonien) auch heute noch viele dieser Elemente sichtbar sind.

Ein weiteres, wichtiges Element der Traditionsbewahrung, das bisher nur unterschwellig erwähnt wurde, darf nicht vergessen werden, denn es bildet für viele Aktivitäten der Auswanderer den gemeinsamen Rahmen: die deutsche Sprache. Für die Bewahrung einer gemeinsamen Identität ist eine gemeinsame Sprache fast unentbehrlich[10], denn Sprache bedeutet Kommunikation und gegenseitiges Verstehen. Über Sprache werden Erinnerungen und Traditionen weitergegeben und bewahrt. Auch dieser Aspekt wird in nahezu allen Ländern deutlich, in denen sich Deutsche zu Gruppen zusammenschließen. Neben den Vereinen, in denen die deutsche Sprache meist ganz selbstverständlich gepflegt wird, entstehen sehr schnell auch deutsche Schulen und deutsche Kirchengemeinden, in denen der Vermittlung der deutschen Sprache und

damit der Bewahrung der deutschen Kultur und ihrer Traditionen ein großer Raum eingeräumt wird[11].

Im Gegensatz zu den eingangs erwähnten Urlaubern, die in der Fremde Deutschland nicht unbedingt vermissen, ist die Sehnsucht der Auswanderer nach Deutschland, oder zumindest nach dem, was sie an Erinnerungen an Deutschland haben, sehr deutlich nachweisbar.

Doch es hat auch andere Auswanderer gegeben. Solche, die auf der Suche nach einem besseren Leben Deutschland den Rücken kehrten, dies aber nicht freiwillig, sondern gezwungenermaßen taten. Ein Beispiel dafür sind die vielen, vor allem jüdischen Flüchtlinge, die das nationalsozialistische Deutschland in den 30er Jahren des 20. Jahrhunderts verließen und hofften, durch eine Auswanderung dem Terror des Regimes zu entkommen und sich ein neues Leben aufbauen zu können. Wie sah es mit ihnen und ihrer Sehnsucht nach Deutschland aus? Wie entwickelte sich ihr Verhältnis zu dem Land, das sie nicht mehr haben wollte und sie verfolgte und vernichtete, obwohl sie ihr ganzes Leben dort verbracht hatten und die allermeisten sich vor allem als Deutsche und erst danach als Juden sahen? Hatten sie auch Sehnsucht nach Deutschland?

Als Beispiel für diese Art der Auswanderung sollen zunächst die Deutschen dienen, die nach 1933 in die Niederlande geflüchtet waren[12]. Schon allein die Wahl des Auswanderungszieles spricht Bände: Viele entschieden sich für einen Neuanfang

Abb. 33: Pokal des Schützenvereins Windhuk. 1913. Germanisches Nationalmuseum, Nürnberg.

in den Niederlanden, weil sie sich nicht zu weit von Deutschland entfernen wollten und weil sie glaubten, in den Niederlanden ähnliche Lebensbedingungen und ein ähnliches Umfeld wie in Deutschland vorzufinden. Zusätzlich hegten viele die Hoffnung, dass der Auslandsaufenthalt nur temporär wäre und sie bald in ihre Heimat zurückkehren könnten. Die Geschichte hat gezeigt, dass weder die Wahl der Niederlande als Zufluchtsort eine gute Entscheidung für deutsche Juden war, noch dass sich die Hoffnung auf eine schnelle Rückkehr erfüllte[13]. Dennoch scheint das Verhalten vieler Flüchtlinge demselben Schema zu folgen, das auch andere Auswanderer an den Tag legten, nämlich in ein Land zu gehen, das neue Perspektiven für das eigene Leben eröffnete, aber dabei so nah wie möglich an das vertraute Leben anschloss. In dieser Hinsicht schienen die Niederlande ideal zu sein. Die Sprache war ähnlich und für Deutsche schnell zu erlernen, die Kultur war ebenfalls nicht allzu fremd, und die Neuankömmlinge fanden ein bereits gut ausgebautes System an deutschen Schulen und Vereinen vor, die zumindest zu Beginn der 30er Jahre auch noch kein Problem mit jüdischen Schülern oder Mitgliedern hatten. Mit der Wahl, in die Niederlande zu gehen, zeigten die jüdischen Emigranten, dass sie auch weiterhin ihrer ehemaligen Heimat eng verbunden blieben. Viele von ihnen sprachen weiterhin deutsch, manche lernten noch nicht einmal niederländisch. Das Bewusstsein, wirklich ausgewandert zu sein und nicht nur vorübergehend in einem anderen Land zu leben, war bei vielen nicht vorhanden. Dies änderte sich erst im Laufe der 30er Jahre, als deutlich wurde, dass es sich bei dem NS-Regime nicht nur um eine temporäre Erscheinung handelte. Doch auch nachdem die Bedrohung immer deutlicher wurde und die Ausgrenzung der Juden in Deutschland immer größere Ausmaße annahm, blieben die Emigranten ihrer deutschen Identität verhaftet. Selbst nach dem Überfall Deutschlands auf die Niederlande im Mai 1940 kann man feststellen, dass das individuelle Verhalten vieler deutscher Juden sich nicht änderte. Sicherlich wandelten sich die Lebensumstände, auch die Niederlande waren nun nicht mehr sicher, und die Gefahr der Deportation wuchs ständig, doch weiterhin sprachen auch die deutschen Emigranten in ihrer Muttersprache, sie kochten traditionelle deutsche Gerichte, lasen deutsche Zeitungen und hörten deutsche Musik.

Eigentlich würde man ein anderes Verhalten erwarten. Durch die erzwungene Auswanderung wäre eine Ablehnung alles Deutschen verständlich, denn schließlich war der Staat dafür verantwortlich, dass das gesamte bisherige vertraute und gewohnte Leben aus den Fugen geriet. Doch genau hier treffen die Auswanderer eine ganz klare Unterscheidung. In Interviews mit ehemaligen jüdischen Emigranten kann man feststellen[14], dass die Auswanderer sehr deutlich zwischen dem Staat und ihrer Heimat trennen. Während sie die politische Entwicklung zutiefst ablehnten und sich vom deutschen Staat oder noch genauer, den Nationalsozialisten, unrecht behandelt fühlten, schätzen sie die deutsche Kultur, ihre Heimatregion und vor allem die deutsche Sprache sehr hoch. Die Verbundenheit zu ihrer kulturellen Herkunft blieb bestehen, auch wenn sich die politische Situation in Deutschland radikal verändert hatte. Auch wenn viele jüdische Flüchtlinge sich gezwungen sahen, ihre deutsche Herkunft zu verleugnen, um zu überleben, so lassen doch Tagebucheintragungen und Briefe ihre Sehnsucht nach Deutschland und ihrem früheren Leben dort erkennen. Die oftmals notwendige Trennung von ihren Familien machte die Erinnerungen an die heile Welt von früher noch kostbarer und die Angst, die Eltern oder Freunde nie wieder zu sehen, ließ viele deutsche Juden ihre deutsche Identität noch stärker spüren. Deutschsein hieß in diesen Fällen, mit der eigenen Familie verbunden zu sein, gleiche Erinnerungen, dieselbe Herkunft und dieselbe Geschichte zu teilen. Für die Flüchtlinge, die ständig um ihr Leben fürchten mussten, bedeutete diese gemeinsame Herkunft und Prägung einen starken Halt, auch wenn tragischerweise ihre Verfolger und Mörder die gleiche Sprache sprachen und ebenfalls Goethe, Bach und den Rhein liebten.

Erst im Nachhinein, nach dem Bekanntwerden des vollen Ausmaßes der nationalsozialistischen Gräueltaten, wandten sich viele der überlebenden deutschen Juden vom Land ihrer Herkunft ab, sie sprachen kein Deutsch mehr und kehrten nicht mehr an die Orte ihrer Kindheit und Jugend zurück, weil durch die Ermordung ihrer Lebenspartner, Eltern und Verwandten keine glücklichen Erinnerungen mehr mit Deutschland verbunden waren, sondern die politischen Geschehnisse alle anderen Elemente deutscher Identitätsverbundenheit überlagerten.

Interessanterweise hatten andere deutsche Auswanderer zum Teil viel mehr Probleme mit der Trennung zwischen dem politischen Geschehen und der eigenen deutschen Identität. Wiederum können hier die Niederlande als Beispiel dienen. Juden und politische Flüchtlinge kamen in den 30er Jahren in großer Zahl in die Niederlande, doch schon vorher war Holland ein beliebtes Emigrationsland für Deutsche gewesen. In den 20er Jahren, als die wirtschaftliche Situation durch den verlorenen Ersten Weltkrieg und die steigende Inflation in Deutschland immer schlechter wurde, sahen viele Deutsche bessere Chancen im Ausland. Durch enge wirtschaftliche Kontakte und die Nähe zu Deutschland erschien ein Leben in den Niederlanden als gute Möglichkeit, eine bessere ökonomische Situation zu erreichen und sich gleichzeitig nicht allzu weit von zu Hause zu entfernen. Neben Tausenden von Dienstmädchen[15] wanderten auch viele Angehörige des Bürgertums aus und eröffne-

ten in den Niederlanden eigene Geschäfte oder traten in bereits bestehende Unternehmen ein. Wie die Auswanderer in die Neue Welt 50 bis 100 Jahre zuvor, errichteten sie sich in den Niederlanden eine Heimat, die Deutschland ziemlich ähnlich sah. Vor allem in den Ballungsräumen im Westen der Niederlande gab es deutsche Vereine und Geschäfte, deutsche Schulen und Kirchengemeinden, die zum Teil noch heute existieren. Aufgrund der kulturellen Nähe zwischen Deutschland und Holland fühlten sich viele Deutsche auch in der niederländischen Gesellschaft gut aufgehoben. Es gab zwar die Möglichkeit, eng der alten Heimat verhaftet zu bleiben, doch viele lernten ganz selbstverständlich auch niederländisch, hatten holländische Freunde und übernahmen Elemente der holländischen Art zu leben. Sie fühlten sich in beiden Staaten und Kulturen zu Hause, ein Umstand, den die geographische Nähe sicherlich begünstigte, denn Besuche in Deutschland lagen für beinahe jeden im Bereich des Möglichen. Für die meisten der deutschen Auswanderer schien dieser Umstand ein Glücksfall gewesen zu sein. Sie mussten ihr vertrautes Leben und ihre bereits bestehenden Vorlieben und Eigenschaften nicht komplett aufgeben und sich selbst in einem neuen Lebensumfeld neu definieren, sondern konnten auf viele vertraute Elemente zurückgreifen.

Gleichzeitig kann dieses Zuhausesein in zwei Kulturen und in zwei Staaten zu erheblichen Problemen führen. Solange beide Staaten friedlich nebeneinander existieren, können die Zuneigung und individuellen Zugehörigkeitsgefühle beiden Staaten gehören. Was aber geschieht, wenn diese friedliche Koexistenz aufgegeben wird? Wem gehören dann die Loyalität und die heimatlichen Gefühle?

Diese Frage mussten die Deutschen in den Niederlanden ab Mai 1940 beantworten. Zu diesem Zeitpunkt überfiel ihr Vater- oder besser Herkunftsland Deutschland ihre momentane Heimat, die Niederlande. Für die Flüchtlinge war dieser Moment im Hinblick auf ihr weiteres Überleben eminent wichtig, die Unterscheidung zwischen Heimat und Staat hatten die meisten aber gefühlsmäßig schon viel früher getroffen. Dieses erneute aggressive Verhalten Deutschlands kam für sie kaum mehr überraschend. Ganz anders mussten diejenigen empfinden, die bisher identitätsstiftende Merkmale aus beiden Seiten unproblematisch miteinander hatten kombinieren können.

Von ihrer Umwelt wurden sie in der neuen Situation gezwungen, sich zumindest nach außen hin für eine der beiden Seiten ihrer Identität zu entscheiden. Begrüßten sie den Einmarsch Deutschlands, weil damit ihr Vaterland ihnen näher rückte (oder auch einfach, weil sie die nationalsozialistische Eroberungspolitik unterstützten), so standen sie ganz automatisch in Gegensatz zu ihrer niederländischen Umwelt, die die Eroberung ihres Landes ablehnte[16]. Verurteilten sie jedoch den Einmarsch in die Niederlande, so begaben sie sich in Opposition zu ihrem Vaterland. Um ihre Verbundenheit zu ihrer Heimat nicht zu verlieren, war dann ein ähnlicher Schritt wie bei den Flüchtlingen nötig, nämlich die klare Trennung zwischen Staat und Heimat. Doch auch wenn Deutsche den Einmarsch der Nationalsozialisten ablehnten, so war ihnen dennoch nicht das Verständnis und die Unterstützung ihrer niederländischen Umgebung gewiss. In den Augen der meisten Niederländer blieben Deutsche eben Deutsche und waren damit der Feind, egal für welche Seite sich die jeweiligen Personen entschieden hatten. Was für viele folgte, war ein schwieriger Balanceakt in jeder Hinsicht. Hin- und hergerissen zwischen Politik, Heimatverbundenheit und neuer Lebensumgebung stieg die Unsicherheit. Was war höher zu bewerten? Die Heimatverbundenheit und Identität als Deutsche oder ein Verhalten, das von politischen Überzeugungen geprägt

war? Und ist es überhaupt möglich, beides voneinander zu trennen?

Wie meistens ist die Analyse einer solchen Frage von theoretischen Annahmen (zumal aus der heutigen Sicht) geprägt und spiegelt das reale Verhalten der untersuchten Personen nur in Ausschnitten wieder. Die Entscheidungen, die heute so klar voneinander getrennt werden können, also Liebe zu Deutschland oder Liebe zu den Niederlanden, waren zur Zeit der Besatzung beinahe niemandem so klar und keineswegs eindeutig zu treffen. Stattdessen spiegeln Briefe und Dokumente einen ständigen Wechsel der Entscheidungen und ein stetes Nebeneinander von Zuneigungen, Sehnsüchten und persönlichem Verhalten.

Interessant wird es im Hinblick auf die Dauerhaftigkeit und Tiefe von Identitätsmerkmalen vor allem dann, wenn eine gewünschte Einstellung nicht mit dem tatsächlichen Verhalten in Einklang zu bringen ist. Wenn also z. B. der deutsche Einmarsch strikt abgelehnt und daraufhin versucht wird, alles Deutsche aus der eigenen Persönlichkeit zu entfernen, aber trotzdem erkannt werden muss, dass Elemente wie der intuitive Gebrauch der Muttersprache oder sogenannte preußische Tugenden wie Pünktlichkeit oder Ordnungsliebe nicht unterdrückt werden können[17]. Dies alles erinnert trotz des Versuches der aktiven Vermeidung an die deutsche Herkunft und zeigt, dass die Prägung durch das deutsche Elternhaus und die Region, in der man aufgewachsen ist, nicht leicht und vor allem nicht schnell abgeschüttelt werden kann.

Wie stark gerade die Prägung durch das Elternhaus nationale Identität bestimmt, zeigt sich in Aufzeichnungen und Erinnerungen von Kindern deutscher Eltern, die in den Niederlanden geboren wurden und oft bis zum Teenageralter dort lebten. Obwohl sie nur selten (beispielsweise beim Besuch der Großeltern) in Deutschland waren und kaum eigene Eindrücke von der Heimat ihrer Eltern sammeln konnten, so stellen die wenigsten in Frage, dass Deutschland ihre Heimat sei. Neben der Sprache, die sie durch ihre Eltern erlernten und bestimmten deutschen Ritualen, wie z. B. das Weihnachtsfest[18] (Abb. 34), waren es auch deutsche Feiertage oder die deutsche Küche, die zu einer Affinität der Kinder zu Deutschland führten. In diesen Fällen spielten dagegen eine Region oder eine bestimmte Landschaft keine signifikante Rolle. In der Erinnerung wird dieses Kindheitsgefühl, eine deutsche Identität schon immer gehabt zu haben, nur selten in Frage gestellt. Ganz anders sieht dies mit den heutigen Gefühlen aus. In Gesprächen mit diesen in den Niederlanden geborenen Deutschen, die heute vielfach wieder in Deutschland leben, wird konstatiert, dass man sich heute, trotz des Lebens in Deutschland vielfach wie ein Holländer fühle[19]. Also prägt neben der Familie auch das Leben in einem bestimmten gesellschaftlichen Umfeld die eigene Identität. Nur wann die Merkmale welcher Heimat stärker in den Vordergrund treten oder wichtiger werden, ist immer wieder Veränderungen unterworfen und nie mit letzter Klarheit zu beantworten.

Die eingangs gestellte Frage, ob man nicht auch dann einen Teil Deutschlands vermisst, wenn man dies gar nicht will, stellte sich für Deutsche in den Niederlanden in den 40er Jahren immer wieder. Die vielfältigen und vor allem ganz unterschiedlichen Verhaltensweisen zeigen die Bandbreite und auch die Probleme im Umgang mit dieser Frage und die daraus resultierenden Brüche und Verwerfungen der eigenen Identität.

Die hier beschriebenen Beispiele zeigen die Vielfalt im Umgang mit der eigenen nationalen Herkunft, wenn man im Ausland lebt. Von der versuchten Übertragung der Zustände des Heimatlandes in das neue Lebensumfeld bis hin zur klaren Trennung zwischen altem und neuen Leben reicht

Abb. 34: Der Weihnachtsabend (aus: Häusliche Familienszenen). Um 1825. Germanisches Nationalmuseum, Nürnberg.

die Palette. Zwischen diesen beiden Polen gibt es unendlich viele Varianten individuellen Verhaltens. Eine Voraussage, wie ein neues Leben im Ausland mit der eigenen Identität in Einklang gebracht wird, kann also nicht universell beantwortet werden, sondern hängt von der Entscheidung jedes Einzelnen ab. Ob die vorhandenen Angebote zur Bewahrung der alten Identität (wie Vereine, Läden oder Schulen) wahrgenommen werden oder ob man sich völlig auf die neuen Umstände einlässt, ist eine Entscheidung, die immer wieder aufs Neue getroffen werden muss. Selbstverständlich spielen dabei jedoch auch die im neuen Land vorhandenen Gelegenheiten eine Rolle. Es ist ein Unterschied, ob beispielsweise eine deutsche Schule vorhanden ist und man sich aktiv gegen die Nutzung dieses Angebots entscheiden kann, oder ob erst gar nicht die Chance eines Besuchs einer deutschen Schule besteht und sich damit gar nicht erst diese Frage stellt.

Trotz der theoretischen Möglichkeit, sich bewusst für die Annahme oder Ablehnung bestimmter identitätsstiftender Maßnahmen zu entscheiden, besteht diese Option in der Realität nicht. Es scheint Elemente zu geben, über die man nicht bewusst entscheiden kann, sondern die sich einer Aufgabe oder Verleugnung widersetzen. Mit Sicherheit gehört dazu die Sprache. Viele deutsche

Schriftsteller, die im Exil leben mussten, schrieben noch sehr lange in deutscher Sprache, weil sie sich mit ihr am besten ausdrücken konnten und ihre Gefühle präziser in Worte fassen konnten[20]. Auch Tagebücher werden oft noch sehr lange in der jeweiligen Muttersprache geführt[21]. Die Sprache ist jedoch eines der wenigen Elemente von Identität, die diese Dauerhaftigkeit besitzt. Viele andere Merkmale variieren von Mensch zu Mensch. Manche können (ob bewusst oder unbewusst) nicht auf Goethe verzichten, andere auf gar keinen Fall auf deutsches Essen.

Die Pluralität der verschiedenen Merkmale und die unterschiedliche Bedeutung, die sie für die Menschen besitzen, zeigen, dass die eigene Identität immer wieder neu konstruiert werden kann und muss und somit immer wieder auch Veränderungen unterworfen ist. Die selbst reflektierende Sichtweise wird nicht nur einmal entwickelt und steht dann für den Rest des Lebens fest, sondern steht in Wechselwirkung mit den Zeitumständen, den

Entscheidungen, die immer wieder getroffen werden müssen und auch den unbewussten Vorlieben, die sich jeder kognitiven Entscheidung widersetzen.

Dennoch lässt sich ganz allgemein feststellen, dass die Sehnsucht nach Deutschland mit der Entfernung oder den geringeren Möglichkeiten, das eigene Deutschsein zu praktizieren, größer wird. Nach einer längeren Abwesenheit von Deutschland freut man sich wieder auf viele vertraute Dinge, die man lange nicht hatte, von dem Grün des deutschen Waldes bis hin zu Omas Apfelkuchen, von der Sauberkeit in deutschen Häusern (Abb. 35) bis zum deutschen Bier (Abb. 36). Gerade bei einem Leben im Ausland ohne Kontakte zu anderen Deutschen, ohne deutsche Läden, die kleinere Sehnsuchtsanfälle vielleicht lindern oder befriedigen könnten, wird die Sehnsucht größer. Die heutigen Möglichkeiten der Telekommunikation und des Reisens führen zu einem Gefühl der geringeren Entfernung. Telefonieren über das Internet und Kommunikation per E-Mail bringen Deutsche im Ausland viel schneller wieder in Kontakt mit der Heimat. Und auch Amerika ist mit dem Flugzeug nur noch wenige Stunden entfernt und man muss nicht mehr viele Wochen auf See verbringen. Die Kosten für einen relativ engen Kontakt nach Deutschland halten sich in Grenzen, so dass sich eigentlich jeder diese Anbindung an die Heimat erlauben kann.

Im Gegensatz zu den oben angeführten Beispielen der Auswanderung nach Amerika oder den Niederlanden, leben wir heute in einer Zeit, die eine Auswanderung aus ökonomischen oder politischen Gründen nicht mehr als einzige Möglichkeit erscheinen lässt[22].

Stattdessen empfinden es viele als ein Privileg, zumindest für eine längere Zeit im Ausland leben und arbeiten zu können, um den eigenen Horizont erweitern und neue Erfahrungen machen zu können. Die Sehnsucht nach Deutschland, nach dem

Abb. 35: Treppen scheuern.
Petra Flemming, 1986.
Germanisches Nationalmuseum, Nürnberg.

Vertrauten und Gewohnten, wird auch bei diesen Menschen vorhanden sein, doch die Gewissheit, irgendwann nach Deutschland zurückkehren zu können, falls man dies möchte, und die besseren Kontaktmöglichkeiten lassen den Schritt ins Ausland nicht mehr als endgültige Auswanderung erscheinen, sondern nur als temporären Wechsel des Wohnortes.

Die Bewusstwerdung der eigenen nationalen Elemente wird deutlicher und leichter, wenn man nicht mehr täglich von ihnen umgeben ist. Gleichwohl bedeutet dies nicht, auch dem Herkunftsstaat Zugehörigkeitsgefühle entgegen zu bringen. Ein Mensch kann sich als Deutscher fühlen, auch wenn er den Staat Deutschland ablehnt oder ihm kritisch gegenüber steht. Gleichzeitig kann nach der Auswanderung auch ein neues Zugehörigkeitsgefühl wachsen, nämlich gegenüber dem Zielland der Migration. Im Idealfall kann man beide Aspekte miteinander verbinden und sich in beiden Ländern zu Hause fühlen.

Wenn eine multiple Identität gegenüber verschiedenen Ländern also prinzipiell möglich ist, warum wird dann immer wieder – vor allem von Politikern – über das Fehlen einer europäischen Identität geklagt?

Das grundsätzliche Problem bei dieser Frage dürfte sein, dass Europa für Deutsche kein Ausland ist, sondern dass man auch in Deutschland in Europa ist. Für eine Vereinbarung zwischen der eigenen deutschen Identität und einer neuen europäischen besteht also kein Anlass[23]. Man ist nicht ausgewandert und so stellt sich für die wenigsten die Frage nach einer neuen Identität. Warum sollte man Gefühle für Europa entwickeln, wenn man doch längst in Europa ist?

Das Klagen über das Fehlen einer europäischen Identität geht am Kern des Problems vorbei. Bei einem Leben im außereuropäischen Ausland ist es sehr viel einfacher, neben der Aussage »Ich komme

aus Deutschland« auch – in einem größeren Maßstab betrachtet – zu sagen »Ich komme aus Europa«. Beim Aufkommen von Gegensätzen oder Zwistigkeiten entsteht diese Parteinahme nicht für das Herkunftsland, sondern auch für den größeren europäischen Rahmen sehr schnell, was z. B. auch bei der durch Donald Rumsfeld ausgelösten Diskussion um »Old Europe« deutlich zu erkennen war[24]. In Deutschland lebend ohne Druck von außen dieselben Zugehörigkeitsgefühle zu entwickeln, ist viel schwieriger. Man ist täglich von vertrauten und bereits in der eigenen Identität ver-

Abb. 36: Bierplakat. Franz Oswald Schiffers, um 1930/1940. Germanisches Nationalmuseum, Nürnberg.

ankerten Merkmalen umgeben, die sowohl nationale als auch europäische Dimensionen haben. Man nimmt sie nicht mehr als solche wahr, sondern sie gehören zum täglichen Leben. So wie man sich im Ausland seiner eigenen nationalen Identität viel stärker bewusst werden kann, eben weil sie nicht mehr als Alltag existiert, so wird eine europäische Herkunft und Identität leichter spürbar, wenn man sich eben nicht mehr innerhalb der Europäischen Union befindet.

Zusätzlich kommen in Hinblick auf Identitätsstiftungsmöglichkeiten der EU andere Probleme hinzu. Ohne eine gemeinsame europäische Sprache, die Gemeinschaft stiftet, ohne eine deutlich erkennbare europäische Regierung, die von innen als auch von außen stärker bemerkt wird, dürfte es der EU schwer fallen, die bereits bestehenden nationalen Zugehörigkeitsgefühle zu überflügeln. Die Vielfalt Europas und auch die historischen Differenzen zwischen den verschiedenen Staaten erschweren den Aufbau einer europäischen Identität, die auch als solche wahrgenommen wird. Dennoch dürften viele Menschen in Europa sehr wohl europäische Identitätsmerkmale in sich tragen, ohne dies jedoch bewusst wahrzunehmen. Es gehört für jeden zum Alltag, neben dem Deutschen auch ein Europäer zu sein, auch wenn man dies erst bei einem Leben im Ausland sich selbst leichter eingestehen kann.

1 Vgl. Reinhard Rürup: Deutschland im 19. Jahrhundert. 1815–1871. Göttingen 1992.

2 Allgemein zur Auswanderung nach Amerika vgl. Walter G. Rödel und Helmut Schmahl (Hrsg.): Menschen zwischen zwei Welten: Auswanderung, Ansiedlung, Akkulturation. Trier 2002. – Klaus J. Bade (Hrsg.): Deutsche im Ausland – Fremde in Deutschland. Migration in Geschichte und Gegenwart. München 1992. – John C. Kornblum und Christoph Freiherr Schenck zu Schweinsberg: The German Element – Deutsche Einwanderer in den USA. Hamburg 2003. – Wolfgang J. Helbich: »Alle Menschen sind dort gleich …« Die deutsche Amerika-Auswanderung im 19. und 20. Jahrhundert. Düsseldorf 1988.

3 Vgl. Robert Paul McCaffery: Islands of Deutschtum. German-Americans in Manchester, New Hampshire and Lawrence, Massachusetts, 1870–1942. New York u. a. 1996.

4 Allein »Hamburg« findet sich 28mal als Ortsname in den USA. Andere deutsche Ortsnamen können im »Getty Thesaurus of Geographic Names« gesucht werden, http://www.getty.edu/research/conducting_research/vocabularies/tgn/, 13.03.2006.

5 K. J. Bade (Anm. 2), S. 164–177.

6 Eine Suche im Internet unter dem Stichwort »German Oktoberfest« und USA ergibt immerhin 530 Treffer (13.03.2000).

7 Jürgen Macha, Marlene Nikolay-Panter und Wolfgang Herborn (Hrsg.): Wir verlangen nicht mehr nach Deutschland. Auswandererbriefe und Dokumente der Sammlung Joseph Scheben. Frankfurt a. M. 2003. – Wolfgang Helbich, Walter D. Kamphoefner und Ulrike Sommer (Hrsg.): Briefe aus Amerika. Deutsche Auswanderer schreiben aus der Neuen Welt, 1830–1930. München 1988.

8 Mit dem Phänomen der Erinnerung haben sich schon viele Wissenschaftler auseinandergesetzt: Als Standardwerk gilt noch immer: Maurice Halbwachs: Das kollektive Gedächtnis. Stuttgart 1967.

9 Aufgrund landestypischer Gegebenheiten konnte und kann es schwierig sein, die richtigen Zutaten und Gewürze zu bekommen. Ein etwas anderer Geschmack tut der Freude über ein konkretes Ausleben und Erfüllen einer Erinnerung aber meist keinen Abbruch.

10 Nina Janich und Christiane Thim-Mabrey (Hrsg.): Sprachidentität – Identität durch Sprache. Tübingen 2003. – Michael Eibes: Sprache. Sprache als Identität. Basel 2003.

11 Zur Bedeutung deutscher Institutionen und Gewohnheiten im Ausland vgl. Katja Happe: Deutsche in den Niederlanden 1918–1945. Eine historische Untersuchung zu den nationalen Identifikationsangeboten im Prozess der Konstruktion individueller Identitäten. Diss. Universität Siegen, Siegen 2004.

12 K. Happe (Anm. 11).

13 Von den ca. 140.000 Juden, die 1940 in den Niederlanden lebten (davon bis zu 30.000 deutscher Herkunft), überlebten weniger als 25% den Zweiten Weltkrieg und die Verfolgung durch die Nationalsozialisten. Von den über 110.000 Deportierten kehrten nach Kriegsende knapp 5000 in die Niederlande zurück. Vgl. Horst Lademacher: Die Niederlande. Politische Kultur zwischen Individualität und Anpassung. Berlin 1993, S. 581 f.

14 Vgl. K. Happe (Anm. 11).

15 Barbara Henkes: Heimat in Holland. Deutsche Dienstmädchen 1920–1950. Straelen 1998.

16 Auch in den Niederlanden gab es eine nationalsozialistische Bewegung (NSB), die in den 30er Jahren starke Zuwächse verzeichnete. In ihrer großen Mehrheit empfanden die Niederlande den Einmarsch Deutschlands jedoch als Überfall und lehnten die deutsche Besatzung vehement ab. Immer noch eines der detailreichsten Standardwerke zur Besatzungszeit der Niederlande ist: Louis de Jong: Het Koninkrijk der Nederlanden in de Tweede Wereldoorlog, 14 Bde. 's-Gravenhage 1969–1991.

17 K. Happe (Anm. 11), S. 199–201.

18 In den Niederlanden ist der 5./6. Dezember (Sinter Klaas) das wichtigere Fest, besonders für die Feier mit der Familie und das Austeilen von Geschenken. Insofern bildete die deutsche Art, Weihnachten zu feiern, in den Niederlanden durchaus eine Besonderheit und war ein Unterscheidungsmerkmal zwischen Deutschen und Niederländern.

19 K. Happe (Anm. 11), S. 324.

20 Vgl. Stephanie Barron und Sabine Eckmann (Hrsg.): Exil. Flucht und Emigration europäischer Künstler 1933–1945. München–New York 1997.

21 Viele der Interviewpartner meiner Untersuchung (Anm. 11) bestätigten, persönliche Schriftstücke (von Briefen über Tagebücher bis hin zu Romanen) weiterhin auf Deutsch geschrieben zu haben. Anne Frank, eines der bekanntesten Beispiele für eine deutsch-jüdische Emigrantin während der NS-Herrschaft, bildete in dieser Hinsicht eine Ausnahme: Ihr berühmtes Tagebuch schrieb sie auf Niederländisch!

22 In ökonomischer Hinsicht ändert sich das im Moment etwas. Aufgrund der schwierigen Bedingungen in Deutschland gerade für ältere Arbeitslose wird verstärkt auch nach Arbeitsplätzen im Ausland gesucht (z.B. in Großbritannien oder Norwegen), die eine bessere Perspektive zu bieten scheinen. Vgl. unter anderem die Sendung von Stern-TV am 07.02.2006, in der über Deutsche berichtet wurde, die aufgrund der schlechten Situation in Deutschland ins Ausland ausgewichen sind, http://www.stern.de/tv/reportage/555017.html?nv=cp_L2_, 13.03.2006.

23 Vergleichbar ist, dass sich Deutsche in Deutschland sehr viel schneller als Bayer oder Hesse oder Sachse bezeichnen, während sie sich im Ausland als »Deutsche« bezeichnen würden.

24 Auf einer Pressekonferenz am 22.01.2003 bezeichnete der amerikanische Verteidigungsminister Donald Rumsfeld Frankreich und Deutschland als »old europe«. Er löste damit bei der Frage militärischer Hilfe für den zweiten Irakkrieg eine Debatte um die europäische Identität aus. Der Begriff »old europe« wird entgegen der ursprünglichen Intention Rumsfelds mittlerweile in den damit angesprochenen Staaten als positiv besetzt angesehen.

Gemütlichkeit
Lust und Last an einer
»deutschen« Eigenart

Brigitta Schmidt-Lauber

Gemütlichkeit ist deutsch – daran besteht weder im Inland noch im Ausland Zweifel. Neben »Ordnung« oder »Wertarbeit« zählt Gemütlichkeit zu den als typisch zugeschriebenen Charaktermerkmalen der Deutschen. Sie gilt als so deutsch, dass das Wort nicht einmal für übersetzbar gehalten wird und längst als Fremdwort in andere Sprachen eingegangen ist. Von »German Gemuetlichkeit« ist im Englischen ebenso selbstverständlich die Rede wie vom »Kindergarten« und »Waldsterben«[1]. Nach einer internationalen Umfrage des Deutschen Sprachrats unter Projektleitung des Goethe-Instituts gilt Gemütlichkeit in Deutschland als zweitschönstes Wort nach der »Liebe« und in den USA sogar als schönstes deutsches Wort[2].

Das ambivalente Reizwort

Doch was ist genau Gemütlichkeit? Auf den ersten Blick scheint es sich um ein ausgesprochen individuelles Phänomen zu handeln. Auf die Frage, was man gemütlich finde, antwortet nahezu jeder: Das sei eine höchst persönliche Angelegenheit, schließlich habe jeder seine eigenen Vorstellungen dessen, was für ihn gemütlich ist. Zugleich jedoch sind die Beschreibungen der persönlichen Vorlieben und Praxen geradezu austausch-

Abb. 37: Gemütlichkeit. Schülerzeichnung, nicht datiert. Privatbesitz.

bar, wie Befragungen unter Deutschen unterschiedlicher Generationen und Berufe zeigen[3] (Abb. 37). Über die Frage, was Gemütlichkeit ist, besteht weithin Konsens. Nahezu unabhängig von Alter, Geschlecht oder Sozialstatus nennen Menschen heutzutage wiederkehrende Vorstellungen, Begriffe und Bilder, die dieser Begriff bündelt. Spezifische Atmosphären und Situationen kommen in den Sinn: Weihnachten mit der Familie vor dem Tannenbaum bei Kerzenschein wie überhaupt das Zusammensein mit nahen Menschen, eine behagliche Atmosphäre in der warmen Stube, während es draußen stürmt, die entspannende Lektüre eines guten Buches, der Genuss eines Glases Rotwein oder – besonders von jungen Menschen formuliert – das »Lümmeln« auf dem Sofa oder im Bett in einem Berg von Kissen und Decken, aber auch die Feierabendrunde im Wirtshaus bzw. in der Kneipe gelten als Klassiker der Gemütlichkeit. Wir bezeichnen einen Abend, an dem wir mit Freunden in vertrauter Runde gesellig beisammen sind, ein Zimmer oder einen Gegenstand wie ein Sofa, aber auch einen Spaziergang als gemütlich und charakterisieren das Wetter als ungemütlich. Wir machen es uns gemütlich, um uns von einem stressreichen Arbeitstag zu erholen oder einfach den Moment zu genießen. Gemütlichkeit ist in jedem Fall mit Nichtstun, Muße und Kontemplation konnotiert[4]. Die kulturelle Normierung dessen, was als gemütlich angesehen wird, ist offenkundig. Sie ist so stark, dass im Interview sogar jene Personen, die selbst überhaupt keinen Alkohol trinken, Rotwein als unverzichtbaren Bestandteil einer gemütlichen Abendeinladung nennen. Gemütlichkeit ist eine allgemein verbreitete Tugend privaten Glücks, Ausdruck für einen Zustand persönlichen Wohlbefindens. Als solche ist sie ein fester Bestandteil der Alltagskultur in Deutschland.

Aber auch etwas anderes wird einmütig unter dem Begriff Gemütlichkeit verstanden, besonders

wenn nach der »deutschen Gemütlichkeit« gefragt wird: Spontane Assoziationen führen in diesem Fall – nicht minder kanonisiert als beim persönlichen Befinden – den röhrenden Hirschen und die Gartenzwergansammlung vor Augen, holzgetäfelte Gaststätten oder den Wandschrank im Stil des Gelsenkirchener Barocks. Gedacht wird beim Begriff der »deutschen Gemütlichkeit« ebenso an eine normative häusliche Ordnung, in der die Kissen auf einem wuchtigen Sofa mit Handkantenschlag versehen sind, Hauspantoffel-Pflicht besteht (Abb. 38), Volksmusik aus dem Fernsehapparat oder Radio ertönt und Stores den Blick nach draußen bzw. vice versa nach drinnen versperren. Der stereotype Charakter der so verstandenen »deutschen Gemütlichkeit« ist Befragten zu diesem Thema durchaus bewusst.

Diese mit Spießigkeit konnotierte Gemütlichkeit wird besonders von Intellektuellen und Kreativen, von »Linken«, Architekten und Schriftstellern mit Argwohn betrachtet[5]. Gemütlichkeit ist aus dieser Perspektive ein antimoderner Begriff, den als Maßstab für Design und räumliche Ausgestaltung bzw. als Prinzip der Lebensgestaltung zu wählen sich nicht schickt. Allenfalls mit ironischem Unterton (Abb. 39), zumeist jedoch abwertend wird von Gemütlichkeit gesprochen. Ihr haftet der Geruch des kleinbürgerlichen Miefs an, der Beschränktheit auf den eigenen Mikrokosmos und ein enges normatives Korsett. Ganz ähnlich dem Begriff »Kitsch«, der in der zweiten Hälfte des 19. Jahrhunderts in Münchner Künstlerkreisen aufkam, gilt Gemütlichkeit in den Augen der (künstlerischen und intellektuellen) Avantgarde als triviales Phänomen und als Inbegriff schlechten Geschmacks und Lebensstils[6]. Die Wertung der ästhetischen Lebensgestaltung anderer, meist sozial niedriger stehender Personen als »Kitsch« beschreibt eine Form sozialer Distinktion[7]. Es ist die Zuschreibung des »schlechten Geschmacks« als Kennzeichen des »einfachen Mannes« aus der Perspektive derjenigen, die »Kultur zu

haben« für sich beanspruchen. »Kitsch« und mit ihm Gemütlichkeit avancieren mitunter zum Synonym für den Lebensstil der »Massen«, Kritik an ihnen ist zugleich (Gesellschafts-)Kritik an der Massenkultur[8]. Die Kehrseite der Lust auf Gemütlichkeit ist, so gesehen, die Last mit der Gemütlichkeit als Ausdruck eines – vermeintlich besonders in Deutschland verbreiteten – kleinbürgerlichen Geistes und Lebensstils (Abb. 40).

Zugleich ist gerade in dieser Hinsicht eine Umkehrung zu erkennen: Heute sind symbolisch dem kleinbürgerlichen Milieu zugeordnete Gegenstände und Bilder wie der röhrende Hirsch oder das ausladende Plüschsofa regelrecht en vogue. Sie stehen in Szenekneipen ebenso wie im städtischen Penthouse der Werbemacher. Dies deutet einen allgemeinen Trend an: Kitsch ist Kult. Schließlich wird auch Kitsch, der einstmals verpönt war, als spießbürgerlich und als »eigentliche[r] Feind der Avantgarde« galt, längst als »kritisches Zitat« in Anspruch genommen und ist selbst Avantgarde geworden. So spricht auch der amerikanische Künstler Jeff Koons, der sich in den 1980er Jahren einen Namen als »King of Kitsch« machte[9], von »Kitsch

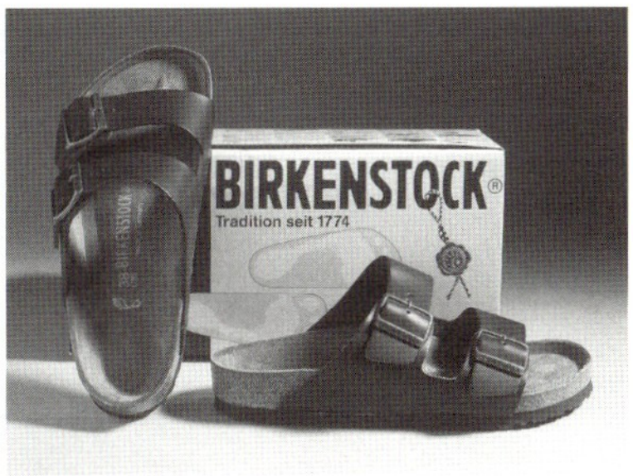

Abb. 38: Birkenstock-Sandale »Arizona«. Herst.: Firma Birkenstock, 2005. Birkenstock Orthopädie GmbH & Co.KG, Vettelschloß.

Abb. 39: Kippenberger bei Matthesie. Charlotte Matthesie und Martin Kippenberger, 1977/1998. Germanisches Nationalmuseum, Nürnberg.

Abb. 40: Kunststoff-
deckchen. 1950/1960.
Germanisches National-
museum, Nürnberg.

goes Fetisch«[10]. Kitsch ist Kult der Gegenwart[11]. Aus dieser Perspektive lässt sich behaupten: Gemütlichkeit ist »in«. Und in der Tat weist Gemütlichkeit unzweifelhaft Ähnlichkeiten zu neueren Lebens-stil-Trends unter den Begriffen »Cocooning« oder »Lounging« auf.

Gemütlichkeit ist mithin ein ambivalentes Reiz-wort, das ebenso abschreckend wie anziehend wirkt, sowohl ein angestrebtes Lebensgefühl als auch einen gefürchteten Lebensstil verkörpert. Doch woher kommt diese vermeintlich deutsche Befindlichkeit und Tugend?

Geschichte der Gemütlichkeit

Die Geschichte der Gemütlichkeit führt in die bürgerliche Gesellschaft des 18. und vor allem des 19. Jahrhunderts – eine Zeit, in der sich die Grund-lagen gesellschaftlichen Lebens in politischer, so-zialer wie räumlicher Hinsicht nachhaltig änder-ten[12]. Es waren unter anderem Umwälzungen in Folge der Industrialisierung und Urbanisierung sowie eine sich zunehmend – für weite Teile der Be-völkerung – durchsetzende Trennung von Berufs- und Arbeitswelt und damit auch von Arbeits- und Freizeit, mit denen sich das Alltagsleben gravie-rend änderte. Die Separierung von privatem und öffentlichem Leben gilt als ein Kennzeichen der »modernen« Lebensgestaltung. Als gesellschaft-liches Leitbild kristallisierte sich die bürgerliche (Klein-)Familie mit einer Geschlechterordnung heraus, die Frauen die Zuständigkeit für das häus-liche Glück und Männern das berufliche Wirken »draußen« zuschrieb. Auch in politischer Hinsicht kam es durch die Auflösung der Ständeordnung und die Neustrukturierung der Gesellschaft nach Leistungskriterien, in denen vorgeblich nicht Stand und Klasse, sondern das Können des Indi-viduums dessen Rang und Status bestimmte, zu grundsätzlichen Veränderungen. In diese Zeit fiel zudem die Nationalstaatsbildung in Europa – in Deutschland vergleichsweise spät verwirklicht –, mit der neue Grenzen etabliert und symbolisch auf-geladen wurden und dabei auch Alltagspraxen wie Gemütlichkeit national zugeschrieben wurden.

Das Kulturmuster »Gemütlichkeit« war Aus-druck dieses neuen, »modernen« Lebensstils. Sein maßgeblicher Träger und »Erfinder« war das Bür-gertum – eine Gesellschaftsschicht, die sich über ihre Lebensform und spezifische Werte gegenüber konkurrierenden Sozialgruppen in ihrer Eigen-ständigkeit behauptete. Auch Gemütlichkeit hatte hierbei soziale Signalwirkung. Sie war Ausdruck eines bürgerlichen Lebenskonzepts, das als Ab-grenzungsmedium gegenüber dem Adel und der Arbeiterschaft diente. Als behagliches Zusammen-sein jenseits von Arbeitszwängen setzte Gemüt-lichkeit einen gewissen Wohlstand voraus, schließ-lich musste man es sich leisten können, nichts zu tun, besinnlich zusammen zu sein oder den Nach-mittag bei Kaffee und Kuchen sowie den Feier-abend zu genießen. Damit betonte Gemütlichkeit als Kennzeichen der bürgerlichen Alltagskultur den Gegensatz zu den Lebensbedingungen und -praxen der Arbeiter. Und gegenüber der strengen Etikette des Adels, der sein Standesethos auf Ge-burt und Besitz gründete, wurde die Persönlichkeit des Individuums und ihre Leistung ins Zentrum des »bürgerlichen Wertehimmels«[13] erhoben und mit Hilfe von Gemütlichkeit zelebriert. Noch heute ist Gemütlichkeit ein Weg, die Individualität der eigenen Person zu erfahren und zu sichern. Um es sich gemütlich zu machen, ist es legitim, kurz-fristig mit sonst gültigen Verhaltensvorschriften zu brechen und nach eigenem Gutdünken zu handeln – Interviewpartner nannten hierzu besonders, auf das Klingeln von Haustür oder Telefon nicht zu rea-gieren und Kommunikation zu verweigern.

Vor allem in der Zeit des Biedermeier 1815–1848, der »Ära der Privatheit«[14], avancierte der Begriff »Gemütlichkeit« als bewusste Pflege des behaglichen Privatlebens zu besonderer Bedeutung. Das idealtypische Familienbild jener Zeit verfestigte sich als gemütvolles, einvernehmliches Beieinander ohne Streit und Sorgen[15]; bis heute gilt Harmonie als zentrale Voraussetzung, um es sich gemütlich machen zu können. Häuslichkeit im Sinne einer vom Berufsleben losgelösten, vermeintlich arbeitsfreien Sphäre der Innerlichkeit und Behaglichkeit erhielt einen hohen Stellenwert. Entsprechend verdichtete sich auch der Begriff »Feierabend«, der besonders mit Gemütlichkeit konnotiert war, und ist in jener Zeit zu einer »gemütvolle[n], mit Gott und der Welt versöhnte[n] Erlebniseinheit – ohne Dissonanzen [...], ohne Konflikte, ohne Bedrohungen und Belastungen seitens einer spannungsvollen Außenwelt [geworden], vielmehr geprägt durch Muße, Behaglichkeit und familiäre Harmonie«[16]. Das neue Lebensprinzip äußerte sich auch in einer gegenüber den Allzweckräumen des vorbürgerlichen Wohnens neuen Anordnung und Nutzung der Wohnräume, namentlich der Separierung eines eigenen Raums für das familiäre Zusammensein, den wir heute Wohnzimmer nennen[17]. Er stellte den zentralen Ort dar, in dem sich die (familiäre) bürgerliche Gemütlichkeit entfaltete.

Gemütlichkeit manifestierte sich in zahlreichen Praxen und Symbolen: Die Ausgestaltung des (bürgerlichen) Weihnachtsfestes, dessen Symbole und Rituale wir auch heute mit dem Begriff Gemütlichkeit assoziieren, ist ebenso bleibendes Symbol der Gemütlichkeit wie die vielfältigen Formen der Geselligkeit, die sich in dieser Zeit entwickelten – wie besonders das ausgedehnte Vereinsleben, in dem nicht mehr nach Stand und Herkunft, sondern freiwillig auf der Basis gemeinsamen Interesses verkehrt wurde, aber auch der Salon, das Kränzchen und andere Formen der privaten Zusammenkunft[18]. Der gemächliche Lebenswandel symbolisiert sich zugleich in Praxen wie dem Pfeiferauchen, Bier- oder Kaffeetrinken, die in der Bedeutungszuschrei-

bung als Symbole der Gemütlichkeit bis heute nicht an Überzeugungskraft verloren haben. Zur Repräsentation des gemütlich-heimeligen Lebens trugen auch Literatur und Malerei bei: Neben Carl Spitzweg, der heute mit Bildern wie dem Bücherwurm oder dem armen Poeten als Maler der Gemütlichkeit zitiert wird, waren es besonders Künstler wie Ludwig Richter, die idyllisch-sentimentale Stimmungsbilder von dörflicher Harmonie oder glücklichem Familienleben präsentierten. Und auch die zeitgenössische deutsche Literatur führte die kleine, gemütliche Welt ihrer Akteure vor Augen.

Die so verstandene Gemütlichkeit steht in engem Zusammenhang mit der Bedeutungs- und Begriffsgeschichte des Wortes »Gemüt«, das ebenfalls und zwar seit Ende des 18. Jahrhunderts als Ausdruck einer für spezifisch deutsch gehaltenen Eigenschaft galt, wie überhaupt der Begriff hier zum Modewort in einer spezifischen Verengung auf das Innen- und Seelenleben des Menschen, auf die Gefühlswelt und Stimmungslage avancierte.[19] Seit der Romantik erhielt der Begriff »Gemüt« die Bedeutung einer wertbeladenen Gegenwelt zur sich rasant ändernden Gesellschaft, der Innerlichkeit als eigentlichem Raum menschlicher Selbstverwirklichung, und gewann zunehmend die Bedeutung eines ruhenden Gegenpols zur postulierten Hektik des modernen Lebens.

Gemütlichkeit lässt sich also als ein Lebensgefühl und Befinden verstehen, das auf einer das »Gemüt« ansprechenden Alltags- und Atmosphärengestaltung basiert. Sie bot dem Bürgertum in Deutschland einen Schutz- und Schonraum innerhalb einer Gesellschaft im Umbruch und gilt als Reaktion auf seine politische Desillusionierung. Denn die Emanzipationsforderungen und gesellschaftlichen Visionen, wie sie in der Französischen Revolution 1789 bis 1799 und ihren innereuropäischen Ausläufern zur Geltung kamen, wurden in Deutschland in viel stärkerem Maß enttäuscht als in anderen Ländern. Das weithin desillusionierte und politisch vergleichsweise marginalisierte deutsche Bürgertum[20] reagierte auf den Zustand enttäuschter politischer Hoffnungen, auf die wachsende Bedeutung und Wirkungsmacht staatlichen Handelns und auf die rasanten Veränderungen in der Gesellschaft des 19. Jahrhunderts besonders deutlich mit Rückzug in die häusliche Sphäre und einer Kultivierung gefühlsbetonter familiärer Privatheit und »bürgerlicher Intimität«[21]. Vor allem nach der enttäuschend verlaufenen Revolution von 1848/49, in der sich das Bürgertum politisch geschlagen sah[22], verstärkte sich diese Tendenz noch in Anbetracht der offensichtlich geringen politischen Einflussmöglichkeiten, einer »aufwühlenden Erfahrung der Beschleunigung aller Lebensverhältnisse« und auch aus ständiger Angst vor proletarischen Krawallen[23].

Historisch erklärt sich Gemütlichkeit damit als modernes Konzept wie als Gegenentwurf zur Moderne. In der und durch die Moderne entstanden, steht sie zugleich in inhaltlicher Opposition zu ihr. Sie gewann im und mit dem Prozess der Modernisierung an Bedeutung, bot Halt und Orientierung angesichts gesellschaftlicher Dynamisierung und Wandlung, indem sie eine geradezu antimoderne Gegenwelt inszeniert. Sie ist Ausdruck eines Bedürfnisses nach Rückzug, wenn nicht der Flucht in die vermeintlich heile kleine Welt. Und genau hier gründet die schon von zeitgenössischen Beobachtern behauptete nationale Dimension – Gemütlichkeit als vermeintlich *deutsche* Alltagspraxis. Schon im 19. Jahrhundert wurde Gemütlichkeit als typisch deutsches Verhalten und als deutsche Eigenschaft gewichtet und als solche durchaus ambivalent beurteilt: Zum einen lobte man die »Lichtseiten« »unserer teutschen Gemüthlichkeit«, welche sich besonders in einer ausgeprägten Form der Innerlichkeit und einem regen Familienleben manifestiere; zum anderen aber und vor allem wurde ihr Übermaß beklagt als »viel zu große Hinneigung zu dem idyllischen Leben in der kleinen Welt der Familie«; moniert wurde »besonders die sogenannte Sentimentalität«[24] und mit ihr der Hang zur Gemächlichkeit und Selbstgenügsamkeit. Erklärt wurde diese Neigung politisch mit der gerade in Deutschland ausgeprägten Tendenz zur Kleinstaaterei und der mangelnden politischen Verantwortung wie Initiative auf dem Weg zur (späten) Nationalstaatsbildung[25]. Gemütlichkeit wurde als Ausdruck der politischen Trägheit des deutschen Bürgertums verstanden und kritisiert.

Indem Gemütlichkeit im positiven wie im negativen Sinn als typisch deutsch beschrieben wurde, zählt der Begriff zu den im 19. Jahrhundert so zahlreich geschaffenen Bausteinen zur Konstruktion nationaler Identität und war als solcher in verschiedenen Zusammenhängen instrumentalisierbar – etwa im Krieg, wo Gemütlichkeit als spezifisch deutsche Tugend im Schützengraben gepriesen wurde oder im Falle der Auswanderung, wo das Leben der sogenannten Auslandsdeutschen auch im Ausland vermeintlich – und besonders zu Anlässen wie Weihnachten – nach Gemütlichkeit strebte.

Gleichwohl ist der behauptete nationale Charakter in erster Linie Ausdruck eines Stereotyps. Der Blick auf die zeitgeschichtlichen Umstände, die zur Verfestigung eines Bedürfnisses, einer Befindlichkeit wie einer Praxis, die als gemütlich umschrieben werden, beitrugen, verdeutlicht dies. Denn der Gesellschaftswandel, der dieser vorgeblich »deutschen« Befindlichkeit und Alltagspraxis zugrunde liegt, hat auch in anderen Ländern stattgefunden – auch dort entfaltete sich etwa eine von der Berufswelt abgesonderte Sphäre des Privaten, die emotionalen Ausgleich versprach. Der Stellenwert der Familie oder das spezifische Verständnis von Persönlichkeit umschreiben keineswegs eine deutsche Sonderentwicklung. Dasselbe gilt für die Rückzugstendenzen in eine intime lokale »Gemeinschaft«[26]. Und so finden sich auch in europäischen Nachbarländern durchaus vergleichbare Vorlieben, es sich im Privaten, im Kreise von Freunden oder zu Hause, behaglich zu machen, unter allerdings anderen Begriffen – wie etwa im Dänischen »hygge«, im Niederländischen »gezelligheid« oder die britische Wendung »my home is my castle«. Wenn Gemütlichkeit dennoch als »deutsch« gilt, so bedeutet dies also nicht, dass sie hier zu Lande stärker zelebriert wird, sondern zunächst einmal nur, dass sie hier ein besonderes Medium zur Selbstverständigung, ja zur Schaffung von Identität bildet[27].

Deutsche Gemütlichkeit als Erlebnisangebot und Exportschlager

In ihrer nationalen Bedeutungszuschreibung hat Gemütlichkeit indes eine auffällige Verschiebung erfahren: Während Gemütlichkeit im 19. Jahrhundert deshalb als typisch deutsch galt, weil mit ihr eine spezifische Lebensform und -einstellung, der Rückzug ins familiäre Privatleben nämlich, verbunden wurde, ist »deutsche Gemütlichkeit« heute stereotyp besetzt und gilt wie eingangs dargestellt als Ausdruck eines kleinbürgerlichen Lebensstils sowie einer rückwärtsgewandten Dorfidylle und romantisch gefärbten Bilderbuchwelt. Auffälligerweise wird sie besonders im süddeutschen und zumal bayerischen Raum verortet und mit dem Klischee des Bier trinkenden Bayern in Lederhose, mit Volksfesten, Fachwerkhäusern und rustikalem Holzmobiliar assoziiert. Dieses stereotype Verständnis deutscher Gemütlichkeit findet sich sowohl im Inland wie im Ausland, wo sie gleichermaßen folkloristisch inszeniert und als Erlebnisangebot der Freizeitkultur feilgeboten wird: besonders auf Volksfesten, wo in Festhallen mit blau-weiß karierten Tischdecken bei Fassbier und Schweinshaxe das Lied »Ein Prosit der Gemütlichkeit« angestimmt wird – und das auch weit außerhalb Bayerns. Selbst in den USA gibt es zahlreiche

Anlässe, die »German Gemuetlichkeit« im alpinen Gepräge inszenieren.

Besonders aus (fern-)touristischer Sicht dient das regionale Spezifikum »bayerisch« undifferenziert als nahezu willkürliche Projektionsfläche für nationale Kultur. Bayern steht für Deutschland und wer – so scheint es mitunter – das Oktoberfest besucht hat, kennt Deutschland. Bayern verkörpert starkes Regional- und Traditionsbewusstsein, garantiert vermeintlich echte und ursprüngliche Volkskultur. Die Inszenierung von Gemütlichkeit als Ausdruck »gewachsener Kultur«, von »Tradition« und »Geschichte« erfolgt über auffällig plakative Symbole wie eine Bergkulisse, Trachten und regional zugeschriebene Kost. Auch die Namensgebungen von Vereinen, die sich dieser »Gemütlichkeits-Kultur« annehmen, unterstreichen den plakativen Impetus: Internet-Suchmaschinen führen unter dem Stichwort Gemütlichkeit zahlreiche US-amerikanische Vereine mit Namen wie »Edelweiss-Club« auf, und »Oktoberfeste« sind in Übersee mindestens so populär wie in München.

Gerade im US-amerikanischen Ausland ist der folkloristische Gehalt einer vor allem mit Bayern und Volksfesten assoziierten »deutschen Gemütlichkeit« unübersehbar. Hier ist die Präsentation einer als typisch deutsch vorgestellten Festkultur unter dem Etikett der »deutschen Gemütlichkeit« besonders häufig zu beobachten: Das größte der zahlreichen Oktoberfeste in Übersee ist das »Zinzinnati-Oktoberfest«, das jährlich 500.000 Besucher anzieht, und in Jefferson (Wisconsin) werden die »Gemuetlichkeit Games« veranstaltet, bei denen ein Wochenende lang bei Bier und Schunkelmusik »deutsches Lebensgefühl« zelebriert und die »Gemuetlichkeits-Queen« und der »Gemuetlichkeits-King« gewählt werden[28]. Die Homepage von »Dyck's Oktoberfest« fordert zur Aussprache des

Abb. 41: Little German Band and Dancers, Privatbesitz.

Abb. 42: »Deutscher als die Deutschen«, Treze Tilias, Santa Catarina, Brasilien. Valeska Achenbach und Isabela Pacini, 2002. Privatbesitz.

Schlüsselbegriffs »›Gemutlichkeit‹ (learn to say it)« auf[29], und die »Little German Band and Dancers« verkündet: »›Gemütlichkeit‹ is the feeling you get when you're surrounded by good friends, good music, and good beer!«[30] Hierzu heißen ihre Musikanten vor gebirgiger Kulisse in Dirndl und Lederhosen in der »Gemütlichkeit Zone« willkommen[31] (Abb. 41). Die Band gastiert auf Anfrage bei zahlreichen Gelegenheiten mit »echter« Volksmusik und »traditionellen« Volkstänzen.

Die Vereine, die derartige Festivitäten organisieren, proklamieren, »deutsches Kulturerbe« zu pflegen und »Tradition« zu bewahren[32]. Doch Authentizität spielt in diesem Fall eine untergeordnete Rolle. Was hier als essentielles kulturelles Bedürfnis erscheint, entspricht mehr einer erlebnisorientierten Freizeitbeschäftigung, die die Welt und den eigenen Alltag bunter macht. Es handelt sich weniger um identitätsbildende Strategien etwa einer ethnischen Gruppe von Deutsch-Amerikanern. Die Inanspruchnahme kultureller »Ursprünge« und Feste ist vielmehr seit den 1970er Jahren geradezu zu einem allgemeinen Kennzeichen »amerikanischer Identität« avanciert[33]. Vermeintliche kulturelle Spezifika anderer Nationen sind hier höchst gefragt, besonders wenn sie »urig« und exotisch wirken.

In derartigen Inszenierungen »deutscher Kultur« vergegenwärtigen sich die auch im deutschsprachigen Raum geläufigen Verknüpfungen von Bergen mit Vorstellungen von »Heimat« und »gewachsener (Volks-)Kultur«[34]. Das Bild der alpin bayerisch imaginierten »deutschen Gemütlichkeit« dürfte besonders seit den 1950er Jahren und dem Aufleben des ländlich geprägten und immer wieder als alpin in Szene gesetzten Heimatbegriffs geläufig sein[35] (Abb. 42). Hier zeigt sich die besondere Bedeutung der medialen Vermittlung, die zur stereotypen Verfestigung von Vorstellungen wie der »deutschen Gemütlichkeit« beitragen. Dass über den Begriff Gemütlichkeit heute sowohl in Deutschland als auch außerhalb so weithin Konsens besteht, ist auch Ausdruck der gleichen Repräsentationen in Funk, Fernsehen und Presse, die Erwartungshaltungen leiten und zugleich Erfahrungen lenken.

Gemütlichkeit – Stereotyp und Tatsache

Gemütlichkeit ist, soviel steht fest, ein Stereotyp; aber zugleich ist sie eine Tatsache der Alltagskultur in Deutschland. Häufig wird hierzu behauptet, dass das Bedürfnis nach Gemütlichkeit gerade in Krisen- und Umbruchzeiten Konjunktur erfährt. Besonders seit der Jahrtausendwende konstatieren Umfragen eine erneute Rückbesinnung auf Familie und die eigenen vier Wände, die als gemütlich beschrieben wird. Und es wird auch bereits die Frage gestellt: »Kommt die Biedermeier-Kultur zurück?«[36] In der Tat scheinen neuere Trends wie etwa das erwähnte »Lounging« oder der allgemeine »Wellness«-Boom diese Tendenz der aktuell sich häufenden Inszenierung gemütlich-behaglicher Innenwelten auf den ersten Blick zu bestätigen.

Zugleich lässt sich der Begriff eben nicht auf einzelne Gesellschaftsphasen reduzieren. Periodisierungen der Gemütlichkeit auf bestimmte Zeiten verkürzen das Phänomen. Gemütlichkeit im Sinne eines angestrebten und mit kulturell gelernten Mitteln realisierten Zustands persönlichen Wohlbefindens nämlich ist eine Befindlichkeit, die Menschen selbst unter widrigen Lebensumständen, zu Kriegszeiten etwa, oder in vermeintlich »gemütlichkeitsfeindlichen« Kontexten wie in der linken Studentenbewegung der 1968er Jahre zu realisieren suchten[37]. Ungeachtet ihrer Symbolkraft für spezifische Zeiten – wie besonders die Zeit des Biedermeier, aber auch die 1950er Jahre, die 1980er Jahre und auch wieder die Gegenwart, als deren Kennzeichen Gemütlichkeit immer wieder in Anspruch genommen wird –, ist sie zu einem allgemeinen Merkmal der Lebensführung geworden und keine Konjunkturen unterliegende Mode. Bis heute hat sich das ursprünglich bürgerliche Kulturmuster in der Alltagspraxis breiter Bevölkerungsschichten etabliert und sogar weitgehend homogenisiert. Die wiederkehrenden Symbole und Bestandteile zeigen, wie kanonisiert die Entwürfe und Vorstellungen in diesen Fragen sind. Freilich sind auch Erweiterungen und Differenzierungen gegenüber früheren Konzeptionen der Gemütlichkeit zu verzeichnen. Während zum Beispiel Gemütlichkeit im 19. Jahrhundert weitgehend im häuslichen Umfeld oder in Vereinen angesiedelt ist, scheint heute die Erweiterung der Erlebnisfelder auf ganz andere Räume und Situationen erkennbar[38].

So zeigt sich im Ergebnis ein differenziertes Bild der »deutschen Gemütlichkeit«. Es handelt sich zum einen um ein Stereotyp, das längst zum festen Bestandteil des Selbst- und Fremdbildes der Deutschen zählt. Als solches ist »deutsche Gemütlichkeit« – besonders in politischen Zusammenhängen – ein Schimpfwort, bestenfalls eine spezifische, touristisch inszenierte Erlebniswelt, zumeist jedoch eine Last. Zum anderen besteht ungebrochene Lust auf Gemütlichkeit, dann nämlich, wenn unter Gemütlichkeit eine subjektive Praxis persönlichen Wohlbefindens verstanden wird. Ein Ende der Gemütlichkeit ist jedenfalls längst nicht in Sicht.

1 http://www.bdv-bg.org/material/ das_schoenste_deutsche_Wort.doc, 23. 11. 2005.

2 http://www.gfds.de/presse.html, 9. 11. 2005.

3 Vgl. Brigitta Schmidt-Lauber: Gemütlichkeit. Eine kulturwissenschaftliche Annäherung. Frankfurt a. M. 2003. Für diese kulturwissenschaftliche Untersuchung wurden Männer und Frauen unterschiedlichen Alters, regionaler Herkunft und sozialen Status' in Form von qualitativen Interviews nach ihren Vorstellungen zum Begriff »Gemütlichkeit« sowie nach ihren Praxen, es sich gemütlich zu machen, befragt.

4 Vgl. nichts tun – vom flanieren, pausieren, blaumachen und müßiggehen (Kataloge des Österreichischen Museums für Volkskunde, Bd. 75). Wien 2000.

5 Vgl. Heleno Sana: Das Ende der Gemütlichkeit: eine Krise unserer Zeit. Hamburg 1992.

6 Konrad Paul Liessmann: Kitsch! oder: Warum der schlechte Geschmack der eigentlich gute ist. Wien 2002. – Vgl. Harry Pross (Hrsg.): Kitsch. Soziale und politische Aspekte einer Geschmacksfrage. München 1985.

7 Gerhard Schulze: Die Erlebnisgesellschaft. Kultursoziologie der Gegenwart, 7. Aufl. Frankfurt a.M. – New York 1997, S. 150.

8 Kaspar Maase: Grenzenloses Vergnügen. Aufstieg der Massenkultur 1850 – 1970. Frankfurt a. M. 1997.

9 http://www.news.bbc.co.uk/1/hi/entertainment/ reviews/1490257.stm, 29.11.2005.

10 http://www.derstandard.at/?url=/?id=648608, 29. 11. 2005.

11 K. P. Liessmann (Anm. 6), S. 11, 19.

12 Vgl. B. Schmidt-Lauber (Anm. 3), S. 144 – 185.

13 Manfred Hettling und Stefan-Ludwig Hoffmann: Der bürgerliche Wertehimmel. Zum Problem individueller Lebensführung im 19. Jahrhundert. In: Geschichte und Gesellschaft, Bd. 23, 1997, S. 333 – 359.

14 Ulrike Döcker: Die Ordnung der bürgerlichen Welt. Verhaltensideale und soziale Praktiken im 19. Jahrhundert. Frankfurt a. M. – New York 1994, S. 10.

15 Vgl. Ingeborg Weber-Kellermann: Die Familie. Geschichte, Geschichten und Bilder. Frankfurt a. M. 1976.

16 Gottfried Korff: Feierabend. In: Etienne François und Hagen Schulze (Hrsg.): Deutsche Erinnerungsorte, Bd. 3. München 2001, S. 169–186, hier S. 179.

17 Joachim Petsch: Eigenheim und gute Stube. Zur Geschichte des bürgerlichen Wohnens. Städtebau – Architektur – Einrichtungsstile. Köln 1989. – Gisela Mettele: Der private Raum als öffentlicher Ort. Geselligkeit im bürgerlichen Haus. In: Bürgerkultur im 19. Jahrhundert. Bildung, Kunst und Lebenswelt. Festschrift für Lothar Gall zum 60. Geburtstag. Hrsg. von Dieter Hein und Andreas Schulz. München 1996, S. 155–169.

18 Detlef Gaus: Geselligkeit und Gesellige. Bildung, Bürgertum und bildungsbürgerliche Kultur um 1800. Stuttgart – Weimar 1998. – Rebekka Habermas: Frauen und Männer des Bürgertums. Eine Familiengeschichte (1750–1850) (Beiträge zur europäischen Gesellschaftsgeschichte, Bd. 14). Göttingen 2000. – Utz Jeggle: Bemerkungen zur deutschen Geselligkeit. In: Sociabilité et Société Bourgeoise en France, en Allemagne et en Suisse, 1750–1850. Geselligkeit, Vereinswesen und bürgerliche Gesellschaft in Frankreich, Deutschland und der Schweiz, 1750–1850. Paris 1986, S. 223–234. – Thomas Nipperdey: Verein als soziale Struktur in Deutschland im späten 18. und frühen 19. Jahrhundert. In: Thomas Nipperdey: Gesellschaft, Kultur, Theorie. Göttingen 1976, S. 439–447. – Michael Sobania: Vereinsleben. Regeln und Formen bürgerlicher Assoziationen im 19. Jahrhundert. In: Bürgerkultur im 19. Jahrhundert: Bildung, Kunst und Lebenswelt (Anm. 20), S. 170–190.

19 Lothar Pikulik: Leistungsethik contra Gefühlskult. Über das Verhältnis von Bürgerlichkeit und Empfindsamkeit in Deutschland. Göttingen 1984.

20 Rudolf Vierhaus: Der Aufstieg des Bürgertums vom späten 18. Jahrhundert bis 1848/49. In: Jürgen Kocka (Hrsg.): Bürger und Bürgerlichkeit im 19. Jahrhundert. Göttingen 1987, S. 64–78. – Vgl. Lothar Gall: Bürgertum in Deutschland. Berlin 1998.

21 Ute Frevert: Gemütlichkeit zwischen privater Tugend und öffentlichem Laster. In: Robert Haussmann und Karin Schulte (Weißenhof-Institut. Interdisziplinäres Forum für Architektur, Raum und Möbel. Staatliche Akademie der Bildenden Künste) (Hrsg.): Gemütlichkeit? München 1996, S. 39–45.

22 R. Vierhaus (Anm. 20), S. 64–78

23 Wolfram Siemann: Gesellschaft im Aufbruch. Deutschland 1849–1871 (Moderne Deutsche Geschichte, Bd. 6). Frankfurt a. M. 1990, S. 307.

24 Allgemeine Encyklopädie der Wissenschaften und Künste. Erste Section A-G. Leipzig 1853 (Stichwort: Gemüth), S. 308–321, hier S. 317.

25 Allgemeine Encyklopädie der Wissenschaften und Künste (Anm. 24). – Deutsches Wörterbuch von Jacob und Wilhelm Grimm, Bd. 5. München 1984 (erstmals 1897) (Stichwort: Gefoppe-Getreibs), Sp. 3332.

26 Philippe Ariès und George Duby (Hrsg.): Geschichte des privaten Lebens, Bd. 5: Vom Ersten Weltkrieg zur Gegenwart. Hrsg. von Antoine Prost und Gérard Vincent. Augsburg 1999. – Richard Sennett: Verfall und Ende des öffentlichen Lebens. Die Tyrannei der Intimität. Frankfurt a. M. 1996.

27 Herrmann Bausinger: Typisch deutsch: Wie deutsch sind die Deutschen? München 2000, S. 62.

28 http://www.diegegenwart.de/ausgabe36/wurst.htm, 9. 11. 2005.

29 http://www.mbnet.mb.ca/~kdyck/Oktoberfest/ Dyck'sOktoberfest.html, 1.2.2001.

30 http://prosit.org/prosit/lgbgem.html, 27.11.2005.

31 http://www.prosit.org/images/slope.jpg, 27.11.2005.

32 Vgl. z. B. http://www.md-germans.org/edelweis.htm, 6.6.2002.

33 Donata Elschenbroich: Eine Nation von Einwanderern. Ethnisches Bewusstsein und Integrationspolitik in den USA. Frankfurt a. M. 1986. – Nathan Glazer und Daniel P. Moynihan (Hrsg.): Ethnicity. Theory and Experience. Cambridge, Mass. 1975.

34 Bernhard Tschofen: Berg – Kultur – Moderne – Volkskundliches aus den Alpen. Wien 1999.

35 Der deutsche Heimatfilm. Bildwelten und Weltbilder. Bilder, Texte, Analysen zu 70 Jahren deutscher Filmgeschichte. Tübingen 1989. – Vgl. Heimat. Analysen, Themen, Perspektiven. Bundeszentrale für politische Bildung (Schriftenreihe »Diskussionsbeiträge zur politischen Didaktik«, Bd. 294/I). Bonn 1980.

36 Freizeit-Monitor. Repräsentativbefragungen in Deutschland im Auftrag der B.A.T. Freizeit-Forschungsinstitut GmbH. Hamburg 2001, S. 11.

37 Vgl. B. Schmidt-Lauber (Anm. 3), S. 51, 58.

38 Vgl. B. Schmidt-Lauber (Anm. 3), S. 54–135.

»Man kann sechzig Jahre alt geworden sein, ohne zu ahnen, was ein Charakter ist. Nichts ist verborgener als die Dinge, die wir beständig im Munde führen.«

KATJA HAPPE

Hugo von Hofmannsthal trifft den Kern der Frage nach dem deutschen Charakter. Dennoch: Ein vorgeblich deutscher Charakter, oder – um die Sichtweise des 19. Jahrhunderts zu streifen – ein deutscher »Nationalcharakter« diente und dient noch immer kanonisch als Erklärung von Verhaltensmustern und so genannten typischen Eigenschaften: »Warum sind die Deutschen so fleißig? – Es liegt in ihrem Charakter«, »Deutsche trinken immer Bier« oder »Drei Deutsche: ein Verein«. Damit werden eingängige Stereotype bedient, wiederholt und verbreitet. Eine gültige Antwort auf die Frage nach dem deutschen Charakter ergibt sich jedoch nicht, denn bei genauerem Blick zeigen sich die Brüche und Verwerfungen hinter den vordergründigen Annahmen und die Vielfalt der möglichen Antworten.

Vorurteile und Klischees erleichtern das Leben und helfen bei der Kategorisierung der unüberschaubaren Wirklichkeit. Die Deutschen in Systeme ein- und ihnen bestimmte Eigenheiten und Fähigkeiten zuzuordnen, ermöglicht dem Betrachter Vergleiche und Bewertungen. So kann er sich den Deutschen oder dem eigenen Deutschsein mit einem bereits bestehenden Bild nähern, um dann eventuell weitere und genauere Schlüsse zu ziehen. Gerade im Ausland und bei dem Blick von außen sind Stereotype zu Deutschland deshalb weit verbreitet. In der Selbstsicht spielen Klischees nicht minder eine Rolle. Auch die Deutschen selbst bedienen sich ihrer, teils um sie zu negieren und abzulehnen, teils, um sie für sich selbst zu akzeptieren und positiv zu bewerten. Immer wieder wird so die eigene innerhalb der kollektiven nationalen Identität verortet. Die Frage, ob man selbst sich in der Klischeewelt des deutschen Charakters wieder findet oder nicht, führt zu einer lebendigen Diskussion eben dieser Zuschreibungen und zu einer steten Weiterentwicklung der Zuschreibungsparameter.

Drei Aspekte lassen sich aus der Vielfalt der Stereotypen zum deutschen Charakter besonders herausheben, denn ihnen wird – in der Binnen- wie in der Außensicht – eine lange Gültigkeitsdauer bescheinigt: Leistung, Tugend und Gemütlichkeit.

Sie spiegeln ganz verschiedene Facetten des deutschen Charakters und sind Bausteine, die in ihrem Zusammenwirken ein umfassenderes Bild geben, in dem sich jeder auf die ein oder andere Weise wieder finden kann.

Die »Leistung« bezieht sich auf die wirtschaftliche Leistungsfähigkeit der Deutschen und ihren Stolz darüber. Das Leistungsmodell als gesellschaftliche Grundlage unterscheidet sich elementar von einer mittelalterlichen oder frühneuzeitlichen Ständegesellschaft und setzt mit der Emanzipation des Bürgertums im Zuge der Industriellen Revolution ein. Noch heute bildet die Leistung ein wesentliches Element des eigenen Selbstverständnisses und der Außenwahrnehmung Deutschlands. »Made in Germany« ist über einhundert Jahre lang ein Qualitätssiegel für deutsche Produkte gewesen. Obwohl der Begriff in Großbritannien entstand und ursprünglich deutsche Produkte als negativ stempeln und damit vom englischen Markt fernhalten sollte, wandelte er sich in kürzester Zeit zu einer im In- und Ausland positiv besetzten Wertung. Eines der deutschen Produkte, die lange Zeit stellvertretend für die hohe Qualität made in Germany gestanden hat, ist das Auto. Von Carl Benz und Rudolf Diesel in seinen Grundzügen entworfen und entwickelt, ist es im Ausland eines der bekanntesten deutschen Produkte. Auch wenn sich die Marken unterscheiden und in ihrer Akzeptanz dem Zeitgeschmack unterliegen, so bleibt ein deutscher Wagen in vielen Ländern Statussymbol. Für die Deutschen ist die Automobilindustrie einer der Primärindikatoren für den wirtschaftlichen Zustand des Landes und damit Teil des charakterlichen Psychogramms. Auf individueller Ebene ist das Auto ebenfalls ein Statussymbol, und das Interesse für Motorsport, Automobilmessen sowie die liebevolle und sorgfältige Behandlung des eigenen Wagens bei der samstäglichen Wäsche zeigt seine hohe Bedeutung. Neben das Auto tritt im kollektiven Bewusstsein eine Reihe anderer Produkte, an denen sich Leistungsbewusstsein manifestiert; Produkte, die den Deutschen als gewohnte und vertraute Standards lieb und teuer sind. Das sich wandelnde Kaufverhalten der Deutschen führt nur zu einer vordergründigen Dominanz von Billigprodukten, die den wirtschaftlichen Verhältnissen geschuldet ist. Die emotionale Akzeptanz der großen Marken ist ungebrochen. Spitzenreiter sind so genannte generische Marken, also Produkte, deren Namen zum Inbegriff einer ganzen Produktgattung geworden ist: Labello, Uhu oder Jenaer Glas stehen hier pars pro toto. Da viele dieser Produkte schon im 19. oder zu Beginn des 20. Jahrhunderts entwickelt wurden, symbolisieren sie die lange Tradition deutscher Wertarbeit und schaffen für den Käufer eine Identifikationsmöglichkeit mit dem Herstellungsland

Deutschland. Aus der Tradition erklärt sich auch die Verbundenheit der Deutschen mit dem Handwerk. Das Handwerk gilt immer noch als der »goldene Boden« und damit als Grundlage der Leistungsgesellschaft. Gerade vor dem Hintergrund der Diskussion um den Meisterzwang oder die Öffnung des bundesdeutschen Arbeitsmarktes im Zuge des europäischen Binnenmarktes zeigt sich, welche Rolle das Handwerk im emotionalen Diskurs spielt. Zugleich offenbaren sich in der Organisationsstruktur des Handwerks, das seine historischen Wurzeln nicht leugnet und die Wertmaßstäbe beibehält, die Grenzen des Systems. Das Handwerk ist auch Synonym für den Hang der Deutschen zur Perfektion und zur Kontrolle.

Zu Leistungsanspruch und Leistungsbewusstsein gesellen sich eine Reihe weiterer Werte, die als besonders deutsch gelten. Geprägt durch die Geschichte des 19. und frühen 20. Jahrhunderts mit der Hegemonie Preußens und des Kaiserreichs hat sich ein Kanon von Tugenden etabliert, mit dem die Deutschen belegt werden. Es stellt sich jedoch die Frage, welche Relevanz diese Tugenden heute noch haben, ob sich ihre Inhalte und Ziele verändern oder ob sie von anderen abgelöst wurden. Außerdem haben sie zwei Seiten. Ordnung und Disziplin können als positive Elemente eines strukturierten Lebens aufgefasst werden, die hilfreich für die Organisation des Alltags sind. Gleichzeitig können sie als übersteigerte Sortierungswut (z. B. bei der Mülltrennung) und spießiger Hang zur Überreglementierung angesehen werden. Auch die Treue, letztlich dem christlichen Tugendkanon entstammend, hat gerade im privaten Bereich sehr positive Aspekte, wenn man an das eheliche Treueversprechen oder die sprichwörtliche Treue eines Hundes denkt. Doch genau die gleiche Treue, die absolute Hingabe an ein scheinbares Idealbild, führte in der deutschen Geschichte zur Verblendung eines großen Teiles der Bevölkerung und zu einem falsch verstanden und pervertierten Treuebegriff. Alle Tugendaspekte lassen sich auf diese Weise positiv wie negativ interpretieren, dennoch bilden sie in ihrer Gesamtheit einen wichtigen Bezugsrahmen für die Frage nach dem nationalen Charakter und der eigenen Position dazu. Mit der mentalen Revolution in der Nachfolge von 1968 trat eine ganze Reihe von Tugenden in das zweite Glied, wurden zu »Sekundärtugenden«. Es etablierte sich ein neuer Kanon, der von Kernbegriffen wie Selbstbestimmung und politischer Korrektheit geprägt wurde. Hier gewinnt der Tugendbegriff Kants, der im »Kategorischen Imperativ« eigenverantwortliches Handeln und Gemeinsinn als Leitlinien einfordert, neue Aktualität. Heute besteht kein fester Kanon »deutscher Tugenden« mehr. Waren in Preußen noch die Gründlichkeit des Beamtentums, die Pflicht erfüllung und der militärische Gehorsam hoch geschätzt und im Nachkriegsdeutschland der Fleiß und die Sparsamkeit besonders angesehen, so wird heute der deutschen Fußball-Nationalmannschaft nahe gelegt, ihre »deutschen Tugenden« wieder zu entdecken, nämlich Disziplin, Ausdauer und Kampfgeist. Bei einem Sieg werden diese Tugenden dann lobend hervorgehoben, bei einer Niederlage fehlten meist Esprit, Spielfreude oder Leichtfüßigkeit. Auch die preußische Gründlichkeit wird heute nicht mehr als durchweg positiv angesehen, ganz im Gegenteil: Das Ausfüllen der jährlichen Steuererklärung führt zum Zweifel an ihrer Sinnhaftigkeit. Gerade deshalb ist die Frage, wo wir heute stehen und welche Tugenden uns wichtig erscheinen, so interessant.

Die Gemütlichkeit ist das deutsche Klischee schlechthin und das ausgleichende Pendant zur Leistungsmentalität. Der Begriff hat eine so hohe Wirkmächtigkeit, dass er in andere Sprachen übernommen wurde, weil »Gemütlichkeit« nicht übersetzbar ist. »Gemütlichkeit« umschreibt hier wie dort einen schwer fassbaren Zustand, dem ein Strauß einzelner Attribute angehört. Gemütlich kann es sowohl allein zu Hause sein als auch mit vielen Leuten auf einem Bierfest. Eine Familienfeier kann ebenso gemütlich sein wie eine einsame Lesestunde im Garten. Der verbindende Faktor ist oftmals die Freude an der gewählten Aktivität und der angenehme Freizeitcharakter, der mit dem Entstehen von Gemütlichkeit verbunden wird. Die deutsche Gemütlichkeit steht jedoch nicht nur für ein behagliches Miteinander, sondern ebenso für die Scheu vor entschiedenem Handeln und für die Spießigkeit; die Übergänge zur nur aufgesetzt fröhlichen und entspannten Atmosphäre sind fließend. Nicht jeder empfindet Gemütlichkeit als ein erstrebenswertes Gut, und oftmals ist das Prinzip der Gemütlichkeit der Gegenpol von Modernität. Trotzdem bleibt die Gemütlichkeit ein zentraler Diskussionspunkt bei der Suche nach dem deutschen Charakter.

Die drei hier angesprochenen und durchaus umstrittenen Aspekte – Leistung, Tugend und Gemütlichkeit – eröffnen Blicke auf den deutschen Charakter. Sie sind aber auch die Folie für Gruppierungen oder Strömungen, die dieses Diktat von Charaktereigenschaften ablehnen und nicht in ein bestimmtes Klischeebild gepresst werden wollen. Ihr Protest äußerte und äußert sich beispielsweise in gesellschaftlich nicht akzeptierter Kleidung oder Frisuren, in Musikströmungen und Literatur. Doch inwieweit sie sich tatsächlich von den Stereotypen lösen können oder ob nicht auch das Aufbegehren gegen solche Zuschreibungen Teil des deutschen Charakters ist, bleibt weiterhin die Frage.

Ich bin Handwerker! Aufkleber

Handwerkskammer für Mittelfranken
1996 / 1997
Kunststofffolie, selbstklebend
Germanisches Nationalmuseum, Nürnberg
ohne Inv.Nr.

Der Slogan des Klebeschildes ist doppeldeutig: »Ich bin wer« steht dort genauso wie »Ich bin Handwerker!«. Diese Doppeldeutigkeit schlägt sich in der Farbgestaltung nieder und ist beabsichtigt. Damit wird eine Verbindung zwischen beiden Aussagen hergestellt. »Ich bin Handwerker« ist zunächst eine Berufsbezeichnung. Erst durch den zusätzlichen selbstbewussten Satz »Ich bin wer« wird diese wertneutrale Feststellung aufgewertet und zu einer stolzen Selbstbezeichnung, die sagt: Ich bin wer, eben weil ich Handwerker bin!

Ausgangspunkt der Aktion war ein Preisausschreiben, das die Handwerkskammer für Mittelfranken im Jahr 1993 an Schulen ausschrieb. Aus dem Siegerbeitrag wurde dieser einprägsame Aufkleber entwickelt, der seit 1996 durch die Handwerkskammer verteilt wird und sich immer noch großer Beliebtheit erfreut.

Die Aussage des Aufklebers zeigt das große Selbstbewusstsein, das bei Mitgliedern des Handwerks über ihren Status und ihr Können besteht, signalisiert gleichzeitig aber auch den Versuch der Handwerkskammer, das positive Selbstverständnis der eigenen Mitglieder weiter zu fördern, zu verstärken und nach außen zu demonstrieren.

Trotz der Diskussion um die Notwendigkeit des Meisterzwanges in den Jahren 2003/2004 steht die Qualität des deutschen Handwerks nicht in Frage. Es gilt noch immer als der »goldene Boden« der deutschen Leistungsgesellschaft und als Stütze des Mittelstandes. Die Zünfte der mittelalterlichen Gesellschaft schufen die Grundlage des noch heute bestehenden Handwerkswesens, das in seiner Struktur und seinen Kontrollinstanzen ein festes Regelwerk vorgibt, gleichzeitig aber auch über gute Mechanismen der Qualitätssicherung verfügt.

K H

Der Rasierapparat der Firma Mulcuto aus Solingen sieht zunächst wenig spektakulär aus. Seine Besonderheit ist klein und wird erst bei genauem Hinschauen deutlich: Am Fuß des Griffs steht neben dem Firmennamen der Zusatz »Made in Germany«. Da der Rasierapparat aus den ersten drei Jahrzehnten des 20. Jahrhunderts stammt, ist er ein relativ frühes Produkt mit diesem Gütesiegel.

Der Slogan »Made in Germany« war ursprünglich nicht als Gütesiegel gedacht. Ende des 19. Jahrhunderts initiierte Großbritannien die Kennzeichnung deutscher Produkte, um diese abzuwerten und die eigenen zu schützen und zu stärken. Neu aufkommende Industrienationen wie Deutschland sollten englischen Produkten nicht gefährlich werden. Damit war »Made in Germany« zunächst als negative Bezeichnung gedacht, die Briten ermahnen sollte, dieses Produkt nicht zu kaufen, sondern auf ein britisches Produkt auszuweichen. Im Ersten Weltkrieg wurde diese Intention noch verstärkt und zu einem Boykott deutscher Waren aufgerufen.

Nach dem Ende des Ersten Weltkrieges wurde die Kennzeichnung deutscher Waren beibehalten. Die britischen Bürger erkannten jedoch die hohe Qualität deutscher Produkte und, statt sie zu meiden, kauften sie sie immer häufiger. Die deutschen Produzenten reagierten auf den sich wandelnden Markt und begannen, die ehemals negative Bezeichnung als Gütesiegel auf ihren Waren zu nutzen. Innerhalb nur weniger Jahrzehnte entstand damit ein Qualitätsmerkmal, das weltweite Bekanntheit und Bedeutung erlangte und der deutschen Wirtschaft große Gewinne einbrachte. Heute gehen Unternehmen, die sich als »Global Player« sehen, allerdings dazu über, anstelle der nationalen Herkunftsbezeichnung, ihren Firmennamen als Qualitätskennzeichen einzusetzen. »Made in Germany« wird zu »Made by …«.

K H

Lit.: Olaf Preuß: Made in Germany. Die starken Seiten der deutschen Wirtschaft. Berlin 2006.

Schrägschnitt-Rasierapparat
Herst.: Mulcuto
1910 / 1930
Museen der Stadt Nürnberg.
Museum Industriekultur, Nürnberg
ohne Inv.Nr.

Tempo Papiertaschentücher

Herst.: Vereinigte Papierwerke Schickedanz AG
1975
Cellulose, Pergaminpapier
Germanisches Nationalmuseum, Nürnberg
ohne Inv.Nr.

Am 29. Januar 1929 melden die Vereinigten Papierwerke Nürnberg beim Reichspatentamt in Berlin ein bis dahin unbekanntes Produkt an, das »Tempo«. Der dynamische Name des Artikels steht programmatisch für das Gefühl der 20er Jahre, einer Zeit des Umbruchs und des Neuanfangs, in der das gesellschaftliche Leben pulsiert. Bereits 1935, als der Unternehmer Gustav Schickedanz die Vereinigten Papierwerke übernimmt, werden in Heroldsberg bei Nürnberg 150 Millionen Tempo-Taschentücher produziert.

Seit seiner Einführung behauptet Tempo die Position als führende Papiertaschentuchmarke in Deutschland und entwickelt sich mit der Zeit zu einem deutschen Standard. Der Markenname »Tempo« wird in Deutschland pars pro toto für alle Papiertaschentücher verwendet. Erfolgsfaktoren der Marke sind neben der Qualität, auch Verbesserungen an der Verpackung und Faltung der einzelnen Tücher.

Seit 1929 hat sich an den Buchstaben des Schriftzugs wenig verändert, er ist diagonal gesetzt mit einem lang gezogenen, oberen T-Balken und einer dazu parallel verlaufenden, geschwungenen Linie unterhalb des Produktnamens. Eine wesentliche Änderung, die die Farbe der Verpackung betrifft, erfolgt in den 50er Jahren. So wird die vorher blaue Schrift auf weißem Grund umgekehrt zu weißen Lettern auf blauem Grund. Der Slogan »ruck-zuck entfaltet!«, der auf der Abbildung zu sehen ist, wird ab Mitte der 70er Jahre abgedruckt. Grund hierfür ist die erstmalig verwendete Z-Faltung, die dem Benutzer ein schnelles Auspacken jedes einzelnen Taschentuches ermöglicht.

A S

Lit.: Jörg Kirchbaum (Hrsg.): Deutsche Standards. Marken des Jahrhunderts. Köln 1997.

Seit dem Jahr 2000 bittet der Nürnberger Künstler Thomas May immer wieder zu Schnitz-Aktionen für sein Grashalm-Projekt. Dabei lässt er von Menschen aus der ganzen Welt unbehandelte Balsaholzspäne zu individuellen Grashalmen schnitzen. Die Grashalme werden mit den Initialen des Schnitzers sowie der jeweiligen Berufsbezeichnung versehen. Nach der Färbung werden sie in der Reihenfolge ihres Entstehens auf eine Rollrasenfläche montiert. So entsteht eine offene Skulptur, die in ständiger Veränderung begriffen ist.

Zwischen dem Rasen und den künstlich gestalteten und installierten Grashalmen entwickeln sich interessante und spannende Wechselbeziehungen. Unwillkürlich kommt die Assoziation eines Gartens auf, der natürlich und geplant, frei und kontrolliert zugleich ist. Insofern gibt es Parallelen zwischen dem Grashalmprojekt und einem Schrebergarten, der ebenfalls für den Rückzug ins Private und die persönliche Freiheit steht, aber auch den festen Regeln einer Schrebergartenkolonie unterworfen ist und in dem Ordnung und Struktur eine wichtige Rolle spielen.

Für die Ausstellung »Was ist deutsch?« hat der Künstler fränkische Schrebergärtner gebeten, ihre Grashalme für das Projekt zu schnitzen. Damit spiegeln die gezeigten Halme die Sicht der Gartenbesitzer auf Gras und auf ihre Laube wider. Bei den Schnitzern wie auch bei den unbeteiligten Betrachtern entstehen immer neue Assoziationsketten und Bilder in den Köpfen. Anhand ausgelegter Listen kann nach dem eigenen Grashalm auf der Fläche gesucht werden. Gleichzeitig drängt sich die Frage auf, welche Gemeinsamkeiten und Unterschiede zwischen den Grashalmen verschiedener Gartenkolonien bestehen.

K H

Grashalmprojekt
Thomas May
2005/2006
Balsaholz, gefärbt
Rollrasen, Kunststofffolie, Paletten
Privatbesitz des Künstlers, Nürnberg

Deutscher Schäferhund
Entw.: Theodor Kärner (1914)
Herst.: Nymphenburg, Modell-Nr. 398
Ausformung um 1916–1931
Porzellan, polychrome Unterglasurbemalung
Deutsches Porzellanmuseum, Sammlung Woeckel,
Hohenberg
Inv.Nr. 20568/04

Der deutsche Schäferhund ist als Hunderasse weltbekannt, sein Körperbau und Aussehen erinnern noch deutlich an die Abstammung von Wölfen. Nach der Festlegung der Zuchtkriterien zu Beginn des 20. Jahrhunderts entwickelte er sich zu einem begehrten Wach- und Schutzhund, der in vielen Bereichen eingesetzt wird.

Es gibt zwei Hunderassen, die klischeehaft mit den Deutschen verbunden werden. Während der Dackel neben seinem Einsatz als Jagdhund vor allem das Spießbürgertum und den Kleingeist der Deutschen symbolisiert, steht der Schäferhund für Treue und Zuverlässigkeit. Dies sind Werte, die den Deutschen nicht nur von außen zugeschrieben werden, sondern die auch in Deutschland selbst einen hohen Stellenwert besitzen. Es ist darum nicht verwunderlich, dass sich auch Porzellanmanufakturen des Themas »Deutscher Schäferhund« angenommen haben. Tierdarstellungen bildeten seit dem Beginn der Porzellanherstellung in Deutschland im 18. Jahrhundert einen wichtigen Arbeitsbereich der Manufakturen. In den ersten beiden Jahrzehnten des 20. Jahrhunderts erlebten sie durch den künstlerischen Einfluss des Jugendstils eine neue Blüte.

Theodor Kärner (1884–1966) war einer der bekanntesten Bildhauer für Tierskulpturen zwischen 1905 und 1945. Neben der Manufaktur Nymphenburg (1905–1918) arbeitete er für Rosenthal, bevor er 1936 zum Mitgründer der von der SS initiierten und unterstützten Porzellan-Manufaktur Allach wurde. Die Schäferhunde, die er für die verschiedenen Auftraggeber schuf, gleichen sich in ihrer ruhigen, liegenden Pose mit dem erhobenen Kopf und den aufmerksam nach vorn gerichteten Ohren. Sie verbildlichen die Werte von Wachsamkeit und Diszipliniertheit, die ihnen im Ideal zugeschrieben werden.

K H

Lit.: Wilhelm Siemen (Hrsg.): Faszination Tier. Meisterwerke europäischer Tierplastik. Die Sammlung Gerhard P. Woeckel. Hohenberg 2004, S. 112.

Nicht das Bier, sondern der Kaffee ist statistisch gesehen das liebste Getränk der Deutschen. Vier Tassen pro Tag trinkt jeder Deutsche davon im Durchschnitt. Aber nicht nur die anregende Wirkung des Koffeins wird geschätzt, sondern vor allem auch die entspannende und kommunikationsfördernde Wirkung einer Kaffeetafel.

Bei Kaffee und Kuchen setzt man sich am Sonntag in einer großen Runde zusammen, um gemeinsam die Freizeit zu genießen und zu plaudern. Nicht selten gibt es zur Verstärkung der bereits entstandenen Gemütlichkeit auch ein alkoholisches Getränk, z. B. einen Cognac. Diese Art des Kaffeetrinkens ist typisch für Deutschland. Während man in Italien seinen Espresso an der Theke der Bar trinkt und in Wien stundenlang im Kaffeehaus sitzt, ist es in Deutschland die häusliche Runde, die mit dem »Kaffeetrinken« gleichgesetzt wird. Auch wenn dieses Wochenend-Ritual manchmal etwas abwertend als altertümlich oder spießig bezeichnet wird, ist es doch für viele Deutsche – junge wie alte – eine lieb gewonnene Gewohnheit. Es vermittelt Gemütlichkeit und Behaglichkeit, Zeit für Freunde und Familie und auch die Freude an gutem Kuchen. Deutsche im Ausland treffen sich oft ebenfalls zu Kaffee und Kuchen, um miteinander ihr Deutschsein zu zelebrieren.

Der Kaffee selbst kam erst im 17. Jahrhundert aus Arabien und der Türkei nach Europa. In Deutschland wurde er sehr schnell populär, obwohl sich zunächst nur wohlhabende Bürger und Adlige seinen Genuss leisten konnten. Im 19. Jahrhundert verschwinden die sozialen Schranken der Kaffeekultur, Kaffee wird zum Alltagsgetränk. Heute dominieren kommerzielle Ketten das öffentliche Kaffeegeschäft, doch zu Hause wird noch immer mit qualitätsvollem Kaffee und anderen Leckereien der Sonntag gefeiert.

K H

Lit.: Mark Pendergrast: Kaffee. Wie eine Bohne die Welt veränderte. Bremen 2001.

Kaffeegedeck und ein Ständer mit Cognacgläsern
Herst.: Heinrich & Co,
Wohl Württembergische Metallwarenfabrik
1920/1930 bzw. um 1955
Porzellan, polychrom bemalt, teilvergoldet,
farbiges Glas, eloxiertes Metall, Bambus
Germanisches Nationalmuseum, Nürnberg
Tassensammlung Schaub 57, 1–3, Des 703/1–5

Dr. Martin Luther im Kreise seiner Familie zu Wittenberg am Weihnachtsabend

Carl August Schwerdgeburth, Druck: F. A. Zehl
1843
Stahlstich
Germanisches Nationalmuseum, Nürnberg
Inv.Nr. K 19606, Kapsel 1494

Der Stich zeigt eine Familienidylle am Weihnachtsabend: Martin Luther sitzt im Kreise seiner Familie unter dem Tannenbaum, es wird musiziert und die Geschenke liegen bereit: Spielzeug und Kleidung für die Kinder, ein Deckelhumpen und eine Armbrust. Bücher, Äpfel und Nüsse ergänzen das Bild eines idealen Christabends. Der Baum selbst ist mit brennenden Kerzen und einem Engel auf der Spitze festlich geschmückt. Die Kinder umringen den Tisch. Als Gast der Familie steht Philipp Melanchthon links hinter dem Stuhl und am Ofen sitzt die »Muhme Lene«, eine Verwandte von Luthers Frau Katharina von Bora.

Mit diesem Stahlstich vermittelt Schwerdgeburth ein Bild von einem uns noch heute vertrauten Weihnachtsabend im Familienkreis. Er spiegelt damit jedoch nicht die Realität des 16. Jahrhunderts, in dem Luther lebte, sondern entwirft ein biedermeierliches Genrebild, welches seinem eigenen Lebensumfeld entsprach. Auftraggeber für die Arbeit war eine Erfurter Erziehungsanstalt für Kinder, die mit der Verknüpfung von Luther und einem geschmückten Weihnachtsbaum den Absatz ihres selbst hergestellten Weihnachtsschmucks unterstützen wollte. Die Legende, dass Luther den Weihnachtsbaum erfunden habe, verbreitete sich jedoch rasch und blieb lange Zeit gültig.

Tatsächlich entwickelte sich der Brauch, unter einem geschmückten Tannenbaum Weihnachten zu feiern, erst im 19. Jahrhundert. Er wird zu einem Ritual bürgerlicher Festkultur, die sich verstärkt in der privaten Intimität der Familie abspielte. Zugleich nimmt die Vermarktung des Weihnachtsfestes zu, das christliche Fest wird immer öfter von politischer oder kommerzieller Seite instrumentalisiert.

KH

Lit.: Sigrid Nagy: Es wuchs ein Baum im Paradies. Wie Luther im 19. Jahrhundert zum Weihnachtsbaum kam. Weimar 2003.

Bier ist für Deutsche ein wichtiges Element der Gemütlichkeit. Sei es das Bier zur samstäglichen Sportschau zu Hause auf dem Sofa, das Bier beim Stammtischtreff in der Kneipe oder auf einem der zahlreichen Bierfeste – Bier wird gleichgesetzt mit einer angenehmen Freizeitgestaltung, Spaß und Fröhlichkeit. Dabei spielt auch das Reinheitsgebot von 1516 eine Rolle, das die hohe Qualität des deutschen Bieres garantiert. Die große Dichte an Brauereien bedient regionale Vorlieben und Traditionen und führt sie fort.

Die Bierwerbung folgt diesen Klischees und wirbt deshalb mit unberührter Natur, die die reine Herkunft des Bieres betont oder mit Bildern von Biergärten, in denen Menschen ihre Freizeit und ihr Bier genießen können. Auch das vorliegende Bierplakat entspricht diesem Stereotyp. Es zeigt einen typischen Gastraum der 30er Jahre mit einem Hirschgeweih an der Wand, einer akkurat gebügelten Damasttischdecke, einem Aschenbecher, in dem noch die erloschene Zigarre liegt und natürlich als Mittelpunkt ein Glas mit frisch gezapftem Bier. Alles weist auf die Momentaufnahme einer gemütlichen Situation hin.

Der Grafiker Franz Oswald Schiffers (1902–1976) arbeitete bevorzugt mit dieser Art der graphischen Gestaltung. Sein Markenzeichen war das beschlagene Glas, an dem einige Wassertropfen herunterliefen. Damit versuchte er, einen fotorealistischen Effekt zu erzielen. Gleichzeitig sind alle Bildelemente nur Versatzstücke, die in anderer Kombination oder leicht veränderter Fassung in anderen Plakaten Schiffers' wieder erscheinen. Auf vielen seiner Plakate fehlt der Name der Biermarke. Dies betont auf der einen Seite den seriellen Charakter der Entstehung, rückt auf der anderen Seite jedoch das Produkt Bier in den Mittelpunkt der Aufmerksamkeit.

K H

Süddeutsches Arbeiter-Turnfest.
Werbeplakat

Entw.: unbekannt
1912
Lithographie
Die »Nürnberger Plakatsammlung«
der GfK und NAA im Germanischen
Nationalmuseum, Nürnberg
Inv.Nr. NAA 05381

Das Plakat zeigt einen Mann in der typischen Turnerkleidung des beginnenden 20. Jahrhunderts. Auch der Barren, auf dem er steht, weist auf den sportlichen Kontext hin. Vor der Silhouette der Stadt Nürnberg im Hintergrund schwenkt er eine schwarz-rot-goldene Fahne mit dem Emblem des Arbeiter-Turnerbundes, dessen Symbol an das der »Deutschen Turnerschaft« erinnert. Mit dem Plakat wird zum ersten süddeutschen Arbeiter-Turnfest nach Nürnberg eingeladen.

Durch die Aufnahme der schwarz-rot-goldenen Fahne verdeutlicht das Plakat den politischen Anspruch des Arbeiter-Turnerbundes. Die Verknüpfung von Turnen und Politik geht bis auf Friedrich Ludwig Jahn, den »Turnvater«, zurück. Schon die Gründung der ersten Turnvereine zwischen 1811 und 1820 barg immer auch eine politische Aussage, und die Mitglieder schlossen sich nicht aus rein sportlichen Gründen an, sondern teilten auch gleiche politische Überzeugungen, die in eine bürgerlich-nationale Richtung gingen. So unterstützten die deutschen Turner aktiv die Revolution von 1848.

Arbeiter waren in diesen national ausgerichteten Vereinen, die sich 1868 in der Deutschen Turnerschaft zusammengeschlossen hatten, nicht willkommen. Aus diesem Grund entstanden nach der Aufhebung der Sozialistengesetze ab 1890 sehr rasch auch die ersten Arbeiterturnvereine, die sich ebenfalls in einem Verband, dem Arbeiter-Turnerbund, organisierten.

In den zwanziger Jahren des 20. Jahrhunderts vollzog sich in den Vereinen die inhaltliche Trennung von Sport und Politik, es entstanden reine Sportvereine, die keine politischen Ambitionen mehr verfolgten. Mit dem Aufkommen der Nationalsozialisten hatte durch die »Gleichschaltung« jedoch die Selbstbestimmung der Vereine zunächst ein Ende. Sie konnte erst nach 1945 wieder aufgebaut werden.

K H

Lit.: Gertrud Pfister: »Frisch, fromm, fröhlich, frei«. In: Deutsche Erinnerungsorte, Bd. 2. Hrsg. von Etienne François und Hagen Schulze. München 2001, S. 202–219.

ERSTES
SÜDDEUTSCHES
ARBEITER-TURNFEST
Pfingsten 1912 in Nürnberg
Verbunden mit der 50 jährigen Gründungsfeier
des Turnvereins NÜRNBERG-GLEISHAMMER

In der Mitte der 1960er Jahre begann in Deutschland das Aufbegehren der Jugend gegen das ihnen alt und überholt erscheinende »Establishment«. Politisch gesehen richtete sich dieser Protest gegen den Vietnamkrieg, gegen die nationalsozialistische Vergangenheit vieler Hochschulprofessoren – der noch heute bekannte Slogan »Unter den Talaren Muff von 1000 Jahren« stammt aus dieser Zeit – und gegen den von vielen so empfundenen Konservativismus der Politik in der Bundesrepublik.

Die Demonstration auf diesem Photo fand 1969 in Berlin statt, in einer intensiven Phase des politischen Protests. Bobby Seal, für dessen Freilassung hier demonstriert wurde, war ein Aktivist der amerikanischen Bürgerrechtsbewegung und einer der Gründer der »Black-Panther«. Er war zu diesem Zeitpunkt aufgrund seiner Aktivitäten inhaftiert und kam erst vier Jahre später wieder frei. Heute ist er in den USA ein bekannter Fernsehkoch.

Das Aufbegehren der jungen Generation, der heute sogenannten '68er, richtete sich allerdings nicht allein gegen die politischen Zustände der Zeit. Es war vor allem auch ein gesellschaftlicher Protest, der die traditionellen und spießigen Konventionen aufbrechen sollte und der Gesellschaft zu neuem Schwung und größerer Modernität verhelfen wollte. Befördert wurde dieses Ziel durch Einflüsse z. B. der Flower-Power-Bewegung, die aus den USA nach Europa kam, und der Sexuellen Revolution, die die familiären und sexuellen Beziehungen stark veränderte. Dieser gesellschaftliche Protest äußerte sich vor allem in einem neuen Kleidungsstil, der nicht mehr von Anzügen und Hemden geprägt war, sondern in dem T-Shirts, Jeans, Parkas, weite Kleider und Röcke bestimmend waren. Auch die Frisuren änderten sich, typisch für die jungen Männer wurden lange Haare und dichte Bärte, während die Frauen auf toupierte Frisuren verzichteten und ihr Haar lang und offen trugen.

K H

Lit.: Jugend Protest Kultur 1968. Red. Thomas Mania und Günter Bernhardt. Westfälisches Museumsamt. Münster 1999.

Vietnam-Demos in Berlin
15. 11. 1969
Photographie
ullstein bild – dpa, Berlin
Inv.Nr. 00418925

Glaubenswelten in Deutschland

M ICHAEL K LÖCKER

Deutschland: ein Land, geprägt durch eine »Leitkultur«, insbesondere durch die landesspezifische Tradition der »Leitreligion« des Christentums? In den folgenden Ausführungen werden zunächst Traditionslinien der deutschen, gewiss sehr stark vom Christentum geprägten Religionsgeschichte skizziert, dann konstitutive Bedingungen in der Gegenwart festgestellt und das breite Spektrum der Religionen umrissen[1].

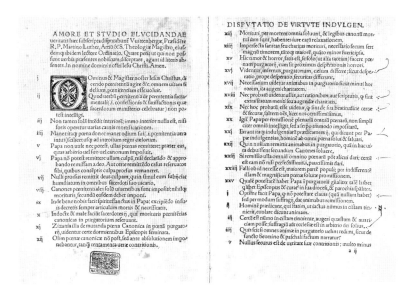

Abb. 53: Luthers 95 Thesen gegen den Ablasshandel (Nachdruck).
Jobst Gutknecht, 1518.
Germanisches Nationalmuseum, Nürnberg.

Die rasanten Veränderungen der »Religionslandschaft« und individuellen Religiosität in der letzten, oft als »Postmoderne« etikettierten Makroperiode der Geschichte haben Neubesinnungen über den Religionsbegriff in den verschiedenen Disziplinen der Religionsforschung beträchtlich mitbeeinflusst[2]. Dabei wird Abschied genommen von engen Fassungen des Religionsbegriffes und jener Säkularisierungsthese, dass die Gesellschaft mit zunehmender Modernisierung ihr religiöses Fundament verloren habe[3]. Der Blick wird geschärft für den Gestaltwandel der Religiosität in der Postmoderne und den über die etablierten Kirchen hinaus erweiterten »Markt« alternativer Religionsangebote mit seiner Spannweite von eingewanderten Weltreligionen (vor allem dem Islam) über Neureligionen christlicher bzw. nichtchristlicher Provenienz (meist aus den USA und Asien stammend) bis hin zu »Zivilreligion« im Dienst des politischen Systems und zeittypischen expliziten/impliziten Prägungen der Religiosität außerhalb der institutionalisierten Religionen.

Traditionslinien

Vom abgelegenen Wittenberg aus hat ein unbekannter Augustinermönch und Professor eine sich in Deutschland und weltweit entfaltende »Reformation« des Christentums ausgelöst. In der (seit 1938 auch offiziell sog.) »Lutherstadt« Wittenberg begegnen wir noch heute auf Schritt und Tritt den Spuren dieses Reformators und seiner Mitstreiter: so etwa auf dem Marktplatz in Gestalt der Denkmäler von Luther und Melanchthon, beide in jener Schlosskirche bestattet, an deren Haupttür Luther am 31.10.1517 seine 95 Thesen – die bereits Ende 1517 in Drucken verbreitete Grundlage für eine Disputation gegen den Ablasshandel – angenagelt haben soll (Abb. 53). Das berühmte Spruchband vom Turm der Schlosskirche »Eine feste Burg ist unser Gott«: Mit dieser Textzeile beginnt das bedeutendste der Lutherlieder, seit dem ersten Druck 1529 in alle evangelischen Gesangbücher aufgenommen. Auf der Wartburg übersetzte Luther das Neue Testament aus dem Griechischen ins Deutsche und wurde damit zugleich zum Schöpfer der neuhochdeutschen Schriftsprache, die sich erst im 18. Jahrhundert in den katholischen Ländern Deutschlands durchsetzte. Das von Luther und seiner Frau vorexerzierte Ehe- und Familienleben mündete in das für evangelische Frömmigkeit modellartige evangelische Pfarrhaus[4]. In der lutherischen Tradition dient bis heute der »Kleine Katechismus« Luthers (1529) als populäre, auf das freie Heilsgeschenk Christi konzentrierte Lehrgrundlage (Abb. 54). Der »Heidelberger Katechismus« von 1563 wurde für die vor allem auf die zwinglische und calvinistische Tradition rekurrierenden Reformierten zu einer »klassischen« Lehrgrundlage: Der Inhalt des Katechismus wird in Frage 1 zusammengefasst als der Trost, »dass ich [...] Jesu Christi eigen bin«. Die rasche Ausbreitung der Reformation in Deutschland mündete 1555 in den »Augsburger Religionsfrieden«: der Anerkennung des »ketzerischen« evangelischen Glaubens für die Territorialherren. Bei unterschiedlichem Glaubensbekenntnis durften die Untertanen immerhin auswandern. Erst mit dem Westfälischen Frieden am Ende des »dreißigjährigen Krieges« (1648) wurden die Reformierten als reichsrechtlich geschützte Konfessionsgruppe anerkannt und in allen Reichsgremien die »Parität« zwischen katholischer und »augsburgischer« Konfessionsgruppe[5] vorgeschrieben; nur einvernehmlich durften fortan Religionsfragen entschieden werden. Die damals in Deutschland hergestellte Scheidung der Konfessionen prägt weitgehend noch im heutigen Deutschland ihre räumliche Verteilung[6].

Glauben im reformatorischen Geist ist einheitlich von päpstlicher Lehrautorität und Kirchenführung abgetrennt (Gegenprinzip: »allgemeines Priestertum der Gläubigen«). Die leitenden Prinzipien, die Heilige Schrift als alleinige Grundlage, sind allerdings facettenreich ausformuliert und schlagen sich in unterschiedlichen Lehraussagen, mannigfachen organisatorischen und rituellen For-

men nieder. Aktivierung und Disziplinierung der Persönlichkeit durch die »protestantische Ethik« unterscheiden sich bis heute stark je nach lutherischem, reformiertem und freikirchlichem Ansatz. Seit den Studien von Max Weber (Hervorhebung der Bedeutung von Berufsidee, Prädestinationslehre, herausgebildeten Freikirchen) wird die protestantische Ethik insbesondere als ergiebiger Nährboden für den »Geist des Kapitalismus« wahrgenommen. In Deutschland »hat das lutherische Ordnungsdenken maßgeblich das typisch deutsche Modell des Verbandskorporatismus mit hervorgebracht und auf diesem Weg auch Einfluss auf die Entstehung der für die Bundesrepublik Deutschland charakteristischen Wirtschaftsordnung der »Sozialen Marktwirtschaft« genommen«[7]. Wer das noch in der Gegenwart trennende Neben- und Gegeneinander von Glaubenswelten im evangelischen Deutschland konstitutiv verstehen will, muss seine Aufmerksamkeit differenziert auf die nach dem Reformationszeitalter herausgebildeten Traditionslinien richten: die Lutherische Orthodoxie; den im 17. Jahrhundert entwickelten bibeltreuen, persönlich und sozial engagierten »Pietismus«, begreifbar als eine frühe Form der schließlich weltweit grassierenden »Erweckungsbewegungen« mit ihren persönlichen Bekehrungen als Basis für liturgische Erneuerungen und radikale Religiosität; schließlich die Frömmigkeit des evangelischen Bildungsbürgertums mit dem Ja zur Aufklärung und zu den Errungenschaften der modernen Zivilisation.

Die christliche Glaubenspraxis wurde und wird – im Protestantismus wie auch im Katholizismus – in heftigen Kontroversen theologisch unterschiedlich verortet. Hier nur eines der relevanten Bei-

Abb. 54: Deudsch Katechismus. Martin Luther, Wittenberg 1529. Germanisches Nationalmuseum, Nürnberg.

spiele unterschiedlicher Verortung durch evangelische Theologen, die noch heute als wegweisend gelten: Paul Tillich (1886–1965) hat, u. a. in Anknüpfung an Friedrich Schleiermacher (1786–1834), die Theologie zur Philosophie, zur modernen Kultur und zu anderen Religionen geöffnet und ist damit der eigentliche Antipode zu der biblizistischen »Theologie des Wortes Gottes« von Karl Barth (1886–1968), der eine große Bedeutung als »theologischer Vater« der »Barmer Theologischen Erklärung« vom 31.5.1934 gewonnen hat (gegen das herrschende Kirchenregiment Betonung der Ausschließlichkeit der Christus-Offenbarung und der Christus-Herrschaft)[8]. Ein dunkles Kapitel der evangelischen Kirchengeschichte bleiben die am Ende der Weimarer Republik sich formierenden, nach der nationalsozialistischen Machtübernahme einflussreichen, von der »Bekennenden Kirche« bekämpften, schließlich in verschiedene Richtungen divergierenden »Deutschen Christen« mit ihrer erstrebten Synthese von Christentum und Nationalsozialismus und Zielsetzungen wie Übernahme des »Arierparagraphen« für die Reichskirche, Loslösung von jüdischen Wurzeln, Übernahme des Führerprinzips[9].

In den Jahrzehnten um 1800 wurden im katholischen Deutschland bis zur Gegenwart relevante, beachtlich von der Aufklärung geprägte Formen der Frömmigkeitsvermittlung verankert, darunter: pastorale Neuansätze (wie: Zurückdrängung der übertriebenen Wallfahrts- und Andachtsfrömmigkeit zugunsten des Pfarrgottesdienstes, Bemühen um eine verständlichere Liturgie und wirkungsvollere Predigt und Katechese) sowie Anstrengungen zu Bildungsmodernisierungen. Der Verlust der materiellen Machtmittel durch die Säkularisation von 1803 stimulierte im »Restaurationskatholizismus« eine Re-Katholisierung gegen aufklärerisches Denken und Verhalten. Sehnsuchtsvolle, glorifizierte Rückbesinnungen auf das Mittelalter – formuliert in der Literatur und konservativen Gesellschafts- und Staatskonzeptionen – gediehen damals in der Katholischen Romantik: langfristig fortwirkende Gegenentwürfe und -bilder zu Modernisierungen, die sich in heute noch beeindruckender Musik, Malerei, Architektur widerspiegeln. Hier nur zwei Beispiele: In einer großen »Nazarener«-Ausstellung präsentierte die Frankfurter Schirn Kunsthalle 2005 den religiösen Aufbruch zurück zu Mystik und Mittelalter jener jugendlichen Künstler-Bruderschaft, die gegen akademische Formprinzipien als überholt geltende Malweisen (so die Freskomalerei) und – in Andachtsbildern massenhaft verbreitete – puristisch-»herzinnige« Ausdrucksformen kultiviert hat[10]. Jugendlicher Aufbruch zurück zu christlichen Werten gruppierte sich beim »Weltjugendtag«, den Papst Johannes Paul II. 1984 initiiert hat, 2005 (1,1 Mio. Pilger aus 188 Nationen sind gekommen) um den Kölner Dom: jener Kathedrale, deren Vollendung im neugotischen Stil nach den »Kölner Wirren« (Verhaftung des Kölner Erzbischofs 1837 durch die preußische Regierung) mittelalterliche Kirchenpracht vor der reformatorischen Spaltung, aber auch die Versöhnung zwischen katholischer Restauration und deutscher Nation (Weiterbau ab 1842 mit Geldern der preußischen Staatskasse und des Zentral-Dombau-Vereins, erst nach der »kleindeutschen« Nationbildung 1880 Fertigstellung der Türme) symbolisiert. Im Nach- und Nebeneinander unterschiedlicher Baustile manifestiert sich bis heute der satte Formenreichtum römisch-katholischer Frömmigkeit in Deutschland. Glanz und Sinnenhaftigkeit prachtvoller Barockbauten, übersichtliche Kirchenräume in klassizistischer Manier, mehrschiffige neugotische Bauten, in denen das Mysterium betont und die Gemeinde als solche wieder zurückgedrängt wird – das Spektrum reicht bis etwa zur zeltartigen, von Gottfried Böhm als »Stadt Gottes auf dem Berge« konzipierten neuen Wallfahrtskirche in Neviges (dem ältesten Wallfahrtsort zur »Immaculata« nördlich der Alpen), orientiert an Liturgischer Erneuerung und Weltoffenheit im Geist des 2. Vatikanischen Konzils.

»Ultramontanismus« als Kirchenverständnis und Frömmigkeit, streng »jenseits der Berge« auf das römische Papsttum ausgerichtet: Nach der deutschen Nationbildung erhielt dieser Terminus als Kampfwort Konjunktur; Gruppierungen wie der »Protestantenverein« und erst recht der »Evangelische Bund« »huldigten« einerseits der Gleichung »deutsch = protestantisch und darum fortschrittlich und modern«, setzten andererseits »katholisch mit romantisch, ultramontan und damit undeutsch und retardierend, ja mit verkommen gleich«[11]. In der neueren Katholizismusforschung wird dieser Begriff insbesondere auf die »Pianische Epoche« der Kirchengeschichte (1846–1958) und das Erste Vatikanische Konzil 1869/70 (Dogma von der Universaljurisdiktion, Unfehlbarkeitsdogma[12]) bezogen und mit bestimmten Merkmalen verbunden wie römischer »Papalismus«, Antimodernismus, Antifeminismus, favorisierte Frömmigkeitsformen weg von aufgeklärter »Entzauberung« der Welt, rigide Gehorsamsausrichtung der religiösen Erziehung[13]. Als anhaltend wirkungsvoll werden diese Merkmale aber auch auf die Gegenwart bezogen. Auf dem Zweiten Vatikanischen Konzil (1962–65) wurden Neuorientierungen akzentuiert: betonte Kompetenz der Bischöfe in Gemeinschaft mit dem Papst, dessen Primatstellung beibehalten worden ist; stärkere Mitwirkung der Gläubigen; Liturgiereform; ausdrückliche Anerkennung der Religionsfreiheit; akzeptierte wechselseitige Abhängigkeit von Kirche und Gesellschaft in der Pastoralkonstitution »Gaudium et spes« einschließlich des Zugeständnisses, dass Wissenschaften rein innerweltlich betrieben werden können[14]. Die Glaubenswelt im katholischen Deutschland der Gegenwart ist geprägt durch ihre vielgestaltigen Reaktionen auf das »Aggiornamento« (»Anpassung an das Heute«) des Vaticanum II: in der Spanne zwischen Mitbeteiligungen an Reformprozessen und -strukturen, Enttäuschungen und Befürchtungen, Widerständen. Kirchenoffizielle Formulierungen für die Glaubenslehre und das richtige Verhalten bietet heute der weltweit geltende »Katechismus der katholischen Kirche«, seit 1993 in deutscher Sprache vorliegend.

Abb. 55: Papst-Teddy. Hermann-Spielwaren GmbH, Coburg, 2005.

Leiter der päpstlichen Kommission zur Erstellung dieses Katechismus war der ehemalige Münchener Erzbischof Joseph Kardinal Ratzinger, seit 1981 Präfekt der Glaubenskongregation in Rom, nunmehr Papst Benedikt XVI. Als Ratzinger am 19. 4. 2005 zum Papst gewählt wurde (letzter der vorher sieben deutschen Päpste war 1522/23 Hadrian VI. gewesen), hat dies in Deutschland eine enorme, konfessionsübergreifende nationale Begeisterung entfacht (Abb. 55); zum »geflügelten Sprichwort« ist dementsprechend die Schlagzeile der Bild-Zeitung nach der Papstwahl geworden: »Wir sind Papst«.

Einheimische und fremde Glaubenswelten von Stämmen oder Volksgruppen sind in der deutschen Geschichte leitmotivisch als »heidnisch« etikettiert, diskriminiert und verfolgt, aber auch in Sprache, Ritualen und Mentalität vereinnahmt worden[15]. Bei den neueren und jüngeren Wiederentdeckungen ethnischer Religiosität in Deutschland[16] zeichnen sich »Wellen« und typische Inhalte ab: z. B. neue Fiktionen des »edlen Wilden« oder ein seit Mitte der 1980er Jahre durch die Bücher von Carlos Castaneda intensivierter »(Neo-)Schamanismus-Boom« (Abb. 56). Auf den Spuren alter My-

Abb. 56: Traumfänger. 2006. Germanisches Nationalmuseum, Nürnberg.

then, Kultstätten und Rituale wird das »heilige Ur-wissen« auf deutschem Boden von der Steinzeit an, oft mit Rückschau auf keltische und germanische Überreste und Texte, aufgespürt und auch neu praktiziert.

Die rassistische Dynamik, die in der NS-Ära zu Auslese und Ausmerze führte, hat die Aufmerksamkeit auf die virulenten Traditionslinien der völkischen Bewegung und Religion in Deutschland geschärft[17]. Wenn heute in Deutschland Gruppierungen sogar noch die nationalsozialistische Weltanschauung »glauben«, nach dem Muster von Heinrich Himmler bestimmte völkische Okkultismen pflegen, werden sie allerdings – wie z. B. die rassistischen neugermanischen Gruppen – durchweg überwacht.

Rekonstruktionen und (z. B. in TV-Serien) willkürliche Konstruktionen von (ur)alten »matriarchalischen« Kulten und Naturreligionen, von magisch begabten und verfolgten Hexen und Hexenzirkeln in Geschichte und Gegenwart fundieren den auch in Deutschland zur Zeit boomenden »Hexenglauben«: eine eigentümliche Mischung zwischen ernsthaften historischen Studien, unterschiedlichen (feministischen, religiösen und kommerziellen) Interessen und jugendlichem Spaß[18].

Als Musterbeispiel einer Synthese von Vorstellungen, die in unterschiedlichen Religionstraditionen auftauchen, mit dem Glauben an den erlösenden Kreuzestod Christi kann man die von Rudolf Steiner (1861–1915) begründete Anthroposophie verstehen, die in Deutschland öffentliche Anerkennung durch anthroposophisch orientierte pädagogische, medizinische und landwirtschaftliche Einrichtungen gewonnen hat. Steiner hat sie als »Erkenntnisweg« bezeichnet, »der das Geistige im Menschenwesen zum Geistigen im Weltall führen möchte«. Seine Weltanschauungslehre, in der oft auch Berufungen auf Goethe erfolgen, vereint gnostische, theosophische, rosenkreuzerische, indische und christliche Erkenntniswege und Lehren[19].

»Esoterik« ist zum Oberbegriff geworden für höchst unterschiedliche spirituelle Neuaufbrüche durch Rückbesinnungen auf das »Urwissen der Menschheit« und Neubelebungen sowohl okkulter und Heil-Praktiken (wie Astrologie, Magie, Außersinnliche Wahrnehmung, Ayurveda-Medizin) als auch ost-westlicher Spiritualität und Mystik im weitesten Sinne (wie Meditation/Yoga, Theosophie, indianische Religiosität). Beteiligt sind hier insbesondere Bildungsbürger, die mehr oder weniger die Angebote des breiten »Esoterik-Marktes« nutzen.

Konstitutive Bedingungen

Eine Reihe von Umbrüchen in Politik, Ökonomie, Kultur und Gesellschaft prägt seit der zweiten Hälfte des 20. Jahrhunderts insgesamt die Lebensvollzüge, insbesondere auch die Religiosität der heute in Deutschland lebenden Generationen in so tiefgreifender Weise, dass diese Umbrüche als Fundamente einer neuen Epoche (»Postmoderne«) zu verstehen sind[20] (Abb. 57). Im postmodernen Deutschland sind die Glaubenswelten durch konstitutive Bedingungen geprägt, deren Reichweite und Relevanz hier nur angedeutet werden können.

Das nach der Rechtsprechung des Bundesverfassungsgerichts ohne Gesetzesvorbehalt gewährleistete, individuelle und korporative »Grundrecht auf Religionsfreiheit«, das nur durch gleichrangige Verfassungsrechte (so durch die weiteren Grundrechte) eingeschränkt werden kann, ist durch die Weimarer Reichsverfassung von 1919 konstituiert worden[21]. In den deutschen Bundesländern, die »Kultushoheit« beanspruchen können, sind heftige Kontroversen entbrannt: z. B. um die Einführung eines kirchenunabhängigen Religions-/Ethik-Unterrichts in den öffentlichen Schulen oder aber um die den etablierten Religionsgemeinschaften zugestandenen Sonderrechte (wie: Körperschaftsrechte, Religionsunterricht an öffentlichen Schulen), die nun auch von neu etablierten Religionsgemeinschaften zur Sicherung ihrer Glaubensvermittlung gefordert werden. Bei solchen Konflikten schälen sich für den rechtlichen Rahmen der Glaubenswelten konträre »rechte« und »linke« Konzeptionen heraus: Verteidigung des staatskirchenrechtlich fundierten abendländischen Kulturerbes (mit Tenor auf die christliche Tradition) versus Pochen auf radikal »laizistische« Trennung von Staat und Religionen in der multireligiösen Zivilgesellschaft.

Die rasanten Veränderungen in Wirtschaft und Gesellschaft seit den 1950er Jahren haben in hohem Ausmaß (mit typischen Auswirkungen je nach Generation und Schichtzugehörigkeit) die individuelle religiöse Sozialisation wie auch das politische und soziale Engagement der Religionen geprägt. Hier nur zwei aktuelle Beispiele: Die neuerlich sehr auseinandergehende Schere zwischen reich und arm im Rahmen der »neoliberalen Globalisierung der Märkte« verstärkt die Rolle der Religionen als Schutzmächte sozial verträglicher Verhältnisse. Angesichts ökonomischer Unsicherheiten und Verluste gewinnen die Religionen Bedeutung als Gemeinschaften, die Minderwertigkeitskomplexe auflösen und überirdische Gerechtigkeit verheißen. Die von den Glaubensgemeinschaften verordneten und propagierten Werte und Normen von Sexualität, Ehe, Familienleben und Kindererziehung werden weithin nicht mehr praktiziert: Signale der Ohnmacht, die ethische Neuorientierungen oder rigide Rekurse provozieren.

Mobilitätsgewinne, Konsum- und Freizeitangebote, Massen- und Neue Medien haben massive, in ihrer Bedeutung kaum zu unterschätzende kulturelle Umbrüche im postmodernen Deutschland her-

beigeführt. Diese münden bis hin zu Körperkult und entfesselter Sexualität in einem »modernen Lebensstil«, der bei den Religionen ebenfalls Reaktionen in unterschiedlicher Richtung zwischen »fundamentalistischer« Abwehr und liberalisierter Ethik hervorgerufen hat. In der (Religions-)Soziologie werden die soziokulturellen Umbrüche in der Postmoderne unter Leitbegriffen wie »Individualisierung«, »Pluralisierung«, »reflexive Modernisierung«, herausgebildete »Erlebnisgesellschaft« erklärt. Der erweiterte Spielraum individueller Entfaltungsmöglichkeiten geht einher mit schwindender Bindungskraft traditioneller Sozialzusammenhänge. Neuartige Milieus prägen die »postmoderne« Gesellschaft, die weniger durch sozialmoralische als durch sozialästhetische Kriterien konstituiert sind.

Abb. 57: Segenskoffer. 1999. Haus der Geschichte der Bundesrepublik Deutschland, Bonn.

Zwischen den frühen 1950er und den frühen 1970er Jahren erfolgte in Westdeutschland eine Trendwende elterlicher Erziehung weg von Strenge, hin zu Toleranz. Wenn insgesamt das Eltern-Kind-Verhältnis in erheblichem Ausmaß partnerschaftlicher, diskussionsoffener, transparenter geworden ist und insbesondere Peer-Kontakte in Cliquen Jugendliche prägen, so sind das fundamentale Erfahrungen für den Nachwuchs; für die Religionen sind damit teils schwerwiegende Verluste hergebrachter Autoritätsvorstellungen und -einflüsse verbunden.

Infolge all der soziokulturellen Veränderungen in der Postmoderne nimmt die religiöse Identität jener, die nicht endgültige Orientierungssicherheit gefunden haben, hochgradig einen »Puzzle-«/ »Patchworkcharakter« ein. Dementsprechend mischen Kirchenmitglieder kirchliche Begleitung an den Lebenswenden, also auch das kirchliche Begräbnis, u. a. mit dem Glauben an Reinkarnation und z. B. privater Magie.

Die mit dem Anwerbeabkommen mit der Türkei 1961 beginnenden Einwanderungen zahlreicher Muslime haben dazu geführt, dass der Islam drittgrößte Religionsgemeinschaft in Deutschland geworden ist (Schätzungen 2005: ca. 3,2 Mio. Muslime, etwa 80% Sunniten meist türkischer Herkunft)[22]. Durch die Terroranschläge vom und nach dem 11.9.2001 sind dann die (weitgehend schon vorher ausgebildeten) Ängste vor einem expansiven Islam auch in Deutschland verstärkt worden. Gegenseitige Vorurteile grassieren anhaltend. Umfragen (etwa der Konrad-Adenauer-Stiftung 2002) verweisen immerhin auf eine »ausgeprägte Toleranz« gegenüber Muslimen und deren Wunsch

Abb. 58: »Muslime in Deutschland« (Titelblatt der Zeitschrift »Der Spiegel« Nr. 40). 29. September 2003. Germanisches Nationalmuseum, Nürnberg.

nach Religionsausübung. Die Defensive gegenüber »westlicher Moral« und Diskriminierungen hat bei der muslimischen Bevölkerung in erheblichem Ausmaß zu ideell und räumlich geschlossenen Glaubens- und Lebenswelten geführt (mit Moscheen als Zentrum, eigenen Infrastrukturen für alle Aspekte der Lebensführung). Die (erst in jüngster Zeit genauer erforschten) muslimischen Jugendlichen orientieren sich statistischen Ergebnissen zufolge stärker an ihrer Religion als christliche Jugendliche, dies schon weil ihre Lebensführung mehr in das – religiöse Gebote strikter befolgende – Familienleben integriert ist[23]. Sie werden allzu oft behindert durch die nur unzureichend erlernte deutsche Sprache und schlechtere Schulabschlüsse, teils geradezu zerrissen zwischen »westlichen« Werten, streng verstandener und eingeforderter islamischer Ethik, überspitzten Ehrvorstellungen (Abb. 58).

Durch die Wiedervereinigung von 1989/90 mit den überwiegend konfessionslosen Bürgern der Neuen Bundesländer, die zwei Generationen lang unterschiedlichen Kontextbedingungen ausgesetzt waren, stieg in Gesamtdeutschland der Anteil der Konfessionslosen auf 22,4% (2003: 31,8%)[24]: Erschreckend für das evangelische Deutschland: In der »Lutherstadt« Wittenberg gehören heute ca. 85% keiner Konfession an. Dass die traditionell im Osten Deutschlands dominierenden evangelischen Kirchen und die oppositionellen Gruppen unter dem Dach der Kirche »nicht die Träger des Umbruchs in der DDR (waren)«[25], hat Detlef Pollack herausgearbeitet. Er gehört zu denen, die den ausgebliebenen kirchlichen Aufschwung nach 1989, mit einer großen Resistenz auch gegenüber Neuen Religionen korrespondierend[26], analysiert haben: misslungene Ausbreitungen, erklärbar nicht zuletzt durch mentale Vorbehalte gegen die Kirche als »Siegerinstitution« und die exzentrische Auffälligkeit alternativer Religiosität. 2005 wurde die

1945 zerstörte, nach der Wiedervereinigung in Rekordzeit wiederaufgebaute Dresdner Frauenkirche feierlich wiedereingeweiht. Dieser bedeutendste Sakralbau des deutschen Protestantismus symbolisiert nunmehr die neu gewonnene öffentliche Anerkennung von Religion und Kirche im Osten Deutschlands. Barock-monumentale Wucht und Schönheit dieser zuerst 1743 vollendeten »steinernen Glocke« verweisen aber auch auf verlorengegangene Kirchenmacht, geben schließlich Hoffnung auf eine wiedererstarkende Volkskirche.

Das breite Spektrum der Religionen

Seit den 1950er Jahren hat sich in der Bundesrepublik Deutschland, wo anfangs noch Träume einer radikalen »Wiederverchristlichung« von Staat und Gesellschaft blühten, eine für die christlichen Großkirchen dramatische »Entkirchlichung« vollzogen: »ein von Schüben durchsetzter, alles in allem jedoch relativ kontinuierlicher Integrationsschwund der kirchlich verfassten Religion in der Bevölkerung, aber auch in der eigenen Mitgliedschaft«[27]. Beide Kirchen werden schon heute und »wohl auch in Zukunft«, so lautet das Fazit des Religionssoziologen Ebertz, »als – situativ und fallweise, vor allem rituell und caritativ – genutzte Dienstleistungs- und Vorsorgeorganisation«[28] begriffen. Eingestürzte, einbrechende Fundamente alter Kirchenmacht in Staat und Gesellschaft, ein erheblicher, in der Dynamik zuletzt immerhin begrenzbar erscheinender Mitgliederschwund, schwindende herkömmliche Frömmigkeitsformen, ein »Auswahl-Christentum«, bei dem soziale und karitative Serviceleistungen (organisiert durch die kirchlichen Organisationen als Hauptpfeiler des modernen Systems »freier Wohlfahrtspflege«) wie auch die rituelle Begleitung persönlicher oder gemeinschaftlicher Lebenseinschnitte Hauptbedeutung gewinnen: Diese Entwicklungen werden von alarmartig vorgetragenen Schwunddiagnosen begleitet. Zugleich gilt aber auch, dass die Determinanten und Erscheinungsformen der Veränderungen tiefgehende Rückbesinnungen auf die religiösen Kernaussagen der christlichen Botschaft (Abb. 59) und fruchtbare Neuorientierungen stimuliert haben und zwar in einem gesteigerten Binnenpluralismus teils erheblich auseinanderdriftender (in)formeller Gruppen und Richtungen im Christentum, dem wir auch in den anderen Weltreligio-

Abb. 59: Reliquiar. Johann Christoph Steinbacher, um 1720. Germanisches Nationalmuseum, Nürnberg.

nen begegnen. Die Spanne reicht dabei vom »Ja« zu Religionspluralität und zu kirchlichen Reformen in Anknüpfung an Aufklärungsdenken bis hin zu virulenten »fundamentalistischen« Ausrichtungen auf die nur in der eigenen Religion verankerten »heiligen Ordnung«, die gegen das Wissenschafts- und Weltverständnis der »modernen« Zivilisation verteidigt werden müsse[29]. Jeweils knapp ein Drittel der deutschen Bevölkerung bekennt sich immer noch durch Kirchenzugehörigkeit als evangelisch bzw. römisch-katholisch (Statistik Ende 2002: ca. 26,2 bzw. ca. 26,5 Mio.). Die in der Lebenswelt allgegenwärtige Permanenz christlicher Wertvorstellungen, christlicher Symbolik und Sprache wird allerdings oft nicht als solche wahrgenommen.

Im facettenreichen deutschen »Protestantismus« (dem geläufigen Oberbegriff für die reformatorisch-christlichen Richtungen[30]) bildet die 1948 als Zusammenfassung aller Landeskirchen gegründete »Evangelische Kirche in Deutschland« (EKD) die größte Organisationseinheit. Die »EKD-Kirchenwelt« umfasst unterschiedliche Glaubenswelten (Hauptgruppen: lutherische, reformierte und unierte Kirchen); daneben gibt es noch »Freikirchen« und »Sondergemeinschaften«, die oft als »Sekten« mit negativen Assoziationen verbunden werden[31]. Die 1996-98 tagende Enquete-Kommission des Deutschen Bundestages zum Thema »Sogenannte Sekten und Psychogruppen« hat verbreitete Vorurteile über die enorme Mitgliederstärke der einzelnen Gruppen und über eine pauschale Destruktivität dieser Gruppen widerlegt. Von den untersuchten Gemeinschaften verfügten damals nur zwei über eine Mitgliederzahl von mehr als 100.000 (Neuapostolische Kirche: ca. 400.000, Zeugen Jehovas: ca. 166.000); es folgten die Mormonen mit ca. 36.000 Mitgliedern (»Kirche Jesu Christi der Heiligen der letzten Tage«: 1830 im US-Staat New York von Joseph Smith gegründet; eine der »Neuen

Religionen«, deren Zurechnung zum Spektrum des Christlichen umstritten ist)[32]. Diese »großen« unter den kleineren christlichen Glaubensgemeinschaften außerhalb der Großkirchen wachsen weltweit in beachtlichem Ausmaß, haben aber in Deutschland (wie in anderen westeuropäischen Ländern) in jüngster Zeit zurückgehende bzw. stagnierende Mitgliederzahlen. Eine bis ins private hineinreichende nahezu totale Kontrolle wird (nicht nur) den Zeugen Jehovas vorgeworfen, deren »Wachtturm-Lehre« von »Bibelfundamentalismus« geprägt ist.

Von den »klassischen« Pfingstkirchen, die in Deutschland im späten 19. Jahrhundert entstanden, zu unterscheiden sind die in der Gegenwart weltweit und in Deutschland sich entfaltende »neopfingstliche Bewegung« und die »charismatische Erneuerung« in den klassischen Kirchen[33]: Diese Gruppierungen, zwischen denen es eine teils hohe Durchlässigkeit gibt, sind in der Postmoderne missionarisch erfolgreiche Ausprägungen des pfingstlichen Typus der Christentumsgeschichte, geprägt durch die reale Erfahrung des Heiligen Geistes (vgl. 1. Kor. 12-14). Hier werden natürliche und außergewöhnliche Gaben (wie: Zungenreden, Heilen, Vorherwissen, Visionen) gepflegt. In neo-pfingstlichen Gemeinden wird der geistliche Kampf der Geistbegabten gegen die bösen Mächte der Finsternis durchaus betont. Sehr umstritten ist im deutschen Protestantismus die evangelikale Bewegung (»evangelikal«: jüngere wörtliche deutsche Rückübersetzung von englisch-amerikanisch »evangelical« = evangelisch). Die Deutsche Evangelische Allianz ist das Sammelbecken der Evangelikalen in Deutschland: als Zweig der 1952 international formierten Evangelischen Allianz, die von der Lausanner Bewegung und damit von dem Evangelisierungsansatz Billy Grahams geprägt ist, sich selbst auf die Allianzgebetwoche von 1846 in London zurückführt. Ihr werden Fundamentalismus, der Aufbau zur EKD konkurrierender Parallelorganisationen, auch eine bedenkliche Nähe zur Religiösen Rechten in den USA vorgeworfen. Geschätzte ca. 1,3 Mio. Deutsche sind in Organisationen oder Einrichtungen, die zur Evangelischen Allianz gehören oder ihr nahe stehen. Für Kritiker ist die evangelikale Bewegung »zu sehr auf Innerlichkeit bezogen, so dass sie gerade nicht den reformerischen Charakter des Pietismus besitzt. Evangelikal heißt für die Befürworter pietistisch, erwecklich, eng der Bibel und den Bekenntnissen verpflichtet und damit im Gegensatz zu ökumenisch, progressiv, historisch-kritisch, gesellschaftsbezogen. Kurzum: evangelikal ist ein kirchenpolitisches Kampfwort«[34].

Der Fundamentalismusbegriff geht auf eine nordamerikanisch-protestantische Sammlungsbewegung zu Beginn des 20. Jahrhunderts zurück. Die heilsgeschichtliche Sicht extrem wortwörtlich »bibeltreuer« Fundamentalisten im protestantischen Deutschland hat Erich Geldbach jüngst untersucht und sie abgegrenzt von den Glaubenspositionen im historischen Protestantismus, im Evangelikalismus und in der charismatischen Bewegung[35].

Die erhebliche Binnenpluralität im deutschen Katholizismus der Gegenwart[36] zeigt sich z. B. an der Bandbreite zwischen massiver Nichtbeteiligung am kirchlichen Leben und unterschiedlichen Graden aktiven Engagements. Die »Kerngemeinde« und der (geschrumpfte) »darumliegende« Kreis mit mittlerer Bindung an die Gemeinde hat sich zwar in den letzten Jahrzehnten nicht zu dramatisch verkleinert (= meist noch ca. 10–20% der Kirchenmitglieder in der Gemeinde), ist aber von den Folgen des Priestermangels, fortschreitender Überalterung und Frauenüberschuss geprägt; ein beachtlich hoher Rückgang engagierter Katholikinnen zeichnet sich ab, darunter feministisch orientierte Katholikinnen, die Ziele wie gleichberechtigte Be-

teiligung der Frauen an der Kirchenführung und Frauenordination aufgegeben haben[37]. Als Defizite werden die Abkopplung von den jungen Milieus der »Erlebnisgesellschaft«, dem Selbstverwirklichungs- bzw. Unterhaltungsmilieu, und die Defensive der in den Gemeinden dominierenden Milieus (Harmonie- und Integrationsmilieu) gegenüber ästhetischen Veränderungen, bestimmten Randgruppen, erweiterten Dialog- und Solidaritätsforderungen moniert[38]. Ein Panorama neuartiger (in)formeller Gruppen hat sich in den letzten Jahrzehnten von sehr liberalen bis zu sehr konservativen Positionsbestimmungen gebildet – von lockeren »Szenen« und »Basisgruppen« (1980 Formierung der »Kirche von unten« auf dem Berliner Katholikentag), von neuen geistlichen Aufbrüchen, Gemeinschaften, Bewegungen (u. a. seit etwa 1970 charismatische Gebetsgruppen) bis hin zu Gruppierungen zugunsten eines »nachkonziliaren Traditionalismus«[39].

Das urchristliche Erbe wollen die orthodoxen (= »rechtgläubigen«, »auf rechte Weise Gott die Ehre gebenden«) Christen bewahren. Die »orthodoxen Kirchen des Ostens« haben sich nach dem »Morgenländischen Schisma« (1054) von der römischen Kirche getrennt; nicht einheitlich von Byzanz geprägt, sondern unabhängig voneinander entwickelten sich die »altorientalisch-orthodoxen« Kirchen. Ein lebendiges Verhältnis zu den liturgischen und dogmatischen Voraussetzungen (Theologie der Kirchenväter, Lehrformulierungen gemeinsamer ökumenischer Synoden mehrerer Jahrhunderte) wird gepflegt. Das Wirken des Heiligen Geistes in Kirche und Welt, die Menschwerdung Gottes und dadurch die »Theosis« (Vergöttlichung) des Menschen, die Einheit von Kreuz und Auferstehung sind bestimmend und widerspiegeln sich in sinnenfrohen Gottesdiensten und den Ikonen (»Bilder« als Fenster zwischen Erde und Himmel). Die Vielgestaltigkeit der orthodoxen Kirchen in Deutschland, deren Mitgliederzahlen durch die Migrationen in jüngerer Zeit sehr angewachsen sind, ergibt sich aus der jeweiligen nationalkirchlichen Tradition[40]. In der 1994 gegründeten »Kommission der Orthodoxen Kirchen in Deutschland« wurden jene orthodoxen Bistümer zusammengeführt, die untereinander in kanonischer Gemeinschaft stehen. Zu den Diaspora-Problemen gehört, dass orthodoxe Christen der 2. und 3. Generation vermehrt die Sprache ihres Herkunftslandes nur noch im Wort, nicht mehr in der geschriebenen Sprache beherrschen. In Deutschland überwiegen die durch die byzantinische Glaubenstradition geeinten orthodoxen Kirchen bei weitem. Die größte Gemeinschaft bildet die griechisch-orthodoxe Kirche mit ca. 450.000 Mitgliedern, als Auslandsgemeinde dem Ökumenischen Patriarchen von Konstantinopel unterstellt (Sitz des Metropoliten: Bonn-Beuel). Auf eine wechselvolle Entfaltungsgeschichte in Deutschland kann seit dem 18. Jahrhundert die russisch-orthodoxe Kirche zurückblicken. Die deutsche Diözese der »Russisch-orthodoxen Kirche im Ausland« (Traditionslinie der Absetzung vom kommunistischen Regime) erfasst geschätzte 30.000–40.000 Gläubige; zur deutschen Diözese der dem Patriarchat Moskau unterstellten russisch-orthodoxen Kirche gehören ca. 3.000 Gläubige. Etwa 200.000 Mitglieder umfasst die serbisch-orthodoxe Kirche in Deutschland, die rumänisch-orthodoxe Kirche ca. 90.000 Mitglieder.

Der auf die ganze »bewohnte Erde«, die Ökumene, bezogene ökumenische Gedanke hat seit den enormen Aufschwüngen im 20. Jahrhundert vielfache Gestalt gewonnen in theologischen Lehrgesprächen und Konvergenzerklärungen, in Organisationen, in einem friedlichen Neben- und Miteinander des gelehrten und gelebten Glaubens. In Deutschland ist mittlerweile die »kleine Ökumene« der Protestanten und Katholiken sehr gediehen; seit den 90er Jahren des 20. Jahrhunderts wird auch der »Trialog« der »Abrahamsreligionen« Judentum – Christentum – Islam in beträchtlichem Ausmaß vorangetrieben; der curricular fundierte Ansatz des Interreligiösen Lernens wird vielerorts in Schule, Gemeinde und Gesellschaft praktiziert[41]. Die Geister scheiden sich aber immer noch sehr angesichts fundamentaler Unterschiede im Kirchen- und Lehrverständnis, erst recht angesichts solcher Denkansätze wie des seit ca. 20 Jahren aus dem angelsächsisch-amerikanischen Raum kommenden »pluralistisch theozentrischen Modells der Religionstheologie«[42]. Eigene religiöse Selbstvergewisserung auf dem Weg über Fremdverstehen und Dialog: Dieser Ansatz des Interreligiösen Dialogs, der ohne Aufwachsen in einer Religionstradition nur schwer gelingen kann, bejaht allerdings die Frag-Würdigkeit von Lehraussagen, Werten, Normen.

Lang- und mittelfristig sind in Deutschland traditionelle Eigenarten katholischer Frömmigkeit gegenüber dem Protestantismus (wie etwa die Ohrenbeichte, die Fastenpraxis, die Feier des Namens- und nicht des Geburtstages) zurückgetreten; katholisch-protestantische Mischehen sind weithin selbstverständlich geworden. Das 1970 revidierte katholische Mischehenrecht ermöglichte auf besonderen Wunsch auch ökumenische Trauungen unter bestimmten Bedingungen. Die trotz mancher kirchenoffizieller Einwände großen Fortschritte der »kleinen Ökumene« traten auf dem ersten Ökumenischen Kirchentag vom 28.5.–1.6.2003 in Berlin hervor. Mit ca. 200.000 Dauer-Teilnehmern übertraf dieses Fest des Glaubens unter dem Motto »Ihr sollt ein Segen sein« bisherige konfessionsgebundene Kirchentage (Erhebungen zufolge waren 36,2% katholisch, 62,7% evangelisch). Ein heikler Zwischenfall signalisierte bestehende Vorbehalte: Ein kurz vor dem Kirchentag von Rom aus bekräftigtes Verbot des gemeinsamen Abendmahles von Katholiken und Protestanten hinderte den in Saarbrücken lebenden, emeritierten Grazer Theologen Gotthold Hasenhüttl nicht, in der Gethsemane-Kirche die Austeilung der geweihten Hostien im katholischen Ritus zu zelebrieren und dies auch nachträglich als kirchlich erlaubten Sonderfall zu rechtfertigen.

Die verschiedenen Richtungen im Judentum sind einheitlich durch die »Tora« als die von dem einen und einzigen, heiligen und ewigen Gott gegebene, von Rabbinern ausgelegte Richtschnur des kultisch-religiösen und bürgerlichen Lebens geprägt[43]. (Ultra-)orthodoxe Juden bestehen auf wortwörtlicher Auslegung der hebräischen Bibel. Neben Anhängern des Chassidismus (hebr. Chassidim = »Fromme«; mystische Richtung, die in Osteuropa im 18./19. Jahrhundert eine Blüte erlebte) gibt es Konservative, Liberale und »Reformjuden«. Alle Richtungen hatten in Deutschland programmatische Vordenker, ihre hohen Schulen und Rabbinerseminare. Bedeutend waren unter vielen anderen Moses Mendelssohn (1729-1786) als Vordenker eines modernen Judentums und der Chassidismus-Forscher Martin Buber (1878-1965), Religionsphilosoph der »dialogischen Existenz« des Menschen. Doch gerade in Deutschland erreichten die schreckensvollen Verfolgungen der Juden in der Diaspora (»Antisemitismus«: mit religiösen, ökonomischen, sozialen, politischen, schließlich rassistischen Motiven erklärbar; in der Moderne verschärft durch die Rolle als »Sündenbock« für Modernisierungsverlierer) ihren grausamen Höhepunkt durch die »Endlösung der Judenfrage« (begrifflich verdichtet in den bedeutungsschweren Termini: »Holocaust«, »Shoa«). Im Mai 1945 befanden sich im Deutschen Reich nurmehr ca. 10-15.000 Juden (1933 lt. Statistik: ca. 503.000 Juden = 0,76% der Gesamtbevölkerung). 1950 wurde als politische Dachorganisation der »Zentralrat der Juden in Deutschland« gegründet. Durch die Einwanderung von Kontingentflüchtlingen aus der ehemaligen

UdSSR numerisch gewachsen (Schätzungen: nunmehr 100.000 Juden in Deutschland), stehen die heute durchweg »Einheitsgemeinden« mit orthodoxer Prägung vor vielfachen Problemen der Traditionsbewahrung und Erneuerung. Die jüngere Wiederbelebung des liberalen Judentums mündete in der am 27.6.1997 in München feierlich verkündeten Gründung der Union progressiver Juden in Deutschland, Österreich und der Schweiz. Nur wenige »Einheitsgemeinden« eröffnen den unterschiedlichen Richtungen des Judentums ein eigenes »Gemeinde«leben. Das breiteste Spektrum bietet die Jüdische Gemeinde Berlin ihren ca. 12.000 Mitgliedern (sechs Synagogen, in denen unterschiedliche Varianten jüdischer Religiosität praktiziert werden können) (Abb. 60).

Abb. 60: Davidstern als Button. 1980/1989. Haus der Geschichte der Bundesrepublik Deutschland, Bonn.

Die zum Islam (»Hingabe an den einen Gott«) sich bekennenden Muslime sind geprägt durch das Wirken Muhammads (570-632) und die »Sunna« (= Überlieferung der Aussprüche und Taten Muhammads) und glauben, dass ihm das authentische Wort Gottes in arabischer Sprache geoffenbart worden ist. Die Hauptrichtungen Sunna und Schia (weltweit ca. 10-15%) haben sich aus dem Streit über seine rechtmäßige Nachfolge entwickelt. Auf fünf »Säulen« basiert die Glaubenspraxis: Aussprechen des Glaubenszeugnisses, täglich fünfmaliges rituelles Pflichtgebet in Richtung Mekka, Pflichtabgabe, Fasten im Monat Ramadan, Pilgerfahrt nach Mekka. Die statistisch ermittelte Gesamtzahl von 3,2 Millionen Muslimen in Deutschland (Tendenz: steigend) blendet die Vielgestaltigkeit islamischer Religiosität aus[44]. Umfragen zufolge ist fast die Hälfte davon nicht gläubig im strengen Sinn. Mitglieder in einer muslimisch-religiösen Vereinigung sind ca. 400.000 Muslime, darunter etwa 110.000 im türkisch-islamischen Dachverband DITIP. 1986/1991 wurden der »Islamrat für die Bundesrepublik Deutschland« und der »Zentralrat der Muslime in Deutschland« gegründet: Dachverbände, die nahezu alle muslimischen Verbände und die größeren Gemeinden in Deutschland vertreten, trotz Koordinierungsausschuss aber nur bedingt zusammenarbeiten. Neben der vorherrschenden Glaubenswelt der eingewanderten sunnitischen Türken gibt es die Glaubenswelten der Schiiten und auch die mystische Welt der Sufi-Orden[45].

Militante »Islamisten«[46], die Djihad (Wortbedeutung: »intensive Anstrengung«) im Sinne des weltweit (in Randzonen auch in Deutschland) agierenden Terrornetzwerkes »Al-Qaida« als »Heiligen Krieg« zur Durchsetzung eines »islamischen Gottesstaates« im Gegensatz zu den Prinzipien der demokratischen Verfassungsstaaten westlichen Modells verstehen und gewaltsam durchsetzen wollen, diskreditieren die Masse der Muslime, die sich in Deutschland friedlich verhalten.

Eigene Konturen haben die Glaubenswelten der aus dem Islam hervorgegangenen Glaubensgemeinschaften, so: der Ahmadiyya-Bewegung[47], der Aleviten[48] und der Bahá'í[49].

Die überaus konturenreich gewordene Religionslandschaft Deutschlands umfasst weiterhin die Spanne von den großen Religionen Hinduismus[50], Buddhismus[51] bis hin zu jüngeren Neureligionen[52]. Darauf kann hier nur verwiesen werden. Generell gilt: Wer die Vielfalt der Religionen in Deutschland kennen lernen will, muss sie über das Studium der religiösen Kernaussagen hinaus »vor Ort« erleben: nämlich lesen, sehen, hören, fassen, schmecken[53].

Prägungen der Religiosität außerhalb der institutionalisierten Religionen

Wer übernimmt die in der Postmoderne schwindende Führungsrolle der Großkirchen als Ordnungs-, Deutungs- und Lebensmacht? Die Religiosität der/des einzelnen wird neben den konkurrierenden Glaubensgemeinschaften nunmehr in sehr beachtlichem Ausmaß geprägt durch Massenmedien, Popkultur, Sport, Konsummarketing. Diese übernehmen – explizit und implizit (mehr oder weniger deutlich oder verborgen), in Korrespondenz oder Konkurrenz zu den institutionalisierten Religionen – die kulturellen Inhalte, Formen und Funktionen von Religion (wie: Sinnstiftung, Kontingenzbewältigung, rituelle Gestaltung von Alltag, Freizeit, Festen, Lebenswenden)[54]. Formen und Inhalte des Fernsehens (z. B. die Tagesschau als Vermittlung von Wahrheit und ritueller Sicherheit; gewisse TV-Serien, so z. B. TV-Soaps, deren Stars Werte und Normen des Verhaltens vorexerzieren), religiöse Aussagen in Rock- und Popsongs, die religiösen Gehalte von Werbe-Botschaften/»Kultmarketing« oder das Tanzen in Jugendkulturen als ekstatische Entrückung exemplifizieren dies. Essen, Trinken, Sexualität, Wissenserwerb etwa bei tage- und nächtelangem Internet-Surfen werden in exzessiv ausgeübten Formen zu neuartig ritualisierten Zentren des Lebenssinns.

Ein letztes Beispiel: »Fußball Unser« lautet ein neuer Buchtitel[55]. Signalisiert er die Verschiebung von Ausrichtung auf Gott (»Vater unser«) in traditioneller Glaubensgemeinschaft hin zu einer Erlebnisgemeinschaft, die relevante Merkmale von Religion und Religiosität in postmoderner Perfektionierung entfaltet? »Fußball ist unser Leben«, ein von den Fans gerne gesungener Text, lautet der Titel einer Studie[56], die hier Signaturen eines Orientierungssystems aufweist, dessen Rituale die Anhänger vor, auf und nach dem Sportplatz bis hin zu religiöser Inbrunst begeistert. Zahlreiche Analogien eröffnen sich so zwischen kultischen und sportlichen Handlungssequenzen: »Hier wie dort arbeitet man mit Prozeduren der Präparation, in denen alte Ekstase-Techniken angewandt werden. Hier wie dort kommt es zur Kooperation zwischen Aktiven und Rezeptiven, entsteht die ›flow‹-Erfahrung und stellt sich die alltagstranzendente Wirklichkeit von ›Communitas‹ ein.«[57] Die Parallelität zu Funktionen von Religion gilt auch für das Fußballspiel: »Aus der tristen Alltagwelt führt es in den Raum gesteigerten Lebens. Trotz der eigenen Unscheinbarkeit gewinnt man hier Handlungskompetenz bei der Realisierung des erfüllten Augenblicks«[58].

1 Ständig aktualisierte Grundinformationen siehe Handbuch der Religionen. Kirchen und andere Glaubensgemeinschaften in Deutschland. Hrsg. von Michael Klöcker und Udo Tworuschka, Loseblattwerk in zwei Ordnern. Grundwerk: Landsberg 1997. Ergänzungslieferungen: München. Im folgenden abgekürzt: HdR.

2 Vgl. Detlef Pollack: Was ist Religion? Probleme der Definition. In: Zeitschrift für Religionswissenschaft, Jg. 3, 1995, S. 163–190. – Klaus Hock: Einführung in die Religionswissenschaft. Darmstadt 2002.

3 Vgl. etwa Religiöse Individualisierung oder Säkularisierung. Hrsg. von Karl Gabriel. Gütersloh 1996.

4 Vgl. Gustav Greiffenhagen (Hrsg.): Das evangelische Pfarrhaus. Eine Kultur- und Sozialgeschichte, 2. Aufl. Stuttgart 1991.

5 »Augsburgische« Konfessionsgruppe: Lutherische und Reformierte zusammen, die im 19. Jahrhundert vorweg durch den preußischen König in »unierten« Kirchen mehr und auch weniger erfolgreich zusammengeführt wurden; Wortherleitung vom »Augsburger Bekenntnis« von 1530.

6 Zum 2001 von Lucian Hölscher herausgegebenen Datenatlas zur religiösen Geographie im protestantischen Deutschland. Von der Mitte des 19. Jahrhunderts bis zum Zweiten Weltkrieg. Berlin – New York 2001 vgl. HdR (Anm. 1) II-2.18/ 9. EL 2004 (Kirchlichkeitsstatistik, die quantitatives Material für den Wandel mentaler Strukturen bietet).

7 Stephan Schleissing: Protestantismus: Wirtschaft/Globalisierung. In: Ethik der Weltreligionen. Ein Handbuch. Hrsg. von Michael Klöcker und Udo Tworuschka. Darmstadt 2005, S. 292.

8 Vgl. Biographisch-Bibliographisches Kirchenlexikon. Hamm 1975 ff. (http://www.bautz.de/bbkl), Bd. 1 (1990) und Bd. 12 (1997). Die BTE (nach 1945 in die Bekenntnisschriften der EKD aufgenommen, eine der Bekenntnisgrundlagen für die Evangelisch-reformierte Kirche und die Evangelische Kirche der Union) ist im Evangelischen Gesangbuch, das in den meisten deutschsprachigen evangelischen Kirchen in Gebrauch ist, im Wortlaut abgedruckt.

9 Vgl. einführend Kurt Meier: Kreuz und Hakenkreuz. Die evangelische Kirche im Dritten Reich. 2. Aufl. München 2001. Ebd. auch Grundinformationen über das Spektrum der völkisch-deutschgläubigen Gruppen und Kreise, die in der NS-Ära vor allem seit 1935 Kirche und Christentum als »Fremdreligion« denunzierten und bekämpften.

10 Vgl. Religion Macht Kunst. Die Nazarener. Hrsg. von Max Hollein und Christa Steinle, Schirn Kunsthalle Frankfurt. Köln 2005. Die Ausstellung beleuchtet die auf Raffael und Dürer zurückgreifende Formensprache und den am Mönchischen orientierten Lebensstil der Künstlergruppe neu als früheste Bewegung der ästhetischen Moderne.

11 Vgl. Otto Weiß: Ultramontanismus als Lebensforschungsprojekt. In: Ultramontanismus. Tendenzen der Forschung. Hrsg. von

Gisela Fleckenstein und Joachim Schmiedl. Paderborn 2005, S. 47–73, hier S. 68.

12 Die von Deutschland aus formierte, in Deutschland eine am Rand verbleibende Alt-Katholische Kirche ist als Gestalt gewordener Protest gegen diese Papstdogmen zu verstehen. Vgl. HdR (Anm. 1), II-1.3.

13 Vgl. O. Weiß (Anm. 11).

14 Vgl. Vatikanum II und Modernisierung. Historische, theologische und soziologische Perspektiven. Hrsg. von Franz-Xaver Kaufmann und Arnold Zingerle. Paderborn 1996.

15 Das »Handwörterbuch des deutschen Aberglaubens« (Berlin 1927–42, Nachdruck Berlin 1986) kann trotz etlicher Vorbehalte oft noch als nützliche Grundlage für Recherchen zu hier zu Lande lebendig gebliebenen Glaubenswelten dienen. Vgl. im Nachdruck, Vorwort von Christoph Daxelmüller, Bd. 1, S. XXVIII: »Die Diskriminierung des Aberglaubens geschah somit nicht, weil man etwa an der Möglichkeit magischer Effekte zweifelt, sondern weil er aus der Konfrontation des spätantik-heidnischen Glaubens mit den neuen christlichen Lehren die Qualität des Unmoralischen erhielt, des Fehlglaubens, der Abirrung menschlichen Verhaltens«. Zur Inkulturation des Christentums gehörte z.B. die Übernahme bestimmter Aspekte germanischer Feiertage.

16 Einen Überblick gibt Rainer Neu: Ethnische Religionen. In: HdR (Anm. 1) XII-1/ 6. EL 2002. Vgl. ebd. (XII. 2 ff.) die Artikel zu Neugermanischen Gruppierungen, Neoschamanismus, Wicca.

17 Vgl. Handbuch zur »Völkischen Bewegung« 1871–1918. Hrsg. von Uwe Puschner u.a. München 1996. – Völkische Religion und Krisen der Moderne. Hrsg. von Stefanie von Schnurbein und Justus H. Ulbricht. Würzburg 2001.

18 Das Spektrum wird deutlich beim Surfen im Internet oder auch beim Recherchieren im Zentralen Verzeichnis antiquarischer Bücher, http://www.zvab.com: 4491 Einträge am 13. 11. 2005.

19 Vgl. einführend die Artikel über Steiner und die Anthroposophie in der freien Internet-Enzyklopädie Wikipedia. Die bald internationale Formierung in einer »Anthroposophischen Gesellschaft« begann 1912 in Köln.

20 Vgl. Michael Klöcker: Kirche in der »Postmoderne«: Alter Wein in neuen Schläuchen? In: Bücherzensur - Kurie - Katholizismus und Moderne. Festschrift für Herman H. Schwedt. Hrsg. von Peter Walter und H.-J. Reudenbach. Frankfurt a. M. 2000, S. 347–376, hier S. 359 ff.

21 Vgl. grundlegend Heinrich de Wall: Das Verhältnis der Kirchen und der anderen Religionsgemeinschaften zum Staat in Deutschland (Staatskirchenrecht). In: HdR (Anm. 1) I-6.8/ 8. EL 2004.

22 Vgl. einführend Silvia Kaweh: Islam in Deutschland (geschichtlicher Abriß). In: HdR (Anm. 1) IV-1.2/ 12. EL 2005. Schon der preußische König Friedrich Wilhelm I. ließ 1731 für geschenkte türkische Gardesoldaten einen Saal als Moschee einrichten.

23 Vgl. das Resümee von Hilke Kunoth: Von muslimischen Jugendlichen in Deutschland. Zwischen Koran und »Leitkultur«. In: Schüler 2005: Auf der Suche nach Sinn. Woran Kinder und Jugendliche heute glauben. Seelze 2005, S. 30–33.

24 Vgl. die im Internet (http://www.fowid.de) zugänglichen empirischen Informationen der »Forschungsgruppe Weltanschauungen in Deutschland«. Ebd. als Ergebnis von Befragungen 2002 nach dem individuellen Empfinden der Religiosität das statistische Ergebnis, dass in den Neuen Ländern der Schwerpunkt aller Altersgruppen im eindeutigen »Nicht-Religiös« liegt. Zahlen und Umfrageergebnisse zu den Glaubensgemeinschaften in Deutschland vgl. http://www.remid.de.

25 Detlef Pollack: Kirche in der Organisationsgesellschaft. Zum Wandel der gesellschaftlichen Lage der evangelischen Kirchen in der DDR. Stuttgart 1994, S. 454. Vgl. u. a. Religiöser und kirchlicher Wandel in Ostdeutschland 1989–1999. Hrsg. von Gert Pickel und Detlef Pollack. Opladen 2000.

26 Vgl. Frank Usarski: Neue Religionen in den neuen Bundesländern. In: HdR (Anm.1) I-5.4/ 4.EL 2000.

27 Michael N. Ebertz: Kirche im Gegenwind. Zum Umbruch der religiösen Landschaft (1997), 3. Aufl. Freiburg i. Br. 1999, S. 78. Diese Studie bietet einen Überblick über statistische Hauptergebnisse zu Aspekten des religiösen Organisationsgrades, zu den rituellen Gewohnheiten und zu den Glaubens- bzw. Überzeugungsvorstellungen. Die phasentypischen Prozesse und Strukturen werden prägnant herausgestellt.

28 M. N. Ebertz (Anm. 27), S. 95.

29 Wortwörtliche Befolgung heiliger Texte und religiöser Autoritäten drängen historisch-kritische Interpretationen zurück. Tenor kritischer sozial- und individualpsychologischer Studien bei der im späten 20. Jh. entbrannten Fundamentalismusdebatte: Einerseits biete der »religiöse Fundamentalismus« durch hergebrachte väterliche Autoritäten und einfach-klare Leitsätze Orientierungssicherheit und Gemeinschaft, stille damit die Sehnsucht nach »mütterlicher Ur-Wir-Geborgenheit«; andererseits seien aber für solche »Aufgehobenheit« verhängnisvolle Leistungen und Verdrängungen erforderlich: Unterwürfigkeit, Verzicht auf eigene Autonomie, Verdrängung und Delegation von Angst und Aggression.

30 Wortherleitung von der »Protestation zu Speyer« 1529, mit der 6 Fürsten und 14 Reichsstädte dagegen protestierten, dass Glaubens- und Gewissensfragen durch Mehrheitsbeschlüsse entschieden werden können.

31 Zu EKD und Freikirchen (Selbständigkeit der 23 Landeskirchen; demokratisch verfasste und gewählte Leitungsgremien; Kirchenamt in Hannover) und »Freikirchen« vgl. die Artikel im HdR (Anm.1), II-2. Im HdR wird auch die umgangssprachlich durchweg vorurteilsbeladene Sektenterminologie (I-5.2/ 3. EL 2000) reflektiert, ein Glossar für christliche »Außenseiter« und Organisationen (II-2.1.9/ 10. EL 2005) bietet Grundinformationen. Die Statistikabteilung der EKD hat 2004 eine Broschüre mit »Zahlen und Fakten zum kirchlichen Leben« verbreitet.

32 Grundinformationen zu den christlichen Glaubensgemeinschaften außerhalb der Großkirchen: HdR (Anm. 1), II-5.

33 Vgl. Dirk Spornhauer: Die Charismatische Bewegung in Deutschland. Ihre Geschichte und Theologie. Münster 2001; HdR (Anm. 1), II-2.2.2.11 und 2.2.3.2.

34 Erich Geldbach: Transkonfessionelle Bewegungen. In: HdR (Anm.1), II-2.2.3.2, S. 62.

35 Vgl. HdR (Anm. 1), I-10/ 8. EL 2004.

36 Vgl. Michael Klöcker: Katholisch – von der Wiege bis zur Bahre. Eine Lebensmacht im Zerfall? München 1991, S. 56 ff. – Karl Gabriel: Christentum zwischen Tradition und Postmoderne. Freiburg i. Br. 1992, S. 177 ff. – M. N. Ebertz (Anm. 27), S. 129 ff. – Statistische Daten zum kirchlichen Leben: vgl. vom Sekretariat der Deutschen Bischofskonferenz herausgegebene Druckschriften, hier Arbeitshilfen 193, März 2005. Nach Angaben aus den 27 (Erz-)Bistümern wohnten 2003 in Deutschland 26.165.153 Katholiken (Abnahme seit 1990: 7,4%, seit dem Vorjahr: 1,1%).

37 Vgl. die Artikel von Martina Blasberg-Kuhnke über die Gemeindepraxis in Deutschland bzw. von Magdalene Bußmann über Frauen in der Kirche in HdR (Anm. 1), II-1.2.7 bzw. II-1.2.8/ Grundwerk und 6. EL 2002.

38 Vgl. M. N. Ebertz (Anm. 27), S. 132–138.

39 Vgl. die entsprechenden Artikel in HdR (Anm. 1), II-1. Ebd. II-1.2.12: Resümee der kritischen Analysen des »Fundamentalismus« in der römisch-katholischen Kirche, aufgewiesen in Autoritarismus und Antimodernismus der Kirchenführung, in der Defensive gegen das »Aggiornamento« des Vatikanum II, in Moraltheologie und Religionspädagogik, in spezifischen Frömmigkeitsformen, auf dem Nährboden eines dichten und abgeschotteten Milieus.

40 Zur Orthodoxie und zu den orthodoxen Kirchen in Deutschland vgl. die Artikel von Klaus Schwarz in: HdR (Anm. 1), I-1.

41 Basisinformationen über theologische Dissonanzen und Annäherungen, über Aktivitäten wie auch das Organisationsgeflecht, über Dialog-Ansätze vgl. HdR (Anm. 1), II-4 – Vision 2001. Die größere Ökumene. Hrsg. von Reinhard Kirste u. a. Köln 1999. – Handbuch Interreligiöses Lernen. Hrsg. von Peter Schreiner u. a. Gütersloh 2005.

42 Dieses Modell (verbunden mit Namen wie John Hick, Leonard Swidler, Paul F. Knitter) bedeutet eine radikale Abkehr von der Tradition des »ekklesiozentrischen Exklusivismus« (»außerhalb der Kirche kein Heil«) und dem »christozentrischen Exklusivismus« z. B. Karl Barths und der Evangelikalen; es geht weit über den »christozentrischen Inklusivismus« hinaus, der seit den späten 1960er Jahren zunehmend in den beiden Großkirchen Zuspruch gefunden hat und in der römisch-katholischen Kirche von Karl Rahner vertreten wurde. Vgl. das Resümee im Artikel von Reinhold Bernhard, der für die Position eines »gläubigen Synkretismus« plädiert, in: Vision 2001 (Anm. 41), S. 23–50.

43 Zu Theologie und Religiosität im Judentum, zu Geschichte und Gegenwart in Deutschland vgl. grundlegend die Artikel von Heinz-Jürgen Loth und Heinz-Peter Katlewski in: HdR (Anm. 1), III-1.

44 Grundinformationen über die religiösen Richtungen, Religiosität und das Organisationsgeflecht: HdR (Anm. 1), IV.

45 Auch deutsche Sufi-Scheichs unterweisen nunmehr in spirituelle Wege, in die sie selbst in orientalischen Ländern initiiert wurden. Vgl. Ludwig Schleßmann: Sufismus in Deutschland. Deutsche auf dem Weg des mystischen Islam. Köln 2003.

46 Vgl. HdR (Anm. 1), IV.14/ 6. EL 2002; neuerdings Gisbert Gemein und Hartmut Redmer: Islamischer Fundamentalismus. Münster 2005.

47 Glaubensgrundlagen: aus dem sunnitisch-indischen Minderheits-Islam. Die Qadiani-Ahmadyya unterhält nach eigenen Angaben über 250 Gemeinden mit ca. 60.000 Mitgliedern in Deutschland.

48 Diese aus der Religion schiitischer turkmenischer Nomadenstämme hervorgegangene Glaubensgemeinschaft hat einen starkem Diesseitsbezug. Kollektives Glaubenritual: das »cem«-Ritual (kein Beten in der Moschee). Von den geschätzten 500.000 Aleviten in Deutschland sind ca. 30.000 im 1991 gegründeten Dachverband der alevitischen Vereine in Deutschland organisiert. Die (Kurden-)Verfolgungen in der Türkei (entscheidende Bedeutung; das sog. »Sivas-Massaker« vom Juli 1993) haben die Formierung in Vereinen mit stimuliert.

49 Zu den zentralen Lehren dieser von »Bahá'u'lláh« (1817–1892) gestifteten Religion gehören die Einheit Gottes, die Einheit der Religion, die Einheit der Menschheit. Die Führungsgremien werden demokratisch gewählt. Bahá'í-Häuser der Andacht sind Hauptorte der religiösen Handlungen, aber auch Zentren der Information und Öffentlichkeitsarbeit. Mitgliederzahl in Deutschland: Schätzungen zwischen 2.000–4.500.

50 »Hinduismus« ist die gegen 1830 von Europäern eingeführte Sammelbezeichnung für die komplexe(n) Glaubenswelt(en) in Indien: entwickelt in der »klassischen Zeit« mit »Heiligen Texten« in Sanskrit, Reformbewegungen seit der Wende zum 19. Jh. Zum Hinduismus in Deutschland vgl. HdR (Anm. 1), VIII. – die Bibliographie von Martin Baumann: Global Hindu Diaspora (http://www.unilu.ch/glf/3259_14461.htm). Die meisten Hindus in Kontinentaleuropa sind Tamilen, die in den 1980er/1990er Jahren als Flüchtlinge kamen. Die Tamilen hinduistischen Glaubens in Deutschland (Ende 1999: ca. 45.000) treten in der Öffentlichkeit hervor durch Prozessionen und den im Juli 2002 vollendeten Bau des imposanten Sri Kamadchi Ampal-Tempels in Hamm/Westfalen.

51 Vgl. HdR (Anm. 1), VII. Seit dem letzten Drittel des 19. Jhs. wurden buddhistische Grundtexte ins Deutsche übersetzt. Die Begeisterung für die Lehre Buddhas mündete in Deutschland im 20. Jh. in Vereinigungen/Gemeindegründungen. Nach dem Zweiten Weltkrieg verschoben sich die Akzentsetzungen von theravadisch orientierten Einrichtungen (Aufschwung wiederum in den 1990er Jahren) zugunsten der beiden anderen »Fahrzeuge« des Buddhismus. Besondere Wertschätzung genießt heute der tibetische Buddhismus. Schätzungen: ca. 120.000 Buddhisten asiatischer Herkunft (die meisten Flüchtlinge aus Vietnam) und ca. 100.000 deutsche Buddhisten leben heute in Deutschland. Der 1958 gegründete Dachverband »Deutsch Buddhistische Union« (z. Zt. 55 Gemeinden) verabschiedete 1984 ein 2004 überarbeitetes, von Vertreten der (Haupt-)Schulen akzeptiertes »Buddhistische Bekenntnis«: mit Betonung der »zeitlos gültigen Botschaften des Buddha über Vergänglichkeit (anicca), Leidhaftigkeit (dukkha), Nicht-Ich (anatta) und Befreiung (nirwana)«.

52 Vgl. HdR (Anm. 1), I-5.2/ 3. EL 2000 (Artikel von Joachim Süss über religiöse Pluralisierung), S. 4 ff.: seit Ende der 1980er Jahre Zersplitterung der Neugründungen, die sich in den 1970er Jahren in der BRD etablierten; Entfaltung der »Patchwork-Religiosität«.

53 Vgl. Hubert Knoblauch: Qualitative Religionsforschung. Religionsethnographie in der eigenen Gesellschaft. Paderborn 2003. Über die örtliche Religionen-Landschaft in Deutschland informiert eine Reihe jüngerer Dokumentationen und Studien. Vgl. z. B. Religionen in Hannover. Ein Projekt des WCRP Hannover.

Veröffentlicht 1997 als Broschüre, fortlaufende Aktualisierung im Internet.

54 Vgl. bei K. Hock (Anm. 2), S. 20, die Reihung von der Religion u. a. zugesprochenen Elemente und Ausdrucksformen.

55 Eduard Augustin u. a.: Fußball Unser. München 2005.

56 Manfred Josuttis: »Fußball ist unser Leben«. Über implizite Religiosität auf dem Sportplatz. In: Religion wahrnehmen. Festschrift für Karl-Fritz Daiber. Marburg 1996, S. 211–218. Vgl. grundlegend Georg Schmid: Interessant und heilig. Auf dem Weg zur integralen Religionswissenschaft. Zürich 1971.

57 M. Josuttis (Anm. 56), S. 217.

58 M. Josuttis (Anm. 56), S. 218.

»Nun sag, wie hast du's mit der Religion?«

Thomas Brehm

Die sprichwörtlich gewordene »Gretchenfrage« aus Goethes »Faust« mag in der heutigen säkularisierten deutschen Gesellschaft höchst unterschiedliche Antworten erfahren. Als eine primär durch Glaubensfragen geprägte Gesellschaft wird sie wohl kaum wahrgenommen, trotz der großen religiösen Massenevents wie dem Weltjugendtag 2005 in Köln oder aber des Kopftuchstreits an Deutschlands Schulen. Eher hat es den Anschein, dass religiöse Bedürfnisse indifferent geäußert und ebenso indifferent befriedigt werden, sei es innerhalb der großen Glaubensgemeinschaften, sei es mit Hilfe bis zur Esoterik reichender spiritueller Hilfsmittel. Patchworkreligiosität nach Maßgabe individueller Bedürfnisse und Möglichkeiten scheint das Motto zu sein. Damit unterscheiden wir uns nur wenig von anderen westlich geprägten Gesellschaften. Und doch ist gerade der konfessionelle Dualismus zwischen Protestanten und Katholiken über Jahrhunderte hinweg eine der prägendsten kulturellen Rahmenbedingungen überhaupt gewesen, deren Auswirkungen z. B. im Wahlverhalten bis in die sechziger Jahre des 20. Jahrhunderts deutliche Spuren hinterlassen haben. Und weil Glaubensprägungen auch dann noch in tieferen kulturellen Schichten weiterwirken, wenn an der Oberfläche die säkulare Alltagswirklichkeit spielt, lohnt der Blick auf dieses Bezugssystem kollektiver Identität.

Was mit Martin Luthers Thesenanschlag 1517 in Wittenberg begann, führte rasch über eine theologische Auseinandersetzung hinaus und endete in der von den Zeitgenossen apokalyptisch empfundenen Katastrophe des Dreißigjährigen Krieges. Die Festschreibung der konfessionellen Grenzen im Friedensschluss von Münster und Osnabrück 1648 schuf die Voraussetzungen für die Entstehung jener konfessionell geprägten Milieus, die auch noch die Umwälzungen zu Beginn der Moderne scheinbar unbeschadet überstanden und sich erst seit ungefähr 50 Jahren langsam und stetig aufzulösen begannen. Auch vor diesem Hintergrund einer sich immer mehr von christlichen Wert- und Moralvorstellungen entfernenden gesellschaftlichen Wirklichkeit gewinnt für beide christlichen Kirchen die Ökumene immer stärker an Bedeutung. Waren die Kirchentage noch in den ersten Jahrzehnten nach den Zweiten Weltkrieg Demonstrationen der jeweils eigenen Stärke, nahm die Bereitschaft zur Zusammenarbeit und zum Aufeinanderzugehen nicht zuletzt in Folge des Zweiten Vatikanischen Konzils stetig zu. Die beiden christlichen Konfessionen suchten in gemeinsamen Stellungnahmen zu Fragen der Zeit ihren Einfluss auf die Entwicklungen zu bewahren und zu stärken. Die theologischen Annäherungen, die sich vor dem Hintergrund der Jahrhunderte währenden Spaltung ungleich schwieriger gestalteten, gipfelten bis jetzt in der gemeinsamen Erklärung zur Rechtfertigungslehre. Bei den meisten Gläubigen scheinen die theologischen Unterschiede ohnehin zweitrangig zu werden. Entscheidend ist für sie das gemeinsame religiöse Erlebnis. Eine Veranstaltung wie der Ökumenische Kirchentag in Berlin 2003 wäre nur vierzig Jahre früher außerhalb aller Vorstellungen gewesen und zeigt mehr als vieles andere, wie sehr bei den verbliebenen Gläubigen »das Christliche« gegenüber »dem Protestantischen« oder »dem Katholischen« an Bedeutung gewonnen hat.

Luthers Reformation schuf aber nicht nur Trennendes. Seine Bibelübersetzung ins Deutsche war die entscheidende Basis für die Entwicklung einer gemeinsamen deutschen Schriftsprache. Sie bildete eine der wichtigsten verbindenden Elemente der Deutschen, jenseits aller sie trennenden Faktoren.

Und ebenfalls nicht vergessen werden darf die Bedeutung der Reformation für die Entwicklung der modernen Gesellschaft schlechthin. Die Aufwertung des Individuums und die Durchsetzung von Kritik an jahrhundertelang geglaubten und praktizierten Lebensgrundsätzen bereitete den Boden für die Bewegung der Aufklärung. Mit der Reformation war die Welt eine andere geworden.

Bezogen sich die christlichen Konfessionen bei aller Gegnerschaft, ja Feindschaft doch gemeinsam auf eine Werteordnung eines christlichen Abendlandes, so war die politische wie gesellschaftliche Stellung der Juden über die längste Zeit geprägt durch Ausgrenzung aus der Gemeinschaft der Rechtgläubigen. Ein religiös motivierter Antijudaismus war weit verbreitet und mündete immer wieder in Pogrome, die vielen Juden den Tod brachten. Erst im Zuge der bürgerlichen Emanzipation gelang auch den Juden die rechtliche Gleichstellung. Der verbreiteten Judenfeindschaft tat dies kaum Abbruch. Sie fand ihre Begründung nun nicht mehr primär in der Religion, die ihre Stellung als gesellschaftliche und rechtliche Basis verloren hatte, sondern in der Wissenschaft der Rasselehre. In dieser Ambivalenz zwischen Ausgrenzung, Hass und Verfolgung einerseits und Emanzipation, Akzeptanz und Assimilation andererseits bewegte sich das Verhältnis zwischen christlicher Mehrheit und jüdischer Minderheit. Ein prominentes Beispiel unter vielen: Max Liebermann, berühmtester Maler im Berlin des

20. Jahrhunderts, Präsident der Akademie der Künste, angesehener und verehrter Bürger seiner Stadt, seines Landes – bis der Antisemitismus der NS-Diktatur ihn auf die Position des rechtlosen, jüdischen Außenseiters zurückwarf.

Antworten auf die Gretchenfrage sind aber nicht nur religiöser Natur. Auch aus den Bereichen der Wissenschaft und der Philosophie können wirkungsmächtige Antworten entstehen, vorzugsweise, wenn sich beides miteinander verbindet. So wurde der Marxismus nicht zuletzt aus eben jener Verbindung heraus zu einer der prägendsten politischen und gesellschaftlichen Bewegungen des 20. Jahrhunderts.

Seine Wurzel liegt in den wissenschaftlichen Untersuchungen von Karl Marx, dessen Hauptwerk »Das Kapital« den Wesenskern der modernen Gesellschaft und seiner ihr zugrunde liegenden ökonomischen Ordnung analysiert. Diese Analyse verbindet sich mit einer fortschrittsgläubigen Geschichtsphilosophie, die das Bewegungsgesetz der gesellschaftlichen Entwicklung entdeckt zu haben glaubt. Hierbei wird aus der Empörung des Proletariats gegen seine Lebensbedingungen mehr als nur eine moralisch gerechtfertigte Aktion. Die proletarische Bewegung ist zu Höherem berufen. Sie kämpft letztlich nicht nur für sich, sondern gleichsam für die Vollendung der Geschichte und die Befreiung des Menschen schlechthin. Aus dieser tiefen Grundüberzeugung heraus, mehr zu sein als nur moralischer Protest, sondern auf der wissenschaftlich bewiesenen, richtigen Seite der Geschichte zu stehen, bezog die Arbeiterbewegung ihre große politische Durchschlagkraft. Selbst als der Marxismus zur bloßen Herrschaftsideologie verkommen war, schien diese pseudoreligiöse Attitüde bis hin zu den religiöse Praxis nachahmenden Ritualen ein wesentlicher Bestandteil der Ideologie zu bleiben. Auch der Nationalsozialismus bildete sich zu einer Art Ersatzreligion heraus, der mit Weihespielen aller Art seine Gefolgschaft an den von der Vorsehung gesandten Führer zu binden versuchte. Hier hatte die »Wissenschaft« die Funktion, für vorgegebene Inhalte die entsprechenden Beweise in Geschichte, Kunst und Kultur zu suchen und zu finden.

Den gesellschaftlichen Platz der Kirchen einnehmen zu wollen ist eine Sache, die religiösen Bedürfnisse der Menschen in einer säkularisierten Gesellschaft befriedigen zu können eine andere. Hierfür reichen Heilsversprechen allein auf Dauer nicht aus.

Die Überwindung religiöser Ordnungsvorstellungen vergangener Jahrhunderte stellte auch einer der eigenwilligsten und radikalsten Zertrümmerer in den Mittelpunkt seines Schaffens: Friedrich Nietzsche. Seine fundamentale Kritik des Christentums verbunden mit seiner radikalen Zivilisationskritik bot nicht nur für seine Zeitgenossen Anlass zu heftigen Auseinandersetzungen. Die Prägnanz und Brillanz einzelner Formulierungen überstrahlten oft den inneren Zusammenhalt seines Denkgebäudes. Die Verwendung als Ideensteinbruch ist bereits in der Art und Weise, dem Stil seiner Schriften angelegt. Dass er zu einem der großen Denker des 19. Jahrhunderts zählt ist unbestritten, ebenso sein Einfluss auf die Entwicklung der Philosophie des 20. Jahrhunderts. Auch Faschismus und Nationalsozialismus bedienten sich seiner gerne, gab es doch scheinbar große Übereinstimmung in der Ablehnung der Moderne und der Sehnsucht nach einem neue, heroischen Zeitalter. Die Faszination, die von Nietzsches Schriften ausgeht, wirkt bis in unsere Tage nach, auf intellektueller Ebene ebenso wie als wohlfeiler Lieferant prägnanter Redewendungen.

Wer die gesellschaftlichen Veränderungen der letzten Jahrzehnte insbesondere in Westdeutschland betrachtet, stellt fest, dass die Zuwanderungsgesellschaft gerade auch im Bereich des Glaubens neue Herausforderungen mit sich bringt. Scheinbar im Verborgenen pflegen die verschiedenen muslimischen Gemeinden ihr religiöses Leben, bis vor nicht allzu langer Zeit von der Mehrheit der Bevölkerung weitgehend unbeachtet, sieht man von einigen Vierteln in Großstädten wie Berlin, Hamburg oder Köln einmal ab. Durch die Zuwanderung wurden die Muslime nach den christlichen Konfessionen zur drittgrößten religiösen Gemeinschaft in Deutschland. Angesichts der weltpolitischen Konstellationen nach den Terroranschlägen des 11. September 2001 wird man sich dieser Tatsache immer stärker bewusst, verbunden mit Unsicherheiten und Ängsten gegenüber den unbekannten Zuwanderern. Das Bewusstsein wächst, dass erfolgreiche Integration nicht zuletzt auch ein Frage der gleichberechtigten Religionsausübung ist. Dabei verläuft die Konfliktlinie weniger zwischen den christlichen Kirchen und den muslimischen Gemeinden. Hier scheint der Respekt vor dem Glauben des jeweils anderen sich als gemeinsame Basis zu entwickeln. Schwieriger – vor dem Hintergrund der politischen Lage im Nahen Osten – gestaltet sich das Verhältnis zwischen muslimischen und jüdischen Gemeinden. Die stärkste Konfliktlinie verläuft aber zwischen den Ansprüchen des Staates und einer säkularisierten, freiheitlichen Gesellschaft und den Ansprüchen der Religion bzw. religiösen Praxis, die oftmals als Bedrohung dieser freiheitlichen Ordnung interpretiert wird. Es bleibt eine Grundfrage in der weiteren Entwicklung unserer Gesellschaft, ob und wieweit religiöses Denken und religiöse Praxis mit dem Alltag in Deutschland vereinbar sind und bleiben – aus der Sicht der christlich geprägten Mehrheit ebenso wie in der Sicht der muslimischen Minderheit.

Wir sind Papst!

Bild-Zeitung vom 20. April 2005

Privatbesitz

Am 19. April 2005 wurde der Dekan des Kardinalskollegiums und Vorsitzende der Glaubenskongregation, der Deutsche Joseph Kardinal Ratzinger, vom Konklave im vierten Wahlgang zum Papst gewählt. Als Benedikt XVI. ist er der 265. Papst nach Zählung der römisch-katholischen Kirche.

Ratzingers Wahl ist in mehrfacher Hinsicht bemerkenswert. Mit ihm, dem zweiten Nichtitaliener in Folge, wurde die internationale Öffnung im höchsten Amt der katholischen Kirche bestätigt, die sich in der Wahl seines Vorgängers ankündigte. Des Weiteren steht seine Nähe zu den theologischen Positionen Johannes Pauls II. für Kontinuität in den Auseinandersetzungen über den künftigen Kurs der Kirche. Und schließlich kann die Wahl des mit 78 Jahren ältesten gewählten Papstes seit 1730 auch als Antwort auf das mit 26 Jahren ausgesprochen lange Pontifikat seines Vorgängers gewertet werden.

Eine allgemeine Begeisterung für den ersten deutschen Papst seit mehr als 500 Jahren wollte die Bild-Zeitung, die mit rund 3,7 Millionen verkaufter Auflage größte deutsche Tageszeitung, mit ihrer Titelseite in Worte fassen. Dies zeigt aber nur eine Seite des Meinungsspektrums. Gerade in Deutschland finden sich viele kritische Stimmen, die vor Gefahren für die Ökumene ebenso warnen wie vor einer sich verstärkenden Abwendung der Kirche von den Herausforderungen der modernen Welt. Die Berliner »tageszeitung« gestaltete daher eine in schwarz gehaltene Titelseite mit der Schlagzeile »Oh, mein Gott!«. In der Ausgabe des 21. April 2005 titelte sie mit Bezug auf die Bild-Zeitung »Ist Gott ein Deutscher?«. Insbesondere in der britischen Boulevardpresse wurden kritische Stimmen laut, die auf die Mitgliedschaft Ratzingers in der Hitlerjugend hinwiesen.

T B

Lit.: Heinz-Joachim Fischer: Benedikt XVI. Freiburg 2005.

Keine Persönlichkeit der deutschen Geschichte ist so häufig im Bild festgehalten worden wie Martin Luther, der geistige Vater der Reformation. Nachdem Luther 1505 ins Kloster der Augustinereremiten in Erfurt eingetreten
war, später die Priesterweihe empfangen und Theologie studiert hatte,
lehrte er seit 1512 als Professor an der kursächsischen Universität in Wittenberg. Mit der Veröffentlichung seiner 95 Thesen zum Ablasshandel im Jahr
1517 setzte er eine beispiellose historische Entwicklung mit weit reichenden
Folgen für Gesellschaft, Kirche und Staat in Gang. Luthers Kritik an den
herrschenden kirchlichen Missständen und seine Auseinandersetzung mit
zentralen Glaubensfragen führten schließlich zur Kirchenspaltung und zur
Entstehung des Protestantismus. Seither ist das religiöse und kulturelle
Leben in Deutschland vom Nebeneinander verschiedener Konfessionen
geprägt.

Das Gemälde zeigt Luther als »Reformator« in einer an die
bürgerliche Kleidung angelehnten Tracht mit schwarzer
Schaube und Barett. Der Maler des Bildes, Lucas Cranach
d. Ä., war seit 1505 Hofmaler Kurfürst Friedrichs des
Weisen (1486–1525) in Wittenberg und stand in engem persönlichen Kontakt zu Luther. Aus der Cranach-Werkstatt
gingen unzählige Bildnisse des Reformators hervor, deren
Verbreitung zur Propagierung der lutherischen Glaubenslehre beitrug. Bereits zu Lebzeiten wurde der Reformator
von vielen seiner Anhänger wie ein Heiliger verehrt. Auch
in den folgenden Jahrhunderten büßte er nichts von
seiner Popularität ein, die allerdings wiederholt zur ideo-
logischen Vereinnahmung Luthers führte. So wurde er
im Zuge der Reichsgründung von 1871 zum deutschen
Nationalhelden erklärt und von der Parteiführung der
DDR anlässlich des Lutherjubiläums im Jahr 1983 als
»frühbürgerlicher Revolutionär« gefeiert.

D H

Lit.: Martin Luther und die Reformation in Deutschland. Hrsg. von
Gerhard Bott, Germanisches Nationalmuseum, Nürnberg. Nürnberg 1983,
Kat.Nr. 390, S. 294–95.

**Bildnis Martin Luthers
in seinem fünfzigsten Lebensjahr**
Lucas Cranach d. Ä.
1533
Gemälde auf Buchenholz
Germanisches Nationalmuseum, Nürnberg
Inv.Nr. Gm 216
Leihgabe der Bayerischen
Staatsgemäldesammlungen

Schüssel mit der Madonna von Kevelaer

Wellem Bosmans

1713

Hafnerkeramik

Germanisches Nationalmuseum, Nürnberg

Inv.Nr. Pl. O. 3069

Das Gnadenbild der Madonna von Kevelaer geht auf 1641/42 zurück. Die ersten Wunderheilungen sind für die Jahre 1642/43 überliefert. Bereits 1647 erlaubte die Kirche offiziell die Wallfahrt. In der Folgezeit gewann sie durch weitere anerkannte Wunderheilungen kontinuierlich an Bedeutung. Kevelaer wurde zu einem der wichtigsten Marienwallfahrtsorte in Deutschland.

Das Gnadenbild findet sich in vielen Objekten des alltäglichen Lebens wieder, mit Hilfe derer man die Erinnerungen an die Wallfahrt gegenwärtig halten konnte.

Während des sogenannten Kulturkampfs kam es zu erbitterten Auseinandersetzungen zwischen der katholischen Kirche und dem protestantisch geprägten Preußen, dessen Ministerpräsident Otto von Bismarck zugleich als Reichskanzler die Politik bestimmte. Gerade an Orten wie Kevelaer, an denen sich in der Verehrung von übernatürlichen wirkenden Gnadenbildern Amtskirche und Volksglauben trafen, konnte Widerstand gegen die als Repression empfundenen staatlichen Ansprüche demonstriert werden.

Die Verehrung der Gottesmutter, die nicht nur in einer Reihe dogmatischer Erklärungen zur Person Marias festgeschrieben ist, sondern vor allem im Volksglauben eine bedeutende Stellung einnimmt, wurde im 19. Jahrhundert seitens des Vatikan nochmals nachdrücklich befördert. Damit sollte auch das weibliche Element in der von Männern dominierten Kirche gestärkt werden. Maria, die durch die leibhaftige Aufnahme in den Himmel eine herausragende Sonderstellung als Fürsprecherin der Menschen bei Gott besitzt, ergänzt die Vaterfigur Gottes und seines eingeborenen Sohnes Jesus Christus. Nicht zuletzt hierin liegt die Bedeutung der Marienwallfahrten, die durch Papst Johannes Paul II. eine intensive Förderung erfahren haben.

T B

Dieses Instrument gehörte dem Posaunen-Verein »Nazareth« aus Bethel, Bielefeld, einem Zentrum der Inneren Mission und Wirkungsstätte von Friedrich von Bodelschwingh.

Die sog. Posaunenchorbewegung hat ihre Ursprünge in der evangelischen Erweckungsbewegung des 19. Jahrhunderts und verbreitete sich von Westfalen ausgehend in ganz Deutschland. Sie ist als musikalische Ausdrucksform typisch für den deutschen Protestantismus, auch wenn sie in der Anfangszeit Widerstände von Seiten der traditionellen Kirchenmusik erfahren hat.

Klangbild, Lautstärke und mobile Einsatzmöglichkeiten der Posaunenchöre machten sie in der Anfangszeit zu einem bevorzugten Instrument in der Volksmission. Lange galt der Vokalchor als musikalisches Vorbild, was in der Bevorzugung von Hörnern seinen Ausdruck fand.

Organisatorisch waren die Posaunenchöre bis 1933 Teil der evangelischen Jungmännerarbeit. Nach 1945 in verschiedenen Dachverbänden zusammengefasst, gelang erst 1994 mit dem »Evangelischen Posaunendienst in Deutschland e. V.« (EpiD) ein alle Gliederungen umfassender Dachverband. Die Posaunenchöre leisten heute auf allen Ebenen einen wichtigen Beitrag für die Gemeindearbeit.

T B

Lit.: Wolfgang Schnabel: Die evangelische Posaunenchorarbeit. Herkunft und Auftrag. Göttingen 1993.

Basstuba in B
Herst.: E. David
um 1900
Messing
Germanisches Nationalmuseum, Nürnberg
Inv.Nr. MI 685

Bildniskopf Max Liebermann

Fritz Klimsch

1912

Bronze, gegossen

Germanisches Nationalmuseum, Nürnberg

Inv.Nr. Pl. O. 3069

Aus wohlhabendem Hause stammend, studierte Liebermann zunächst an der Weimarer Akademie und zog 1873 nach Paris und weiter nach Barbizon. Unter dem Einfluss zahlreicher Studienaufenthalte in Holland widmete er sich Szenen des alltäglichen Lebens. 1878 ging er nach München und malte dort das Bild »Der zwölfjährige Jesus im Tempel«, das heftige, z. T. mit antisemitischen Untertönen versehene Kontroversen auslöste. Seit 1884 lebte Liebermann wieder in seiner Geburtsstadt Berlin. 1897 Professor der Königlichen Akademie, gründete er 1899 zusammen mit Walter Leistikow und Fritz Klimsch die Berliner Secession als Gegengewicht zum akademischen Kunstbetrieb und führte sie zu überragender Bedeutung. Von 1920 bis 1932 war Liebermann Präsident der Preußischen Akademie der Künste, 1932/33 ihr Ehrenpräsident. Er war einer der wichtigsten Porträtisten seiner Zeit, bei dem sich u. a. Reichspräsident Paul von Hindenburg malen ließ. Um der Entlassung durch das NS-Regime zuvorzukommen, trat er am 7. Mai 1933 als Ehrenpräsident der Akademie zurück. In der Folgezeit wurden seine Werke aus den öffentlichen Sammlungen entfernt, verkauft und teilweise vernichtet. Er starb am 8. Februar 1935 in Berlin, seine Frau beging am 10. März 1943 Selbstmord, um der Deportation zuvorzukommen.

Max Liebermann steht stellvertretend für das bürgerliche deutsche Judentum, das sich voll und ganz integriert sah. Die Nationalsozialisten zeigten, dass diese Reputation auf tönernen Füßen stand. Sie betrachteten Liebermann weder als Künstler noch als Bürger, für sie war er Jude und als solcher der Feind schlechthin. Weil er Jude war, war seine Kunst schlecht, weil er Jude war, hatte er aus dem bürgerlichen Leben zu verschwinden. Nennenswerter Widerstand aus der Gesellschaft, als einer deren Repräsentanten er galt, blieb aus.

T B

Lit.: Marina Sandig: Die Liebermanns. Ein biographisches Zeit- und Kulturbild der preußisch-jüdischen Verwandtschaft von Max Liebermann. Insingen bei Rothenburg/T. 2005.

Seit 1990 sind schätzungsweise über 190.000 Juden aus den Staaten der ehemaligen Sowjetunion nach Deutschland ausgewandert. Grundlage für diese sogenannten »Kontigentflüchtlinge« war ein Gesetz der letzten DDR-Volkskammer vom 12. April 1990. Dieses »Gesetz über Maßnahmen für im Rahmen humanitärer Hilfsaktionen aufgenommene Flüchtlinge« wurde nach der Wiedervereinigung übernommen und im Rahmen der Neuregelung der Zuwanderung zum 1. Januar 2005 modifiziert. Intention des ursprünglichen Gesetzes war seitens der DDR, Verantwortung für den Völkermord der NS-Zeit und dessen Folgen zu demonstrieren. Eine Verantwortung, die bis dahin mit Verweis auf die antifaschistische Ausrichtung der DDR immer abgelehnt worden war.

Mit der Zuzugsregelung wollte man einerseits aus humanitären Gründen auf einen sich verstärkenden Antisemitismus in den Nachfolgestaaten der UdSSR reagieren. Andererseits erwartete man auch eine Stärkung der jüdischen Gemeinden in Deutschland. Integrationsprobleme schienen zunächst unterschätzt worden zu sein. Sie ergeben sich aus mangelhaften Kenntnissen der deutschen Sprache ebenso wie aus einem teilweise ambivalenten Verhältnis zur jüdischen Religion. Durch die unterdrückte Religionsausübung in der ehemaligen Sowjetunion dem Glauben teilweise entfremdet, bietet doch die Berufung auf eben diesen Glauben die Möglichkeit zur Auswanderung in den Westen. Die Integration in die deutschen jüdischen Gemeinden ist mancherorts schwierig und führt bereits zu erheblichen Spannungen zwischen den ansässigen Mitgliedern und den Migranten. Dieser tiefgreifende Umbruch wird in der breiten Öffentlichkeit nur am Rande wahrgenommen.

T B

Lit.: Ein neues Judentum in Deutschland? Fremd- und Eigenbilder der russisch-jüdischen Einwanderer. Hrsg. von Julius H. Schoeps, Willi Jaspers und Bernhard Vogt. Potsdam 1999.

**Leitfaden für jüdische Zuwanderer
aus der ehemaligen Sowjetunion**
Hrsg. von der Zentralwohlfahrtsstelle
der Juden in Deutschland e. V.
3. neubearbeitete Auflage 2001
Germanisches Nationalmuseum, Nürnberg
ohne Inv.Nr.

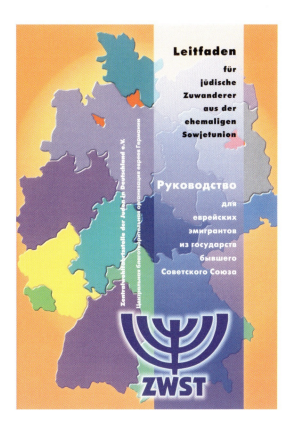

Manifest der Kommunistischen Partei

Karl Marx und Friedrich Engels
München 1890
Germanisches Nationalmuseum, Nürnberg
Sign. 8° Gs 2310 ky

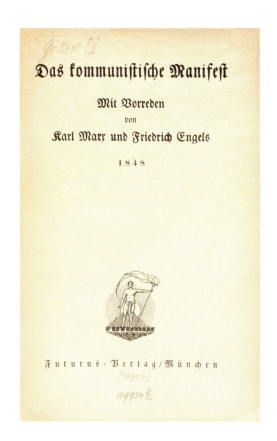

Im Auftrag des Bundes der Kommunisten verfassten Karl Marx und Friedrich Engels 1847 das Manifest der Kommunistischen Partei, das 1848 zeitgleich mit der Pariser Februarrevolution in London erschien. Für die revolutionären Entwicklungen 1848 in Deutschland so gut wie bedeutungslos, entwickelte es sich jedoch nicht zuletzt wegen seiner prägnanten Formulierungen zur großen programmatischen Schrift der kommunistischen Bewegung.

Marx und Engels zeigen die bisherige Geschichte als eine Geschichte der Klassenkämpfe als dem Motor der historischen Entwicklung, darin sich die Produktionsverhältnisse als eigentliche Basis der menschlichen Existenz widerspiegeln. Für ihre Zeit konstatieren Marx und Engels die Herausbildung einer Bourgeoisie, die sich über das Kapital die Verhältnisse untertan macht und zugleich die Produktionsmittel enorm weiterentwickelt. Die zunehmende Internationalisierung dieser Entwicklung erfordert auch von der ausgebeuteten Arbeiterschaft den Zusammenschluss. »Proletarier aller Länder vereinigt euch!«, lautet der Schlusssatz, der zum Kampfruf wurde. Marx und Engels wenden sich gegen alle Versuche, die grundlegenden Interessengegensätze durch Reformen zu überdecken. Dem Proletariat bleibe letztlich nur die gewaltsame Revolution, denn »die Proletarier haben nichts in ihr zu verlieren als ihre Ketten. Sie haben eine Welt zu gewinnen«.

Mit der Verbindung von ökonomischer Wissenschaft, vor allem in »Das Kapital«, und einer auf die Zukunft gerichteten Geschichtsphilosophie bieten Marx und Engels der Arbeiterbewegung eine theoretische Basis. Das politische Handeln orientiert sich demnach nicht primär an den Interessen einer Bevölkerungsgruppe, sondern folgt postulierten Gesetzmäßigkeiten der Geschichte.

T B

Friedrich Nietzsche (1844–1900) war einer der wirkmächtigsten Denker des 19. Jahrhunderts. In »Also sprach Zarathustra. Ein Buch für alle und keinen« wird vieles aus früheren Werken aufgenommen und pointiert zusammengefasst. Als Leitfigur wählt Nietzsche den persischen Religionsstifter Zarathustra, dessen historische Verortung weitgehend ungeklärt ist. Auf ihn führt sich die Religionsgemeinschaft der Parsen zurück.

Zarathustras Entwicklung und Gedankenwelt werden durch eine Reihe von Reden, inneren Monologen und Gesängen dargestellt. Im Mittelpunkt stehen dabei die Welt als eine Wiederholung des immer Gleichen und deren Überwindung. Sie erfordere einen Menschen, der sich von allen transzendentalen Orientierungen und Religionen befreie und dadurch seine Stärke erlangen könne. Nur der Starke, der Übermensch mit dem unbedingten Willen zur Macht als dem eigentlichen Lebensprinzip sei dazu fähig.

Nietzsche behandelt nahezu alle Bereiche des Lebens, Politik und Religion ebenso wie Wissenschaft und Künste.

Mit der Parole »Gott ist tot« gehört er zu den großen Zertrümmerern, die angesichts der Entwicklung der modernen Gesellschaften an Sinn und Vernunft hergebrachter Überlieferungen radikalen Zweifel anmelden. Nietzsches Formulierungskunst dürfte nicht unwesentlich zum Nachruhm beigetragen haben, weniger eine Geschlossenheit seines Gedankengebäudes.

Auch politische Bewegungen des 20. Jahrhunderts beriefen sich in ihrem totalitären Anspruch auf Nietzsche. Insbesondere die Nationalsozialisten predigten den Willen zur Macht als Lebensprinzip und den Übermenschen, den es in völkischer Ausprägung zu schaffen gelte. Dass Nietzsche selbst Deutschtümelei äußerst reserviert gegenüberstand, spielte dabei keine Rolle.

T B

Lit.: Richard Frank Krummel: Nietzsche und der deutsche Geist. Berlin – New York, 1974/2006.

Also sprach Zarathustra.
Ein Buch für alle und keinen
Friedrich Nietzsche
Leipzig 1908
Germanisches Nationalmuseum, Nürnberg
Sign. 2° Kz VEL 12/11 [S]

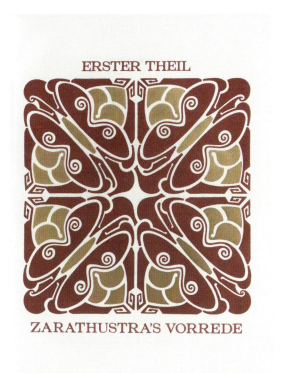

Türke als Gewürzbehälter

Unbekannter Holzschnitzer
Anfang 18. Jhd.
Lindenholz, gefasst
Germanisches Nationalmuseum, Nürnberg
Inv.Nr. Pl. O. 2487

Dieses Objekt spiegelt ein Bild der Türken wider, dass sich nach der Abwehr der kriegerischen Bedrohung durch das osmanische Reich Anfang des 18. Jahrhunderts in Europa verbreitete. Zwar gab es weiterhin das Feindbild, das sich in einer langen Tradition in Abwehr der islamischen Eroberungen auch auf die Osmanen übertragen hatte. So dienten sogenannte Türkenköpfe aus Pappmaché bei höfischen Festen als Ziele, die es bei Kopfrennen zu Fall zu bringen galt. Doch mit der Abwendung der realen Gefahr überwog bald die andere Seite der Vorstellungen vom Orient. Kaffee erfreute sich immer größerer Beliebtheit, Gewürze und exotische Düfte, der Tabak und nicht zuletzt die geheimnisvolle Erotik des Serail erregten die Phantasie.

Diese modische Aneignung zeugt letztlich von einem aus dem militärischen Sieg abgeleiteten kulturellen Überlegenheitsgefühl, das es sich erlauben konnte, den einstmals gefürchteten Feind zum Accessoire zu machen. Dieses Bild wirkt weit ins 20. Jahrhundert fort, denkt man nur an die zahlreichen Verbindungen von orientalischen Motiven in der Zigarettenwerbung oder auch auf politischer Ebene an den Topos vom kranken Mann am Bosporus.

T B

Lit.: Frank Matthias Kammel: Gefährliche Heiden und gezähmte Exoten: Bemerkungen zum europäischen Türkenbild im 17. und frühen 18. Jahrhundert. In: Frieden und Krieg in der frühen Neuzeit. Die europäische Staatenordnung und die außereuropäische Welt. Hrsg. von Ronald G. Asch, Wulf Eckart Voß und Martin Wrede. München 2001, S. 503–525.

Zwei Kopftücher
2005
Baumwolle und Seide
Privatbesitz

Aus Hinweisen im Koran und in der islamischen Glaubensüberlieferung Hadith leitet sich für Muslime das Gebot ab, sich auch durch die Kleidung als Gläubige zu erkennen zu geben, Frauen z. B. durch ein Kopftuch. Vergleichbare Kleidungsvorschriften gibt es auch in anderen Religionsgemeinschaften. Jenseits religiöser Kontexte war das Kopftuch als Bekleidungsstück auch in Deutschland bis in die zweite Hälfte des 20. Jahrhunderts neben Hut und Mütze weit verbreitet.

In Deutschland entzündete sich der sogenannte Kopftuchstreit an der Frage, ob es als Symbol lediglich der Religionszugehörigkeit oder aber auch als politisches Symbol in Sinne einer bewussten kulturellen Abgrenzung zu gelten habe. Gerade damit begründete das Land Baden-Württemberg seine Ablehnung, eine muslimische Lehrerin in den Schuldienst zu übernehmen, die darauf bestand, das Kopftuch auch während des Unterrichts zu tragen. Die Überprüfung durch das Bundesverfassungsgericht ergab, dass hierfür ein Verwaltungsakt nicht ausreiche, sondern eine gesetzliche Grundlage notwendig sei. Baden-Württemberg und Hessen haben entsprechende Gesetze inzwischen verabschiedet. Die letzte juristische Bewertung durch die Verfassungsgerichtsbarkeit steht aus.

Auch in der Türkei, die sich im Zuge der Reformen Kemal Atatürks als laizistischer Staat definiert, ist das Tragen des Kopftuches in staatlichen Behörden verboten.

Die Reaktionen bei den Muslimen in Deutschland sind ambivalent. Letztlich symbolisiert der Streit um das Kopftuch auch die Auseinandersetzung um die Stellung des Islam im Verhältnis zu Politik und Gesellschaft in Deutschland, aber auch grundlegend das Verhältnis zwischen Staat und Religion.

TB

Lit.: Monika Höglinger: Verschleierte Lebenswelten. Zur Bedeutung des Kopftuchs für muslimische Frauen. Maria Enzersdorf 2003.

Italiensehnsucht heute

MATTHIAS HAMANN

Im Sommer 1977, zur besten Urlaubszeit, platzierte der »Spiegel« auf seinem Cover einen Teller Spaghetti, in dessen Mitte eine Pistole lag. Die Titelgeschichte handelte von Gewalt und Verbrechen in Italien. Da das Hamburger Nachrichtenmagazin immer am Puls deutscher Befindlichkeit ist oder ihn sogar vorgibt, so muss es sich hierbei um einen Tiefpunkt deutscher Italiensehnsucht gehandelt haben. Wie weit ist doch das Italienbild, das sich hier offenbart, von der Sehnsucht der »Italiengene-

Abb. 71: Italienische Landschaft mit Schloss. Johann Christian Reinhart, 1804. Germanisches Nationalmuseum, Nürnberg.

ration« der 50er Jahre entfernt[1], die in den »Capri-Fischern« ihren frühen Kulminationspunkt findet. Zeitlich und kulturell gesehen liegen Pasta und Pistole im »Spiegel« von den Caprifischern (1943 komponiert) mindestens so weit weg wie vom

»Caprisonne-City Bag« des Jahres 2005, der aus Verpackungen eines bekannten Fruchtgetränks besteht und für den Stadtbummel der Jeunesse dorée dient[2]. Begreift man diese drei Stationen einmal als Ausdruck der zeittypischen »Italianità« der jeweiligen Generation, so lassen sich wohl drei Interpretationsansätze des Topos Italien herauslesen: Mythos vom erreichbaren Paradies für alle – sozialkritische Distanzierung – Popularisierung und Sinnentleerung von Mythen. Ist dies richtig gesehen? Stehen die genannten Beispiele pars pro toto? Um dies zu klären und um eine Standortbestimmung der heutigen Italiensehnsucht vornehmen zu können, verfolgt dieser Beitrag – einen Gedanken Italo Michele Battafaranos aufnehmend[3] – vier Themen über den Zeitraum der letzten 60 Jahre hinweg: die deutsche Sehnsucht nach dem Süden, die Suche nach dem antiken Italien, den Wunsch nach dem einfachen Leben und die häusliche Italianità.

Sehnsucht nach südlicher Natur – Deutsche reisen nach Italien

Warum reist man nach Italien? Zunächst einmal, weil es warm ist. Das milde Klima der Apenninhalbinsel ist zwar – folgt man der Klimatheorie der Aufklärung[4] – auch Grundursache zivilisatorischer Leistungen und Auslöser kulturellen Schaffens (Abb. 71), doch dieses Theorem war den deutschen Reisenden, die die italienischen Strände suchten, weitgehend egal. Sie hielten es eher mit dem von Italo Michele Battafarano zitierten Wilhelm Waiblinger, der seinen Eltern am 1. April 1828 folgende Zeilen schreibt:

»Liebe teure Eltern! Seit Wochen bin ich im irdischen Paradiese, in der Fülle des Schönsten und Lieblichsten, Größten und Reizendsten, was auf dieser Welt entzücken kann. [...] Der Capriwein ist weit berühmt. Seit drei Wochen wechsle ich täglich zwischen den köstlichsten Weinen von Calabrien, Ischia, Capri, Syrakus, Marsala und Lacrimae Christi. [...] Das ist das Elysium selbst, und ich gedenke noch Monate hier zu verweilen«[5].

Die Sätze des schwäbischen Dichters beschreiben das Lebensgefühl des dolce far niente, auf dessen Suche sich nicht nur die Reisenden des 19. und frühen 20. Jahrhunderts begaben, sondern seit den 1950er Jahren auch die Sonnenhungrigen. Der Sommer wurde dabei erst nach dem Zweiten Weltkrieg zur italienischen Urlaubssaison, Reisende der Zeit um 1900 – zumeist Bildungstouristen und Kurgäste, die die oberitalienischen Seen aufsuchten – bevorzugten das Winterhalbjahr[6]. Erste Spuren eines deutschen Massentourismus finden sich schon in den 1920er Jahren, als die Übernachtungszahlen zunehmen und die Riviera neben Oberitalien und Rom zu einem bevorzugten Reiseziel wird[7]. Das Interesse am Strand beginnt sich abzuzeichnen.

In der NS-Zeit tritt neben die ausgedehnte, bis zu mehreren Monaten dauernde Bildungsreise des gehobenen Bürgertums und die Gruppenreise der mittleren Angestellten eine weitere Form des kollektiven Tourismus. Die NS-Organisation »Kraft durch Freude« veranstaltet nicht nur Fahrten zu inländischen Zielen, sondern – von 1937 an – auch Italienreisen[8]. Die Wahl des Urlaubszieles war nicht zufällig, schließlich herrschte mit dem faschistischen Italien ja eine enge Verbundenheit, so dass das Reisen einer Völkerverständigung im Sinne des NS-Staates diente. Es ging in die Städte Ober- und Mittelitaliens, in die Hafenstädte Venedig, Genua, Neapel und Palermo, Abstecher führten nach Capri, Pompeji und über den Canale Grande. Mit Kriegsbeginn hörten die KdF-Reisen auf, das Kriegsjahr 1943, in dem Italien zum Feind wurde, bedeutete das vorläufige Ende der Reiselust nach »bella Italia«.

Dem folgte nach Kriegsende die imaginierte Reise, Italien wurde zum Ort der geistigen und sentimentalen Flucht aus dem zerstörten Deutschland. Die Fahrt in den Süden war nach dem Zusammenbruch des NS-Regimes unmöglich geworden und

fand zunächst nur eine imaginierte und daher rein mediale Fortsetzung. Dabei scheint es weniger die Dichtung gewesen zu sein, die zu einer Wieder- oder besser Weiterbelebung des Italienbildes beiträgt. Nur wenige Schriftsteller begeben sich zwischen 1945 und 1955 in den Süden, und auch die Italiendichtung wird innerhalb der deutschen Literaturproduktion zur Marginalie[9]. Film und Schlager sind die neuen Transmitter einer heiteren, von unbesorgter Fröhlichkeit durchtränkten Welt.

Das Medium Schlager bereitet den Boden und schafft eine Erwartungshaltung, die sich im Verlauf der 50er Jahre im Tourismus zu erfüllen scheint. Sorglose Lieder über Italien entstehen zuhauf, wobei die Wurzeln hierfür bereits in den 30ern zu finden sind. Zu den Protagonisten zählt der Komponist Gerhard Winkler, der das Italienthema in zahlreichen Stücken wie »O mia bella Napoli« (1936) oder dem »Chianti-Lied« (1940) anstimmte[10]. Zusammen mit Ralph Maria Siegel schuf er auch die »Caprifischer«, deren durchschlagender Erfolg erst im zweiten Anlauf einsetzte. Das Lied entstand bereits 1943, doch in diesem Jahr versank bei Capri nicht nur die »rote Sonne im Meer«, sondern auch die deutsch-italienische Waffenbrüderschaft. Nach dem Waffenstillstand Italiens mit den Alliierten wurde das Lied verboten. Sein Siegeszug in der Interpretation von Rudi Schuricke (1943) setzte erst nach dem Krieg ein und reicht bis in die Kanzlerschaften von Helmut Kohl und Gerhard Schröder[11]. Ihm folgten unzählige Schlager, deren Repertoire sich stets wiederholte: das Meer, der blaue Himmel, Sterne, Wein und Liebe. Diese Motive evozieren – nicht zuletzt mit italienischen Begriffen wie »amore«, »vino«, »musica«, »gondoliere«, »bella« und Städtenennungen wie Napoli, Roma, Venedig und Sorrent angereichert – Authentizität (»Arrivederci Roma«, Gerhard Wendland, 1956), liefern tatsächlich aber ein von Stereotypen durchdrungenes Bild vom Zauberland im Süden: »Das ist typisch italienisch / Ja das gibt es nirgendwo / Das ist typisch italienisch / Von Sizilien bis zum Po«[12]. Die Erwartungen des deutschen Publikums werden durch den Schlager vorgeprägt.

Als die Italienreisen Mitte der 1950er Jahre in größerem Maßstab beginnen, scheint sich wiederum ein Liedtext zu erfüllen: »Komm ein bisschen nach Italien / Komm ein bisschen mit ans blaue Meer / Und wir tun als ob das Leben / Eine schöne Reise wär« (Catherina Valente, 1956)[13]. Dieses Mottos nimmt sich auch das (bundes-)deutsche Filmschaffen der 50er Jahre an. Zuvor kennt die Ufa-Zeit kaum italienische Filmthemen, und Italien scheint nur gelegentlich als Reiseziel des gehobenen Bürgertums oder als Ort der Selbstfindung auf[14]; die KdF-Reisen werden filmisch überhaupt nicht wirkmächtig[15]. Parallel zum Italienboom im

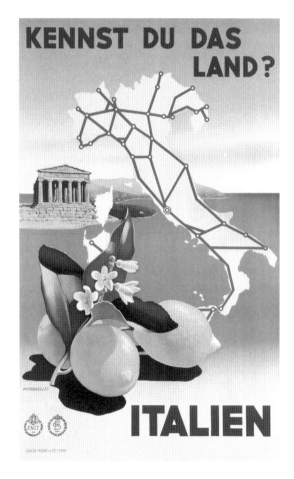

Schlager setzt jedoch ab den frühen 50ern auch das Genre des Italienfilms ein[16]. Wie im Lied ist Italien das Land der Verheißung, in dem man sein Glück findet (»Der bunte Traum«, D 1951[17]; »Eine Reise ins Glück«, D 1958[18]). Um die Mitte des Jahrzehnts wird dann der Italienurlaub zum eigentlichen Filmgegenstand und spiegelt, wenn auch burlesk und schematisiert, die Alltagserfahrung der ersten Italienurlauber wieder. Die im Schlager besungenen Orte werden zu Spielstätten: Ischia (»Ferien auf der Sonneninsel«, D/I/F 1957), Capri (»Die Stimme der Sehnsucht«, D 1956) oder Venedig (»Romanze in Venedig«, Ö 1962; »Mandolinen und Mondschein«, D 1959). Symptomatisch jedoch sind Filme wie »Italienreise – Liebe inbegriffen« (D 1957/58), in dem eine deutsche Busreisegruppe die klassischen Reiseziele ansteuert und Erfahrungen mit den italienischen »papagalli« sammelt[19], weiterhin »Oh, diese Ferien« (Ö 1958), in dem eine deutsche Familie – Eltern, Junge, halbwüchsiges Mädchen und Großvater – mit dem offenen Leihwagen nach Italien fährt und ewig freundlichen Italienern begegnet[20], oder »Vater, unser bestes Stück« (D 1957)[21]. Darin gestaltet sich der Italienurlaub eines Pädagogikprofessors und seiner Familie turbulent. Die Motivik reicht vom Boccia-Wettbewerb über die Adrialandschaft und einen Latin Lover bis zu den ersten Romanzen der Jugendlichen. Schließlich wird auch der Campingurlaub thematisiert (»Ohne Krimi geht die Mimi nie ins Bett«, Ö 1962)[22]. Zwar spielen die Inseln im Golf von Neapel im Motivrepertoire des Italienfilms vereinzelt eine Rolle, im Grunde ist die gezeigte Bildwelt aber eine adriatische, von den bildungsbürgerlichen Reisezielen, die jedoch nur Folie bleiben, einmal abgesehen. Das Leben an der Küste, am Strand, unter blauem Himmel, inmitten freundlicher, mitunter etwas einfältiger, immer aber heißblütiger Südländer ist im Film das Idealbild des italienischen Lebens. Das Medium offenbart sich hierin als Erfüllungsgehilfe touristischer Wünsche und entspricht vollständig dem Urlaubsverhalten dieser Zeit.

Als Urlaubsland rückt Italien ab ca. 1956 näher[23]. Vorher sind es vor allem Individualisten und Bildungsbeflissene, die Italien entdecken, ohne dabei die Möglichkeiten der Pauschalreise nutzen zu können oder aber begüterten Schichten anzugehören – von wenigen Anbietern abgesehen[24], nehmen die Reiseveranstalter die Appeninhalbinsel erst gegen Ende des Jahrzehnts ins Programm (Abb. 72). Hierin liegt der Bruch zum Urlaubsverhalten der Vorkriegszeit. Man fährt mit Fahrrad, Roller oder Kleinwagen über die Alpen und verbringt einen Zelturlaub – das in Italien gestattete Wilde Campen erleichtert die Reisekasse, eine Reihe von Publikationen die Vorbereitung[25]. Nicht nur die zunehmende Motorisierung, sondern auch die Reiseerleichterungen – Visafreiheit (seit 1956) und unbeschränkte Einfuhr von Devisen (seit 1958) – sorgen zusammen mit dem zunehmenden Wohlstand im Land des Wirtschaftswunders für einen steilen Anstieg des Italientourismus. Italien wird zum Reiseziel, das sich nahezu alle bundesrepublikanischen Gesellschaftsschichten erfüllen können. 1955 fahren 2,5 Millionen Bundesdeutsche nach Italien, 1958 schon über 4 Millionen[26]. Sukzessive tritt an die Stelle des individuellen Zelturlaubs jener auf dem Campingplatz und schließlich der durchorganisierte Hotelaufenthalt an den Küsten (Abb. 73), der bereits zu Hause mittels der Kataloge der Reiseunternehmen gebucht werden kann. Bürger der DDR hatten am Italienboom keinen Anteil, dies ergab sich aus den politischen Verhältnissen[27]. Sie erfüllten ihre Sehnsüchte nach Sonne und Strand an den Küsten des Schwarzen Meeres, doch dies auszuführen ist hier nicht möglich.

Die sich rasant entwickelnde italienische Tourismusindustrie stellt sich auf die neue Klientel ein und hält entsprechendes Werbematerial bereit. Die Übersetzung lässt dabei oftmals zu wünschen üb-

rig, doch sind die Prospekte eine wichtige Quelle zur Interdependenz von Angebot und Nachfrage: »Wen Sie bei uns mit diese Prospext kommen eine gute kleine Flache vein Schenken wir Ihnen«, so der Bonus des Epam Supermarket in Udine, der »Lebensmittel, Milch, Brot, Obst und Gemüse, frisches Fleisch, gefrierte Lebensmittel, Haushaltsmittel« und ein »Weins Sortiment« bereithält. Die bevorzugten italienischen Reiseziele liegen bis weit in die 80er Jahre an Gardasee, Adria und Riviera, so dass diese Gegenden die Vorstellung von italienischer Landschaft, Mentalität und Küche bis zum Stereotyp prägen. Das Urlaubsverhalten jedoch wird mit der Mobilisierung der Massengesellschaft zunehmend unspezifischer, ist autonom gegenüber dem Urlaubsziel. Die im Laufe der 1960er Jahre sich etablierenden Flugreisen machen weiter entfernte Reiseziele ebenso attraktiv. In den 70er Jahren tritt Spanien mit den Balearen und der Costa del Sol an die Stelle von Rimini oder Cattolica, darauf folgen die Kanarischen Inseln und schließlich – in der Mitte der 90er Jahre – die Karibik: Dominikanische – all inclusive! Strukturell gibt es jedoch kaum Unterschiede: Die Prägung des Aufenthalts durch die Strandfixierung mit gelegentlichem Busausflug ins Hinterland zu einigen kulturellen Sehenswürdigkeiten ist die gleiche.

Abb. 73: Postkarte Sporting Hotel Riccione. Nicht datiert. Germanisches Nationalmuseum, Nürnberg.

Gleichwohl ist Italien nach wie vor das beliebteste ausländische Reiseziel der Deutschen, noch vor Österreich und Spanien[28]. Insgesamt scheint der Tourismus dorthin jedoch abzunehmen, wie sich in den Jahren 2003 und 2004 ablesen ließ, wenn auch die deutschen Reisenden noch immer über ein Viertel aller ausländischen Italienbesucher ausmachen[29]. Es ist kaum wahrscheinlich, dass die diffamierenden Äußerungen des ehemaligen Staatssekretärs für Tourismus, Stefano Stefani, der im Sommer 2003 von den »blonden

Supernationalisten« sprach, die sommers über die italienischen Strände herfielen, hier zu einem Rückgang führten[30]. Vielmehr haben sich die deutschen Stammkunden der Küstenorte mit der Globalisierung des Reisemarktes und der explosionsartigen Zunahme der Billigreisen auch zu fernen Zielen neu orientiert[31]. Die Abwanderung der Strandurlauber zu anderen Destinationen ist vielleicht aber auch den kollektiven Erfahrungen geschuldet, die Urlauber vor allem in den 70er und 80er Jahren machten und die in Gerhard Polts Film »Man spricht deutsh«(!) persifliert werden (Abb. 74): Kriminalität, hohes Preisgefüge, mangelnder Service,

Abb. 74: Man spricht deutsh. Regie: Hans Christian Müller; Buch: Hans Christian Müller und Gerhard Polt, D 1987. Germanisches Nationalmuseum, Nürnberg.

Umweltverschmutzung. Eine Gegenbewegung zum abflauenden Massentourismus ist in der Italienbegeisterung der deutschen Intellektuellen zu finden, die jedoch weniger dem Drang zur Sonne, als vielmehr dem zur Freiheit verpflichtet ist und daher in einem späteren Zusammenhang erörtert wird. Es wäre aber verfehlt, die heutige Italienwahrnehmung der meisten Deutschen auf einen mittelmäßigen Strandurlaub zu reduzieren. Noch immer ist die Kunst und Kultur Italiens die eigentliche Triebfeder. Dies lässt sich im touristischen Verhalten genauso ablesen wie in der kulturellen Auseinandersetzung, wie im folgenden dargestellt ist.

Suche nach dem antiken Italien

Der berühmteste deutsche Italienreisende, Johann Wolfgang von Goethe, erlebt während seines annähernd zwei Jahre währenden Aufenthaltes im Süden eine tief greifende Wandlung. Dazu tragen viele Elemente bei, die zur Genüge beschrieben wurden[32], und die Begegnung mit der Antike steht dabei an vorderster Stelle. Die unmittelbare Anschauung antiker Bauten wie der Arena in Verona –

dem ersten Bau des Altertums, dem er auf dem Weg nach Süden begegnet – oder der Tempel in Assisi, das Grabmal der Caecilia Metella, das Colosseum und die Cestiuspyramide in Rom prägten Goethes ästhetische Anschauung ungemein, die Erfahrung der auf ihn zyklopenhaft wirkenden, eben archaischen und nicht klassischen Tempelanlagen von Paestum verstörte ihn hingegen zutiefst: »Ich befand mich in einer völlig fremden Welt«[33]. Goethes Idealbild des antiken Italien erwächst aus dem Hellenismus und den spätrepublikanischen und frühkaiserzeitlichen Werken. Dies wird noch deutlicher bei der Betrachtung der Skulptur. Goethe zeigt sich tief beeindruckt von drei antiken Skulpturen, die im Vatikanischen Palast, genauer gesagt im Cortile del Belvedere des eben erst erweiterten Museo Pio Clementino standen: der Apoll vom Belvedere, der Torso und die Laokoongruppe. In seiner Beschreibung der Werke in der »Italienischen Reise« favorisiert er deutlich den Apoll, der ihn »aus der Wirklichkeit hinausgerückt« hat[34]. Es ist kein Zufall, dass die drei Skulpturen Eingang in Goethes Werk gefunden haben. Der deutsche Dichter ist hier nicht Entdecker, sondern Zeuge seiner Zeit. Seit Johann Joachim Winckelmann die drei Figuren erstmals ausführlich beschrieben, zum Kernstück seiner Ästhetik gemacht und gerade die Figur des Apoll zum Ausgangspunkt seiner »Geschichte der Kunst des Altertums« (1764)[35] erhoben hatte, gehörte der Besuch des Belvederehofes zum Besichtigungsprogramm der Romreisenden. Der Kanon der klassischen Bildungsreise nach Italien war im »Baedeker« des ausgehenden 18. Jahrhunderts festgehalten, dem »Volkmann« nämlich, den auch Goethe im Gepäck führte[36]. Johann Jacob Volkmann hatte seine eigenen Italienerlebnisse in einem handlichen Reiseführer verarbeitet, der bis weit in das 19. Jahrhundert hinein verbindlich war[37]. So wurde nicht nur die Winckelmannsche Kunstanschauung tradiert, sondern auch der Reiseverlauf festgeschrieben[38].

Die Bauten Roms und die Zeugnisse am Golf von Neapel – Pompeji, die Phlegräischen Felder, die Solfatara – wurden die Sehnsuchtsziele der nach Spuren der Antike suchenden und dann auf diesen Spuren wandelnden Reisenden des frühen 19. Jahrhunderts. Dem sich verändernden Bild der Antike trug der Tourismus zwar Rechnung und entdeckte im Laufe des 19. Jahrhunderts das griechische Sizilien, die Siedlungsgebiete der Etrusker in Mittelitalien oder die Nuraghe-Kultur auf Sardinien als neue Reisethemen. Dennoch entfaltet die ästhetische Antikensehnsucht derGoethezeit ihre Durchschlagskraft bis heute. Das Pendant zu Volkmanns »Kritisch-historischen Nachrichten«, der Rom-Baedeker unserer Tage, nennt selbstverständlich die drei Statuen im Belvederehof, verweist auf Winckelmann und findet für den Apoll die Worte: »tänzerisch anmutende, raumgreifende Gestalt des Gottes in jugendlicher Schönheit«[39]. Das Pendant aus dem DuMont Verlag für den bildungsbeflisseneren Touristen schenkt den Belvederefiguren ebenfalls größere Beachtung als anderen und lässt Winckelmann in langen Zitaten zu Wort kommen[40]. Zwar ist die kunsthistorische Forschung längst darin übereingekommen, im Vergleich zu Winckelmann den hellenistischen Bildwerken einen geringeren Rang zuzuweisen, die Reiseführer jedoch halten an dem ästhetischen Primat des späten 18. Jahrhunderts fest.

Gleichwohl hat der Massentourismus der 50er bis 70er Jahre dafür gesorgt, dass die klassische Italienreise an den Rand gerückt ist. Verschwunden ist sie nicht, dies belegen die Werbebroschüren der großen Veranstalter, vor allem aus dem Bereich der gehobenen Studienreisen[41]. Ja, sie erlebte um die deutsche Wiedervereinigung herum sogar einen Boom, als fünf- bis zehntägige Busreisen die ostdeutschen Bürgerinnen und Bürger zu den klassischen Zielen Italiens brachten und dafür sorgten, dass die im Osten über Jahrzehnte aufgestaute

Italiensehnsucht erfüllt werden konnte[42]. Man reise, wie früher im Westen, weitgehend organisiert, nur selten individuell[43]. Doch insgesamt hat die klassische Antike angesichts der Diversifizierung des Reiseverhaltens als Reiseanlass ausgedient oder wird von den meisten Touristen ebenso wahrgenommen wie die edlen Modegeschäfte norditalienischer Städte: bestaunt und unverstanden.

Auch in der künstlerischen Wahrnehmung scheint das klassisch-antike Italien, das die Kunst in Deutschland von den Idealansichten Hackerts über die – antikische Größe verbildlichenden – Campagnalandschaften Rottmanns bis hin zu den Gemälden der Deutschrömer wirkmächtig beeinflusst hat, verschwunden zu sein. Bereits 1927 konstatiert Wilhelm Waetzoldt: »[Italien] ist zu nah gerückt, zu bekannt und zu verwandt geworden. Distanz und Pathos sind aus dem Verhältnis der nordischen Menschen zum Süden verschwunden. Ja, das Erlebnis der Italienreise ist banalisiert worden«[44].

Doch es gibt – wenn auch wenige – Ausnahmen, die sich in eine Traditionslinie einreihen. Pars pro toto mögen hierfür die folgenden Beispiele stehen.

In seinem Gedichtband »Weissbuch«[45] begibt sich Raoul Schrott – seine Gelehrsamkeit ausbreitend – als »poeta doctus« auf die Suche nach dem »Heiligen«, das er in Metropolen wie Jakarta oder Rio de Janeiro, aber auch in erhabenen Landschaften, in den archaischen Inselwelten von Elba und Sizilien, findet. Die wortmächtige Beschreibung des ihm heilig Erscheinenden legt Schrott als Durchdringung von sinnlichen Bildern, Landschaftsbeschreibung und Mythos an und nutzt die römisch-griechische Antike als Repertoire, wie die Tempel von Selinunt:

Über das Heilige I

ins ende gebaut – und an jeder schwelle das land fuß
fassend

in den ackersohlen bis unter den riegel des karstes
wo es seinen kniefall macht – der talschluß als fundament
eines tempels in dem man keiner gottheit je ein standbild
aufstellte – nur die im absterben hoch aufragenden agaven
säumen den steig: jahrhundertpflanzen – du warst es
derer dieses steinerne schweigen gewahr wurde – das
raffen

des kleides in den schoß sein rascheln bei jedem schritt
der stöckelschuhe und wie es sich an der achsel straffte
erhielt

die nähe einer gegenwart in der sich all das vereinzelte
verriet

und hart hervortrat – an den säulen war der mantel
unabgeschlagen die fältelung nicht ausgekehlt – der
stirnfries

und das giebelfeld wie ein vom salz zerfressenes paneel
blieben leer unter zuviel himmel – aber da war ein umriß
das rot des kleids tiefer eingedunkelt als die blütenstände
das weiß der arme verletzlich – dein unbefangenes
bewahrte es:

dem göttlichen zu widerstehen das sich vollendet wähnte
ohne sich ihm zu widersetzen nahm der ohnmacht ihr
erstarrtes

Schrotts Verschränkung von Eros und Monu-
ment steht durchaus in einer Tradition und erinnert an Goethes Römische Elegien, in der die Erfahrung der Antike sich mit der Sinnlichkeit – dem
Verhältnis zu einer jungen Römerin – dichterisch
vereint, ja von ihr erst erweckt wird:

»Saget, Steine, mir an, o sprecht, ihr hohen Paläste!
Straßen, redet ein Wort! Genius, regst du dich nicht?
Ja, es ist alles beseelt in deinen heiligen Mauern,
Ewige Roma; nur mir schweiget noch alles so still.
O wer flüstert mir zu, an welchem Fenster erblick ich
Einst das holde Geschöpf, das mich versengend erquickt?
Ahn ich die Wege noch nicht, durch die ich immer und
immer
Zu ihr und von ihr zu gehn, opfre die köstliche Zeit?
Noch betracht ich Kirch und Palast, Ruinen und Säulen,
Wie ein bedächtiger Mann schicklich die Reise benutzt.
Doch bald ist es vorbei: dann wird ein einziger Tempel
Amors Tempel nur sein, der den Geweihten empfängt.«
(Römische Elegien, I)

Schrotts Beschreibung erinnert in ihrer Betonung des Archaischen aber auch an figürliche
Plastik aus der Mitte des 20. Jahrhunderts. Ganz in
der Tradition von Wilhelm Lehmbruck und Gerhard
Marcks stehend, hat der Bildhauer Hermann Blumenthal 1937 seinen »Campagnahirten« geschaffen
(Abb. 75) und damit ein »Sinnbild kontemplativer
Beschäftigung mit dem Bild des Menschen« geschaffen[46]. Seine Vorbilder fand Blumenthal in der
etruskischen und in der archaischen Plastik Grie-
chenlands. Die Arbeit entstand bei einem Aufenthalt in der römischen Villa Massimo, die in den
20er und 30er Jahren eine Vielzahl namhafter Sti-
pendiaten beherbergte und gerade in der NS-Zeit
einen Frei- und Schutzraum bot[47].

Die Beschwörung antikischer Größe als Motiv
findet sich auch in den Arbeiten von Axel Hütte.
Sein Werk »San Giuliano Terme« (1988/89; Abb. 76),
aufgenommen in der gleichnamigen Ortschaft am
Rande von Pisa, zeichnet sich durch eine strenge,
flächenhafte Komposition aus. Die inszenierte
Architektur entwickelt in ihrer Monumentalität ein
hohes Maß an Pathos, so dass – im Verbund mit
dem Ausblick auf eine Hügellandschaft im Hintergrund – der Eindruck von Klassizität entsteht und
zugleich Italienbilder des ausgehenden 18. und
frühen 19. Jahrhunderts evoziert werden.

Schließlich sei auf Werner Tübke verwiesen,
dessen Œuvre von italienischen Themen durchzo-
gen ist[48]. Sein Gemälde »Morgen in Pompeji«
(Abb. 77) ist von mehreren Menschengruppen –
teilweise Zitate aus eigenen, anderen Werken – bevölkert, die sich vor einem ruinenhaften Bauwerk
in der Bildmitte tummeln. Zusammen mit der Bergkulisse des Vesuv im Hintergrund verweist die
Ruine auf das Schicksal der im Jahre 79 n. Chr.
durch einen Vulkanausbruch verschütteten Stadt
am Golf von Neapel. Die stark konträren Bewegungen der verschiedenen Gruppen erzeugen eine
aggressive Dynamik, und tatsächlich finden sich

vereinzelte, gewaltsame Auseinandersetzungen. Zumeist jedoch sind die einzelnen Gruppen in das Gespräch vertieft, gestikulieren, umarmen sich, beten, trauern etc. Es ergibt sich ein Kosmos menschlicher Kommunikationsformen. Einige aus dem historisierend gekleideten Personal wenden sich einer mit Nimbus ausgestatteten Predigergestalt im linken Bildmittelgrund zu. Er trägt ein altrömisches Signalhorn, mit dem er seine Worte zu unterstreichen scheint. Links davor erscheinen die Reste einer Ladentheke mit eingemauerten Tongefäßen, an der Skulpturenfragmente, Steinplatten und ähnliches lehnen. Hier setzt Tübke einen Verweis auf die untergegangene Stadt, denn diese Läden, in denen man sich mit einem warmen Imbiss versorgte, finden sich in Pompeji zuhauf. Im rechten Vordergrund erscheint ein mit Greifen besetzter Altar, auf dem eine gelb gekleidete Frau fast als Opfer liegt; davor präsentiert ein junger Mann inmitten einer Gruppe von Krüppeln die Skulptur eines Tritonen, und schließlich erscheint auf einem oktogonalen Sockel die marmorne Figur eines Knienden im Gebet – wiederum Verweise auf die untergegangene Antike. Tübkes Bild breitet ein enzyklopädisch anmutendes Wissen aus und kleidet es in die für ihn typische, manieristische Formensprache, die an die altdeutsche oder altniederländische Tafelmalerei erinnert. Subtil setzt er dabei die Versatzstücke ein, die den Kontext der Antike andeuten, und verlebendigt sie damit. Anders als bei den zuvor beschriebenen Werken, die die Antike als bukolische, archaische oder monumentale Epoche begreifen und als Pathosformel einsetzen, findet bei Tübke eine Integration in den eigenen Kosmos statt.

Die Antike hat als Identifikationsmuster keineswegs ausgedient. Vielmehr findet eine Aktualisierung und Diversifizierung statt, so dass ein gehöriger Abstand zur Buchgelehrsamkeit und zum Klassizismus des 19. Jahrhunderts besteht.

Sehnsucht nach dem einfachen Leben

Mit dem langsamen Abschied der Urlaubermassen von den Stränden der Adria setzt in den späten 6oer Jahren eine andere Italienwahrnehmung ein, die sich später mit dem Stereotyp der »Toskana-Fraktion« umreißen lässt. Bis zu diesem Zeitpunkt bildete Italien weitgehend eine wunderschöne Kulisse, in der sich die einheimische Bevölkerung als pittoreske Komparsen bewegte. Der Kontakt zwischen Deutschen und Italienern war weitgehend auf Dienstboten, Hotellerie und Kaufleute beschränkt, also auf die »kleinen Leute«, wie dies ja auch im Falle der Gastarbeiter in der Bundesrepublik der Fall war[49].

Ende der 6oer Jahre jedoch entdeckt die deutsche Linke Italien. Man interessiert sich weder für Strand noch für antike Denkmäler, sondern für die italienische Form des Kommunismus und nimmt dabei völlig andere Aspekte Italiens wahr. Die Aktivisten der Studentenbewegung sind aber nicht die ersten, die den Alltag im Süden bewusst rezipieren. Bereits 1954/55 hatte Ingeborg Bachmann in einer Reihe von Reportagen den politischen und gesellschaftlichen Alltag in Rom geschildert[50], wenig später hatte Alfred Andersch in seinem Roman »Die Rote« (1960) das kalte und unwirtliche Venedig beschrieben. Diese andere Wahrnehmung Italiens fußt letztlich auf Johann Gottfried Seume, dessen »Spaziergang nach Syrakus im Jahre 1802« die kritische Italiensicht begründet hat.

Mit der 68er-Generation gerät das kleinstädtische Leben, das Verhältnis zwischen Katholizismus

Abb. 76: San Giuliano Terme. Axel Hütte, 1988–1989. Neues Museum – Staatliches Museum für Kunst und Design in Nürnberg. Leihgabe der Stadt Nürnberg. © VG Bild-Kunst, Bonn 2006.

Abb. 77: Ein Morgen in Pompeji. Werner Tübke, 1997. Galerie Schwind, Frankfurt a. M. © VG Bild-Kunst, Bonn 2006.

Schily, Joschka Fischer, Peter Glotz, der Verleger Klaus Wagenbach, der Journalist Heiner Bremer, Heide Simonis und Claudia Roth an, später auch Gerhard Schröder. Doch klingt mit dem Begriff der »Toskana-Fraktion« auch eine Lebensart an, die das Lob der Einfachheit singt, in der, neben alten bäuerlichen Techniken und Produktionsweisen, vor allem ein der Region verpflichtetes Interieur und heimische Lebensmittel wie Wein oder Olivenöl die tragende Rolle spielen.

Mag die Zahl der in der Toskana lebenden Deutschen auch vergleichsweise gering sein: Das Klischee vom »Teutonengrill« ist inzwischen durch das des deutschen Psychologen oder der Redakteurin im Hügelland südlich von Siena abgelöst worden. Trotz aller Spöttelei über die Toskana-Fraktion darf doch ihr Einfluss auf das heutige Italienbild kaum hoch genug bewertet werden. Die Analyse des touristischen Angebots seit den späten 8oer Jahren zeigt deutlich den Einfluss einer neuen Italiensicht[55]. Neue, bisher kaum bereiste Gegenden geraten in das Blickfeld des bildungsorientierten deutschen Reisenden: Sardinien (Abb. 78), die Marken, das Landesinnere Apuliens, Molise, aber auch das ländliche Friaul oder die Abruzzen. Anders als in den 5oer Jahren überlässt die Tourismusbranche die Entdeckung jedoch nicht mehr dem Zufall, sondern generiert Angebote, die die neuen, im Kontext der Toskana-Fraktion und ihrer Vorläufer entstandenen Bildungsaspekte bedienen. Eine Durchsicht des aktuellen Materials aus zwei Destinationen kann dies im einzelnen belegen. Im Falle der Toskana kann der deutsche Tourist, ausgestattet mit hervorragend aufbereitetem und fehlerlos übersetztem Informationsmaterial, jeden Teil der Region bereisen. Die Angebote richten sich an den Kunstinteressierten, der die Epochen von den Etruskern bis zur Gegenwart durchdeklinieren kann, wobei dem bislang weitgehend unbekannten toskanischen Jugendstil ein eigener Führer gewid-

und Kommunismus, das Leben der Großfamilien, die täglichen Sorgen und Nöte ins Blickfeld[51]. Es sind die Industriegebiete im Norden, die Emilia-Romagna und immer wieder die »rote« Toskana, die zum Reiseziel eines zeitgeschichtlich interessierten, jungen Publikums werden. Doch die Verklärung macht auch vor diesen neuen Reiseerfahrungen, die sich schon bald literarisch niederschlagen[52], nicht halt. Das Landesinnere Italiens wird die Gegenwelt zum Adriaurlaub, wird zum »echten« Italien der deutschen Intellektuellen. Die Suche nach dem einfachen Leben, die bald salonkommunistische Züge trägt, wird durch das Element der temporären Sesshaftigkeit erleichtert. Es ist zunächst die ländliche Toskana, eine in den 7oer und 8oer Jahren von Landflucht geprägte Region, in der Deutsche, die sich dies zeitlich und finanziell leisten können, ein bäuerliches Anwesen, ein »Rustico«, erwerben. Ende der 8oer werden sie kollektiv als »Toskana-Fraktion« bezeichnet, wobei die Herkunft des diffamierend gebrauchten Begriffs – der im Grunde die inzwischen etablierte 68er Generation meint – im Unklaren bleibt[53]. In seinem Theaterstück »Toscana-Therapie«[54] hat Robert Gernhardt, der selbst zeitweilig dort lebt, ein polemisches Bild der Fraktion gezeichnet. Im engeren Sinne gehören ihr Otto

met ist. Der Wanderer durchstreift – so ein Prospekttitel – die »Berge der Toskana« von den apuanischen Alpen an der Küste bis zum Monte Amiata im Südosten. Die »Parks der Toskana« führen in Naturreservate und bezeugen die reiche Flora und Fauna. Special Interest-Angebote widmen sich den Bereichen Filmgeschichte, Botanik, Wellness, Golf und Radfahren. Das Hauptaugenmerk jedoch gilt dem kulinarischen Gast: Wein, Trüffel, Olivenöl, Schinken, Pilze, Honig oder Esskastanien werden ausführlich gewürdigt. Dies geschieht im Wesentlichen vor dem Hintergrund von Reiserouten zu Weingütern und den Angeboten des Agriturismo[56]. Der zweite Fall ist die vom Massentourismus heimgesuchte Insel Capri und die Amalfiküste. Dort ermöglichen die Reiseprospekte dem deutschen Touristen botanische Entdeckungen im Inneren Capris[57]. Er kann auf den Spuren von Schriftstellern oder Künstlern wandeln, die Capri besucht haben[58], mithin Erfahrungen jenseits von Blauer Grotte und überfüllten Fährbooten sammeln. alte Rezepte studieren, die traditionellen Treppenwege durch das amalfitanische Küstengebirge und die Wege durch die Monti Lattari im Hinterland der Amalfitana begehen oder die Naturschönheit der geschützten Küstenabschnitte erleben.

Diese Angebote bedienen eine der Suche nach dem einfachen Leben entsprungenen Nachfrage, die aus dem Überdruss an einem technisierten, organisierten und industrialisierten Deutschland erwachsen[59]. Damit scheint ein Bogen zu vereinzelten Italienreisenden des frühen 19. Jahrhunderts geschlagen werden zu können, die ebenfalls das Lob der Einfachheit gesungen haben, wie der bereits zitierte Maler Wilhelm Müller: »Italien wird mir auch in der Heimat unvergesslich bleiben mit seiner hellen, heiteren Lebensbläue, seinem seligen Leichtsinn, seinem unerschöpflichen Reichtume, seiner fröhlichen Genügsamkeit, seinem sprudelnden Feuer, seinen brausenden Leidenschaften,

seiner kindlichen Lenksamkeit, seiner gesunden Sinnlichkeit und seiner hellen Schönheit«[60].

Die brausenden Leidenschaften sind ein letzter Aspekt der Suche nach dem einfachen Leben, denn die erotische Faszination und Erfüllung ist durchaus ein Leitmotiv alternativer Italienerfahrung. Zumeist ist sie literarisch greifbar und steht hier in einer ehrwürdigen Tradition. Goethes »Römische Elegien«[61] besingen die Geliebte Faustina, und der Dichter bekennt:

»Eine Welt zwar bist du, o Rom; doch ohne die Liebe
Wäre die Welt nicht die Welt, wäre denn Rom auch nicht Rom«
(Römische Elegien, I)

Bei Goethe ist die Erfahrung der antiken Größe Italiens eng mit der Lust verbunden:

»Und belehr ich mich nicht, indem ich des lieblichen Busens
Form erspähe, die Hand leite die Hüften hinab?
Dann versteh ich den Marmor erst recht, ich denk und vergleiche,
Sehe mit fühlendem Aug, fühle mit sehender Hand«
(Römische Elegien, V)

Goethe ist nicht der einzige, der den Marmor mit lustvollen Gedanken anreichert. Bei Johann Gottfried Herder, der 1788–89 als Begleiter von Johann Hugo Friedrich von Dahlberg nach Italien reiste, geschieht dies subtil, und dennoch verleiht er den von taktilen Metaphern durchdrungenen Beschreibungen antiker Skulpturen leicht erotische Komponenten[62]. Wesentlich deutlicher ist Wilhelm Heinse ist seinem Künstlerroman »Ardinghello«[63], der ein vitalistisches Konzept verfolgt, bei dem die erotischen Abenteuer des Protagonisten Ardinghello klar dargelegt werden. Der Eros bleibt jedoch nicht im Bereich literarischer Projektion, son-

dern Italien ist tatsächlich Bühne des sinnlichen Er-
lebens. Vor allem im Bereich der homoerotischen
Liebe war Italien paradiesisch, die Behörden insgesamt eher tolerant. Allerdings wurden pädophile
Neigungen durchaus verfolgt. Im Jahre 1903 konnte
sich der auf Capri lebende Hamburger Maler Christian Wilhelm Allers einer Verhaftung wegen Kna-
benliebe nur durch Flucht entziehen. Der Industrielle Friedrich Alfred Krupp, dem Capri ebenfalls
zur zweiten Heimat geworden war, geriet 1902 in
Verdacht und erlebte vor seinem Tod 1903 noch eine
in Italien und Deutschland lancierte, diffamierende
Pressekampagne[64]. Ein jüngeres Beispiel für diese
Komponente der Italiensehnsucht ist Josef Wink-
lers autobiographischer Roman »Friedhof der bitte-
ren Orangen« (1990), in dem der Ich-Erzähler die
Metropole Rom, das nicht romantisierend, sondern
als Großstadtlabyrinth aus der Sicht der kleinen
Händler, Arbeiter und Randpersonen der Gesellschaft beschrieben ist, zum Schauplatz homoeroti-
scher Fantasien und Obsessionen macht.

Doch als Ort lustvoller Vergnügungen hat das
Traumland Italien ausgedient. Im touristischen
Verhalten haben inzwischen die Fernreiseziele
Thailand und Karibik mit ihren entsprechenden
Angeboten Italien den Rang abgelaufen. Zum
neuen Sehnsuchtsland der Deutschen ist Kuba geworden, dessen Rezeption durchaus dem Bild Nea-
pels in den vergangenen Jahrzehnten vergleichbar
ist: voyeuristische Lust am Verfall einstiger Größe,
Anbetung des permanent blauen Himmels, Lob-
preis der Sinnlichkeit.

Häusliche Italianità

Während die Exotik Italiens weitgehend der
Vergangenheit angehört, lässt sich seit den 90er
Jahren ein gänzlich neuer Aspekt im deutsch-italienischen Verhältnis ausmachen, die Italienisierung
des Alltags. Es ist ein schleichender Prozess, der im
Italienfieber der 50er Jahre seinen Anfang hat und
inzwischen alle Lebensbereiche betrifft. Die Italienbegeisterung der Nachkriegsgeneration äußerte
sich in den mitgebrachten Souvenirs, doch ist das
Mitbringsel eher ein Erinnerungsstück als ein Motor mediterranen Lebensgefühls[65]. Daneben jedoch
entstand die sogenannte »Italienware«. Es handelte
sich um Produkte »Made in Germany«, vor allem
Keramik, aber auch Stoffe, Tapeten oder Metall-
arbeiten, die das gesamte Innere der Wohnung mit
Italienzitaten verzierten: Eisverkäufer, singende
Jünglinge, Rialtobrücken, Gondeln oder Agaven
prangten auf diversen Einrichtungsgegenständen[66].

Eine wirklich aus Italien stammende Formen-
welt bricht sich in deutschen Wohnräumen jedoch
erst seit den 80er Jahren Bahn, wenngleich frühere
Beispiele italienischer Formensprache die bundes-
republikanische Öffentlichkeit weit mehr als nur
streiften[67]. Dies gilt für den Bereich der motorisier-
ten Welt, aber auch für das Industriedesign. Die
»Isetta« wurde 1954 von Luigi Preti für Iso entworfen und noch im gleichen Jahr von BMW in Lizenz
gefertigt. Der Golf I von Volkswagen ist maßgeblich
den Entwürfen von Giorgetto Giugiaro zu verdanken. Mit seiner Reiseschreibmaschine Valentine
(Entwurf: Ettore Sottsass) wie auch dem Vorgänger-
modell Lettera 22 (Entwurf: Marcello Nizzoli) hat
die aus dem norditalienischen Ivrea stammende
Firma Olivetti Marksteine des Industrial Design
gesetzt, die auch für die der Funktionalität huldi-
genden Deutschen der 50er und 60er Jahre Inkuna-
beln des Fortschritts wurden. Insgesamt blieben
sie aber vieldiskutierte Einzelstücke, ebenso Möbel
wie der aufblasbare Sessel Blow oder der Sitzsack
Sacco (1967 bzw. 1968, Zanotta, Mailand). Die
Wende trat mit dem »Neuen Design« ein, das in Italien in der Folge des politischen und gesellschaftlichen Aufruhrs von 1968 entstand. Radical Design
wurde zum Inbegriff von Protest und neuem Le-
benstil und mündete in den frühen 80er Jahren unter anderem in den Designgruppen Alchimia und

Memphis[68]. Stark buntfarbige Entwürfe, eine völlig freie Stilgestaltung und uneingeschränkter Freiraum in der Form wiesen einen der Wege in die Postmoderne und bestimmten die gestalterische Landschaft Italiens. Und bald auch das deutsch-italienische Verhältnis: Seit den 8oer Jahren kam es zu einer verstärkten Zusammenarbeit deutscher Firmen mit italienischen Designern. Mario Bellini und Aldo Rossi begannen, für Rosenthal Studioline zu arbeiten, bei KPM Berlin wurde Enzo Mari künstlerischer Direktor. Damit kam es zu einer Multiplikation der neuen italienischen Formensprache, deren Siegeszug nun auch vor durchschnittlichen deutschen Wohnungen nicht Halt macht. Hier ist es insbesondere der Hersteller Alessi, dessen Produkte sich im Küchen-, Bad- und Wohnbereich finden und die inzwischen nachempfunden oder plagiert werden. Zu nennen sind der Korkenzieher Anna G. (1994, Alessesandro Mendini), der Wasserkessel von Michael Graves (1975) oder die Zitronenpresse »Juicy Salif« (1990, Philipp Starck). Ihnen gemeinsam ist die heitere Grundstimmung, die zu Alessis Firmenphilosophie gehört: »Der Mensch [...] ist auf der ständigen Suche nach Dingen, die sein Leben verbessern. Und viele dieser Dinge befriedigen weniger funktionale als intellektuelle, geistige und gefühlsmäßige Bedürfnisse. Alessi befasst sich mit diesen Dingen. Ähnlich einem spielenden Kind beim schöpferischen Spiel mit Kaffeemaschinen, Wasserkesseln und Tabletts wird uns bewusst, daß wir durch unsere spielerisch-schöpferische Tätigkeit dazu beitragen können, die Welt um uns zu verändern«[69]. Daneben ist jedoch seit einiger Zeit die Entstehung einer »Italienware« neuen Typs festzustellen. In deutschen Einrichtungshäusern und Baumärkten existieren in großer Vielzahl und hohem Variantenreichtum Einrichtungsgegenstände, die einem vagen toskanischen Landhausstil zuzuordnen sind. Dazu gehören Terrakottafliesen und -töpfe, beige-

oder rötlichfarbene Wandfarben, die sich für eine Schwamm- oder Spachteltechnik eignen, rustikal anmutende Sitzgruppen mit Kissenauflagen und Tischen, an denen eine süditalienische Großfamilie Platz finden könnte, sowie überdimensionierte Teller für die Pasta. Wie bereits in den 5oer Jahren kommt man hier zu einer eigenständigen, rein motivischen Interpretation Italiens.

Die genannten Pastateller können als Symbol für einen weiteren Siegeszug italienischer Lebensart stehen und bilden den vorläufigen Abschluss einer Entwicklung, die ebenfalls in den 5oer Jahren beginnt, die kulinarische Entdeckung Italiens. Der Zuschnitt des frühen Massentourismus sorgte dafür, dass vor allem die leichtere, nudelbetonte Küche der Küstengebiete als typisch italienisch empfunden wurde und Einzug in das deutsche Kochen fand. Der Hausfrau kam dabei die Erfindung von Fertiggerichten sehr entgegen; die Markteinführung des Produktes Miracoli (1961) war hier ein wichtiger Schritt[70]. Neben der Pasta begegneten die Deutschen in Italien, und bald auch zu Hause, der Pizza. Mit den nach Deutschland kommenden Süditalienern kam auch ihre Küche, und viele, die keine Arbeit fanden oder ihre Ersparnisse in Deutschland investierten, eröffneten eine Pizzeria oder eine Eisdiele. Ausgangspunkt dieses Siegeszuges war das »Capri« in Würzburg mit einer aus Pappmachée nachgebauten Blauen Grotte im Untergeschoss[71], 1952 als erste Pizzeria in Deutschland eröffnet. Die Unzahl von Lokalen mit den sich ständig wiederholenden Namen »Sorrent«, »Bella Napoli«, »Capri« – die durchaus auch das Heimweh ausdrückten – brachten die »cucina popolare« unter das deutsche Essensvolk, erzeugten aber auch mit der oftmals geringen Qualität und schlechtem Wein ein Negativbild.

Eine Wende vollzog sich auch hier mit der Toskana-Fraktion und der Entdeckung, dass Italien wesentlich mehr zu bieten hat als Spaghetti mit Tomatensauce. Mit der touristischen Urbarmachung des gesamten Stiefels gelangte auch die gesamte Speisekarte nach Deutschland. Die Pizzeria wurde vom Edelitaliener abgelöst. Der Genuss blieb aber nicht nur auf das Lokal beschränkt, denn die Produkte waren seit den 90er Jahren in großem Umfang und hoher Qualität auch greifbar. »Für die italienischen Momente im Leben«, so der Slogan des Nudelherstellers Barilla im Jahre 1998, steht inzwischen nicht nur die gesamte Nudelpalette von fast allen italienischen Herstellern in den Regalen von italienischen Feinkostgeschäften und deutschen Supermärkten, sondern das vollständige Nahrungsmittelangebot. Gleiches gilt für Wein oder Grappa, wobei deutsche Gourmets hier eine größere Kennerschaft zu entwickeln scheinen als die italienischen. Um zu einer kulinarischen Umsetzung zu gelangen, hält jede Frauenzeitschrift und jedes Kochmagazin entsprechende Rezepte in Fülle bereit, das Internet wimmelt von Spezialseiten zur italienischen Regionalküche und der Buchmarkt wird von einschlägigen Publikationen überschwemmt. Eine ähnliche Entwicklung lässt sich bei Kaffee feststellen. Kaum ein gehobener deutscher Haushalt kommt ohne Espressomaschine aus, und in jeder Dorfschänke ist ein latte macchiato zu bekommen. Idealerweise wird er in einem Pappbecher aus der Bar gleich mitgenommen – eine amerikanische Version des Kaffeegenusses, der in Italien keine Tradition hat[72]. Seit der Jahrtausendwende lässt sich eine Koinzidenz zwischen Italianisierung und Aldisierung konstatieren, die belegt, dass die italienische Küche bei allen Bevölkerungsschichten angekommen ist. In den Regalen deutscher Discountmärkte sind durchaus Trüffelöl, Limoncello und Parmaschinken zu finden.

Wie für das Essen könnte eine ähnliche Entwicklung auch für die Kleidung aufgezeichnet werden, bei der der Weg von den Caprihosen der 50er Jahre – die übrigens schon eine mehrfache Renaissance erlebt haben – über Fiorucci, später Armani und Gucci hin zu den Plagiaten von Dolce & Gabbana

reicht, die auf den sogenannten »Tschechenmärkten« in grenznahen Gebieten für wenig Geld erworben werden können. Der Buchmarkt stellt aber auch Schnäppchenführer bereit, die ein günstiges Einkaufserlebnis in Oberitalien ermöglichen[73].

Fazit: Ist Italien noch Ort der Selbstfindung?

Die belletristische Literatur bietet eine Vielzahl von Werken, die sich mit Italien auseinandersetzen, darunter bemerkenswert viele Krimis. Donna Leon, Andrea Camilleri, Carlo Lucarelli und viele andere vermitteln ein mitunter von Stereotypen durchzogenes, mitunter aber auch differenziertes Italienbild und haben die Stellung der heiteren Italienbücher oder historisierenden Novellen eingenommen, die im 19. Jahrhundert das literarische Italienbild prägten. Fernsehproduktionen und Spielfilme sorgen dafür, dass der vordergründige Aufklärungsgrad über Mafia und Camorra zunimmt. Filme wie »Il Postino« (USA 1994), »Solino« (D 2002) oder »Pane e Tulipani« (I 2000) erfüllen mit ihrem Motivrepertoire Sehnsuchtswünsche und werden in deutschen Kinos zu Kassenschlagern. Lässt sich daraus, zusammen mit dem oben Ausgeführten, schließen, dass Italien noch das Sehnsuchtsland der Deutschen ist? Ja und nein. Sicherlich hat Italien als Ort der künstlerischen Wiedergeburt, wie sie Friedrich Nietzsche oder später Ingeborg Bachmann erlebten, ausgedient[74] und wurde teilweise literarisch demontiert[75]. Doch als Rückzugsort scheint Italien noch immer eine herausragende Rolle zu spielen, wie die Wirkung der Toskana-Fraktion beweist. Vom konkreten Italien hat sich die deutsche Italienwahrnehmung zwar nicht entfernt, doch die heimische Interpretation des Südens nimmt zu – anders jedoch als in den 50er und 60er Jahren. Italianità ist zum Synonym von bewusster Einfachheit, von Genuss und erfülltem Leben geworden. Im Sinne eines Aneignungsprozesses wurde Italien eingedeutscht.

1 »Italiengeneration« ist der Arbeitstitel einer im Rahmen des DFG-Graduiertenkollegs »Generationengeschichte« (Univ. Göttingen) entstehenden Arbeit über die vom Italienfieber der 50er und 60er Jahre erfassten bundesrepublikanischen Gesellschaft.

2 Die Vermarktung von Verpackungen des Getränkes Capri-Sonne in Form von Taschen etc. begann im Sommer 2004. Capri-Sonne kam bereits 1969 auf den Markt, der Name selbst wurde jedoch schon 1952 als Warenzeichen eingetragen; vgl.: Sabine Krott: Capri-Sonne. In: Nylon & Caprisonne. Das fünfziger Jahre Gefühl. Stadtmuseum München 2002, S. 64–65.

3 Vgl. Italo Michele Battafarano: Italien-Sehnsucht, oder: die Suche nach dem Paradies von Goethe bis Malkowski. In: Was ist deutsch? Aspekte zum Selbstverständnis einer grübelnden Nation. Beiträge der Tagung im Germanischen Nationalmuseum am 20. und 21. Oktober 2005. Nürnberg 2006.

4 Die Diskussion der von Montesquieu entwickelten Klimatheorie bewegte die gesamte Aufklärung; zusammenfassend: Stephan Günzel: Geographie der Aufklärung. Klimapolitik von Montesquieu zu Kant (Teil 1). In: Aufklärung und Kritik. Zeitschrift für freies Denken und humanistische Philosophie Jg. 11, H. 22, 2004, S. 66–91. Auch Winckelmann sieht im milden Klima den Auslöser der Zivilisation und lässt seine griechische Kunstgeschichte mit folgenden Sätzen beginnen: »Der gute Geschmack, welcher sich mehr und mehr durch die Welt ausbreitet, hat sich angefangen zuerst unter dem griechischen Himmel zu bilden. Alle Erfindungen fremder Völker kamen gleichsam nur als der erste Same nach Griechenland und nahmen eine andere Natur und Gestalt an in dem Lande, welches Minerva, sagt man, vor allen Ländern, wegen der gemäßigten Jahreszeiten, die sie hier angetroffen, den Griechen zur Wohnung angewiesen, als ein Land, welches kluge Köpfe hervorbringen würde«. Zit. nach: Gedancken über die Nachahmung der Griechischen Wercke in der Mahlerey und Bildhauer-Kunst. Dresden 1755. In: Johann Joachim Winckelmann: Kleine Schriften, Vorreden, Entwürfe. Hrsg. von Walther Rehm. Berlin 1968, S. 27–59, das Zitat S. 29.

5 I. M. Battafarano (Anm. 3); die Quelle: Wilhelm Waiblinger: Brief an die Eltern. In: Deutsche Briefe aus Italien von Winckelmann bis Gregorovius. Hrsg. von Eberhard Haufe. Leipzig 1971, S. 276–277.

6 Tammo Luther: Die Italienreise im 20. Jahrhundert. In: Wenn bei Capri die rote Sonne … Die Italiensehnsucht der Deutschen im 20. Jahrhundert. Hrsg. von Harald Siebenmorgen, Badisches Landesmuseum Karlsruhe 1997, S. 82–92, hier v. a. S. 85–86.

7 Es handelte sich nicht mehr nur um Einzelreisende, vielmehr traten Reiseveranstalter auf den Plan, die für mittlere und höhere Einkommensschichten Pauschalreisen anboten. Die Verbürgerlichung breiter Schichten während der Weimarer Republik erschloss hier neue Zielgruppen.

8 Zu den KdF-Reisen, vor allem den Seereisen siehe: Bruno Frommann: Reisen im Dienste politischer Zielsetzungen. Diss. Stuttgart 1993. – Susanne Appel: Reisen im Nationalsozialismus. Baden-Baden 2001. – Claudia Schallenberg: KdF. »Kraft durch Freude«. Innenansichten der Seereisen. Bremen 2005.

9 Der Wiederbesinnung auf »klassische Werke« der deutschen Literatur, die man nach der »Stunde Null« in Deutschland konstatieren kann – vgl. hierzu Hermann Glaser: Kulturgeschichte der Bundesrepublik Deutschland, Bd. 1: Zwischen Kapitulation und Währungsreform 1945–1948. München – Wien 1985, S. 18–22 – scheint auch für die Italienrezeption zu gelten, es erscheint jedoch wenig neue Italiendichtung. So finden sich beispielsweise in den Jahren 1950–51 neben einer Reihe von Kunstbänden, Kunstreiseführern und Merianheften zu klassischen Reisezielen nur wenige Werke, die Italien zum Gegenstand haben; es handelt sich im Wesentlichen um Reiseerinnerungen aus den zurückliegenden Jahrzehnten; vgl. beispielsweise: Werner Bergengruen: Römisches Erinnerungsbuch. Mit einem Bildteil von Charlotte Bergengruen. Freiburg 1950. – Paul Alverdes: Die Grotte der Egeria. Konstanz 1950 (ein, so der Klappentext, »Tagebuch einer Vortragsreise und Dichterfahrt ins Land der deutschen Sehnsucht«) – Felix Hartlaub: Partenope oder das Abenteuer in Neapel (Erstausgabe 1934). Stuttgart 1951. Neue Dichtung entsteht kaum, sondern »viele Dichter, die im Dritten Reich zum Schweigen verdammt waren, ergriffen nun das Wort oder öffneten ihre Schubladen« (Gunter E. Grimm: Italien-Dichtung, 2 Bde. Stuttgart 1988, hier zit. nach Italiendichtung II. Gedichte, Einleitung, S. 50). Das Resultat ist ein »literarischer Traditionalismus bis weit in die 50er Jahre hinein« (ebd.). Erst mit der Wiedereröffnung der Villa Massimo in Rom, die ab 1957 Stipendien auch für Schriftsteller erteilte, kommt es zu einem neuen Italienzug der Literaten. Bis 1960 scheint die Italiendichtung auch im Bereich der sogenannten Trivialliteratur wieder zuzunehmen und erreicht beispielsweise mit Utta Danellas: »Die Reise nach Venedig« (1959) einen ersten Höhepunkt.

10 Alexandra Neuner: »Mandolinen der Liebe erklingen«. Italien im deutschen Schlager. In: Wenn bei Capri die rote Sonne … (Anm. 6), S. 145. Weiterführend: A. W. Herdenkell: Deutsch-italienischer Kulturaustausch in der Schlagerwelt der fünfziger und sechziger Jahre. In: Italienisch 18/2, 1996, S. 74–87.

11 Die Erstaufnahme mit Magda Hain wurde nicht mehr gesendet. Die Aufnahme mit Rudi Schuricke war bereits 1946/47 auf Platz 1 der Bestsellerliste. Unzählige spätere Aufnahmen ließen das Lied weiterhin bekannt und beliebt bleiben. Auch die beiden Ex-Kanzler Helmut Kohl und Gerhard Schröder zählen die Komposition zu ihren Lieblingsstücken; vgl. http://www.capri-fischer.de.

12 Aufnahme mit Udo Jürgens und dem RIAS Tanzorchester Berlin (1957).

13 Aus dem Musikfilm »Bonjour Kathrin« mit Peter Alexander und Silvio Francesco. Für dieses Lied erhielt der Komponist Kurt Feltz 1958 eine Auszeichnung des italienischen Staatspräsidenten Gronchi für seine Verdienste um den italienischen Fremdenverkehr; A. Neuner (Anm. 10), S. 148.

14 Beispielsweise »Ariane« (D 1930/31, Regie: Paul Czinner) mit einem Italienaufenthalt als zentralem Handlungsgegenstand, oder »Die kleine und die große Liebe« (D 1937/38, Regie: Josef von Baky); darin verleben die Stewardess Erika Berghoff (Jenny Jugo) und ein inkognito reisender Prinz (Gustav Fröhlich) einige liebeserfüllte Tage in Italien. In »Befreite Hände« (D 1939, Regie: Hans Schweikart) wird Italien zum Ort des künstlerischen Durchbruchs der Magd Dürthen (Brigitte Horney), die ihre Begabung zur Bildhauerei in Rom entdeckt und nun in der Kunst aufgeht.

15 Die politischen Verbindungen jedoch sehr wohl; vgl. beispielsweise den Dokumentarfilm »Italien marschiert« (D 1936) oder den Kurzfilm »Führertage in Italien« (D 1938). Als Tourismusland taucht Italien zwar im Dokumentarfilm auf – »An der italienischen Riviera von Genua bis Ventimiglia« (D 1933) oder »Deutsche Faltbootfahrer in Italien« (D 1938) – ist jedoch nicht durchgängiger Handlungsort im Spielfilm, wie dies seit den 50er Jahren der Fall ist.

16 An dieser Stelle sei Herrn Gert Dobner herzlich für die Unterstützung gedankt.

17 Regie: Géza von Cziffra; Hauptrollen: Vera Molnar, Josef Meinrad, Felicitas Busi und Walter Giller; Inhalt: Zwei unglückliche Mädchen versuchen in Italien, ihr berufliches Glück zu machen und schaffen dies im sizilianischen Taormina auch, wo ihr schauspielerisches Talent entdeckt wird.

18 Arbeitstitel: Ja ja, der Chanti-Wein; Regie: Wolfgang Schleif, Hauptrollen: Rudolf Prack und Waltraud Haas; Inhalt: Verarmte deutsche Weinbauern suchen in der Toskana das Glück und finden es auch.

19 D 1957/58, Regie: Wolfgang Becker; Hauptrollen: Paul Hubschmied und Susanne Cramer.

20 Ö 1958, Regie: Franz Anteul; Hauptrollen: Hans Moser, Georg Thomalla und Hannelore Bollmann.

21 D 1957, Regie: Günther Lüders, Hauptrollen: Ewald Balser, Adelheid Seeck, Heidi Brühl.

22 Ö 1962; Regie: Franz Antel; Darsteller (Auswahl): Heinz Erhardt, Karin Dor, Harald Juhnke, Trude Herr, Gus Backus, Edith Hancke und Bill Ramsey.

23 Vgl. Kerstin Schumann: Grenzübertritte – das »deutsche« Mittelmeer. In: Endlich Urlaub! Die Deutschen reisen. Hrsg. vom Haus der Geschichte der Bundesrepublik Deutschland, Bonn. Köln 1996, S. 33–39.

24 Nur wenige Unternehmen bieten schon zu Beginn der 50er Jahre organisierte Reisen nach Italien an: Dr. Tigges mit Bus oder Auto und Zelt (1950: Rom; 1951: Sizilien); Touropa mit der Bahn (1950/51: Italien); vgl.: Heinz Göckeritz: Die Bundesbürger entdecken die Urlaubsreise. In: Endlich Urlaub! (Anm. 23), S. 43–50.

25 Eine typische Italienpublikation ist beispielsweise: Franz Hieronymus Riedl: Das Buch vom Gardasee. Landschaft, Kunst und Kultur. Wien 1955; Peter Klahn: Urlaub in Italien. Ein Reiseführer für Menschen von heute. Gütersloh 1960.

26 Statistisches Jahrbuch für die Bundesrepublik Deutschland. Hrsg. vom Statistischen Bundesamt Wiesbaden. Stuttgart 1957 und 1960; zit. nach: T. Luther (Anm. 6), S. 93; vgl. zur Gesamtentwicklung auch: Ernst Ulrich Große und Günter Trautmann: Italien verstehen. Darmstadt 1997, S. 321–322.

27 Zum Verhältnis Italien-DDR siehe: Günter Höhne: Italienisch für Fortgeschrittene: Der Mythos und die Dinge. In: (4:3) –

50 Jahre italienisches & deutsches Design. Hrsg. von der Kunst- und Ausstellungshalle der Bundesrepublik Deutschland GmbH, Bonn. Ostfildern-Ruit 2000, S.137–143.

28 Im Jahre 2002 führten 16,8% aller privaten deutschen Auslandsreisen nach Italien, 15,6% nach Österreich und 15,4% nach Spanien. Die 9,66 Millionen deutschen Italienreisenden ließen dabei 6,5 Mrd. Euro im Land; Quelle: Statistisches Bundesamt, Meldung vom 15. Juli 2003 und Frankfurter Allgemeine Zeitung, 22. 08. 2003, Nr. 194, S. 12; vgl. zum Reiseverhalten insgesamt: Horst W. Opaschowski: Tourismus und Lebensqualität. Eine europäische Tourismusanalyse in fünf Ländern. Hamburg 1994; Hermann Bausinger: Wie die Deutschen zu Reiseweltmeistern wurden. In: Endlich Urlaub! (Anm. 23), S. 25–32.

29 Im Jahre 2004 waren es nur noch 8,4 Millionen Gäste, die auch weniger ausgaben: 6,32 Mrd. Euro; Quelle: ENIT-Presse-Informationen, März 2001, S. 1

30 Als Konsequenz sagte der damalige Bundeskanzler Schröder seinen Italienurlaub ab. Nach massiven Protesten entschuldigte sich Stefani in der Bild-Zeitung bei den Deutschen für seine Äußerungen und trat zurück.

31 Tobias Piller: Italiens Selbsttäuschung. Dem Tourismus droht die Krise. In: Frankfurter Allgemeine Zeitung, 8. 08. 2005, Nr. 182, S. 9. Die italienischen Fremdenverkehrsämter vermuten, dass der Rückgang mit der schlechten Konjunktur zusammenhinge; die Ausgaben, die nach wie vor im Tourismus getätigt werden, sprechen jedoch eine andere Sprache.

32 Zuletzt in der umfassenden Arbeit von Norbert Miller: Der Wanderer. Goethe in Italien. München – Wien 2002.

33 »Denn wie die Jahrhunderte sich aus dem Ernsten in das Gefällige bilden, so bilden sie den Menschen mit, ja sie erzeugen ihn. Nun sind unsere Augen und durch sie unser ganzes inneres Wesen an schlankere Baumassen hinangetrieben und entschieden bestimmt, so daß uns diese stumpfen, kegelförmigen, enggedrängten Säulenmassen lästig, ja furchtbar erschienen«; Johann Wolfgang von Goethe: Italienische Reise. Zweiter Teil: Neapel. Eintrag vom 23. März 1787

34 Johann Wolfgang von Goethe: Tagebuch der italienische Reise, Eintrag vom 9. November 1786.

35 Erstmals erschienen Dresden 1764. Reprint in: Johann Joachim Winckelmann: Kunsttheoretische Schriften, Bd. 5, 6. Baden-Baden und Straßburg 1962 ff. Zur Wirkungsgeschichte der Statuenbeschreibung Winckelmanns vgl.: Carl Justi: Winckelmann und seine Zeitgenossen, 3 Bde., 2. Aufl. Leipzig 1888; Norbert Miller und Helmut Pfotenhauer: Frühklassizismus, Winckelmann, Heinse. Frankfurt 1992.

36 Bei seinem Aufbruch in Karlsbad am 3. September 1786 nahm er die Erstausgabe des Werkes von 1770–71 aus dem Besitz seines Freundes Knebel mit; vgl.: Goethe in Italien. Hrsg, von Jörn Göres, Goethe-Museum Düsseldorf. Düsseldorf 1986, S. 181.

37 Volkmann hatte 1758 in Rom gelebt und war dabei in engen Kontakt zu Winckelmann und Mengs getreten. So nimmt es nicht Wunder, dass er die in diesem Kreis entwickelte, klassizistische

Kunstauffassung verinnerlichte: Johann Jacob Volkmann: Historisch-kritische Nachrichten von Italien, welche eine Beschreibung dieses Landes, der Sitten, Regierungsform, Handlung, des Zustandes der Wissenschaften und insbesondere der Werke der Kunst enthalten. Leipzig 1770–1778.

38 Allerdings trugen auch Stichwerke zur Popularisierung der Statuen bei; vgl. hierzu: Caecilie Weissert: Reproduktionsstichwerke. Vermittlung alter und neuer Kunst im 18. und frühen 19. Jahrhundert. Berlin 1999.

39 Baedeker Rom. Red.: Rainer Eisenschmid, 12. Aufl. Ostfildern 2002, S. 197–198.

40 Heinz-Joachim Fischer: Rom. Köln 1999, S. 370–372.

41 So hat der Marktführer Studiosus 60 Italienreisen im aktuellen Programm (2006), Ikarus-Tours 14, Karawane Reisen und Biblische Reisen immerhin noch neun. Doch das antike Italien spielt hier eine untergeordnete Rolle.

42 Eine späte Beschreibung der Reisen ehemaliger DDR-Bürger findet sich in Ingo Schulzes: Simple Storys. Ein Roman aus der ostdeutschen Provinz. Berlin 1998.

43 Ein Persiflage der ostdeutschen Italiensehnsucht ist der Film »Go, Trabi, go!« (D 1990, Regie: Peter Timm, Kinostart: 17. 1. 1991), in dem die Familie Struutz kurz nach dem Fall der Mauer zu einer Italienreise aufbricht, deren Ziel Neapel ist.

44 Wilhelm Waetzoldt: Das klassische Land. Wandlungen der Italiensehnsucht. Leipzig 1927, S. 6.

45 Raoul Schrott: Weissbuch. Gedichte. München 2004.

46 Ursula Peters: Moderne Zeiten. Kulturgeschichtliche Spaziergänge im Germanischen Nationalmuseum, Bd. 3. Hrsg. vom Germanisches Nationalmuseum, Nürnberg 2000, S. 191.

47 Darin ähnelt die Villa Massimo, die 1910/12 errichtet und zwischen 1914 und 1924 beschlagnahmt worden war, der Florentiner Villa Romana. Die Villa Romana wurde im Dritten Reich von Hans Purrmann, der ebenfalls als entartet galt, geleitet. Dort fand beispielsweise die Blumenthal formal nahe stehende Bildhauerin Emy Roeder Zuflucht; vgl.: Justus Lange: »Ein kleines Zentrum von Eleganz und Kultur«. Emy Roeder und Hans Purrmann in der Villa Romana in Florenz. In: Blickwechsel. Zehn Jahre Museumsinitiative des Martin von Wagner Museums. Würzburg 2001, S. 47–76.

48 Werner Tübke. Faszination Mittelmeer. Hrsg. von Gerd Lindner. Panorama Museum Bad Frankenhausen. Frankenhausen 2004; siehe insbesondere darin: Liane Kotsch: Werner Tübkes mediterrane Inventionen, S. 21–39.

49 Die im Zuge des 1955 mit Italien geschlossenen Anwerbeabkommens eingereisten Italiener – um 1962/63 waren es immerhin ca. 700.000 – blieben weitgehend isoliert; zur Entwicklung siehe E. U. Große und G. Trautmann (Anm. 26), S. 322–323. Dies ähnelt den Lebensumständen von Italienern, die im 19. Jahrhundert als Bauarbeiter, Gemüsehändler oder Eisverkäufer nach Deutschland kamen; vgl. die Fallstudie zu italienischen Einwanderern in Württemberg: Remo Boccia: Württemberg und Italien. Leinfelden-Echterdingen 2004, v. a. S. 138–144.

50 Ingeborg Bachmann: Römische Reportagen. München 1998. Bachmann übermittelte ihre Berichte an Radio Bremen per Telefon, die Bänder wurden erste vor einigen Jahren wieder entdeckt.

51 Susanne Sackstetter: Vogliamo tutto – Italiensehnsucht der deutschen Linken. In: Wenn bei Capri die rote Sonne … (Anm. 6), S. 125–127.

52 Peter Schneider: Lenz. Eine Erzählung. Berlin 1973; darin beschreibt Schneider die Erfahrungen eines marxistischen Studenten aus Deutschland, der aus den beengten Verhältnissen seiner Gruppe nach Trento flieht und dort eine Wiedergeburt erfährt.

53 Ulrich Rosenbaum, dem die Website »Toskana-Fraktion« zu verdanken ist, schreibt dazu: »Die Herkunft des Begriffes ›Toskana-Fraktion‹ ist unklar. Fest steht: Er tauchte Ende der 80er Jahre wie aus dem Nebel der Kohl-Ära auf und war gemünzt auf jene Linke in Deutschland, die gerne gut aßen und tranken und sich geschmackvoll kleideten. Als einer der mögliche Erfinder wird Klaus von Dohnanyi genannt. Benutzt wurde der Begriff vor allem von der Spießbürger-Fraktion der SPD als Schimpfwort oder sogar Kampfbegriff. Er hatte im übrigen nicht zwangsläufig etwas mit der Toskana als geografischem, kulinarischem und touristischem Gebilde zu tun, sondern mit einem Lebensstil, den man sich als toskanisch vorstellte.«; http://www.toskanafraktion.de/toskfra1.html.

54 Robert Gernhardt: Die Toscana-Therapie. Schauspiel in 19 Bildern. Frankfurt a. M. – Zürich 1986.

55 An dieser Stelle seit dem Italienischen Fremdenverkehrsamt (ENIT) für die Unterstützung gedankt.

56 Mehr als 2.700 Agriturismo-Betriebe sind in der Toskana registriert; vgl.: Agriturismo Toskana. Offizielles Jahrbuch der Region Toskana. Florenz 2004; Weingüter: Atlas der Weinstraßen der Toskana: Hrsg. vom Italienischen Institut für Außenhandel. Rom 2002.

57 Tullia Rizzotti: Capri in Blüte. Botanische Wanderwege. Mailand 2003.

58 Stefanie Sonnentag: Spaziergänge durch das literarische Capri und Neapel. Zürich – Hamburg 2003.

59 Wer allerdings ein Faible für die Industrie hat, der kann auch in Italien Industriekultur besichtigen. Seit Juni 2005 bietet die piemontesische Hauptstadt Turin Besichtigungen von Unternehmen der Auto- und Schreibtechnikindustrie an; vgl. ENIT-Presseinformation, Juni 2005.

60 Zit. nach: (4:3) – 50 Jahre italienisches & deutsches Design (Anm. 27), S. 93.

61 Sie entstanden 1788/89 im Anschluss an die italienische Reise und erschienen – unter Weglassung der vier erotischen Elegien – erstmals 1795 in Schillers »Horen«.

62 Johann Gottfried Herder: Bloß für Dich geschrieben. Briefe und Aufzeichnungen über eine Reise nach Italien 1788/89. Hrsg.

von Walter Dietze und Ernst Loeb. Berlin-Ost 1980. In seiner späteren Schrift »Plastik« ist dies kaum noch zu spüren; vgl. zum Kontext: Gunter E. Grimm: Kunst als Schule der Humanität. Beobachtungen zur Funktion griechischer Plastik in Herders Kunst-Philosophie. In: Johann Gottfried Herder 1744–1803. Hrsg. von Gerhard Sauder. Hamburg 1987, S. 352–363.

63 Wilhelm Heinse: Ardinghello und Die Glückseligen Inseln Eine Italiänische Geschichte aus dem sechzehnten Jahrhundert. Erstausgabe 1787. Reprint Nördlingen 1986.

64 Zu den beiden Fällen: S. Sonnentag (Anm. 58), passim.

65 Zu den typischen Italiensouvenirs zählten – und zählen: Nachbildungen von Kunstwerken in allen erdenklichen Formen, buntfarbige Glasarbeiten aus Murano, Gondeln (als Schalen, Aschenbecher oder Rauchverzehrer), Muschelarbeiten in diversen Formen (Nachbildungen von Segelschiffen, Booten, aber auch Madonnen und Kruzifixen), Lavagestein (vom Vesuv oder Ätna), Marmorgefäße (ligurische Küste), Keramik, bastumwundene Chiantiflaschen in verschiedenen Formen oder die sog. Caretti, sizilianische Eselskarren, die als Träger für Salz- und Pfefferstreuer, Essig- und Ölfläschchen oder Servietten dienen konnten; vgl. im Überblick: Wolfgang Knobloch: Souvenirs, Souvenirs ... Reiseandenken aus Italien. In: Wenn bei Capri die rote Sonne ... (Anm. 6), S. 155–161.

66 Vgl. hierzu den Beitrag von Sabine Zühlcke in diesem Katalog.

67 Zum Folgenden: Peter Schmitt: Phantasie und Logik. Italienisches Design 1945–1955. In: Wenn bei Capri die rote Sonne ... (Anm. 6), S. 171–177.

68 Lapo Binazzi: Design als reine Kommunikation – Neue Grenzen des Design. In: (4:3) – 50 Jahre italienisches & deutsches Design (Anm. 27), S. 228–233.

69 Alberto Alessi: Alessi, das Karussell der Traumfabrik. In: ebd., S. 210.

70 An dieser Stelle sei der Pressestelle von Kraft Foods Deutschland gedankt.

71 Der Betreiber, Nicolino Di Camillo, war als Mitarbeiter der amerikanischen Streitkräfte aus Italien nach Deutschland gekommen. Nach einer Beschäftigung im Kasernencasino in Nürnberg wurde er nach Würzburg versetzt und beschloss nach seiner Entlassung eine Pizzeria zu eröffnen. Seine ersten Kunden waren Amerikaner, die die Pizza aus der eigenen Truppenküche, aber auch von der amerikanischen Ostküste kannten. Erst langsam stellten sich deutsche Gäste ein, die »Nick« mit den neuesten Schlagern aus Italien – er fuhr regelmäßig in den Süden, um die Platten zu erstehen – verwöhnte. An dieser Stelle sei dem inzwischen verstorbenen Nicolino Di Camillo herzlich gedankt.

72 Jan Weiler hat diese Unkultur in einer Glosse festgehalten: Schaum vorm Mund. Abgedruckt in: Jan Weiler: Maria, ihm schmeckt's nicht. Geschichten von meiner italienischen Sippe. Berlin 2003.

73 Gertrud Born: Schnäppchenführer Shopping in Oberitalien. Fabrikverkauf. Die Top-Marken. Ostfildern 2001.

74 Vgl. Tilmann Buddensieg: Nietzsches Italien. Städte, Gärten und Paläste. Berlin 2002 bzw. Ingeborg Bachmann: Was ich in Rom sah und hörte. In: Akzente. Zeitschrift für Dichtung. Hrsg. von Walter Höllerer und Hans Bender, H. 2, 1955, S. 39–43.

75 Rolf Dieter Brinkmann: Rom, Blicke. Erstausgabe 1979.

»Kennst Du das Land?«

MATTHIAS HAMANN

Fragt man nach Sehnsuchtsvorstellungen der Deutschen, so sind die Antworten zunächst unterschiedlich und können milieuabhängig variieren. Betrachtet man jedoch den Begriff nicht nur soziologisch, sondern auch historisch, so lässt die Kulturgeschichte Dauerthemen hervortreten. Sehnsüchte, die bei einer Verbindung von historischer und struktureller Sichtung erkennbar werden, sind unter anderem jene nach Tiefe, nach Ferne und nach Größe.

Sehnsucht nach Tiefe kann sich im spezifisch deutschen Verhältnis zum Wald äußern, das um 1500 im Kreise des frühen Humanismus eine Neubewertung erfährt. Bis dahin war »Wald« ein eher feindliches, in jedem Fall unwirtliches Terrain, das zwar wirtschaftlich genutzt werden konnte, jedoch keine Lebenswelt darstellte. Die Wiederentdeckung der 98 nach Christus entstandenen »Germania« des Tacitus und ihre deutsche Erstveröffentlichung 1473 führte zur Wende. Tacitus hatte in seiner Darstellung die Tugendhaftigkeit der Germanen beschworen und mit der »Hercynia silva«, d. h. dem Bereich der deutschen Mittelgebirge, in Verbindung gebracht. Zusammen mit dem positiven Germanenbild wurde auch das Bild des deutschen Waldes als Ort der Kulturentwicklung von den frühen Humanisten begeistert aufgenommen. Der Wald wurde Lebens- und Schutzraum und damit auch bildwürdig. Diese Interpretation, die sich in ihrer Argumentation bis zum Mythos der Hermannsschlacht weiterverfolgen lässt, tritt in der Folge gegenüber der waidmännischen Waldnutzung wieder in den kulturgeschichtlichen Hintergrund. Doch mit der Aufklärung erwacht der Mythos vom deutschen Wald erneut und erlebt in der Romantik eine große Blüte. Dichtung und Landschaftsmalerei inszenieren den Wald nicht nur als Märchen- und Sagenort. Im Wald findet die romantische Seele auch Ruhe, das Individuum seinen Einklang mit der Schöpfung. Die Bewegung durch den Wald – das Wandern – führt zu innerer Einkehr, aber auch zu geistiger Befruchtung. Die tatsächliche Eroberung des Waldes setzt ebenfalls im 19. Jahrhundert ein und entwickelt sich von der Wanderfahrt des lustigen Gesellen zum bürgerlichen Spaziergang. Parallel dazu begreift die Malerei die Landschaft zunehmend als autonomen Bildgegenstand, nicht mehr als symbolisches Motiv. Ein weiteres Phänomen im Verhältnis der Deutschen zum Wald ist die politische Konnotation. Der Mythos vom deutschen Wald findet nach der Reichsgründung im Symbol der Eiche als dem deutschen Baum und im Denkmalkult einen neuen Höhepunkt. Aber auch die NS-Zeit bedient sich der Waldmetaphorik, wobei der Wald nicht nur Symbol deutscher Größe ist, sondern die Pflanzenwelt Sinnbild der Volksgemeinschaft. Nach 1945 ist in der Haltung der Deutschen zum Wald eine Diversifizierung festzustellen. Als kollektiver Gedächtnisort hat er ausgedient, das elementare Erleben findet heute im Hochgebirge (Freeclimbing) oder in fernen Ländern (Trekking) statt. Doch durchziehen Argumentationssplitter durchaus die pluralistische Gesellschaft der Bundesrepublik. In Naturschutzkampagnen taucht der Wald immer wieder als Indikator deutscher Befindlichkeit auf, während sich die visuelle Kultur ungebrochen mit dem Wald beschäftigt. Und schließlich schlägt die Idee des Friedwaldes, in dem der Mensch zur letzten Ruhe gebettet wird, die Brücke in die deutsche Ideengeschichte zurück.

Die deutsche Sehnsucht nach Ferne hatte über Jahrhunderte hinweg vor allem ein Ziel: Italien. Der Urgrund ist ein machtpolitischer: Mit der Gründung des Ottonischen Reiches war der Italienzug deutscher Könige zur Erlangung der Kaiserkrone bis in das 16. Jahrhundert notwendig. Die Adelsreise des 17. und 18. Jahrhunderts, die sich als Reiseform anschloss, verfolgte hingegen Ausbildungsaspekte und ähnelte darin der »Grand Tour« der englischen und französischen Aristokratie. Erst nach 1750 setzt ein Wandel ein. Italien wird für die Intelligenz der deutschen Kleinstaaten zum Ort geistiger Erneuerung. Alles überstrahlendes Vorbild wird Goethes Italienaufenthalt der Jahre 1786/87. Die in Italien erlebbare Antike erhebt Winckelmann zum Ideal und damit zum Vorbild des deutschen Klassizismus. Seit der Goethezeit ergießt sich ein breiter Strom deutscher Reisender über die Alpen. Die geistige und politische Führungselite, aber auch die Künstlerschaft begreift den – mitunter mehrere Jahre andauernden oder nie mehr endenden – Italienaufenthalt nicht nur als Attraktion oder Bereicherung, sondern – in einem Nachleben Goethes – durchaus als Ort der Erneuerung oder sogar der Wiedergeburt. Es sind nur wenige, die im Zeitraum 1780/1830 nicht nach Italien reisten. Friedrich Schiller, Rahel Levin Varnhagen von Ense und Caspar David Friedrich gehörten zu den Ausnahmen. Zwar ist Italien seit Dürer auch ein künstlerisches Reiseziel, doch erst in der Goethezeit wird Italien zur notwendigen Station der künstlerischen Ausbildung. Neben der Stadt Rom und dem Golf von Neapel wird vor allem die römische Campagna mit Orten wie Tivoli, Subiaco oder Olevano zum Bildgegenstand. Die italienische Bevölkerung wird in Genrebildern festgehalten, die zumeist ein fröhliches und buntes, dabei aber armes und zerlumptes Volk zeigen. Diese Bilder sind bezeichnend, denn sie verdeutlichen auch, dass die Wahrnehmung Italiens ausschnitthaft erfolgte. Die Italienreisenden begegneten zumeist den unteren Schichten – in Form von Dienstpersonal, Ciceroni oder Malermodellen, in Schenken oder auf Märkten – was sich auch in der bis heute anhaltenden Italienerschelte – laut, faul, betrügerisch – äußert. Ein Wandel der zur Schablone erstarrten Begegnung mit dem Süden setzt im letzten Drittel des 19. Jahrhunderts ein. Wie bereits zur Goethezeit bietet Italien, oder besser: die Sicht auf Italien durch die deutsche Brille, noch einmal die Möglichkeit der Erneuerung. Die Deutschrömer unternehmen eine Revitalisierung antiker Mythen durch eine neue Wirklichkeitsnähe; Friedrich Nietzsche erlebt im norditalienischen Turin eine geistige Erneuerung; Thomas Mann und Richard Wagner werden Teil des Venedig-Mythos. Der Diversifizierung des Blicks steht jedoch eine neue Typisierung zur Seite, denn im späten 19. Jahrhundert setzt die Versüßlichung des Südens als Massenkultur ein. Eine dritte, noch anhaltende Renaissance erlebt Italien seit den 1950er Jahren. Der zunehmende Wohlstand der westdeutschen Gesellschaft lässt Italien näher rücken. An den Stränden von Adria, Riviera und Kampanien erfüllen sich die Sehnsüchte deutscher Urlauber. Auch diese Wahrnehmung Italiens ist selektiv, und inzwischen sind andere Reiseziele an die Stelle Italiens gerückt: Kuba, Thailand oder die Dominikanische Republik erfüllen nun alle in der touristischen Italiensehnsucht angelegten Aspekte. Nicht jedoch die intellektuellen Belange. In der Nachfolge der Achtundsechziger darf eine Neubewertung Italiens konstatiert werden, die von einem pluralistischen, auch gegenwartsbezogenen Blick bestimmt ist. Ausgehend vom Italiengefühl der Toskanafraktion in den 1980er Jahren vollzieht sich im deutsch-italienischen Verhältnis ein tief greifender Wandel: Italien ist Teil der deutschen Alltagskultur geworden, wie an Einrichtung und Mode, stärker jedoch noch an Essgewohnheiten und Restaurantbesuchen abzulesen ist. Die Sehnsucht nach Ferne hat nun neue Ziele, die Deutschen haben sich Italien mental angeeignet.

Die Sehnsucht der Deutschen nach Größe entspringt einem Defizit. Die deutsche Geschichte ist die längste Zeit vom Fehlen einer Zentralmacht geprägt. Die Zerrissenheit und Kleinstaaterei, die das Reich bis zu seiner Auflösung und darüber hinaus bis zu seiner Wiedergründung 1871 kennzeichneten, haben die Ausbildung überragender Herrscherpersönlichkeiten verhindert. Umso stärker manifestiert sich der Wunsch nach dem »guten Herrscher«. In der historiographischen Rückschau war das Ensemble der Vorbilder schnell definiert, denn das Heilige Römische Reich scheint tatsächlich arm an machtvollen Königsgestalten zu sein: Karl der Große, Otto I., Friedrich I. Barbarossa und Friedrich II. bilden den Kern. Die Epochen der Kanonbildung sind das frühe 16., das späte 18., das gesamte 19. und das frühe 20. Jahrhundert. Jenseits ihrer eigentlichen historischen Rolle erwarben diese Herrscher mythische Bedeutung und wurden Teil von Legenden, deren Entstehung allerdings in historischem Dunkel liegt. In Legenden von Königen, die in Bergen schlafen, um dereinst zu erwachen und das Reich zu erlösen, spielen sie eine zentrale Rolle. Diese Legenden können wandern, der Kyffhäuser und der Unterberg bei Salzburg gehören zu den bekanntesten Orten. Mit den Befreiungskriegen gegen Napoleon tritt ein zweiter Kreis von Führungsfiguren neben die mythischen Könige. An erster Stelle ist Arminius zu nennen, der siegreiche germanische Feldherr bei der Schlacht im Teutoburger Wald gegen die Legionen des Varus. Ihm ist im 19. Jahrhundert ein großer Erfolg beschieden, der in der Vollendung des Hermannsdenkmals bei Detmold 1875 seinen Höhepunkt findet. Hermann wird im Zuge der Reichgründung zur Vergleichsfigur sowohl für Reichskanzler Otto von Bismarck als auch den ersten Deutschen Kaiser, Wilhelm I. An zweiter Stelle sind die Nibelungen zu nennen. Sie spielen jedoch die Rolle tragischer Helden, weniger die siegreicher Herrscher, wie sich vor allem an der Person des strahlenden und tumben Helden Siegfried ablesen lässt. Die Rezeption von Wagners »Ring des Nibelungen« ist hierbei von überragender Bedeutung, weniger die eigentliche Wiederentdeckung des Nibelungenliedes im Jahre 1782. Die Nibelungenmetaphorik erreicht in den Kriegszeiten 1914–18 und 1939–45 ihren Höhepunkt, als Vokabeln wie Nibelungentreue, Dolchstoß und Weltenbrand Hochkonjunktur hatten. Nicht nur das Kaiserreich bezog seinen Mythos aus dem Personal germanischer und mittelalterlicher Vorbilder, sondern auch das sogenannte »Dritte« Reich, in dessen Führerkult bereits existente Argumentationsstränge neu instrumentalisiert werden.

Nach dem Zweiten Weltkrieg hat sich die deutsche Sehnsucht nach Größe auf unpolitische Felder zurückgezogen. Virtuelle Helden in Literatur, Film oder Comic treten an die Stelle der großen Führerpersönlichkeit, wobei die USA Vorbildertopoi bereitstellen. Der Führerkult ist dem Starkult des Popzeitalters gewichen und bedient sich der Ersatzfelder Sport, Film und Musikbranche. Die Sehnsucht nach Größe scheint in ihrer umfassenden Bedeutung von einer neuen Sehnsuchtsform abgelöst worden zu sein: der Sehnsucht der Deutschen danach, geliebt zu werden.

Angst

Hannah Höch

1936

Öl auf Leinwand

Germanisches Nationalmuseum, Nürnberg

Inv.Nr. Gm 2015

In der Mitte des Vordergrundes erscheint ein Mädchen in leicht geduckter Haltung, die mit weit geöffneten Augen angstvoll Ausschau hält, die Hände als Schutz vor das Gesicht gehalten. Der Weg, der sie aus der Bildtiefe herführt, wird von hoch aufragenden Bäumen, deren Krone sich zu einem Dach aus kahlen Zweigen verschränken, begrenzt. Diese bedrohliche Szenerie unterstreicht ein von Gelb- und Brauntönen dominiertes Kolorit, das den Himmel schwefelfarben leuchten lässt. Der Betrachter mag sich an den Vers eines Kinderliedes erinnert fühlen: »Hänsel und Gretel verliefen sich im Wald / es war so finster und auch so bitterkalt«.

Höchs Allee lädt zum Blick auf die Bildtradition. Die Darstellung der Baumreihen, die sich in den Kronen verschränken und ein Dach bilden, hat im 18. und 19. Jahrhundert einen völlig anderen geistesgeschichtlichen Hintergrund. Der hoch aufragende Wald mit schützendem Blätterdach war seit der Aufklärung ein Erklärungsmuster für die Entstehung der gotischen Architektur. Im Laufe des 19. Jahrhunderts trat die Interpretation des Waldes als schützende Welt und der Natur als kulturelle Keimzelle hinzu. Eine zentrale Bedeutung kommt hier Adalbert Stifter zu, der gerade im »Hochwald« (1842/44) ein Symbol geistiger Erneuerung und kultureller Wiedergeburt sah. Zur Entstehungszeit von »Angst« waren diese Vorstellungen missbraucht und pervertiert worden. Schriften wie »Der Wald als Erzieher« (Theodor Mammen, 1934) und Propagandafilme wie »Ewiger Wald« (D, 1936, R: Hanns Springer) machten aus dem Wald ein Sinnbild der NS-Volksgemeinschaft, in der die starken Bäume mächtig aufwachsen, kleine und verkrüppelte Pflanzen jedoch eingehen. Vor diesem Hintergrund wird Hannah Höchs psychologisierende Kulisse der Baumreihen zum Bild einer feindlichen Welt, die auch das Leben der verfemten Künstlerin bedroht.

M H

Lit.: Ursula Peters: Moderne Zeiten. Die Sammlung zum 20. Jahrhundert. Kulturgeschichtliche Spaziergänge im Germanischen Nationalmuseum, Bd. 3. Nürnberg 2000, S. 120.

Zwischen kahlen Fichtenstämmen steht ein Mann in bayerischer Tracht: Lederhose, weißes Hemd, helle, grob gestrickte Wadenstrümpfe, klobige Schuhe. Seine Haltung ist steif und verschlossen. Er wirkt fast wie ein Fremdkörper in dieser Umgebung und wird doch gerade in seiner spröden Vertikalität selbst zum Stamm. Wer die Vita des Dargestellten kennt, weiß, wie eng Stefan Moses Figur und Landschaft zur geistigen Einheit verschmilzt.

Der Schriftsteller Oskar Maria Graf – Soldat im Ersten Weltkrieg, Pazifist, Aktivist in der Münchner Räterepublik (1919), Bohemien und Kommunist – veröffentlichte am 12. Mai 1933 in der Wiener »Arbeiter-Zeitung« seinen Protest »Verbrennt mich!«. Jede Nähe zum NS-Regime war Graf zuwider, doch die Nazis hatten den Dichter des »Bayerischen Dekameron« (1928) und des Erfolgsromans »Wir sind Gefangene« (1927) bei der Bücherverbrennung »verschont«. Graf konnte nicht mehr zurück und emigrierte nach Aufenthalten in der Sowjetunion, Österreich und der Tschechoslowakei 1938 in die USA, wo er bis zu seinem Tod 1967 blieb.

Die Aufnahme von Stefan Moses entstand 1964 bei der dritten Europareise Grafs. Der 70jährige wurde in diesem Jahr mehrfach hoch geehrt – in West- und Ostdeutschland. Sein Leben ist im Wesentlichen durch die Exilsituation geprägt, die ihn aber zu einem der führenden Vertreter des »besseren« Deutschland werden ließ. Moses hat der Zwiespältigkeit des Lebens zwischen Zugehörigkeit zur alten Heimat und der Entfremdung nachgespürt. Seine Serie »Die großen Alten« zeigt immer die gleiche Situation: ein älterer, teilweise betagter Mensch in einer Waldumgebung. Dabei ist der Wald nie Kulisse, sondern Seelenlandschaft, wie im Porträt Grafs, in dem die stacheligen Stämme Chiffren der unbeugsamen Hartnäckigkeit sind. Moses macht den Wald zum Ausdrucksträger der deutschen Kulturnation und ihres gewaltigen Aderlasses durch die braune Diktatur.

MH

Lit.: Stefan Moses. Die Monographie. Hrsg. von Ulrich Pohlmann und Matthias Harder. München 2002.

Oskar Maria Graf
Stefan Moses
Aus der Serie: Die alten Deutschen
1964
Photographie
Stefan-Moses-Archiv,
Fotomuseum im Münchner Stadtmuseum
Inv.Nr. 11536

A 71 – Brücke Schwarzbachtal

Hans-Christian Schink

2001

Photographie, Originalabzug vom Negativ

Galerie Rothamel, Erfurt / Frankfurt a. M.

Die hohen Betonpfeiler einer Autobahn dringen in ein bewaldetes Tal ein, das in das Grau eines Herbsttages getaucht ist. Schink nutzt mit der Wahl der einzelnen Bildgründe und des leicht erhöhten Betrachterstandpunktes die Mittel der klassischen Landschaftsmalerei und schafft eine Distanz zwischen Gegenstand und Betrachter, die durch die Beleuchtung und das erdige Kolorit verstärkt wird. Der Eindruck der Tristesse scheint sich durch den Titel der Serie zu bestätigen, dem das Werk angehört: »Verkehrsprojekte Deutsche Einheit«. Die Interpretation als Sinnbild der fehlgeschlagenen, da von Übernahmementalität dominierten Wiedervereinigung von West und Ost greift jedoch zu kurz.

Auch eine Lesart des Bildes als romantisierende Zivilisationskritik trifft nicht zu. Die Pfeiler verdecken hier keinen Urwald, sondern einen Nutzwald. Parataktische Reihen von Nadelbäumen verraten die ursprüngliche Schonung, aus der sich der Forst entwickelt hat. Der zunächst anklingende Gegensatz von Natur und Zivilisation ist nicht vorhanden, denn im Schwarzbachtal begegnen sich zwei Wirtschaftseinheiten: das Verkehrsnetz der wiedervereinten Bundesrepublik, das den Warenstrom ermöglicht, und die Holzindustrie. Wald war seit den Siedlungsbewegungen des hohen Mittelalters ein Wirtschaftsfaktor: weniger die dem Adel vorbehaltene Jagd, sondern die Viehwirtschaft und im Wesentlichen die Holzgewinnung. Im späten Mittelalter wurde Holz als Baumaterial und vor allem als Rohstoff für die Metallverhüttung immer wichtiger und blieb es bis zum Ausbau der Kohleförderung. Schinks Arbeit wirft ein nüchternes Schlaglicht auf eine in Kunst und Kultur zumeist ausgeblendete Komponente und kommentiert so die nach wie vor aktuelle Romantisierung des Waldes als Sinnbild reiner Natur.

M H

Lit.: Hans-Christian Schink: Verkehrsprojekte Deutsche Einheit. Ostfildern-Ruit 2004.

Kopisch hatte die Grotte an der Nordküste Capris zusammen mit seinem Künstlerfreund Ernst Fries 1826 »entdeckt«, wobei er einem Hinweis seines Gastwirtes Giuseppe Pagano folgte. Der Maler tauchte in die Grotte hinein und berichtete hingerissen vom »Licht aus der Tiefe des Meeres, [das] ihren Raum blau erleuchtet«. Das Gemälde setzt das Naturphänomen, dem die frühere »Teufelsgrotte« ihre Umbenennung verdankt, in Szene. Der Kahn in der linken Bildhälfte hat zwei ehrfürchtige Besucher durch den schmalen Eingangsspalt hereingebracht. Die in Dämmer getauchten Felswände werfen das durch die Öffnung eindringende Sonnenlicht zurück und reflektieren das nach rechts hin zunehmende, tiefe Blau. Ähnlich staunend verharrten August von Platen und Hans Christian Andersen, die zu den ersten prominenten Besuchern der Grotte zählten. Bald nach ihrer Entdeckung entwickelte sich die Blaue Grotte zu Capris Hauptattraktion, die nichts an Anziehung verloren hat, wie die Urlaubermassen, die sich dorthin bringen lassen, zeigen.

Ihren Höhepunkt erreichte die touristische Erschließung Capris in den Jahrzehnten nach dem Zweiten Weltkrieg, wobei der Inselmythos durch zwei weitere Elemente befruchtet wurde: »Das Buch von San Michele« des schwedischen Arztes Axel Munthe, (1931) und den Schlager »Caprifischer« (1943). Die Produktnamen Capri Eis und Ford Capri bilden den Endpunkt der kulturellen Aneignung.

Jenseits des Massentourismus war Capri seit dem frühen 19. Jahrhundert ein beliebtes Reiseziel von Intellektuellen, auch aus den deutschsprachigen Ländern. Die Namen Ferdinand Gregorovius, Alma Mahler-Werfel, Gerhart Hauptmann, Friedrich Alfred Krupp, Theodor Fontane, Paul Heyse, Rainer Maria Rilke, Walter Benjamin, Monika Mann oder Josef Beuys stehen hier pars pro toto.

M H

Lit.: Kennst du das Land – Italienbilder der Goethezeit. Hrsg. von Frank Büttner und Herbert W. Rott, Alte Pinakothek. München – Köln 2005, S. 290.

Die Blaue Grotte auf Capri
August Kopisch
nach 1826
Öl auf Leinwand
Stiftung Preußische Schlösser und Gärten
Berlin-Brandenburg, Potsdam
Inv.Nr. GK I 683

Motiv aus der Campagna

Hans Thoma

1883

Öl auf Leinwand

Germanisches Nationalmuseum, Nürnberg

Inv.Nr. Gm 1782

Am Ufer eines von Weiden und Buschwerk begrenzten Bachlaufs sitzt eine junge Frau und windet einen Blumenkranz; neben ihr liegt ein Lamm, vor ihren Füßen weidet ein schwarzes Zicklein. Die Stimmung des hereinbrechenden Abends, dessen Licht lange Schatten wirft, hat sich über die sanfte Landschaft gelegt, die sich mit breit gezogenen Hügelketten in die Tiefe streckt und erst am Horizont größere Höhe gewinnt. Ein von Wolkenstaffeln überzogener Himmel überwölbt den Landschaftsraum, in dem die junge Frau das einzige menschliche Wesen zu sein scheint. Die dargestellte Natur steht in voller Blüte, womit der Eindruck des bukolischen Idylls, in dem die Hirtin sitzt, vollkommen wird.

Hans Thoma fuhr mehrfach nach Italien, seine zweite Reise führte ihn in Begleitung seiner Frau 1880 auch in die Campagna vor den Toren Roms, die er in friedvoller Erinnerung behielt. Seine Campagnalandschaften unterscheiden sich deutlich von denen seiner malenden Vorläufer, die das Volksleben einfangen oder der Eintönigkeit des Hügellandes Monumentalität oder Dramatik verleihen – dem Wunsch folgend, die antike Größe des alten Kulturlandes wiederzubeleben. Thomas Campagnabild zeigt, wie seine anderen Italienbilder auch, weder typisierende Genredarstellungen noch eine heroische Bildsprache. Die stille Intensität der Idylle erinnert vielmehr an die Kunst der Deutschrömer, die eine Revitalisierung der Antike unternahmen. Ihr Bildrepertoire ist voll von Nymphen, Faunen und Kentauren, deren lebensbejahende Darstellung Mythos und Antike vergegenwärtigt. Der

Bauern-Böcklin, wie man Thoma nannte, verwandelt sich Italien an und wird damit einer der Mitbegründer einer veränderten Italiensicht. Das Abstreifen der Klischees ebnet den Weg zur Italienrezeption des 20. Jahrhunderts, die gerade diese neue Einfachheit sucht.

M H

Lit.: In uns selbst liegt Italien. Die Kunst der Deutsch-Römer. Hrsg. von Christoph Heilmann, Haus der Kunst, München. München 1987.

Die neu erwachte Reiselust der Deutschen und ihr Fernweh nach dem »warmen Süden« brachte gegen Mitte der 1950er Jahre in der deutschen Einrichtungsbranche eine Gestaltungsmode auf, die für ihre Zeit charakteristisch werden sollte. Sie griff auf mediterrane und exotische Urlaubsmotive zurück, angesiedelt in Paris, Italien, Spanien, Asien und Afrika. Die größte Abnehmerschaft fand darunter die so genannte »deutsche Italienware«. Mit diesen in Deutschland hergestellten »Italien-Andenken« holte man sich den ersehnten Urlaub nach Hause oder verschenkte kleine Träume vom Paradies an italienbegeisterte Freunde. Fast jede deutsche Porzellan- und Keramikfabrik führte Geschirrserien mit Italienmotiven. Weit verbreitet war die Italienthematik außerdem auf Vorhangstoffen und Halstüchern, Tapeten oder auf Kunststofffolien zur Herstellung von Foto- und Schallplattenalben, Duschvorhängen und Taschen für Reiseutensilien.

Verheißungsvoll erzählen sie von arkadisch anmutenden Reisezielen in Italien, in denen das Leben unter blauem Himmel einfach ist und, jenseits vom deutschen Alltag, Träume und Sehnsüchte in Erfüllung gehen. Die immer wiederkehrenden Versatzstücke bedienen Klischees, wie sie zeitgleich in Kinofilmen als »typisch italienisch« vorgelebt wurden: blühende Agaven, Palmen, Eselkarren und Fischerboote, platziert in mediterranen Landschaften oder vor hohen, schlanken Häuserkulissen mit flach geneigten Pultdächern. Aus dem romantischen Venedig werden Gondelfahrten oder Taubenschwärme auf dem Markusplatz zitiert. Freundliche Einheimische verkaufen mit Handkarren Obst und Souvenirs. Rassige Italienerinnen mit Wespentaille, singende Italiener mit Gitarre oder adrett gekleidete, junge Frauen geben der heimlichen Hoffnung auf amouröse Abenteuer Nahrung. Als Urlauber genießt man das südliche »dolce far niente« in einem Straßencafé oder einer Trattoria.

S Z

Lit.: Wolfgang Knobloch: Deutsche Italienware. In: Wenn bei Capri die rote Sonne … Die Italiensehnsucht der Deutschen im 20. Jahrhundert. Ausst.Kat. Badisches Landesmuseum Karlsruhe. Hrsg. von Harald Siebenmorgen und bearb. von Gabriele Kindler. Karlsruhe 1997, S. 167–169. – Die Schaulade, 28.– 40. Jg. (1953–1965).

Deutsche Italienware
Herst.: Alka-Porzellanfabrik Alboth & Kaiser, Kronach; Porzellanfabrik L. Hutschenreuther, Selb; Porzellanfabrik Heinrich & Co., Selb; Porzellanfabrik Schwarzenhammer, Schwarzenhammer bei Selb; Keramische Werke Zehendner & Co., Tirschenreuth; Steingutfabrik Grünstadt, Grünstadt; Hindelanger Keramik, Schöming GmbH, Bad Hindelang; Porzellan- und Steingutwerk der Unternehmensgruppe Melitta, Varel (heute: Friesland Porzellanfabrik) um 1955/60
Porzellan und Keramik, Aufglasurdruck und Pinselmalerei
Privatbesitz

Espressomaschine

»Caffèconcerto CF 32«

Entw.: Alberto Meda und Aldo Rossi,

Herst.: Girmi, Mailand

Ausführung um 1984

grauer und schwarzer Kunststoff, Metallteile

Germanisches Nationalmuseum, Nürnberg

Inv.Nr. Des 1247

Im Zuge der neuen Design-Bewegung in den 1980er Jahren erstreckte sich die Italiensehnsucht der Deutschen nicht mehr nur auf Souvenirartikel, wie sie in der Nachkriegszeit üblich waren, sondern ergriff das gesamte kulturelle Umfeld. Man erwarb italienische Designerkleidung, Möbel, Haushaltsgegenstände und Lebensmittel etc. Letztere eroberten sich in zunehmendem Maße den Markt zusammen mit den für die richtige Zubereitung unbedingt notwendigen Gerätschaften. Als eindrucksvolles Beispiel mag in diesem Zusammenhang die Espressomaschine »Caffèconcerto CF 32« von Girmi gelten, die auf einen Entwurf Alberto Medas (geb. 1945) und Aldo Rossis (1931–1997) zurückgeht. Seit den frühen 1980er Jahren produzierte der in Mailand ansässige Hersteller diese Maschinen, die im Umriss nicht das typische Espressomaschinen-Konstrukt zeigen, sondern in ihrem architektonischen Erscheinungsbild eher griechische Tempelfronten zitieren. Die klare kompakte Form erinnert mit den längsgerippten Flächen neben der Kannenstandfläche an dorische Säulen. Auch in der Farbgebung blieb man klassischen Vorbildern verpflichtet und setzte mit dem anthrazitgrauen Kunststoffgehäuse eine klare Gegenposition zum kräftigbunten Pop-Design der 1970er Jahre. Das Entwerferteam Meda-Rossi hatte sich für Entwürfe der vorliegenden Art dadurch empfohlen, dass Meda jahrelang technischer Direktor des Kunststoffherstellers »Kartell« war, und Rossi seit den 1980er Jahren für den Haushaltsgerätehersteller »Alessi« entwarf.

S G

Als Wilhelm I. am 9. März 1888, kurz vor seinem 91. Geburtstag, in Berlin verstarb, war schon lange vergessen, dass er einst als »Kartätschenprinz« die Revolution von 1848 zusammenschießen lassen wollte und als Befehlshaber der zu Hilfe gerufenen preußischen Truppen im Großherzogtum Baden den Aufstand blutig niedergeschlagen hatte. Der erste Kaiser des 1871 aus dem Sieg über den »Erbfeind« Frankreich hervorgegangenen Deutschen Reiches war längst verklärt und in den letzten Lebensjahren zum Denkmal geworden. So schrieb die Berliner »National-Zeitung« in ihrem Nachruf: »Schon bei Lebzeiten trat er in das Reich der Mythe, und dem Gemüt und der Phantasie des Volkes war es natürlich, ihn Karl dem Großen und Friedrich Barbarossa zuzugesellen«. Der Vergleich mit den beiden mittelalterlichen Kaisergestalten impliziert überzeitliche Bedeutung. Der Vergleich mit Karl dem Großen erklärt sich aus der Reichsgründung. So wie Karl im Jahr 800 in Rom die Kaiserkrone erhielt und das karolingische Reich zu antikischer Größe erhob, so hatte Wilhelm die Einheit des Reiches vollendet und den Deutschen ihre Nation wiedergeschenkt – dies ist zumindest die Lesart des ausgehenden 19. Jahrhunderts. Die postulierte Nähe zum staufischen Kaiser Friedrich Barbarossa ist der Sagenwelt zu verdanken. Barbarossa sei nicht gestorben, sondern schlafe in einer Höhle des Kyffhäusergebirges, um dereinst wiederzukehren und das Reich wieder aufzurichten. Der Vergleich macht Wilhelm zum neuen Barbarossa und damit zum Retter des Reiches. Die Verehrung, die man dem ersten deutschen Kaiser auch im Denkmalkult der Gründerzeit entgegenbrachte, manifestiert sich im Gemälde von Steinmetz durch eine apotheosenhafte Darstellung. Der entschlafene Kaiser, durch Uniform und Orden – darunter das in den Befreiungskriegen erworbene Eiserne Kreuz – als Ideal preußischer Herrschaft gekennzeichnet, wird von zwei Gestalten am oberen Bildrand erwartet: einem Engel unter dem Kreuz – nach zeitgenössischen Quellen hielt der Verstorbene ein Kreuz aus Elfenbein umfasst – und einer jungen Frau, deren Züge und Kleidung an Luise von Preußen erinnern, die Mutter Wilhelms, auch sie ein Inbegriff der Tugend. Sie erwartet den Toten mit einem Kranz aus geflochtenen Vergissmeinnicht.

M H

Lit.: Die Kaiser und die Macht der Medien. Ausst.Kat. Stiftung Preussische Schlösser und Gärten Berlin–Brandenburg, Schloss Charlottenburg. Hrsg. von der Generaldirektion der Stiftung Preußische Schlösser und Gärten Berlin–Brandenburg und bearb. von Franziska Windt, Jürgen Luh und Carsten Dilba. Berlin 2005.

Wilhelm I. auf dem Paradebett
Fritz Steinmetz
1889
Öl auf Leinwand
Germanisches Nationalmuseum, Nürnberg
Inv.Nr. Gm 1260

Die Nibelungen

Dem deutschen Volk erzählt von Franz Keim.
Bilder und Ausstattung von Carl Otto Czeschka
Wien – Leipzig 1924
Germanisches Nationalmuseum, Nürnberg
Sign. 8° Pt 192/5 [S]

Das Nibelungenlied, das sich aus Quellen der Völkerwanderung und des Frühmittelalters speist und um 1200 von einem unbekannten Autor im Donauraum verfasst wird, gilt als die »deutsche Ilias«. Wie Friedrich Schlegel im »Deutschen Museum« (1813) schreibt, fehlte der deutschen Dichtung ein Mythos. Diese Lücke hat das »Nibelungenlied« geschlossen. Eng verbunden mit dem Epos ist der Tugendkanon. Vor allem ab dem frühen 20. Jahrhundert werden Begriffe wie Nibelungentreue und Heldentum Teil der politischen Mythologie und Rhetorik, etwa im Begriff der »Dolchstoßlegende« oder bei Hermann Görings Vergleich des Kessels von Stalingrad mit dem Kampf der Nibelungen in Etzels Halle.

Die vorliegende Doppelseite zeigt diese Szene. Rechts kämpfen Rüdiger von Bechelaren, der schützend einen großen Schild vor sich hält, und König Gernot miteinander. Den Zwiespalt Rüdigers, der für Etzel in den Kampf geht, dessen Tochter aber bei den Burgundern aufwächst, versinnbildlicht seine Körperhaltung. Das gebeugte Knie macht das Flehen vor seiner Königin um eine Entbindung von der geschworenen Vasallentreue deutlich. Kriemhild gibt der Bitte nicht nach, Rüdiger ficht weiter, um sein Treuegelöbnis einzulösen, und letztlich sterben beide Kämpfer. Auf der linken Seite häufen sich am Boden die Leichen, dahinter steht Rüdigers Gefolge im Pfeilhagel.

Carl Czeschkas Illustrationen erscheinen erstmals 1909 im Gerlach-Verlag in Wien. Sparsame Farbigkeit, Golddruck und kleinteilige Ornamentik lassen den Umkreis von Gustav Klimt erkennen. Die vorliegende Ausgabe erschien 1924; in das gleiche Jahr datieren Fritz Langs Stummfilme, »Siegfried« und »Kriemhilds Rache« und eine Bayreuther Aufführung des Rings, die mental den Weg in das »Dritte Reich« wies.

A S

Lit.: »Uns ist in alten Mären…« Das Nibelungenlied und seine Welt. Hrsg. von der Badischen Landesbibliothek Karlsruhe und dem Landesmuseum Karlsruhe. Darmstadt 2003.

Das hochformatige Bild erfüllt die primäre Aufgabe eines Plakats, die Bewerbung einer bestimmten Marke, nicht. Stattdessen setzt der Inhalt ganz auf eine Imageaussage, die in einem signalhaften Rot getroffen wird: »Männer, auf die es ankommt«. Zwei Männer, denen dieses Vertrauen gilt, nehmen den Großteil des Bildes ein. Sowohl ihre Kleidung – Kapitänsmütze, dicker Rollkragenpullover, Wetterzeug – als auch die durch den Hintergrund laufende Takelage und ein Kompass im rechten Vordergrund weisen die beiden als Seeleute aus. Während der Kapitän sich dem Kompass widmet, beobachtet der zweite – ein Zigarettenraucher – ihn bei seiner Tätigkeit. Die Blicke der beiden sind konzentriert, jedoch nicht angestrengt, von Offenheit und Sympathie getragen. Die Schattierungen und die Linienführung der dem Plakat zugrunde liegenden Entwurfszeichnung unterstreicht dies in ihrer Klarheit. Die Aussage ist deutlich: Männer, auf die es ankommt, sind offen, ehrlich, zupackend, trotzen den Anfechtungen des Wetters und der schweren Aufgabe. Die gesamte Bildsprache erinnert an amerikanische Abenteuer- und Kriegsfilme der 1940er und 1950er Jahre und propagiert ein Männerbild, das in Deutschland neu ist. Die hier gezeigten Männer setzen auf ihr eigenes Handeln und ihre Leistung, sie tun keine Pflicht und fügen sich keiner festgelegten Ordnung. Damit widersprechen sie den bis zum Ende des Zweiten Weltkriegs in Deutschland herrschenden gesellschaftlichen Bedingungen und Triebkräften und erfüllen ein angloamerikanisches Ideal, das sich in Archetypen wie dem »Cowboy« oder dem »Selfmade-Man« spiegelt. Das nach der Markteinführung der Filterzigarette in Deutschland und somit nach 1955 entstandene Plakat markiert ein neues Heldenbild, das ohne Pflichterfüllung und »deutsches Wesen« auskommt.

M H

Männer, auf die es ankommt
Entw.: unbekannt
um 1960
Offsetdruck
Die »Nürnberger Plakatsammlung«
der GfK und NAA im Germanischen
Nationalmuseum, Nürnberg
Inv.Nr. NAA 03055

Nationale Besonderheiten
Versuch über die Deutschen

FRIEDRICH DIECKMANN

Von der Liebe zur historischen Notwendigkeit

»Was ist deutsch?«: ist das eine Frage für Angehörige der betreffenden Völkerschaft? Russen, Italiener, Chinesen, Franzosen können sie viel besser beantworten. »Pünktlichkeit! Wertarbeit!« (Abb. 89) rufen sie, wie unlängst eine Russin in einer Radiodebatte. Sind sie auf dem neuesten Stand? Von einer Venezianerin, die schon lange unter den Deutschen wohnt, hörte ich einmal: »Die Klischees stimmen, im Guten wie im Schlechten«, dann aber: »Deutsch, das ist etwas, das sich fragt, was deutsch ist«. Die Italiener seien ihrer selbst, ihres So-und-nicht-Anders-Seins viel gewisser und hätten von daher kein Bedürfnis nach der Bekundung besonderer Fremdenfreundlichkeit. Im Fernsehen höre ich einen römischen Filmregisseur sagen, die Stadt sei für Ausländer so angenehm, weil niemand sich um sie kümmere – Gleichgültigkeit als die empirische Form von Toleranz. Dergleichen ist die Sache starker Völker und auch nur, solange der Ausländeranteil ein bestimmtes Maß nicht übersteigt.

Könnte man auch die Österreicher fragen, was deutsch ist? Sie selbst gehören der betreffenden Völkerschaft an; man könnte sie höchstens fragen, was west- und mittel-, nord- und süddeutsch sei.

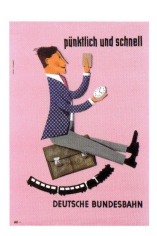

Abb. 89: Pünktlich und schnell – Deutsche Bundesbahn. Entw.: Grave / Schmandt, 1957. DB Museum im Verkehrsmuseum Nürnberg.

Nicht um Staatscharaktere, sondern um Volkseigentümlichkeiten geht es, um ethnische und kulturelle Prägungen, wie sie sich – die ersteren – über Jahrtausende und – die letzteren – über Jahrhunderte ausgebildet haben. Österreich war ein deutscher Bundesstaat, der bis zu einem Krieg (er begab sich 1866), der noch 1897 als preußisch-deutscher Krieg im Großen Meyer stand, in einem Deutschen Bund mit allen andern deutschen Einzelstaaten verknüpft war, von der Etsch (sie gehörte zu Österreich) bis zum kleinen Belt (Herzogtum Schleswig) und von der Maas (Königreich Preußen) bis an die Memel (ebenso); zwischen diesen Grenzmarkierungen lagen noch zahlreiche andere deutsche Staaten. Bis zu der Okkupation der linksrheinischen deutschen Länder durch die Truppen der jungen Französischen Republik hatte es mehrere geistliche Kurfürstentümer in einem Reich gegeben, zu dem das Erzherzogtum Österreich ebenso wie das Kurfürstentum Sachsen oder das Erzbistum Salzburg als weitgehend unabhängige Gliedstaaten gehörten. Die Vorstellung, Mozart, der aus Salzburg stammende, später in Wien tätige Musiker, sei Österreicher gewesen, kam damals weder ihm noch jemand anderem.

Es ist denn auch niemals von einer österreichischen Musik die Rede gewesen, so wenig wie von einer sächsischen oder einer preußischen Musik. Doch spricht man von einer österreichischen Literatur und rechnet ihr manchmal auch die vor 1866 tätigen Autoren zu. Welche Kategorisierung hätte sich eingebürgert, wenn bei Königgrätz, tschechisch Hradec Králové, 1866 nicht die Preußen, sondern die mit den übrigen Bundesstaaten (ihre Armeen kämpften unter schwarz-rot-goldenen Fahnen) verbündeten Österreicher gesiegt hätten? Wäre dann Preußen statt Österreich aus dem Deutschen Bund hinausgedrängt worden und hinfort von einer preußischen Literatur die Rede gewesen? Ein solcher Sieg sei undenkbar gewesen, weil nach

Hegel das Wirkliche zugleich das Vernünftige sei? Hegels Satz von 1821 ist ein Rebus, ein Paradoxon; vollständig lautet er: »Was vernünftig ist, das ist wirklich; und was wirklich ist, das ist vernünftig«. Voran steht, was hier gemeint ist, »daß die Philosophie, weil sie das *Ergründen des Vernünftigen* ist, eben damit das *Erfassen des Gegenwärtigen und Wirklichen*, nicht das Aufstellen eines Jenseitigen ist, das Gott weiß wo sein sollte«[1].

Die Deutschen in ihrem Bedürfnis, das jeweils Eingetretene teleologisch zu überhöhen, haben sich mit Vorliebe an den zweiten Teil jenes verwirrenden Doppelsatzes gehalten; der wissenschaftlich erhärtete Begriff der Kontingenz hat diese aus der Philosophie in Politik und Journalismus abgesunkene Denkweise nicht zu erschüttern vermocht. Die Idealisierung dessen, was sich infolge verschlungener Kausalketten als wirklich herausgestellt hat, zur höheren, sinngestützten Notwendigkeit – diese Neigung bestimmt ein sich nur selten reflektierendes Allgemeinbewusstsein; in Gestalt der alltäglichen Meinungsfabrikation treibt sie in immer neuer Verkleidung ihr Wesen.

Dieser allem Einblick in die Natur politisch-historischer Verläufe widersprechende Hang, das jeweils Eingetretene für zwangsläufig, als das säkularistische Wort für gottgewollt, zu halten, verbindet sich mit dem Drang, es für gut, für positiv, wohl gar für das Ziel der Geschichte zu halten. Nicht Hegel, sondern Leibniz ist der Ahnherr solcher Schlüsse, das philosophische Denken der Theodizee, der Rechtfertigung Gottes, das aus der Erfahrung des Dreißigjährigen Kriegs hervorging; was geschehen war, war so schrecklich, dass man es sich als das Bestmögliche vorstellen musste, um nicht zu verzweifeln. Der Hegelsche Entwicklungsgedanke hat sich in die Theodizee eingenistet, indem er den historischen Prozess an jene Stelle setzte, die in Leibniz' System der Weltgeist selbst, Gott also, eingenommen hatte.

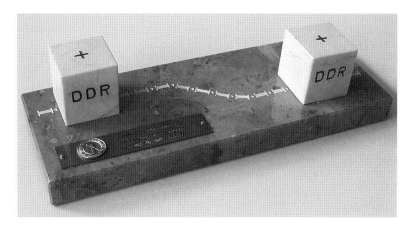

Das Verfahren funktioniert im Falle eines Falles auch mit negativem Vorzeichen, und wenn einmal etwas eklatant schiefgegangen ist im historischen Verlauf, wenn durch eine Verkettung von Umständen ein politisch-historischer GAU eingetreten ist, der größte anzunehmende Unfall, dann kommt der deutsche Medienmichel, dieser allbeherrschende Pseudotheologe, und erklärt eben dies zum Konvergenzpunkt deutscher Geschichte, um die aus dem Nationalelend einer gerechten Niederlage hervorgegangene Gesellschaft nun ihrerseits zu einem Gipfelpunkt historischen Fortschritts zu erklären. Was von einiger Komik ist, wenn man bedenkt, dass es sich beiderseits einer innerdeutschen Grenze (Abb. 90) um Staatsgebilde handelte, denen man kein Unrecht tat, wenn man sie als Besatzungsstaaten bezeichnete. Beide deutsche Nachkriegsstaaten, der Drei-Zonen- und der Ein-Zonen-Staat, konnten von den Bedingungen ihrer Entstehung her keine andere Primärlegitimation erhalten als durch jene Siegermächte, die sich nach Kriegsende an die Stelle des nicht aufgelösten, aber einbehaltenen deutschen Staates gesetzt hatten; es lag im Wesen dieser in ihren jeweiligen Bezugssystemen überaus erfolgreichen Gründungen, dass sie diese Bedingtheit beide mit Fleiß zu verschleiern und zu transzendieren suchten. Was ihnen dabei half, war jenes hegelisch modernisierte Leibniz-Wesen, das wir vielleicht wirklich als spezifisch deutsch ansehen können; kein Zufall, dass es ein

Abb. 90: Tischzier – Markierung der Staatsgrenze. 1976. Haus der Geschichte der Bundesrepublik Deutschland, Bonn.

Franzose, Voltaire, war, der es in einem satirischen Roman, »Candide«, wirkungsvoll glossierte. Es erklärt das jeweils Gegebene und machtvoll Durchgesetzte für notwendig in einem gleichsam heilsgeschichtlichen Sinn, macht es sich, das Manna der Theodizee ausschüttend, zu eigen und bringt auf diesem Verinnerlichungsweg, der ein tätiger und arbeitsamer ist, das oktroyierte Modell zu einer Perfektion, von der die Stifter, die zu Freunden verklärten Besatzungsmächte, sich nichts träumen ließen.

Das führt bei den Urhebern der Vorgaben dann zu einer Art Erbitterung – bei Siegern, denen der Sieg entwunden wurde, indem die Geschlagenen, die sie als Verbündete brauchten, es besser machten als sie selbst. Sie halfen sich lange Zeit, indem sie sich und den Nachwachsenden immer wieder Filme vorführten, die ihnen die Größe ihres Siegs vor Augen führten. Eines Tages gaben sie es dann auf, zogen ihre Oberherrschaft zurück und rückten

Abb. 91: Friedrich von Schiller. Otto Rasch, nach einer Vorlage von Ludovika Simanowitz, 1909. Museen der Stiftung Weimarer Klassik und Kunstsammlungen, Weimar; Inv.Nr. KGe/00733

den Staat wieder heraus, den sie in schicksalhafter Stunde an sich gezogen hatten, mit dem Recht der Stärkeren, die sich schließlich, nach vielen Jahrzehnten, wie durch Liebe überwunden gaben. Mit einer Art von Resignation fügten sie die beiden jahrzehntelang gegeneinandergestellten Teilstaaten zusammen, in einer Gleichberechtigung der Partner, die standesamtlicher Schein war; aus der armen, gleichwohl lebhaft umworbenen Geliebten wurde, als sie ehelich in Besitz genommen war, bald die seufzend Unterhaltene. Und wieder kommt jener nationalspezifische Zipfelmützen-Leibnizianer, der unter immer neuen Masken immer wieder derselbe ist, und erklärt, was sich als durchsetzungsfähiger erwies, zum Sieger der Geschichte, zur endlich erreichten, nur noch in einigen Details zu verbessernden geschichtlichen Zielgestalt. Die unter uns lebenden Fünfundneunzigjährigen können, falls sie in der DDR ansässig waren, von fünf verschiedenen deutschen Staaten erzählen, in denen sie gelebt haben, ohne sich von der Stelle zu bewegen; vier dieser fünf haben sich jeweils emphatisch-antithetisch von ihrem Vorgänger abgestoßen. Vergleichbares haben nur die um 1785 geborenen Franzosen erfahren; sie kamen, falls sie neunzig wurden, sogar auf acht kontrastierende Staatsverhältnisse.

»Sei im Besitze und du wohnst im Recht, / und heilig wird's die Menge dir bewahren«, sinnt Schillers Wallenstein über seine Chance nach, Machtverhältnisse, die sich als unheilvoll erwiesen haben, außer Kraft zu setzen; bei den Sternen sucht er Beistand, um die monarchisch-religiöse Autorisierung des Bestehenden auszuhebeln. Zwölf Jahre vorher hatte der Autor (Abb. 91) sein Geschichtsdenken in einen jambischen Aphorismus gefasst; in einem Gedicht, das »Resignation« hieß und über den Sinn tugendhafter Liebesentsagung nachgrübelte, war er unversehens auf den Sinn der Geschichte gekommen und hatte das die Theologen provozierende Fazit gezogen: »Die Weltgeschichte ist das Weltgericht«. Der pointenstarke Vers war positivistisch gemeint gewesen und bald missverstanden worden, als Vorstellung einer geschichtsimmanenten Rechtsprechung; nicht im Jüngsten Gericht, so verstand man den Satz, sondern im Geschichtsverlauf selbst enthüllt sich der göttliche Wille. Aber nicht nur die aus Leibniz' und Hegels weiten Gewändern hervorgegangenen Ad-Hoc-Exegeten sind deutsch, diese sich als immanentistische Theologen präsentierenden Opportunisten des Wirklichen; es gibt immer auch die Realisten, die es besser wissen und, da sie das Heil nicht innerhalb, sondern außerhalb der Geschichte suchen, leicht für Romantiker und Eskapisten gelten. Von der Weltgeschichte enttäuscht, dichten sie dann wohl wie Schiller im Zusammenbruch des alten deutschen Reiches: »In des Herzens heilig stille Räume / mußt du fliehen aus des Lebens Drang. / Freiheit ist nur in dem Reich der Träume, / und das Schöne blüht nur im Gesang«[2]. Aber das Übergewicht haben allemal jene, die sich als Aushorcher des Weltgeists, wohl gar als Adepten einer »wissenschaftlichen Weltanschauung« deklarieren, indem sie vorgefertigte Begriffe über den Gang der menschlichen Dinge stülpen. Hinter solchen Selbstsuggestionen lässt sich eine ratlose Frömmigkeit ausmachen, die doktrinär und produktiv zugleich ist. Denn sie hilft zur Tätigkeit und schafft das Gute, indem sie das eigene Tun zu einem gott- oder geschichtsseligen Werk verklärt, zur Mitwirkung an der Vervollkommnung des Menschengeschlechts. Allerdings: Auch das Gegenteil kann geschehen, falls der Ausnahmezustand Oberhand gewinnt.

Von der Verstaatlichung des Glaubens

Ist diese Ambition, in der Realismus und Idealismus einander durchdringen und das Wirkliche prätendiert, als Schritt auf dem Wege zur Wahrheit, zur Vollkommenheit selbst schon an dieser teilzuhaben, etwas spezifisch Deutsches? Das Bedürfnis nach Wahrheit und Wirklichkeit der christlichen Verkündung war der geistige Antrieb der Lutherschen Reformation; es ließ den Funkenflug aus jenen Bücherverbrennungen, mit denen zwei mitteldeutsche Kleinstädte sich bekriegten, die Intellektuellenhochburg Wittenberg und das von den Minderbrüdern beherrschte Jüterbog, zu einer Bewegung anschwellen, die nicht nur das nicht besonders fest gefügte deutsche Reich zerriss, sondern auf je eigene Weise auch die Nachbarländer: Frankreich, Britannien, die Niederlande; bis tief in das 17. Jahrhundert hinein gab es in diesen Ländern Bürgerkriege von entfesselter Grausamkeit. Die Niederlande wurden in zwei Staaten verschiedener Konfession zerrissen, in England und Frankreich siegte nach langen Kämpfen hier eine katholische, dort eine anglikanische Staatskirche. In Deutschland, wo die Kämpfe zuerst ausgebrochen waren, blieb es nach ihrer Beilegung im Augsburger Religionsfrieden von 1555 sechzig Jahre lang vergleichsweise ruhig. Dann aber detonierten agonale Interessen auch dort, in einem Land, dessen Schicksal von seiner geographischen Lage bestimmt war; in der Mitte des Kontinents gelegen, war es offen nach allen Seiten (Abb. 92). Am Ende dreißigjähriger Terrorfeldzüge (Abb. 93), die von den Nachbarstaaten mit Fleiß geschürt worden waren, kam es zu der Bekräftigung einer Lösung, die schon 1555 gefunden worden war: »Cuius regio, eius religio«, das bedeutete die Vollmacht der Teilstaatsoberhäupter, die Religion ihres Landes zu bestimmen. Auch die Zeitrechnung: Bis zum Jahre 1700 kam man in den ineinander verkeilten Territorien katholischer und protestantischer Landesfürsten aus einem Kalender in den andern. Als am 21. März

Abb. 92: Reiterbildnis des Königs Gustav II. Adolf von Schweden zu Pferde. Nürnberger Wachsbossierer (?), um 1632. Germanisches Nationalmuseum, Nürnberg.

Abb. 93: Kriegsserie. Hans Ulrich Franck, um 1650. Germanisches Nationalmuseum, Nürnberg.

1685 in dem Städtchen Eisenach am Westrand des protestantischen Herzogtums Sachsen-Weimar ein Musikersohn namens Johann Sebastian Bach getauft wurde, schrieb man im nahe gelegenen kurmainzisch-katholischen Erfurt schon den 31. März.

Wessen das Land, dessen die Religion – die Formel, die den Krieg auf dem Territorium eines halbverbluteten Volkes beendet hatte, bedeutete, dass das Wahrheitsbedürfnis, das am Anfang gestanden hatte, der Anspruch auf Glaubens- und Gewissensfreiheit, in die Hand der jeweiligen Staatsautorität gegeben war; die protestantische Freiheit fand sich in ein Amalgam mit ihrem Gegenteil, der Staatsautorität, gepresst. Luther selbst hatte das vorweggenommen, als er sich in jener Bauernkrieg genannten Revolution, die eine von Mansfeld und Goslar bis nach Straßburg und Salzburg reichende Erhebung von Städten und Landbevölkerung gegen eine schrankenlos ausbeuterische Adelsherrschaft war, auf die Seite der Fürsten schlug und ihnen nach ihrem Sieg evangelische Landeskirchen übertrug, deren erste und grundlegende die kursächsische war, mit dem Landesherrn als

dem die Pfarrer berufenden und bezahlenden »Notbischof«.

Das blieb nicht ohne Folgen für das, was sich nachmals in aller Ambivalenz als deutsches Wesen zu erkennen gab, die Staatsfrömmigkeit, die Verklärung des politisch Gegebenen zum metaphysisch Überhöhten. Wenn man heute über die fundamentale Differenz des europäischen und des asiatischen, des okzidentalen und des orientalen Bewusstseins nachsinnt, kommt man bald auf den seit dem frühen Mittelalter virulenten Dualismus zwischen weltlicher und geistlicher Gewalt im christlich wiedergeborenen weströmischen Reich, auf den Dauerkonflikt zwischen Kaiser und Papst, den das Evangelium im Zinsgroschenbefund vorgeformt hatte: »Gebt dem Kaiser, was des Kaisers ist, und Gott, was Gottes ist« (Matth. 22, 21). Die Nicht-Identität der geistlichen und politischen Instanzen bewirkte ein anderen Kulturen fremdes Widerspiel, in dem man die Keimzelle jenes dualen Prinzips erkennen kann, das sich später in dem parlamentarischen Gegenüber von Regierung und Opposition funktionalisierte. Wie vormals der Kaiser-Papst-Antagonismus ist es ein starkes Remedium gegen die Sakralisierung politischer Machtverhältnisse.

Deutschlands Problem war, dass der Schutz der protestantischen Freiheit durch die evangelischen Fürsten dazu führte, dass die paulinische Order: »Jedermann sei untertan der Obrigkeit, die Gewalt über ihn hat« (Römer 13,1), mit der Glaubens-, der Gewissensfrage gleichsam verschmolz. Staat und Kirche konvergierten in den protestantischen deutschen Ländern in der Personalunion ihres Oberhaupts: der Fürst als Vorgesetzter der Landeskirche; damit war der Verklärung politischer Machtverhältnisse, wie Hegel sie gegenüber dem preußischen Staat später geschichtsphilosophisch vollzog, Vorschub geleistet.

Kant kennt die Völker

Hier liegt eine der Wurzeln jener Staatsfrömmigkeit, die immer neu wird, wie auch die Staatsformen sich umwälzen; schon Immanuel Kant fiel sie als Nationaleigentümlichkeit auf. Am Ende eines langen Forscherlebens, das – auf dem Papier – zuletzt noch die Frage des Weltfriedens gelöst hatte, kam er darauf, sich mit der Frage »Was ist deutsch?« zu beschäftigen, im Rahmen einer Untersuchung, die diese Frage gegenüber der, was englisch, französisch, spanisch oder italienisch sei, keineswegs favorisierte. »Die Deutschen«, fand er in einer Anthropologie heraus, die ausdrücklich »in pragmatischer Absicht« abgefasst war, »stehen im Ruf eines guten Charakters, nämlich dem der Ehrlichkeit und Häuslichkeit, Eigenschaften, die eben nicht zum Glänzen geeignet sind«[3] (Abb. 94). Der Deutsche füge sich »unter allen zivilisierten Völkern am leichtesten und dauerhaftesten der Regierung, unter der er ist, und ist am meisten von Neuerungssucht und Widersetzlichkeit gegen die eingeführte Ordnung entfernt. Sein Charakter ist mit Verstand verbundenes Phlegma, ohne weder über die schon eingeführte [Ordnung] zu vernünfteln noch sich selbst eine auszudenken. Er ist dabei doch der Mann von allen Ländern und Klimaten, wandert leicht aus und ist an sein Vaterland nicht leidenschaftlich gefesselt; wo er aber in fremde Länder als Kolonist hinkommt, da schließt er bald mit seinen Landesgenossen eine Art von bürgerlichem Verein, der durch Einheit der Sprache, zum Teil auch der Religion, ihn zu einem Völkchen ansiedelt, was unter der höheren Obrigkeit in einer ruhigen, sittlichen Verfassung durch Fleiß, Reinlichkeit und Sparsamkeit vor den Ansitzungen anderer Völker sich vorzüglich auszeichnet. So lautet das Lob, welches selbst Engländer den Deutschen in N. Amerika geben«.

Genie ist Fleiß, lautet eine Sentenz, die man Johann Sebastian Bach zuschreibt, da sie doch einem Gedicht Theodor Fontanes entstammt[4]. Kant trennt das eine vom andern und spricht den Deutschen Fleiß, nicht aber Genie zu, »welches letztere auch bei weitem nicht von der Nützlichkeit ist als der mit gesundem Verstandestalent verbundene Fleiß des Deutschen«. Ein wie gründlicher Deutscher er selbst ist, zeigt sich an der Fußnote, die ihm an dieser Stelle beifällt; er schränkt Genie darin auf die künstlerische Eingebung ein, auf das Vermögen, nicht nur »gute Verse«, sondern »ein gutes Gedicht« zu machen. »Das Genie glänzt [...] als augenblickliche, mit Intervallen sich zeigende und wieder verschwindende Erscheinung«.

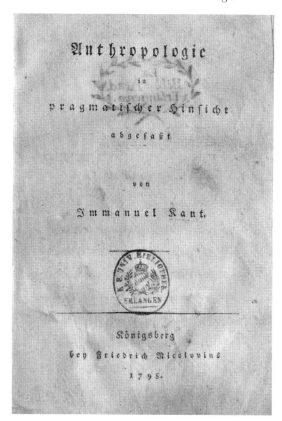

Abb. 94: Anthropologie in pragmatischer Hinsicht. Immanuel Kant. Königsberg 1798. Universitätsbibliothek, Erlangen.

Dass er selbst in der Verbindung von Inspiration mit Beharrlichkeit die Synthese von Fleiß und Genie bezeuge, kommt ihm nicht in den Sinn; so gibt er ein Beispiel der Eigenschaft, die er, zusammen mit Phlegma, Fleiß und Ausdauer, als ein Kennzeichen des deutschen Nationalcharakters be nennt: Bescheidenheit. »Sein Charakter im Umgange ist Bescheidenheit. [Der Deutsche] lernt, mehr wie jedes andere Volk, fremde Sprachen, ist (wie Robertson sich ausdrückt) Großhändler in der Gelehrsamkeit und kommt im Felde der Wissenschaften zuerst auf manche Spuren, die nachher von anderen mit Geräusch benutzt werden; er hat keinen Nationalstolz, hängt, gleich als Kosmopolit, auch nicht an seiner Heimat. In dieser aber ist er gastfreier gegen Fremde als irgendeine andere Nation (wie Boswell gesteht), diszipliniert seine Kinder zur Sittsamkeit mit Strenge, wie er dann auch seinem Hange zur Ordnung und Regel gemäß sich eher despotisieren als sich auf Neuerungen (zumal eigenmächtige Reformen in der Regierung) einlassen wird«.

»Das ist seine gute Seite«, kommentiert der preußische Professor, davon ablenkend, dass »despotisieren« nicht eben positiv klingt. Und die schlechte? Sie hängt mit jener andern in dem Punkt mangelnden Selbstbewusstseins zusammen: »Seine unvorteilhafte Seite ist sein Hang zum Nachahmen und die geringe Meinung von sich, original sein zu können [...]; vornehmlich aber eine gewisse Methodensucht, sich mit den übrigen Staatsbürgern nicht etwa nach einem Prinzip der Annäherung zur Gleichheit, sondern nach Stufen des Vorzugs und einer Rangordnung peinlich klassifizieren zu lassen und in diesem Schema des Ranges, in Erfindung der Titel (vom Edlen- und Hochedlen Wohl- und Hochwohl- auch Hochgeborne) unerschöpflich und so aus bloßer Pedanterei knechtisch zu sein«.

Auf der einen Seite: Bescheidenheit, kein Nationalstolz, eine natürliche Weltoffenheit und Gastfreundlichkeit, auf der andern Seite derselben Veranlagung: Distinktionssucht, Pedanterie, Obrigkeits- und Autoritätshörigkeit, die sich in der Erziehung reproduzieren. In einer Fußnote unternimmt es der Autor, der seine heimatliche Hafenstadt

nicht zu verlassen brauchte, um die Völker Europas zu studieren, die von ihm beschriebenen Nationaleigentümlichkeiten auf den Punkt zu bringen. Frankreich erscheint hier als das Moden-, Spanien als das Ahnen-, Polen als das Herren- und Deutschland »samt Dänemark und Schweden als germanischen Völkern« als das Titelland.

Zu denken gibt Kants Hinweis auf die besondere Fähigkeit der Deutschen, sich im Ausland unter die jeweilige Obrigkeit zu fügen und, untereinander Zusammenhalt wahrend, fruchtbare Kultivierungsarbeit zu leisten. Das Volk, das er beschreibt, erscheint als ein prononciert antiimperiales Volk, zu nichts weniger gestimmt und befähigt, als erobernd in die Welt zu treten und sich fremde Völkerschaften untertan zu machen. Jenes deutsche Reich, das sich heiliges römisches nannte, war nichts weniger als ein echtes Imperium; spätestens seit 1648 war dies ein loser Staatenverbund, der außer von einigen ehrwürdigen Institutionen und einem Bündel alter Gesetze vor allem von einer Sprache zusammengehalten wurde, die sich noch im siebzehnten Jahrhundert vorwerfen lassen musste, nicht literaturfähig zu sein. »Die Fremdgierigkeit«, schrieb Justus Georg Schottel 1641, »scheinet durch ein hartes Verhängnis sonderlich den Deutschen gar tief angeboren zu sein. Die Ausländer halten die Deutschen, was ihre Sprache betrifft, für grobe brummende Leute, die mit rostigen Worten daher grummen, und mit hartem blindem Geläute von sich knarren: ja, man meinet, die deutsche Sprache hätte nur eintausend Wörter in sich«. Hugo von Hofmannsthal eröffnete mit diesem Text 1927 seinen Sammelband über »Wert und Ehre deutscher Sprache«.

Der Deutsche als einer, der sich willig auch unter fremde Obrigkeiten schmiegt und, so geschützt, seine Vorzüge und Tugenden zur Geltung bringt – die Geschichte hat diesen Befund nicht widerlegt; der Versuch, dieses Volk ins Imperiale zu treiben, ins Koloniale statt ins Kolonisatorische, ist eklatant gescheitert. Die falschen Führer, die das im Abstand eines Vierteljahrhunderts unternahmen, beide auf je eigene Weise von »ihres Nichts durchbohrendem Gefühl« in eine bramarbasierende Staats-Schaustellerei getrieben, die bei dem einen hektisch, bei dem andern hysterisch ausschlug, waren so undeutsch wie nur denkbar. Dass das Vabanque-Spiel des einen, der mehr großmäulig als kriegslüstern war, zum Zuge kam, hing mit jenem preußisch-österreichischen Bündnis zusammen, dessen Partner ihre jeweilige Erbfeindschaft – die Österreichs gegenüber Russland, die Preußens gegenüber Frankreich – als Hypothek in den Bruderbund eingebracht hatten. Dass der andere, kein monarchisch Gesalbter, sondern ein demagogisch Geschmierter, Randösterreicher von entfesselter Provinzialität, ans Ruder kam, hing mit dem Verschwinden des ersten und der dadurch erzeugten Leerstelle in der auf die Monarchenfigur fixierten Kollektivseele zusammen, einem psychischen Vakuum, das der Säkularismus der puren Geldherrschaft nicht mehr zu füllen vermochte, als dieser sich nach zehn Jahren in Gestalt einer den Kapitalismus in seinen Grundfesten erschütternden Finanzkatastrophe als bodenlos erwies. Die transozeanische Weltmacht Amerika, die den Krieg gegen Deutschland militärisch entschieden hatte, ohne danach ihr Versprechen eines maßvollen Friedens zu halten, richtete die republikanische Neuordnung, die an die Stelle der auf Thron und Altar gegründeten alten getreten war, zugrunde, als der von ihr ausgehende Börsenkollaps das mühsam stabilisierte Deutschland in den Sog der Depression riss. Ein östliches Großreich tat ein übriges, indem es die mit ihm verbundene radikale deutsche Linkspartei zum Handlanger ihrer eigenen, universalistisch drapierten Interessen machte.

Binnen fünfzehn Jahren war das staatsfromme Phlegma der Deutschen von Erschütterungen heimgesucht worden, deren Tiefe und Ausmaß die Kinder des Friedens sich nicht mehr vorstellen können, da sie ihnen, jedenfalls im deutschen Westen, in jeder Hinsicht erspart geblieben sind. Wenn wir sehen, wie eine im Verhältnis zu solchen Belastungen nur punktuelle Anfechtung einen zweihundert Jahre alten Verfassungsstaat mit dem Segen der Mehrheit auf den Weg waffenstarrender Weltherrschaftsphantasien treibt, ist uns wie ein Schlüssel an die Hand gegeben, wie es geschehen konnte, dass die Deutschen durch die Umtriebe einer Junker-Kamarilla am Hof eines verräterischen Staatsoberhaupts in die Hände eines Mannes fielen, der es unter den Bedingungen freier Wahlen zu einer beträchtlichen Anhängerschaft, aber niemals zu einer Parlamentsmehrheit gebracht hatte. Als eingefleischter Rassist war dieser Burgschauspieler des Größenwahns das Gegenteil des Nationalisten, den er erfolgreich gerierte. Die von ihm proklamierte Überlegenheit der germanischen Rasse konnte er schließlich daran ablesen, dass das angloamerikanische Bündnis sich als stärker erwies denn das von ihm befehligte Germanenvolk.

Dass eine solche Gestalt lange nach ihrem blutigen Verschwinden immer noch eine Faszination ausübt, als repräsentiere sie so etwas wie die Negativseite der Nation, wohl gar des Nationalcharakters, dergegenüber man sich in einer Art Dauerabwehr zu verhalten habe (die damit verbundene Dauerbefassung deutet auf einen untergründigen Identifikationsreflex), nimmt allerdings wunder; noch an Mozarts 250. Geburtstag fühlte sich der Kultursender 3sat bemüßigt, zur Hauptsendezeit einen Film über »Familie Hitler« zu senden. Das Phänomen gäbe Stoff für soziopsychische Untersuchungen, die bald darauf kämen, dass BRD- und DDR-Bevölkerung in dieser Hinsicht deutlich differierten. Das westdeutsche Bewusstsein stand, nachdem das Überleben mit Hilfe der Besatzungsmächte gesichert war, im Zeichen einer durch den wirtschaftlichen Erfolg bekräftigten Kontinuität der Administrations-, Besitz- und Klassenverhältnisse, über die erst in der Folgegeneration das Bewusstsein des die nationale Existenz aus den Angeln hebenden Bruchs hereinbrach. Anders im östlichen Deutschland, wo sich gleichzeitig mit der von harten Reparationslasten überlagerten Überlebenssicherung ein drastischer Einschnitt in die alten Macht- und Besitzverhältnisse begeben hatte. Er beförderte die Nichtverinnerlichung einer katastrophenträchtigen Herrschaft, die als Verführung zum Un- und Widerdeutschen um so leichter zu erkennen war, als gleichzeitig die Nationalkultur unter der Anleitung geprüfter Antifaschisten in ein von nationalistischer Überblendung gereinigtes Licht eintrat.

Hier zu Lande

1798 war ein in Mailand aufgewachsener Österreicher der in Frankfurt am Main gekrönte Kaiser eines alle deutschen Staaten überwölbenden Reiches; Kant wäre damals nicht auf den Gedanken gekommen, für Österreicher und Deutsche eine gesonderte Charakteristik zu entwerfen. Noch Hugo von Hofmannsthal war hundertzwanzig Jahre später von einer solchen Gegenüberstellung entfernt; was er auf zwei Druckseiten eigenschaftlich differenzierte, waren »Preuße und Österreicher«[5]. Sein Stichworte gegenüberstellender Befund fasst »das Ganze«, die »soziale Struktur« und »den Einzelnen« ins Auge; in der ersten Rubrik wird den Preußen »mehr Tugend« und »mehr Tüchtigkeit« und den Österreichern »mehr Frömmigkeit« und »mehr Menschlichkeit« attestiert, jenen »Staatsgesinnung«, diesen »Heimatliebe«. »Selbstgefühl« wird dem preußischen Einzelnen, »Selbstironie« dem einzelnen Österreicher vindiziert, »scheinbar männlich« erscheint der eine, »scheinbar unmündig« der andere; es geht – im Hintergrund steht die Kriegserfahrung – ausschließlich um Männer. »Behauptet und rechtfertigt sich selbst« heißt es vom Preußen, »bleibt lieber im Unklaren« vom Österreicher. Der Bayer und der Mecklenburger, der Sachse und der Schwabe bleiben außer Betracht, und mit dem Preußen ist schwerlich auch der Rheinländer gemeint.

Heute verfertigen, in minder gehaltvollem Deutsch, diplomierte Soziologen solche Differenzierungsprofile, und wenn es damals um Preußen und Österreicher ging, so nun um West- und Ostdeutsche. Die Bewohner der ehemaligen DDR, der sogenannten neuen Länder, haben gleichsam die Stelle der Österreicher eingenommen. Die Antwort der Sozialwissenschaft auf die Frage »Was ist deutsch?« erkennt innerhalb des staatlich vereinten Landes eine Trennlinie vorwiegender bzw. zurücktretender Eigenschaften; sie entspricht der Staatsgrenze, die Deutschland nach dem Krieg in zwei verschieden fundierte Gesellschaften teilte; sie beförderten jeweils Tugenden und Untugenden, die sich im andern Teil anders mischten. Das westliche Deutschland ist das Titelland nicht mehr, das Kant einst in dem ganzen erkannte; die Kulturrevolution des West-Landes, deren Basis ein nie dagewesener gesellschaftlicher Reichtum im Kontrast zu einer unaufgearbeiteten Katastrophenerfahrung war, hat auf diesem Feld Änderungen bewirkt, die sich in dem zunächst auch darin vorangehenden Ost-Staat weniger stark ausprägten.

Aber wie steht es um die Staatsfrömmigkeit, die deutsche Neigung, das Faktische nicht bloß als normativ, sondern als eine mit höheren Weihen versehene Norm anzusehen? Der auf Anhieb gelingende Versuch, mit Amtsgewalt eine die deutsche Sprachentwicklung um zweihundert Jahre zurückschraubende Schreibverordnung durchzusetzen (erst, als das Kind im Brunnen lag, erwachten die schreibend Betroffenen), zeugt von der ungebrochenen Anfälligkeit des deutschen Bewusstseins für Staatsverfügungen, wenn sie sich nur mit dem Schein des

Fortschrittlichen zu umgeben wissen. Man glaubt ihnen aufs Wort, und erst hinterher tut es einem – Leid. »'s geht nur von oben«, mochten sich die regelungsbesessenen Linguisten dreier deutschsprachiger Staaten mit Brechts »Arturo Ui« gesagt haben, und sie behielten recht: »von oben«, durch Ministerialbeschluss, ging es tatsächlich; dass alle deutschsprachigen Länder an diesem Staats-Streich wider die Schriftsprache beteiligt waren, sprach für die Gemeinsamkeit der hier zutage tretenden Volkseigentümlichkeit. Sie verbindet sich mit dem Hang zur Übertreibung – einer Übertreibung nicht aus Leidenschaft, sondern aus Ängstlichkeit (»Pedanterie« sagt Kant), aus der Furcht, nicht »auf der Höhe« zu sein.

Bedenklicher noch als das Ausmaß der orthographischen Veränderungen, also der Prozentsatz betroffener Wörter, war das Verfahren ihrer Durchsetzung; es bestand in einem schier konspirativen Zusammenspiel von Beamten-Ehrgeiz, Spezialisten-Beschränktheit und handfesten Geschäftsinteressen[6]. Ein föderal getarnter Staatszentralismus und eine achtlos gewährenlassende Medienöffentlichkeit spielten einander nationalcharakteristisch in die Hände, und wie das Verfahren regressiven Charakter hatte, so auf andere Weise die Natur der sprachlichen Eingriffe. Wer das von langer Hand eingebürgerte Adverb »hierzulande« mit Amtsgewalt durch eine Kombination von Adverb, Präposition und Substantiv (»hier zu Lande«) ersetzt, annulliert die zweihundertjährige Sprachentwicklung, die jenes Wort schuf und durch Zusammenschreibung kenntlich machte; er re-formiert im Wortsinn, sich und andere in die Frühzeit der deutschen Einheitsorthographie katapultierend. Deren Durchsetzungsweise war unter den Bedingungen des fürstlichen Absolutismus die entgegengesetzte gewesen: eine sich praktisch herstellende und bewährende Übereinkunft von Verlegern und Autoren auf der Basis neuester Sprachwissenschaft

hatte um 1790 die deutsche Rechtschreibung vereinheitlicht; Schulen und Ämter folgten dem Konsens der literarisch Zuständigen. Nicht bei Spaniern, Franzosen oder Engländern – in keinem vergleichbaren Kulturvolk wäre eine Reformoperation wie die der deutschen Schriftsprache seit 1995 aufgezwungene denkbar gewesen; wir können nicht umhin, Eigenschaften, die sie in drei Staaten des deutschen Sprachraums ermöglichten, als spezifisch deutsch anzusehen.

Ist also die alte Obrigkeitsgläubigkeit immer noch virulent, bereit, den ideologisch präparierten Köder ungeprüft zu verschlucken? Die Lust am Befolgen von Sprach- und anderen Bewusstseinsregelungen ist nur eine Neigung, eine Tendenz von vielen, die wir als deutsch erkennen können; es gibt immer auch die ganz anderen. Kant gibt uns Fingerzeige, am Telefon erhalte ich einen weiteren. Ich frage einen nach Figur und Statur exemplarischen Deutschen danach, was deutsch sei; er sagt, ohne sich lange zu besinnen: Freimut. Nach einer Pause lässt er es nicht dabei bewenden und fügt hinzu: »Deutsch ist, dass es nicht mehr gibt, was deutsch ist«. Warum, frage ich und erhalte die Antwort: Durch Barbarei – und durch Achtlosigkeit. Deutsch sein, erinnert sich mein Gewährsmann einer Richard Wagner zugeschriebenen Sentenz, – deutsch sein heiße, eine Sache um ihrer selbst willen tun. Das sei vortrefflich, aber es habe sich als missbrauchbar gezeigt.

Das Problem ist: die Sentenz war von jeher aus der Luft gegriffen. Ihrem Urheber war es nicht um eine, also eigentlich jede denkbare, sondern um eine ganz bestimmte Sache gegangen, die des im Kantschen Sinn Zweckfrei-Schönen – einer Kunst, die nicht nach dem Markt oder nach andern Außenvorgaben schielt. »Hier«, schrieb er und meinte das zu Anfang des 19. Jahrhunderts durch Schillers »Braut von Messina« neu belebte Interesse für das altgriechische Theater, – »hier kam es zum Bewusstsein und erhielt seinen bestimmten Ausdruck, was deutsch sei, nämlich: die Sache, die man treibt, um ihrer selbst und der Freude an ihr willen treibt; wogegen das Nützlichkeitswesen, d. h. das Prinzip, nach welchem eine Sache des außerhalb liegenden persönlichen Zweckes wegen betrieben wird, sich als undeutsch herausstellte. Die hierin ausgesprochene Tugend des Deutschen fiel daher mit dem durch sie erkannten höchsten Prinzipe der Ästhetik zusammen, nach welchem nur das Zwecklose schön ist, weil es, indem es sich selbst Zweck ist, seine über alles Gemeine erhöhte Natur, somit das, für dessen Anblick und Erkenntnis es sich überhaupt der Mühe verlohnt, Zwecke des Lebens zu verfolgen, enthüllt«[7]. Der Autor, ein Musiker, kein Schriftsteller, hatte sich umständlich-genau ausgedrückt, und die Medien hatten ihm das Wort im Munde umgedreht, die Kunstanmahnung in eine Rekrutenparole verwandelnd: »Deutsch ist, eine Sache um ihrer selbst willen tun.« Was Richard Wagner 1866 meinte, hat Theodor W. Adorno später auf eine Kurzformel gebracht: Wo das Ganze verwehrt sei, bleibe dem Einzelnen doch das Kunstwerk.

Wieder inmitten

Nicht nur unter den Deutschen, aber unter ihnen, die so lange staatlich nicht bei sich selbst waren, besonders, gibt es ein eingewurzeltes Bedürfnis nach dem Ganzen, nach etwas, das Selbstsucht und Eigensinn materieller Vorteile und privater Interessen überschreitet, die Sehnsucht nach dem nicht bloß hierarchisch, sondern geistig Übergeordneten – soll man es das Transzendentale nennen? Sie kommt aus dem mehr oder minder bewussten Empfinden, dass eine Gesellschaft, die sich in Warenproduktion und -konsumtion erschöpft, nicht überlebensfähig ist, um so weniger, als sie infolge der objektiven Begrenztheit der materiellen Ressourcen einer permanenten Selbsterosion unterliegt. In Monarchien wird das Bedürfnis nach dem Suprarationalen durch ein bei und in aller Konstitutionalisierung aufrechterhaltenes Gottesgnadentum als letzte Quelle staatlicher Oberhoheit bis zu einem gewissen Grad absorbiert; auch die Vereinigten Staaten mit ihrer aus dem 18. Jahrhundert stammenden Bundesverfassung sind nichts anderes als eine Wahlmonarchie. Es war Deutschlands Unglück, dass 1918 drei Faktoren – der Rachedurst der Sieger, der Voluntarismus der radikalen Linken und die Verantwortungslosigkeit der Hohenzollern-Dynasten – jene Konstruktion verunmöglichten, die dem Land über die Niederlage hätte hinweghelfen können: eine parlamentarische Monarchie mit sozialdemokratischer Regierung.

Vieles von dem, was wir deutsch nennen, vielleicht auch diese Sehnsucht nach dem Ganzen als einem ideell Fassbaren, geistig Fundierten (sie ist durch die Totalität des Konsumismus derzeit wirkungsvoll überblendet), hängt mit der Lage der Deutschen in der Mitte Europas zusammen, einer Zentralität, die Offenheit in doppeltem Sinn bedeutet, als Schutzlosigkeit und Sich-offen-Halten. Wer dergestalt inmitten ist, durch Lage und Geschichte ins Labile, Erschütterbare gesetzt, braucht mehr Halt als andere, die sich natürlich umgürtet finden. Deutsch ist, sich in der Mitte Europas zu befinden, als »dieser Klops«, wie Egon Bahr einmal lax und treffend bemerkte, eine Gegebenheit, die den Deutschen fast so lange, wie das Kaiserreich gedauert hatte, fünfundvierzig Jahre lang, durch eine Zweiteilung genommen war, die Eisenach politisch näher an Pjöngjang als an Köln gerückt hatte und Kassel näher an Ohio als an Erfurt. Das ist vorüber, Deutschland liegt wieder da, wo es immer lag, in der Mitte, und wenn es damals, anno mirabili 1990, kaum fassbar war, dass die DDR als dann ehemalige DDR Mitglied der Nato werden dürfe, so gibt es ein Maß der seither eingetretenen Veränderungen, wenn wir heute bemerken, dass die Nato weltpolitisch kaum noch eine Rolle spielt.

Das in eine ihm selbst noch gar nicht hinlänglich bewusst gewordene Zentralität eingesetzte Deutschland ist in einer wesentlich anderen Lage als das wilhelminische Reich; es ist europäisch integriert (Abb. 95), was jenes nicht sein konnte und wollte. Es wird heute vor allem von seiner eigenen Unsicherheit angefochten und kann im Frieden sein, was es so lange in selbstbereitetem Unfrieden war, ein Nationalstaat, dessen allseitige Offenheit, richtig, also realitätsgerecht gehandhabt, für ihn selbst und andere keine Gefahr, sondern eine Chance ist. Die Deutschen haben wieder werden dürfen, was sie wesentlich sind und in zwei folgenschweren historischen Konstellationen zu vergessen verführt wurden; sie sind in ihre kantisch beglaubigte Bescheidenheit zurückgetreten und sollten sich von niemandem einreden lassen, dass Stolz, und sei es Nationalstolz, eine positive Eigenschaft sei. Aber mehr Selbstbewusstsein dürfen sie an den Tag legen; sie brauchen es, um ihre Probleme ins Auge zu fassen, zu dem das der Selbsterhaltung als eine sich aus sich selbst erneuernde Nation in vorderster Linie gehört. Es ist zuerst und

lange verdrängt in jenen Ländern akut geworden, deren Wirtschaft 1990 schlagartig ihre Existenzbasis verlor. Einen »Mangel an Selbstachtung«, kultureller vor allem, attestierte Adolf Muschg, der Schweizer Schriftsteller und damalige Berliner Akademiepräsident, den Deutschen im Dezember 2004 vor einem Bundestagsausschuss; er war damit nahe an den Defiziten, die Kant zweihundert Jahre zuvor festgestellt hatte.

»[…] und nicht über und nicht unter / andern Völkern wolln wir sein / von der See bis zu den Alpen / von der Oder bis zum Rhein«, schrieb anno 1949 ein Dichter, der zweimal nicht dazu berufen wurde, Haydns Vaterlandslied mit seinen Versen zu unterlegen, nicht bei der Gründung der DDR und nicht bei der Wiederherstellung des deutschen Nationalstaats: Bertolt Brecht. Ein um zwei Generationen jüngerer Dichter, ein Kind des Nachkriegs, fasste es lakonischer. »Deutschland, mein Herz«, lautete das Leitwort, das er der Sammlung seiner Gedichte voranstellte; das Wort – oder ein ähnliches – kam im Innern kein zweites Mal vor. Einmal genügt, hatte sich Gerald Zschorsch, ein vielerfahrener Deutscher, gesagt. Er hatte Recht damit.

Abb. 95: Euro-Starter-Kit. Deutsche Bundesbank (Hrsg.), 2001. Privatbesitz.

1 Georg Wilhelm Friedrich Hegel: Werke, Bd. 7. Frankfurt a. M. 1986, S. 24.

2 Friedrich Schiller: »Der Antritt des neuen Jahrhunderts«. (1801).

3 Immanuel Kant: Anthropologie. Königsberg 1798, S. 308. In: Immanuel Kant: Schriften zur Anthropologie, Geschichtsphilosophie, Politik und Pädagogik. Hrsg. von Wilhelm Weischedel, Bd. 2. Frankfurt a. M. 1988, S. 667.

4 Unter eine Photographie Adolph Menzels: »Gaben, wer hätte sie nicht? / Talente – Spielzeug für Kinder, / Erst der Ernst macht den Mann, / Erst der Fleiß das Genie«.

5 Hugo von Hofmannsthal: Reden und Aufsätze II (Gesammelte Werke, Bd. 9). Frankfurt a. M. 1979, S. 459f.

6 Vgl. Friedrich Dieckmann: Was ist deutsch? Eine Nationalerkundung. Frankfurt a. M. 2003, S. 205–210.

7 Richard Wagner: Deutsche Kunst und deutsche Politik, Kapitel 11. In: Richard Wagner: Gesammelte Schriften, Bd. 14. Hrsg. von Julius Kapp. Leipzig o. J., S. 101f.

»Was ist des Deutschen Vaterland?«

THOMAS BREHM

Ernst Moritz Arndt stellte diese Frage im Zuge der deutschen Nationalbewegung des 19. Jahrhunderts und beantwortete sie auf seine Weise mit dem Hinweis auf das große, »das ganze Deutschland«. Doch die Frage nach dem Vaterland erschließt vielfältige Antwortmöglichkeiten. Sie scheint eine jener immerwährenden deutschen Fragen zu sein, auch wenn ihre Beantwortung inzwischen die territorialen Denkkategorien wohl verlassen hat.

Was die Deutschen von heute vor allem in ihrer Selbstwahrnehmung prägt, sind die unterschiedlichen Lebenserfahrungen in den beiden deutschen Staaten. Was sich von außen betrachtet relativieren mag und im ersten Überschwang der nationalen Gefühle während der Wiedervereinigung sich auch in der Binnensicht relativiert hat, wird nach wie vor als persönliches Unterscheidungskriterium wahrgenommen. Es macht eben einen Unterschied, ob man aus einem »alten« oder einem der »neuen« Länder stammt, ein »Wessi« oder »Ossi« ist oder als solcher angesehen wird. Nostalgische Erinnerungen an frühere, vermeintlich bessere Zeiten mögen bei rationaler Betrachtung unangebracht sein, nichtsdestotrotz bestimmen sie die mentale Gemengelage nicht unwesentlich mit. In dem Bewusstsein der unterschiedlichen Sozialisation stehen alle Bemühungen, den Schwung der Jahre 1989/90 wiederzubeleben und die innere Einheit voranzutreiben. Dabei sollte eine Besonderheit dieses Wiedervereinigungsprozesses helfen können: Erstmals in seiner Geschichte gelang Deutschland die Einheit auf friedlichem Wege als Ausdruck des Selbstbestimmungsrechts des Volkes und in Einvernehmen mit seinen europäischen Nachbarn.

Grenzen spielten in Deutschland immer eine besondere Rolle. Die Zersplitterung in unzählige Einzelterritorien war über lange Zeit deutsche Normalität. Grenzen bedeuten Trennung, Abgrenzung, Betonung der Unterschiede. Im Zuge der nationalen Einigungsbewegung des 19. Jahrhunderts ging es daher gerade auch um die Überwindung dieser Grenzen. War die Betonung des Deutschen ein Moment der nationalen Gemeinsamkeit zur Überwindung der territorialen Zersplitterung, die die wirtschaftliche wie politische Entwicklung zunehmend behinderte, so gilt dies heute im europäischen Kontext. Was mit der Entwicklung eines gemeinsamen Binnenmarktes begann und sich sinnfällig mit einer gemeinsamen europäischen Währung fortsetzt, erfährt durch die Aufhebung der europäischen Binnengrenzen im Zuge des Schengener Abkommens eine neue Qualität. Die europäische Einheit wird im Alltag der Menschen buchstäblich erfahrbar. Die

Schwierigkeiten auf politischer Ebene, z. B. die Komplikationen im Verfassungsprozess oder die geringe Beteiligung bei den Wahlen zum Europäischen Parlament machen andererseits deutlich, dass nationale Identitäten sicher noch für längere Zeit bestimmende Faktoren bleiben. Sie bleiben dies vielleicht auch, weil die europäische Bürokratie einerseits nicht wirksam kontrolliert wird und andererseits dank einer oft undifferenzierten Medienberichterstattung oftmals als Inbegriff staatlicher Regelungswut empfunden wird. Welche sinnliche Erfahrung Europas letztlich die Oberhand gewinnen und damit auch die politische Gestalt und Verfassung prägen wird, wird die Zukunft zeigen.

Vor diesem Hintergrund gewinnt ein weiterer, recht deutscher Begriff eine wichtige, neu definierte Rolle – die Heimat. Heimat unterscheidet sich vor allem in der mentalen Dimension vom Vaterland. Heimat ist weniger und mehr zugleich, mehr im Sinne der emotionalen Verbundenheit und weniger hinsichtlich des gedanklichen Horizonts. Heimat ist die Gegend, der Ort, dem man sich mit seiner Lebensweise ganz verbunden fühlt und buchstäblich zu Hause ist. Sie ist der Ort, an dem man das Leben versteht und selbst verstanden wird. Ein Grund, weshalb sich Heimat der Erklärung immer wieder entzieht, wenn man sie intellektuell zu fassen sucht. Dabei spielen die romantischen Heimatvorstellungen einer heilen Welt immer noch eine große Rolle. Zugleich sind es gerade diese romantischen Überhöhungen und deren Missbrauch durch die völkischen Bewegungen, die den Begriff im Deutschland nach der Zeit des Nationalsozialismus für viele suspekt erscheinen ließen. Erst allmählich verliert der Heimatbegriff seine dumpfen Konnotationen und zeigt seine integrativen Funktionen jenseits nationaler Zugehörigkeiten.

Nicht nur bei diesem Thema wird deutlich, welch zentralen Bezugspunkt die Zeit des Nationalsozialismus für die Diskussion einer deutschen Identität auch heute noch ausmacht. Die industriell betriebene Massenvernichtung von Menschen, die Dimensionen dieses Genozids und die Art und Weise seiner Durchführung entziehen sich in letzter Konsequenz einer rationalen Verarbeitung. Sie bleiben ein Stück »gegenwärtiger Vergangenheit«, deren Denkmale die Überreste der Vernichtungslager darstellen. Wie reflexartig die Verbindung von »deutsch« mit dieser Zeit oftmals geschieht, lassen die Reaktionen insbesondere der britischen Boulevardpresse auf die Wahl des deutschen Kardinals Ratzinger zum Papst erkennen. Aber auch in den innerdeutschen Debatten über deutsche Identität spielt die NS-Zeit zumindest implizit nach wie vor eine beachtliche Rolle. Wer diesen Bezug negiert, muss sich mindestens Gedankenlosigkeit, wenn nicht gar Schlimmeres vorwerfen lassen.

Wie für die Suche nach der deutschen Identität in der historisch-politischen Dimension der Holocaust einen unverzichtbaren Bezugspunkt im Negativen darstellt, so unverzichtbar im Positiven sind die Bezüge zu den freiheitlichen Traditionen in der deutschen Geschichte. Von 1989/90 rückblickend bis zu den Befreiungskriegen lassen sich immer wieder Anknüpfungspunkte finden, die für ein demokratisches Bewusstsein heute unerlässlich sind. Der Blick auf diese Traditionen muss die Betrachtung der jeweiligen Herrschaftsverhältnisse, gegen die man sich wandte, einschließen. Ob die freiheitlichen Kräfte letztlich die Oberhand gewannen, wie beim Zusammenbruch des Herrschaftssystems in der DDR, oder niedergeworfen wurden, wie bei der gescheiterten Revolution 1848, war nicht zuletzt den machtpolitischen Rahmenbedingungen geschuldet. An der Relevanz dieser Bezugspunkte für ein demokratisches historisch-politisches Bewusstsein ändert dies nichts. Es lohnt daher, diese Stationen näher zu betrachten.

Widerstand und widerständiges Verhalten in der DDR führten 1989 letztlich zum Zusammenbruch des kommunistischen Herrschaftssystems und zu einer friedlichen Umwälzung der politischen Verhältnisse, die in der Wiedervereinigung mündete. Ihr Erfolg ist dabei unbestritten auch den besonderen Rahmenbedingungen der Zerfallsprozesse in den Warschauer-Paktstaaten und den besonderen inneren Bedingungen in der Sowjetunion Gorbatschows zuzuschreiben. Dennoch bleibt es das Verdienst der Menschen, mit ihren Protesten das Regime letztlich zur Aufgabe seiner diktatorischen Gewaltherrschaft gezwungen zu haben. Es wäre für die Diskussion über die innere Einheit Deutschlands sicher fruchtbar, diese revolutionären Errungenschaften als ein gemeinsames verpflichtendes Erbe zu begreifen. Ähnlich wie dies, wenn auch mit deutlich unterschiedlichen Akzentuierungen und politischen Konnotationen gegenüber dem Widerstand in der NS-Zeit betrieben wurde. Auf den Widerstand gegen die NS-Diktatur beriefen sich beide deutsche Staaten, nicht ohne Hinweise, dass dieses Erbe bei den Herrschenden im Nachbarland nicht in den richtigen Händen sei. Geht man zurück zur Revolution von 1918/1919, finden sich auch hier Legitimationswurzeln beider deutscher Staaten. Die revolutionären Bestrebungen der radikalen Linken, die im sogenannten Spartakusaufstand gipfelten und die eine politische Ordnung nach sowjetischem Vorbild anstrebten, sind für die DDR ein wichtiger historischer Anknüpfungspunkt gewesen. Desgleichen war die Etablierung und Verteidigung einer parlamentarischen Demokratie gegen linke und rechte Extreme ein wichtiger Bezugspunkt für die demokratische Traditionspflege der Bundesrepublik. Der Grundrechtskatalog in der Weimarer Verfassung verweist auch auf die gescheiterte Revolution von 1848. In ihr wurde das nationale Bestreben verbunden mit der bürgerlichen Emanzipation. Die Nationalversammlung in der Frankfurter Paulskirche erarbeitete eine Verfassung, die die bürgerlichen Freiheiten ebenso garantierte wie eine an Recht und Gesetz gebundene Herrschaftsordnung. Letztlich scheiterte sie an den politischen Machtverhältnissen ebenso wie am Dualismus zwischen einer kleindeutschen Nationalstaatlichkeit unter der Führung Preußens bzw. einer großdeutschen Lösung, die letztlich zur Auflösung des Habsburger Reiches hätte führen müssen. Ihren Beginn hatte die deutsche Nationalbewegung des 19. Jahrhunderts in den Befreiungskriegen gegen die Napoleonische Herrschaft. Sie bildeten auch den Ausgangspunkt für die eigentümliche Spannung, die sich aus dem Nationalen auf der einen Seite und dem Freiheitlichen auf der anderen Seite zu ergeben schienen. Die Ideen der Französischen Revolution und die Ideen der Aufklärung verlangten nach der freien Selbstbestimmung des Volkes, der sich im eigenen Selbstverständnis formierenden Nation. Und zugleich erhielt diese Bewegung ihre emotionale Kraft vor allem aus der Gegnerschaft zur französischen Fremdbestimmung napoleonischer Prägung. Es liegt eine gewisse Tragik darin, dass die Nation, von der die revolutionären Freiheitsgedanken ausgingen, als Feindbild herangezogen wurde, um eben diese Freiheit zu erringen und zu verteidigen.

Hierin mag eine der Wurzeln für eine gerade auch unter Intellektuellen immer wieder feststellbare innere Zerrissenheit zu finden sein. Das Gefühl tiefempfundener Zugehörigkeit zu den Deutschen, verbunden mit einem ebenso tiefen Unbehagen an den Zuständen in Staat und Gesellschaft. Diese Zerrissenheit, dieses Leiden an Deutschland spiegelt auch die Ohnmacht von Intellektuellen, deren gesellschaftliches Ansehen und deren Einfluss auf die Entwicklungen sich immer sehr in Grenzen gehalten hatten. Sie spiegelt Erfahrungen innerer und realer Emigration, Erfahrungen der Ausgrenzung und des sich Ausgrenzens. An Deutschland und den Deutschen verzweifeln, diese Grundstimmung zieht sich von Heinrich Heine über Kurt Tucholsky bis in unsere Gegenwart. Und sie gibt Hinweise auf eine der wichtigsten Aufgaben, die dieses Deutschland in der Gegenwart zu bewältigen hat: eine innere Einheit zu festigen, die der äußeren Feindbilder nicht bedarf; zwischen Ost und West, zwischen Einheimischen und Immigranten, zwischen den auseinanderstrebenden sozialen Schichten. Hier ist die Antwort auf die alte Frage »was ist des Deutschen Vaterland?« zu suchen und zu finden.

Germania

Philipp Veit
1848
Öl auf Leinwand
Germanisches Nationalmuseum, Nürnberg
Inv.Nr. Gm 608

Philipp Veit schuf dieses Gemälde für die deutsche Nationalversammlung, die am 18. Mai 1848 zu ihrer ersten Sitzung in der Frankfurter Paulskirche zusammenkam. Es hing über dem Präsidium, links und rechts zwei runde Tafeln mit der Inschrift »Des Vaterlands Größe des Vaterlands Glück / O, schaff sie, o, bringt sie dem Volke zurück«. Die gesprengte Kette zu ihren Füßen verweist ebenso wie die schwarz-rot-goldene Trikolore auf die revolutionäre Nationalbewegung. Das Schwert symbolisiert Wehrhaftigkeit und Stärke, der Ölzweig Friedfertigkeit. Statt einer Krone trägt Germania einen Kranz aus Eichenblättern, ein Symbol für das Deutsche ersetzt die ungeklärte Frage der künftigen konstitutionellen Ordnung.

Die im März 1849 von der Nationalversammlung verabschiedete Verfassung garantierte erstmals elementare Grundrechte für alle Bürger sowie das gleiche und geheime Wahlrecht. Die erbliche Kaiserwürde wurde dem König von Preußen angetragen. Die Ablehnung Preußens und die Erstarkung der deutschen Regierungen führte schließlich zum Scheitern des ersten gewählten deutschen Parlaments.

Mit Beschluss der Bundesliquidationskommission vom 30. Januar 1867 wurde die Germania zusammen mit weiteren Beständen der Frankfurter Nationalversammlung an das Germanische Nationalmuseum abgegeben.

T B

Lit.: Rainer Schoch: Streit um Germania. Bemerkungen zur »Germania« aus der Paulskirche. In: 1848. Das Europa der Bilder, Bd. 2. Hrsg. vom Germanischen Nationalmuseum, Nürnberg 1998, S. 89–102.

Der Doppeladler als Reichssymbol von 1848 und die schwarz-rot-goldene Kokarde verweisen neben dem Schleswig-Holsteinischen Wappen auf Entstehungszeit und Herkunft.

1842 führte König Friedrich Wilhelm IV. von Preußen die sog. Pickelhaube für die preußische Armee ein, aber auch in anderen Staaten wurde sie zeitweilig gebräuchlich. Im Zuge der Niederschlagung der demokratischen Revolution von 1848 geriet sie zum Symbol für den Obrigkeitsstaat.

1916 wurde die Pickelhaube durch den Stahlhelm ersetzt, der einen besseren Schutz im Fronteinsatz gewährleisten konnte. Nach dem Ersten Weltkrieg blieb die Pickelhaube noch teilweise bei Polizei und Feuerwehr im Einsatz. Reichspräsident Paul von Hindenburg trug sie zusammen mit der Uniform des kaiserlichen Generalfeldmarschalls zu diversen offiziellen Anlässen als bewusste Reminiszenz an das Kaiserreich.

Die Pickelhaube war lange nach ihrem Gebrauch vor allem im Ausland das Symbol für den preußisch dominierten deutschen Obrigkeitsstaat und dessen militaristische Ausrichtung. Diese symbolische Bedeutung findet sich in unzähligen Karikaturen wieder. Aber auch in der Gebärdensprache für Gehörlose ist das Symbol noch aktuell. Deutschland wird mit dem an die Stirn gehaltenen, ausgestreckten Zeigefinger ausgedrückt.

T B

Lit.: Johannes Willers: Die »Pickelhaube«. In: Monatsanzeiger des Germanischen Nationalmuseums Nr. 229, April 2000, S. 4–5.

Pickelhaube eines Infanterieoffiziers
Schleswig-Holstein, 1848/1850
Leder, Messing, vergoldet
und teilweise versilbert, Seidenfutter
Germanisches Nationalmuseum, Nürnberg
Inv.Nr. W 251

**Erinnerungskreuz für 1866,
sog. Königgrätz-Kreuz (Kgr. Preußen)**

1866
Bronze
Privatbesitz

Diese Medaille erinnert an die Schlacht bei Königgrätz am 3. Juli 1866 und trägt rückseitig die Inschrift: »Gott war mit uns ihm sei die Ehre / Preußens siegreichem Heere«.

Mit diesem Sieg war der Krieg zwischen Österreich und Preußen um die Führungsrolle im Deutschen Bund zugunsten Preußens entschieden. Der Deutsche Bund löste sich am 23. August 1866 auf, nachdem ihn Preußen bereits vorher für beendet erklärt hatte.

Ausgelöst wurde der Krieg durch einen Streit zwischen den beiden Mächten um die Verwaltung Schleswig-Holsteins. In dessen Verlauf marschierten preußische Truppen am 9. Juni 1866 in Holstein ein, worauf Österreich die Bundesexekution gegen Preußen beantragte. Am 14. Juni stimmte der Bundestag diesem Antrag mehrheitlich zu. Diesen Beschluss wiederum interpretierte Preußen als Bruch der Bundesverfassung.

Mit dem Ausgang des Krieges war der Weg geebnet für einen deutschen Nationalstaat unter Preußens Führung und unter Ausschluss des Habsburger Reichs. Der Norddeutsche Bund trat die Nachfolge des Deutschen Bundes an, die süddeutschen Staaten verbanden sich mit Preußen in Verteidigungsbündnissen, die im deutsch-französischen Krieg von 1870/71 zur militärischen Allianz führten. Am Ende der Entwicklung stand das Deutsche Reich mit Kaiser Wilhelm I. an der Spitze.

T B

Lit.: Gerd Fesser: 1866 Königgrätz-Sadow. Berlin 1994.

Benno Elkan (1877–1960) schuf diese Medaille in Gedenken an den 1925 verstorbenen sozialdemokratischen Reichspräsidenten Friedrich Ebert. Sie trägt rückseitig die Inschrift: DAS BANNER STEHT WENN DER MANN AUCH FÄLLT BENNO ELKAN.

Der 1871 geborene und in einfachen Verhältnissen aufgewachsene Friedrich Ebert übernahm 1913 in der Nachfolge August Bebels zusammen mit Hugo Haase den Vorsitz der SPD. Er wurde zum Ende des Ersten Weltkrieges zur zentralen Schlüsselfigur des Übergangs vom Wilhelminischen Kaiserreich zur Weimarer Republik. Vom letzten Reichskanzler Wilhelms II., Prinz Max von Baden, erhielt er nach dem Matrosenaufstand in Kiel 1918 die Regierungsgewalt übertragen. Nach Ausrufung der Republik durch Gustav Scheidemann stand er an der Spitze der Übergangsregierung, des Rats der Volksbeauftragten. Sein Ziel war es, die revolutionären Bewegungen hin zu einer parlamentarischen Demokratie zu lenken, wofür er ein Bündnis mit der Reichswehr und Freikorps gegen die radikale Linke einging. Am 11. Februar wählte ihn die Nationalversammlung in Weimar zum Reichspräsidenten.

Das Urteil über Friedrich Ebert ist ambivalent. Den einen gilt er als Arbeiterverräter, der mit der Niederschlagung des sogenannten Spartakusaufstands für den Tod Tausender, auch der Ikonen Karl Liebknecht und Rosa Luxemburg verantwortlich gemacht wurde. Den anderen gilt er als Symbolfigur der Weimarer Republik und Garant der parlamentarischen Demokratie gegen die Angriffe von links und rechts.

Der deutsche Künstler Benno Elkan emigrierte 1934 nach Großbritannien. Eines seiner bekanntesten Werke ist die Menora vor der Knesseth in Jerusalem.

T B

Lit.: Friedrich Ebert. Sein Leben, sein Werk, seine Zeit. Begleitband zur ständigen Ausstellung in der Reichspräsident-Friedrich-Ebert-Gedenkstätte. Hrsg. und bearb. von Walter Mühlhausen. Heidelberg o. J.

Medaille mit dem Abbild Friedrich Eberts
Benno Elkan
1925
Bronze, gegossen
Germanisches Nationalmuseum, Nürnberg
Inv.Nr. Med 14399

Plastiktüte mit Weihnachtsmotiv

Hörzu
Um 1985
Polyethylen
Germanisches Nationalmuseum, Nürnberg
Inv.Nr. Des 1248/Weihnachten 13

Das weihnachtliche Motiv weist auf einen Werbeeinsatz während des Vorweihnachtsgeschäftes hin, dem traditionell konsumstärksten im Jahr. Man sieht tiefverschneite Häuser, ein paar Nadelbäume, die an den Weihnachtsbaum erinnern und aus dem Himmel fällt Schnee. Die ganze Gestaltung erinnert an die beliebte Serie von Weihnachtstellern des schwedischen Gestalters Björn Wimblad (Villeroy & Boch) und bedient vorweihnachtliche Sehgewohnheiten. Über dem Idyll erscheint in Anlehnung an den Stern von Bethlehem ein Schriftzug, der auf die populäre Programmzeitschrift Hörzu verweist.

Tüten aus Polyethylen kamen seit Ende der fünfziger Jahre in Gebrauch und wurden ein Symbol der sich entwickelnden Konsumgesellschaft. Als vielgestaltiger Werbeträger prägen sie den Alltag. Unter dem Eindruck der Ölkrise 1973 wurde ihre Verwendung jedoch zunehmend kritisiert. Ein spürbarer Rückgang ist allerdings erst seit 1991 im Zuge des neuen Abfallbeseitigungsgesetzes zu verzeichnen.

Die Programmzeitschrift Hörzu entwickelte sich seit ihrer Gründung 1946 zu einer der bekanntesten Zeitschriften aus dem Axel-Springer-Verlag. Sie verbindet Informationen über Funk- und Fernsehprogramme mit Elementen einer Publikumszeitschrift. Dabei pflegt sie einen familiären Charakter im Umgang mit ihren Lesern. Seit 1965 verleiht sie jährlich den Medienpreis »Goldene Kamera«.

Erwartungen an das Familienfest, Konsum- und Medienorientierung sowie moderne Technologie verbinden sich in diesem Objekt scheinbar ohne Brüche.

T B

Lit.: Heinz Schmidt-Bachem: Tüten, Beutel, Tragetaschen. Zur Geschichte der Papier, Pappe und Folien verarbeitenden Industrie in Deutschland. Münster – New York – München – Berlin 2001.

Über fünfzig Jahre war Berlin ein Brennpunkt des Ost-West-Konflikts und damit auch des Verhältnisses zwischen den beiden deutschen Staaten. Und zugleich war der Status von Berlin auch Dreh- und Angelpunkt völkerrechtlicher Definitionen Deutschlands.

Das Viermächteabkommen über Berlin von 1971 schrieb die Verantwortung der vier Siegermächte des Zweiten Weltkriegs für Berlin fort. Es erlaubte die Weiterentwicklung der besonderen Beziehungen zwischen der Bundesrepublik und West-Berlin, ohne dass dieses Teil der Bundesrepublik war, jedoch von ihr im Ausland völkerrechtlich vertreten wurde. Die DDR betrachtete weiterhin Ost-Berlin als Berlin, Hauptstadt der DDR und hielt dort trotz regelmäßiger Proteste der Westalliierten auch Militärparaden ab, die gegen den entmilitarisierten Status von Berlin verstießen. In der Folgezeit wurde Ostberlin städtebaulich durch entsprechende Repräsentationsbauten wie den Palast der Republik zur Hauptstadt umgestaltet. Auch die Versorgung mit Konsumgütern war deutlich besser als im Rest der Republik. Ebenso konzentrierte sich das staatlich geförderte Kulturleben wesentlich in Berlin. Damit sollte auch Besuchern aus dem Ausland die Leistungsfähigkeit der DDR vor Augen geführt werden.

Der offizielle Stadtplan von Berlin, Hauptstadt der DDR, informiert den Nutzer nur über diesen Bereich. Westberlin wird lediglich in seinen Umrissen gezeigt, ohne weitere Angaben zu Straßen oder Bebauung.

T B

Stadtplan Berlin, Hauptstadt der DDR
VEB Tourist Verlag
um 1982 / 1983
Privatbesitz

Deutschland-Stuhl

Aisha Queitzsch
Frühjahr 1989
Nadelholz, bemalt
Privatbesitz

Angewandte Grundlage der Idee ist die Gestalt eines gewöhnlichen Wirtshausstuhls, wie er seit den dreißiger Jahren des 20. Jahrhunderts üblich war. Ein Exemplar dieses Stuhltyps wurde in Sitzfläche und Rückenlehne auf zwei Drittel vertikal zersägt. Die beiden Teile wurden mittels zweier gleich breiter, wenngleich unterschiedlich langer Holzleisten derart verleimt, dass ein deutlich sichtbarer Spalt in Sitzfläche und Rückenlehne entstand.

Eine solche an sich unsinnige Bearbeitung eines Stuhls erhielt seinen Sinn mit der farbigen Gestaltung des Objekts. Die Künstlerin trug in schrägem Verlauf von oben nach unten sowie von hinten nach vorn die Farben Schwarz, Rot und Gelb auf. Zur Färbung der Schnittflächen wählte sie für den größeren Stuhlteil Schwarz und für den kleineren Teil Rot. Die beiden im Spalt sichtbaren Teile der Holzleisten wurden grau gestrichen. Der größere Stuhlteil steht auf zwei schwarzen, der kleinere auf zwei roten Beinen. Von hinten betrachtet erscheint der größere Stuhlteil schwarz und der kleinere rot.

Diese Art von Gestaltung einer Idee machte aus einem Werk ein Kunstwerk. Aus einem gewöhnlichen Stuhl wurde ein Zeichenträger, der die Teilung Deutschlands versinnbildlicht: wie im Blick auf die Landkarte links der größere und rechts der kleinere Teil; links auf konservativ-schwarzen und rechts auf sozialistisch-roten Beinen; dazwischen die trennende Grauzone. Im Frühjahr 1989 war an eine Vereinigung der beiden Teile Deutschlands noch nicht zu denken. Das Kunstwerk von Aisha Queitzsch stellt aber selbst heute noch die Frage: Ist die Teilung von einst inzwischen überwunden?

CP

Lit.: Claus Pese: Ein Stuhl für Deutschland. In: Der Stuhl. Ein Rundgang durch das Germanische Nationalmuseum. Hrsg. vom Germanischen Nationalmuseum Nürnberg in Zusammenarbeit mit dem Kunst- und Kulturpädagogischen Zentrum der Museen in Nürnberg. Nürnberg 1998, S. 36f.

Bei dieser Kleinplastik handelt es sich um ein Reiseandenken, das der 1915 in Mittenwald geborene Bildschnitzer Franz Wörnle geschaffen hat. Ausgebildet an der Holzschnitzerschule in Partenkirchen fanden er und seine Kollegen Abnehmer für kunsthandwerkliche Souvenirs hauptsächlich bei den zunehmenden Fremdenverkehrsgästen aus städtischen Regionen. Diese suchten im Urlaub neben Erholung auch ein Stück heile Welt, das ihnen in ihrer technisierten und industrialisierten Welt abhanden zu kommen drohte.

Das Motiv des pflügenden Bauern steht für die Urbarmachung der Natur durch den Menschen ebenso wie für die fundamentale Stellung des Bauern als dem Ernährer der Menschen. Im Zuge der Heimatkunstbewegung zu Beginn des 20. Jahrhunderts erfreute es sich zunehmender Beliebtheit. Die bäuerliche Welt wurde zum Gegenpol von Industrie und Technik und deren Auswirkungen auf das menschliche Miteinander stilisiert. Im Nationalsozialismus wurde die Verbundenheit von Mensch und Scholle zur rassistischen »Blut und Boden«-Ideologie, die einem »erbgesunden Bauerntum« eine besondere Rolle zuwies. Mit den tiefgreifenden Umwälzungen des ländlichen Raums in den fünfziger und sechziger Jahren überwog wieder die Erinnerung an das Ursprüngliche, das es angesichts einer technisierten Landwirtschaft zu bewahren galt. Handwerkliche und künstlerische Gestaltungskraft finden sich neben zahllosen Produkten eines oberflächlichen Heimatkitsches.

T B

Lit.: Claudia Sehlheim: Franz Wörnle. Der pflügende Bauer. In: Anzeiger des Germanischen Nationalmuseums. Nürnberg 1993, S. 439–440.

Der pflügende Bauer
Franz Wörnle
Mittenwald, 1936/37
Lindenholz, geschnitzt,
mit Wasserfarben bemalt
Germanisches Nationalmuseum, Nürnberg
Inv.Nr. BA 3171

Majdanek: Magazin für Zyklon B

aus der Serie »Schweigendes Grauen«
Axel Thünker
1992/1994
Photographie
Privatbesitz des Künstlers

Axel Thünker, geb. 1958, arbeitet seit 1978 als Berufsphotograph und widmet sich hauptsächlich archäologischen und historischen Themen. Seit 1990 arbeitet er bei der Stiftung Haus der Geschichte der Bundesrepublik Deutschland in Bonn. Er ist berufenes Mitglied der Deutschen Gesellschaft für Photographie (DGPh).

Die kollektive Erinnerung an die industrielle Massenvernichtung in der NS-Zeit vermittelt sich den Nachgeborenen durch die historische Forschung, Zeitzeugen, Bilder und vor allem durch die Authentizität der Orte, an denen der Massenmord durch den Einsatz von Motorabgasen und durch das Blausäuregift Zyklon B betrieben wurde. Bei drei Reisen zwischen Oktober 1992 und Juli 1994 photographiert Axel Thünker mit der Großbildkamera, Format 20 × 25, in Groß-Rosen, Auschwitz-Birkenau, Majdanek, Treblinka, Stutthof und Kulmhof.

Thünker widmet sich seiner Aufgabe einerseits streng dokumentarisch, ähnlich seinen Arbeiten für das Amt für Bodendenkmalpflege im Rheinischen Landesmuseum in Bonn zwischen 1982 und 1990. Andererseits vermitteln Motive und Aufnahmetechnik dem Betrachter eine atmosphärische Dichte, die weit über die reine Dokumentation hinausreicht. Sie ruft die kollektive Erinnerung wach und verweist zugleich auf deren potentielle Vergänglichkeit, der seine Arbeiten entgegenwirken wollen.

TB

Lit.: Schweigendes Grauen. Ehemalige NS-Vernichtungslager in Polen. Fotografien von Axel Thünker. Hrsg. von der Friedrich-Ebert-Stiftung. Bonn 1995.

1990 beginnt der Berliner Photograph Konrad Hoffmeister sein Projekt
»Ansichten zu Deutschland«. Er bittet Prominente wie Nichtprominente,
ihre Meinung auf ein Pappschild zu schreiben und sich auf der Atelierbühne
damit zu postieren. Dann gibt es eine einzige Aufnahme, keine Korrektur-
möglichkeiten, weder hinsichtlich Text noch Darstellungsweise.

Hoffmeister war in der DDR hauptsächlich mit Architekturphotographie
befasst, widmete sich aber auch der Kristallphotographie. Nach der Wende
in seiner beruflichen Existenz bedroht, stellte sich für ihn die Frage nach
Deutschland und den gemeinsamen Perspektiven.

In seiner Arbeit knüpft Hoffmeister in vielerlei Hinsicht an die Porträt-
photographie des 19. Jahrhunderts an: die Verwendung einer historischen
Holzkamera mit Negativen im Format 30 × 40, der Selbstentwurf in der
Positionierung des Porträtierten, die Brauntönung der nichtvergrößerten
Abzüge. Alles kommt der Authentizität der Aufnahme zugute. Nichts ist
geschönt, alles ist wahr für den entscheidenden Moment.

In ihrer Gesamtsicht bieten die »Ansichten zu Deutschland« eine ein-
drucksvolle Bestandsaufnahme der mentalen Gemengelage in den Jahren
nach der Wiedervereinigung.

Der Schauspieler Ekkehard Schall, Sohn Bertolt Brechts, war einer der
herausragenden Mitglieder des Berliner Ensemble.

TB

Lit.: Ansichten zu Deutschland. Photographische Porträts von Konrad Hoffmeister. Berlin 1995.

Ekkehard Schall
Aus der Serie »Ansichten zu Deutschland«
Konrad Hoffmeister
1990/1995
Photographie
Haus der Geschichte
der Bundesrepublik Deutschland, Bonn
Inv.Nr. 1998/09/0326

Von *arubaito* bis *hochštapler* – von *butterbrot* bis *caijtnot*[1] Deutsche Wörter wandern in andere Sprachen

Lutz Kuntzsch

Die Ausstellung geht der Frage nach »Was ist deutsch?«. Dazu sind selbstverständlich viele Ansätze und Zugänge möglich – wie im vorliegenden Band und mit vielen präsentierten Einzelstücken nuancenreich ausgeführt ist.

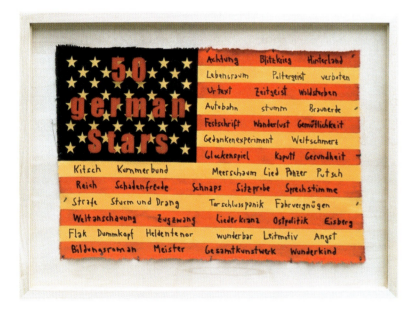

Abb. 106: 50 German Stars. Laas Abendroth, 2003. Privatbesitz.

Mit diesem Beitrag soll ein Projekt vorgestellt werden, bei dem nach deutschem oder deutsch wirkendem Wortgut in anderen Sprachen gesucht wird. Zu diesem Thema gibt es zahlreiche Bücher und Listen. Der Gesellschaft für deutsche Sprache ging es allerdings darum, durch eine in ihrer Mitgliederzeitschrift gestellte »Preisaufgabe« zu erfahren, welche dieser Wörter in der Alltagssprache

verwendet werden. Deshalb sind die hier vorgestellten Zuschriften aus aller Welt nicht repräsentativ, sondern zeigen lediglich einen kleinen Ausschnitt der aktuellen Sprachverwendung (Abb. 106). Diese Spuren künden allerdings von dem, was weltweit unter »dem Deutschen«, »den Deutschen«, den deutschen Gewohnheiten, Errungenschaften, insgesamt unter dem »typisch Deutschen« verstanden wird, und vor allem von den Gründen, aus denen es lohnend erscheint, ein deutsches Wort in der nichtdeutschsprachigen Umgebung zu verwenden.

Gelegentlich beschäftigen sich Kurzbeiträge[2], Interviews mit sprachinteressierten Personen und Zeitungskommentare mit diesem Thema. In verschiedenen Ländern findet man diese Zeugnisse deutschen Kulturguts und begibt sich damit auf eine besondere Brücke der Verständigung. Im Unterricht des Deutschen als Fremdsprache führen derartige Wörter zu Überraschungen und werden gern als mögliche Eselsbrücken, Merkhilfen und Lernstützen verwendet. Für verunsicherte Touristen sind sie im Ausland oft ein Rettungsanker.

Ein Bezug zu Deutschland kann zum Beispiel hergestellt werden, wenn wir einigermaßen überraschend und eingebettet in einen englischsprachigen Text etwas von *bratwurst, oktoberfest* (Abb. 107) oder *sauerkraut* – etwa in der Wendung »For me a *bratwurst* with *sauerkraut*« oder in anderem Zusammenhang »There is a *poltergeist* in the house« hören. Irgendwie vertraut kam es uns unter Umständen vor, als ein amerikanischer Präsidentschaftskandidat zum Gegenkandidaten im Jahre 2004 sagte: »You are too *wischiwaschi*«, denn diese Eigenschaft drücken wir in unserem Alltagsdeutsch möglicherweise auch so aus[3].

Andernorts stößt man ebenso auf deutsche Spuren: In einem Moskauer Theaterbüffet werden Besucher/-innen auf Russisch aufgefordert: »Nu, dawaitje, wosmjem eschtscho *butterbrot/butterbro-tik/butterbroty*«. Verwunderung macht sich breit, weil das Wort zwar aus der deutschen Umgangssprache bekannt ist, meist aber nur in einzelnen Regionen auftritt bzw. als veraltet gilt. Verwunderung vor allem deshalb, weil sich auf dem russischen *butterbrot* jede denkbare Köstlichkeit, aber keine Butter befindet. Wohin diese im Laufe der Geschichte verschwunden ist, wird so leicht nicht mehr nachzuvollziehen sein. Der deutsche Ausdruck lässt das Vergangene – übrigens wie beim weit verbreiteten *parikmacher* für den Friseur – weiterleben.

Diese wenigen Beispiele zeigen, wie vielfältig deutsche Wortspuren in anderen Sprachen sein können. Auch in kleineren Sprachen finden sich deutsche Spuren. Zum Beispiel berichtet jemand: »Ich habe mehrmals die Cuna-Indios auf den San Blas Inseln vor Panama besucht und darüber u. a. in einem Reiseführer über Costa Rica und Panama berichtet. Bei meinem Aufenthalt habe ich immer wieder amüsiert festgestellt, dass die Cunas in ihrer Indio-Sprache ein deutsches Wort verwenden: *arbeit*. Es wäre interessant zu wissen, wie ausgerechnet dieses Wort in den Sprachschatz der Indios gelangen konnte«[4]. Die Antwort ist sicher nicht einfach zu geben, denn nur mit Hilfe empirischer Erhebungen, z. B. Befragungen vor Ort, ließe sich die »Wanderung« des Wortes in die Indio-Sprache möglicherweise nachzeichnen. Ein weiterer Beleg liegt uns aus China vor. Bei politischen Demonstrationen zur Taiwan-Frage ist auf Plakaten »No *Anschluss*« zu lesen. Es entsteht wiederum die Frage, wie dieses Wort auf die Plakate kam.

Beispiele wie die letztgenannten illustrieren, dass die von Sprachinteressierten zusammengetragenen Wörter das Spektrum der bereits vorhandenen Zusammenstellungen und die Literatur[5] zu diesem Thema ergänzen und aktualisieren.

Sprachkontakt und »Wörterwanderung«

Schon immer haben sich Sprachen wechselseitig beeinflusst. Unter »Sprachkontakt« verstehen die Lexika[6] das Aufeinandertreffen zweier oder mehrerer Sprachen meist durch geographische Nachbarschaft ihrer Sprecherinnen und Sprecher. »Die Erforschung sogenannter Interferenzen, d. h. wechselseitiger Einflüsse, denen miteinander im Sprachkontakt stehende Sprachen ausgesetzt sind, ist Gegenstand der Kontaktlinguistik, die eine Teildisziplin der Kontrastiven Linguistik bildet«[7]. In bestimmten Zeitabschnitten ist der Einfluss einer Sprache auf eine andere besonders groß. Beherrschte vor der Etablierung der Nationalsprachen das Lateinische viele Sphären und war es mit dem Aufstieg des Absolutismus das Französische, so ist es heute – wie häufig festgestellt und beklagt wird – in Wirtschaft, Mode und den (neuen) Medien das Englische.

Was das Deutsche angeht, so ist es erfreulich und erstaunlich zugleich, wie viel vom deutschen Wortschatz – wenngleich oft in adaptierter Form, also phonetisch oder graphisch verändert – seit der Auswanderung der Deutschen nach Amerika[8] und Russland vor mehreren hundert Jahren noch als Wortgut erhalten geblieben ist. Beispielsweise findet ein Besucher hundert Kilometer südlich der westsibirischen Stadt Omsk mitten in einem russischsprachigen Gebiet plötzlich ein Schild mit der Aufschrift *Bundespost* (Abb. 108). Auf Russisch wird er zu einem *hochzeitsfeste* eingeladen und dort gibt es dann *ribblekuchen* und *schnaps*. Deutsche Sätze wie »Ich hobe das gimnasium im eintausendneunhundertsiebenundfinfzigsten Jahre geendigt« oder »Das hauptste ist, dass mer mit dem *luftschiff* nach Germania kumme« sind keine Seltenheit. Das »mitgebrachte« gesprochene

Abb. 107: Grußkarte vom Oktoberfest: »Hier verunglückte an der 20. Maß der ehrengeachte Pankratz Sailer«. Nicht datiert. Gabriel Sedlmayr Spaten Brauereibeteiligung und Immobilien KGaA München Historisches Archiv, München.

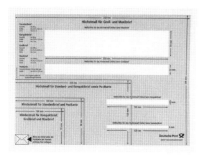

Abb. 108: Formatschablone »Brief« der Deutschen Post. Nach 2000. Deutsche Post eFiliale, Bonn.

Deutsch (meist ein altschwäbischer Dialekt) hat sich im Laufe der Jahrhunderte zwar verändert, ist aber in den Grundstrukturen noch erhalten geblieben.

Auch noch weiter östlich, beispielsweise in Indonesien, finden sich deutsch klingende Wörter wie *knalpot* (für Auspuff) und *blumkol*. Hier ist zu vermuten, dass das Niederländische die Gebersprache war. Mitunter sind die Wortwanderungen ebenso vielschichtig wie die Kontakte der Sprachgruppen, und es ist im Einzelnen eher zu vermuten als klar zu sagen, auf welchen Wegen und Umwegen ein deutsches oder heute deutsch anmutendes Wort in eine andere Sprache kam.

Die Gesellschaft für deutsche Sprache (GfdS) rief, wie anfangs erwähnt, in ihrer Mitgliederzeitschrift Der »Sprachdienst«[9] dazu auf, ihr deutsche oder deutsch klingende Wörter zu nennen, die in anderen Sprachen vorkommen. Gefragt waren Wörter, die in der Alltagssprache tatsächlich verwendet werden, abgesehen von Einträgen, die mit Hilfe von Suchmaschinen (z. B. Google) zu finden sind oder in der Literatur verzeichnet sind.

Ausländische Medien veröffentlichten diesen Aufruf in Zeitschriften und Magazinen; das Echo war mit über 50 Interviews im In- und Ausland überdurchschnittlich stark und trug zur weiteren Popularisierung des Anliegens bei. Insgesamt gingen ca. 8 000 Vorschläge von 500 Teilnehmerinnen und Teilnehmern aus der ganzen Welt in der Geschäftsstelle der GfdS in Wiesbaden ein[10]. Manchmal enthalten die Zuschriften nur ein Einzelwort, manchmal wurden umfangreiche Listen mit mehreren hundert, in einem Fall auch eintausend Wörtern geschickt. Wohlgemerkt sind dies keine Kopien aus vorhandenen Wörterbüchern, sondern kreative Zusammenstellungen, die sich oft auf aktuelle Belege der unmittelbaren Umgebung beziehen und vielfach durch Erläuterungen zur Aussprache, Bedeutung und Verwendung in verschiedenen Situationen ergänzt worden sind. Zum Beispiel folgt den gesammelten Einsendungen aus dem Rumänischen *aisberg, biglais, blochaus, cartof, ecolot, fald, fus, hamster, hering, lied, luft, mol, mops, stand, stras* und *tort* sogleich der Wunsch, ein Bild-Wörterbuch zu den deutschen Wörtern zu verfassen.

Einsendungen erhielten wir von sprachinteressierten Personen vieler Berufsgruppen, die entsprechende Wörter während ihrer beruflichen Tätigkeit im Ausland, aber auch auf Urlaubsreisen gehört bzw. verwendet hatten und sich nun gern an diese erinnerten. Dabei kam es selbstverständlich zu Unsicherheiten – etwa zu Bedenken hinsichtlich der Frage, ob man z. B. das Wort *eszaijg* (Esszeug) im Serbischen richtig verstanden und aufgeschrieben habe. Vor diesem Hintergrund kam es mitunter zur Modifizierung einzelner Belege. Das Wort *schwalbe* war uns ursprünglich ohne weitere Angaben aus dem belgischen Raum gemeldet worden. In der Reaktion eines Sprachinteressierten hieß es daraufhin, dass wir unseren Gewährsmann nochmals befragen sollten, aus welchem Landesteil das Beispiel komme, um danach präzisieren zu können, von welchem Wort es abstammt und in welcher Bedeutung es auftritt.

Die GfdS unterhält in 20 Ländern der Erde Zweigvereine, in denen sprachkulturelle Veranstaltungen angeboten werden. So wurde im Zweigverein Hamburg[11] diskutiert, ob *schwalbe* nun mehr im holländisch/flämisch geprägten Norden Belgiens, im französisch/wallonisch geprägten Süden oder bei den paar deutschen *mannekens* im Osten üblich ist, und ob es vom Vogel oder vom geschickten Fallenlassen beim Fußballspiel stammt.

Hat man nur individuelle Einzelbelege zur Verfügung, kann dies natürlich dazu führen, dass sie – bei kritischer Sicht – zum Teil angezweifelt werden: »Das stimmt so nicht. Ein *gesundheit* habe ich in Amerika beim Niesen noch nie gehört.«

Ob die Einwände nun berechtigt sind oder nicht – sie lassen in jedem Fall eine Verbindung zum Deutschen oder zu den Deutschen erkennen. In ihrer Satzung hat sich die GfdS zum Ziel gesetzt, die Öffentlichkeit für die deutsche Sprache zu interessieren und zu sensibilisieren. Dazu trägt eine Aktion wie die hier beschriebene bei.

Dies zeigen auch die Vorschläge von Schulklassen oder Seminargruppen, die sich in oder parallel zu Lehrveranstaltungen mit den deutschen Wörtern beschäftigten und neben den Sammelaktivitäten deutlich machten, wie wichtig ihnen die aufgefundenen deutschen Spuren sind. Hierfür ein Beispiel einer teilnehmenden Gruppe aus Tscheljabinsk im Ural, die über den dortigen Zweigverein von der Aktion erfahren hatte:

»Sehr geehrte Mitarbeiterinnen und Mitarbeiter der GfdS,

die Arbeit mit den deutschen Wörtern in der russischen Sprache hat meinen Studierenden viel Spaß gemacht. Das war ein Anstoß zur Verbesserung und Vervollkommnung der deutschen Sprache. Für alle war es eine Überraschung, dass Wörter, die wir oft gebrauchen, deutschen Ursprungs sind: *bande, offizer, platz, caijtnot* und andere. Lesen Sie nun unsere thematische Zusammenstellung.

Mit freundlichen Grüßen

Nadeshda Berglesowa

Hochschule für Kommunale Verwaltung«

Besser können Völkerverständigung (auch in London belegt, wenngleich mit *[folkerforstanding]* klanglich angeglichen) und ein interkulturell fundiertes Sprachenlernen wohl nicht miteinander verbunden werden (Abb. 109). Für die Ausbildung sind schließlich jene Lehrmaterialien von besonderem Interesse, die – auf der Grundlage von multikulturellen Theorien zum Fremdsprachenlernen – vom Vertrauten ausgehen und so weitere sprach-

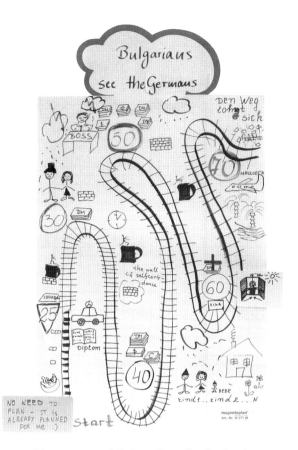

Abb. 109: Bulgarians see the Germans. Aus einem Seminar für interkulturelle Kommunikation, 2005. Privatbesitz.

liche Elemente erschließen. Das Goethe-Institut Ljubljana[12] hat anlässlich seiner Wiedereröffnung im Jahre 2004 eine ähnliche Aktion ins Leben gerufen: Hier wurden über 500 häufig verwendete deutsche Wörter im Slowenischen gesammelt und dann auf Postern dargestellt, um Personen für das Erlernen der deutschen Sprache zu interessieren.

Eingesendet wurden auch Listen, die den Wortschatz nach der Verwendungshäufigkeit ordnen, oder man lieferte für verschiedene Bereiche umfangreiche Listen mit Übersetzungen und linguistischen Detailangaben; viele äußerten sich auch sehr ausführlich zu einem Wort oder Wortfeld.

So finden sich zum Beispiel Sachgruppen deutscher Wörter im Militärwesen, die uns aus dem russischen Sprachraum zugeschickt wurden:

achselband	*agent*	*blockhaus*	*blitzkrieg*
kitel	*offizer*	*gauptwacha*	*spionage*
lafet	*rang*	*lager*	*straf*
standart	*spion*	*platz*	

stab   *vorpost*

stabskapitan

stabsofizier

wachtmister

In einer Zuschrift wurde der deutsche Wortschatz im Englischen alphabetisch erfasst: *angst, backfisch, bierstube, blitzkrieg, blutwurst, Ding an sich, dirndl, dummkopf, erbswurst, ersatz, feldgrau, fest, fingerspitzengefuel, fraulein, fuererprinzip, gedankenexperiment, gemuetlich, gruebelsucht, hakenkreuz, hausfrau, heldentenor, kaffeeklatsch, kaputt, katzenjammer, kinder, kirche, kueche, liebchen, nacht und nebel, nicht wahr, poltergeist, quatsch, schadenfreude, schlamperei, schmierkäse, schmutz, schweinerei, sehnsucht, torschlusspanik, turnverein, wedeln, wehmut.*

Ähnlich verfuhr ein norwegischer Deutschlehrer:

alkoholgehalt, angst, anstifter, arm, badeanstalt, ball, bank, bart, bein, billig, dunkel, fabrikant, finger, galle, gebiss, geburtstag, gemse, giftig, gras, griffel, grille, gunst, hals, hammer, himmel, kabel, kadaver, kammer, kanne, kunst, land, landhandel, landsmann, ledig, linse, luftmadrass, luftpumpe, mager, magnet, marmelade, maske, neger, pore, postanstalt, sand, scheferhund, seidel, sommer.

Während bei diesen Beispielen der deutsche Ursprung relativ leicht zu erkennen ist, könnte es bei *kirushuwassa* (Kirschwasser) und *rukkusakku* (Rucksack; beides japanisch) oder *schachmaty* (Schach) und *schtreikbrecher* (Streikbrecher; beides ukrainisch) schon schwieriger werden.

Auswertung der eingesendeten Wörter und Wortlisten

Erste Ergebnisse können wir hier vorstellen – wohl wissend, dass eine weitere schrittweise Aufarbeitung auch Nachforschungen zu den Übertragungswegen, der Häufigkeit des Auftretens und den innersprachlichen Verankerungen in den umgebenden Sprachen einschließen muss. Ansätze und Hinweise hierzu liegen bereits vor, an weiteren besteht – auch im Zusammenhang mit dem hier vorliegenden Katalog – großes Interesse.

Der Deutsche Sprachrat[13] wird das Projekt – durch eine Fortsetzung der Sammlung im Rahmen der zahlreichen Auslandinstitute des Goethe-Instituts – weiterführend behandeln.

Die häufigsten Nennungen deutscher Wörter, die bei der Gesellschaft für deutsche Sprache eingingen, kamen aus dem amerikanischen Englisch oder aus der russischen Sprache. Aber auch Einzelbeispiele aus kleineren bzw. unbekannteren Sprachen liegen vor. Das Estnische und das Lettische sind genauso vertreten wie die Karibiksprache Ostpanamas Cuna, die Berbersprache in Marokko Tamazight oder die westafrikanische Sprache Wolof.

Das vorliegende Korpus umfasst Wortbelege aus über 50 Ländern. Eine Auswahl wird nun mit Beispielen dargestellt – in der Schreibweise, wie sie die Gewährspersonen vorschlagen. In der vereinheitlichen Übersicht, Abgrenzung und Schreibung der Sprachen haben wir uns nach dem »Metzler Lexikon Sprache«[14] gerichtet.

Arabisch: *flitspritze, mensa*

Bulgarisch: *abkant, filz, greifer, mundstuk, lineal, schlauch*

Cuna: *arbeit*

Dänisch: *gefuehl, polterabend, prygelknabe, salonfaehig*

Englisch:

USA: *lebhaft, mischmasch, oktoberfest, tannenbaum*

Australien: *autobahn, gemuetlich, hinterland, strudel*

Großbritannien: *angst, gegenschein, kolrabi, leitmotif*

Kanada: *klugscheißer*

Neuseeland: *abseiling, fingerspitzengefuel*

Estnisch: *birne, hammer, kirsche, kleid, säge, schnaps*

Finnisch: *besserwisser, kipp es, walssi*

Französisch: *handball, schnorchel, waldsterben, wergeld*

Griechisch: *volkswagen*

Hebräisch: *lusterklam*

Hindi: *broiler, canteen*

Indonesisch: *blumkol*

Irisch: *calraib*

Isländisch: *besserwisser*

Italienisch: *alpenstok, blitz, schnaps, spek, strudel, wurstel*

Japanisch: *achso, bitamin, herutsu, rukkusakku, soso, tsunge*

Kasachisch: *punkt, schtab*

Kastilisch: *melkfett*

Koreanisch: *arubaito, autobahn, hof*

Kreolisch: *beten, gabel, haus, ruksak, soken*

Kroatisch: *escajg, gemišt, hamer, verkstot, wirstle, zuspaijs*

Lettisch: *quarz, ķissens, klačas, šnicele*

Marathi: *broiler, canteen*

Maltesisch: *kaputt, kindergardin, niks*

Niederländisch: *ansichtskaart, föhnen, sowieso, überhaupt*

Nigerianisch: *is-das-soo*

Norwegisch: *badeanstalt, bart, bein, dunkel, finger, hals*

Polnisch: *hochsztapler, kajuta, ratusz, szlafrock, sztorm*

Portugiesisch:

    Brasilien: *blitz, edelvais, kitsch, schmier, tennis*

    Portugal: *chopp, talvegue, kaiser*

Rumänisch: *abzibild, cik, şluk, şpur, şlif, şnur, şpais*

Russisch: *brustgalter, galstuk, durschlag, jarmarka, kompott*

Schwedisch: *besserwisser, bratwurst, gift, schlager, streber*

Serbisch: *eszajg, flaša, krumbeer, vaservaga*

Sizilianisch: *krapfen, sachertorte, strudel*

Slowakisch: *blitz, brezel, falsch, kitsch, maljer, sakzement*

Slowenisch: *abris, spazierovati, tanzirati, tepih, zaijfa*

Spanisch:

    Argentinien: *bring dir's*

    Chile: *bierstube, chop, kinder, kuchen, strudel*

    Kuba: *gesundheit, mensch-ärgere-dich-nicht*

    Spanien: *hetman, kaiser, kermes, schop*

Suaheli: *broiler, (half)kaputti, hela, kollege, shule*

Tamazight: *ja*

Thai: *blog*

Tschechisch: *fain, flek, sitzflaijsch, stammgast, walze*

Türkisch: *nikel, snitzil, taxi*

Ukrainisch: *dach, feina, feijerwerk, schlagbaum, zukr*

Ungarisch: *akt, blokk, cement, muszáj, smucik, spajz, vicc*

Walisisch: *abseilio*

Weißrussisch: *flaschka, kurort, langzug, masschtab, punkt*

Wolof: *lecker*

Gründe für die Wahl eines deutschen Wortes in einer anderen Sprache

Was sagen die oben zusammengestellten Einzelbeispiele über die Deutschen und das Deutsche aus?

Grundsätzlich besteht in einer Sprache die Bereitschaft, anderes Wortgut aufzunehmen, wenn sich eine Benennungslücke zeigt bzw. die Sprachgemeinschaft der Meinung ist, das eine oder andere nicht so bzw. nicht so genau in der eigenen Sprache ausdrücken zu können. Als weitere mögliche Gründe für Entlehnungen werden in der Lexikologie[15], der Lehre vom Wortschatz, folgende Gesichtspunkte angeführt: Übernahme eines Wortes mit der Sache (Hauptgrund), kulturelle und wissenschaftliche Vorbilder, Muster in der Literatur, gruppen-

und schichtenspezifische Übernahmen und die internationale Zusammenarbeit.

Im Folgenden wird eine Auswahl der uns zugesendeten Wörter nach Gruppen sortiert vorgestellt. Darin spiegeln sich die oben genannten Gründe und Motive für die Entlehnung des Wortgutes wider. Danach erfolgt eine Gruppierung nach sprachlichen Kriterien wie Wortform, Wortklang und Wortbildung sowie nach realisierten aktuellen Bedeutungsvarianten, wenn diese von den im Deutschen üblichen abweichen bzw. auf ausgewählte Situationen beschränkt bleiben.

1. Historisches und Aktuelles

Für unsere Zusammenstellung der 20 meistgenannten Wörter bietet sich die »Hitliste der häufigsten Entlehnungen« von A. Stiberc zum Vergleich an[16]. In diesem Buch sind für 10 Sprachen (in angeglichener Großschreibung) genannt: *Gneis, Kobalt, Marschall, Nickel, Quarz, Walzer, Wolfram, Zickzack, Zimt;* für 9 Sprachen *Kitsch, Übermensch, Wermut; Leitmotiv* für 8; *Blitzkrieg, Hinterland, Lied, Lumpenproletariat, Schnaps* (7); *Gestalt, Kindergarten, Kümmelschnaps* (6); *Sauerkraut* (5); *Brezel, Ersatz, Schnitzel, Weltanschauung* (4) und *Rucksack, Weltschmerz* (3).

Abb. 110: Tee-Extrakt-Kännchen. Marianne Brandt, 1924. Germanisches Nationalmuseum, Nürnberg. © VG Bild-Kunst, Bonn 2006.

Neben diesen »traditionellen deutschen Wörtern« sind bei uns folgende Belege für veraltete Bezeichnungen eingegangen, die im Ausland eine aktuellere Bedeutung angenommen haben: *luftschiff* (russisch) für Flugzeug, *schlafrock* für Bade-/Morgenmantel oder *vortuch* für Schürze im Polnischen, auch die heute nur noch in deutschen Dialekten vorkommende *krumbeer(e)*[17] neben der *kartofel* im Russischen und der *kartopel* im Ukrainischen.

2. Stereotype

Die Varianten *angst* bzw. *(german) angst* im Englischen und anderen Sprachen können sich sowohl auf die Umweltangst (vgl. *le waldsterben* im Französischen), d.h. auf eine besondere Sensibilität, wie auch allgemein auf die beobachtete Ängstlichkeit der Deutschen in verschiedenen Situationen, auch auf eine Aufgeregtheit oder gar Hysterie beziehen. Die Personenbezeichnungen *hochštapler* (tschechisch) oder *besserwisser* (schwedisch) deuten auf ein Erscheinungsbild der Deutschen im Ausland hin. Als Wörter für typisch deutsche Phänomene erscheinen *gemuetlichkeit/gemuetlich, wanderlust* und *weltanschauung* (alle im Englischen), *fingerspitzengefuel* (für Neuseeland benannt) und *schadenfreude* im amerikanischen Englisch oder die bekannten Wörter *wirtschaftswunder, kindergarten* und *wunderkind* in vielen Sprachen.

3. Wörter aus der Wissenschaft

Die Bezeichnungen *Bauhaus* (Abb. 110) und *Jugendstil* wurden ins amerikanische Englisch übernommen, ohne ihre Formen zu verändern. In der Philosophie gibt es das *Ding an sich* (in mehreren Sprachen gebräuchlich) oder den *Kantismo* (portugiesische Bezeichnung für die Lehre von Kant). Aus der Literatur wurde *Sturm und Drang* oder aus der Sprachwissenschaft *sprachbund* bzw. *umlaut* in viele Sprachen übernommen. »Having studied the classic *bildungsroman*« heißt es in den USA. Zur Heilung und Entspannung dient laut einer Einsendung ein *Kneippismo* (Kneippbad) in Brasilien.

4. Fachwörter aus der Technik

Auch fachsprachliche deutsche Wörter wurden in andere Sprachen übernommen, beispielsweise aus der Physik *eigenwert, gegenschein* oder die *Heisenberg'sche unshaerfe relationsship.*

Der in der englischsprachigen Astronomieliteratur verwendete Begriff *gegenschein* steht für die »schwache Erhellung des Zodiakallichts im Gegenpunkt der Sonne«. In der Chemie wird *umpolung,* was im Englischen wie [umpoulun] klingt, für die Umkehrung der Polarisierung von Kohlenstoffatomen in bestimmten Reagenzien verwendet.

5. Auto und Technik

Diese Gruppe ist insofern bemerkenswert, als sie viele Belege für angenommene oder tatsächliche »deutsche Wertarbeit« liefert – so bei *bremsstrahlung* (englisch), *volkswagen* (griechisch allgemein für Kleintransporter), *fahrvergnuegen* (aus der Autowerbung in verschiedenen Ländern). Für technische Bezeichnungen werden ebenso deutsche Wörter verwendet: *le képi, le schnorchel* (französisch für die Luftzuführung eines U-Boots), *schlagbaum* (russisch) oder *djubel (Dübel)* und *farwater (Fahrwasser)* in slawischen Sprachen – wie für das Bulgarische gemeldet wurde.

6. Speisen und Getränke

Im gastronomischen Umfeld erweisen sich *bocksbeutel* (Flaschenform aus Franken), *bierhalle* und *gasthof* als geeignet, um in andere Sprachen (englisch, koreanisch oder schwedisch) aufgenommen zu werden. Im Ungarischen steht das Wort *spaijs* für die Speisekammer. Mit *Delicatessen* werden kleine Läden in Amerika benannt. Mehrere Gewährsleute versicherten, dass bestimmte Imbissstuben – nach der dort angebotenen deutschen Hauptspeise – als *Wienerschnitzel* bezeichnet werden. Oder es wird verkürzt assoziiert: Der *hof* als Bezeichnung für die Bierkneipe in Korea könnte nach Meinung eines Gewährsmannes auf die Bezeichnung *gasthof* zurückgehen.

Deutsche kulinarische Köstlichkeiten sind weltweit bekannt und haben auch oft ihren deutschen Namen behalten: *bratwurst, kuchen, leberkäs, pumpernickel, sauerkraut, wiener, zwieback* sowie das *bier/weizenbier* – um nur einige Beispiele aus verschiedenen Sprachen zu nennen. Während hier, wenn man einmal von der Kleinschreibung absieht, das deutsche Wort unverändert bleibt, werden andere Wörter den fremden Sprachen angeglichen: *wurstel viennesi* oder *wurstel de francoforte* (italienisch).

Le kirsch heißt der Branntwein aus der gleichnamigen Frucht in Frankreich und der *strudel* hat in viele Länder Einzug gehalten. Das Wort *kohlrabi* kommt ursprünglich aus dem Italienischen[18], gilt aber hier zu Lande schon als deutsches Wort. Heutzutage findet es in vielen Sprachen (englisch, kroatisch, russisch u. a.) keine Übersetzung und wird deshalb entweder in der italienischen oder in der deutschen Form verwendet.

Das russische oder polnische *kompott* hat zwar noch den deutschen Namen, aber eine andere Zusammensetzung, denn es enthält weniger Früchte und viel mehr Flüssigkeit – also eine »alkoholfreie *bowle*«.

Das *müsli* scheint in Schweden so beliebt zu sein, dass das Wort im Alltag häufig als Bezeichnung für jegliche Gesundheitskost auftritt.

7. Freizeit

Wenn man kein oder nur wenig *sitzflaijsch* (Wortbeispiel aus dem Tschechischen) hat, kann Bewegung in der Natur gut tun – sei es nun eine allgemeine *wanderlust* (in vielen Sprachen zu finden) oder ein *spacierfest*. Letzteres gibt es einmal im Jahr in der kroatischen Barockstadt Varazdin, dann treffen sich Leute aus Deutschland, Kroatien und Österreich in ihren alten Kostümen und »spazieren« mit Musik und Gesang durch die Stadt. Wenn die Strecke andernorts etwas länger wird, sprechen die Amerikanerinnen und Amerikaner von *volksmarches*. In Italien ist die *kermess* ein wichtiger Treffpunkt. Im brasilianischen Portugiesisch gibt es kein eigenes Wort für Turnschuhe: Sie heißen dort *tennis* – eine Bezeichnung, die eigentlich ursprünglich aus dem Englischen kommt, aber von den brasilianischen Einsendern als deutsches Wort verstanden wird. Wer vom vielen Laufen erschöpft ist, kann sich in England in einen *strandkorb* begeben, in der Umgebung von Straßburg lädt *le baggersee* zum Baden ein.

Das Wort *abseiling*, das in manchen Reiseführern oder auf Wanderschildern steht und umgangssprachlich in England, Amerika wie auch in

Australien verwendet wird, bedeutet auch dort genau das, wonach es klingt: das Abseilen beim Klettern.

8. Wortform und Klang

Mitunter ist es der Klang der deutschen Sprache, aufgrund dessen einem deutschen Wort der Vorzug gegeben wird, auch wenn die entsprechende Bedeutung durch ein Wort aus der eigenen Sprache ausgedrückt werden könnte. So werden Hundekommandos im Englischen und Russischen oft auf Deutsch gegeben: *Hier! Platz! Hopp! Aus! Sitz! Pass auf! Pfui! Such!*

Schmeiss! (englisch) kann es beim Kartenspiel heißen; ein *Bring dir's!* oder *Kipp es!* kommt laut unseren Einsendungen als Anregung zum Trinken in Argentinien bzw. Finnland vor.

9. Wortarten

Schon die o.g. Imperativformen illustrieren, dass unsere Sammlung neben den häufig genannten Substantiven auch Beispiele anderer Wortarten enthält. Dazu gehören im Weiteren das Wörtchen *ja* im Tamazight (Sprache in Marokko) und die Adverbien *überhaupt/sowieso* im belgischen Flämisch oder im Niederländischen: »Daar wist ik *überhaupt* niets van!«. Das deutsche Wort wird gebraucht, um eine Feststellung zu unterstreichen. Die Bedeutung entspricht dabei ungefähr einem »ganz und gar« bzw. »eigentlich«.

Als Verben wurden uns beispielsweise *abseiling* (englisch), *bumelowac, celowac* (polnisch), *beten* (kreolisch), *röntgen* (italienisch) oder *spacirowate* (ukrainisch) genannt. Folgende Adjektive ergänzen unsere Auflistung: *salonfaehig* (dänisch), *vicces* (ungarisch) oder *wunderbar* (englisch).

10. Wortbildung

Mitunter gelangt nicht nur ein einzelnes deutsches Wort in die andere Sprache, sondern es baut sich, wenn eine Bezeichnung als besonders attraktiv empfunden wird, ein ganzes »Wortnest« auf: *hochštapler* (Person), *hochštaplersky* (Eigenschaft),

hochštapelstvi (Hochstapelei) im Tschechischen, *butterbrot* (Speise) und *butterbrotnaja* (Geschäft, Imbiss) im Russischen oder im Ungarischen der *vicc* als Substantiv für *Witz* und die Ableitung *vicces* für *witzig*.

Reihenbildend sind auch die deutschen Wortbestandteile *eigen-* und *über-*. In der Physik wird im Englischen von *eigenfrequency, eigenvector* oder *eigenvalue* gesprochen; ferner gibt es *ueberdirectors* als Bezeichnung für Regisseure.

11. Bedeutungswandel

An folgenden Beispielen soll gezeigt werden, wie sich die Bedeutung von deutschen Wörtern im Verlauf der Zeit verändert.

Das Wort *brindis* kam aus der deutschen Sprache *(bring dir's)* ins Spanische und kann dort – wie uns ein Deutschlehrer aus Madrid schrieb – bedeuten: 1. Zutrinken, 2. Trinkspruch, Toast (*echar un brindis* = einen Toast ausbringen) oder 3. eine Zeremonie im Stierkampf.

Die Wörter *arubaito* und *kaputti* nehmen in anderen Sprachen zusätzliche Bedeutungsvarianten an, die noch erläutert werden. Der *punkt* steht im Kasachischen oder im Russischen für einen zentralen Ort oder ein wichtiges Geschäft, und das deutsche Wortpaar *vorspiel/nachspiel* hat im Norwegischen eine weitere, bei uns nicht bekannte Bedeutung. Das Wort *hinterland* wird seit Jahrzehnten beim Militär verwendet[19] – aktuell nun auch in der Allgemeinsprache in der Bedeutung von Umland: *il hinterland milanese* = das Mailänder Umland (italienisch).

Die *grundesliga* geht in der ungarischen Werbung auf den *grund* (Spielboden) zurück, die Werbeleute beabsichtigen dabei eine Assoziation zur bekannten deutschen Bundesliga.

Rangfolge der häufigen Nennungen[20]

Das *butterbrot* kommt – wie eingangs erwähnt – im slawischen Sprachraum (u. a. im Russischen und Ukrainischen) sehr häufig als Bezeichnung für ein belegtes Brot vor. Charakteristisch ist dabei, dass man bei Ansicht der Speise den in diesem zusammengesetzten Substantiv angedeuteten Bestandteil »Butter« vermisst. Dies deutet auf die früher möglicherweise übliche Verfahrensweise hin, Brot, Fett, Wurst oder Fleisch getrennt zu sich zu nehmen.

In den USA wird mitunter ein *gesundheit* als Reaktion auf das Niesen eines Gesprächpartners verwendet. Der Grund dafür ist möglicherweise, dass manchem das gleichbedeutende *bless you* (u. U. von *God bless you* abgeleitet) als »irgendwie religiös angehaucht« erscheint – so erklärte jedenfalls ein Einsender die vorrangige Wahl des deutschen Wortes.

Auf den deutschen Pädagogen Friedrich Fröbel[21] geht der *kindergarten/kindergarden* zurück, der in sehr viele Kulturkreise und Sprachen als Bezeichnung für eine Fürsorgeform außerhalb des Elternhauses bzw. für die Vorschule Eingang gefunden hat. Im Englischen, Schwedischen, Spanischen, Türkischen und anderen Sprachen wird das deutsche Wort direkt übernommen; die Tradition lebt auch in Lehnübersetzungen fort wie im Französischen mit *jardin d'enfants* oder im Russischen mit *detskij sad.*

Die *angst* oder *german angst* (belegt u. a. im Englischen anstelle von *dread*, im Norwegischen und anderen Sprachen) beschreibt im Kern das Gefühl einer unsicheren Zukunft, dass etwas auf einen zukommt. Die Teilnehmer/-innen an der Preisaufgabe deuten die Gründe für diesen Seelenzustand weiter und führen Bedeutungsschattierungen wie Existenzangst, Umweltangst oder Zukunftsangst an.

Der Ausdruck *arubaito* wird im Japanischen und Koreanischen für eine Teilzeitarbeit verwendet. Wie es zur angedeuteten Bedeutungsverschiebung kam, ist durch unsere Gewährspersonen nicht nachzuweisen. Berichtet wurde: »Im Koreani-schen verwenden wir das deutsche Wort *arbeit* für Nebenjob (part time job). Zum Beispiel bezeichnen Studierende, die nebenbei Babysitten oder Nachhilfe geben, diese Nebentätigkeit mit dem deutschen Ausdruck.«

In französischen Wörterbüchern[22] wird *vasistas* als »Guckfenster« bzw. »Oberlicht« verzeichnet. Ursprünglich geht das Wort wohl auf die Napoleonischen Kriege zurück, als die Soldaten beim Anblick der in deutschen Häusern eingebauten Lüftungsklappen bzw. Klappfenster fragten »Was ist das?« und seither die Wendung in der französischen Sprache für den Gegenstand benutzten.

Als beliebte Speise steht das *sauerkraut* (englisch) auf der Liste der meistgenannten Wörter weit oben, wenngleich es fraglich bleibt, ob die Deutschen (im Ausland auch die *krauts* genannt) dieses Gemüse – und dann noch in der sauren Form – wirklich so gern essen.

Das Adjektivpaar *kaputt/kaputti,* auch *halbkaputti,* steht zum Beispiel im Suaheli für »nicht funktionsfähig, fehlerhaft«. Der Ausdruck wird aber auch auf Menschen bezogen und bedeutet dann »bewusstlos« oder »ohnmächtig«. Das erinnert an die im Deutschen gebräuchlichen Wendungen: »Nach dem Schwimmen war ich völlig kaputt.« Oder »Diese Streitereien machen mich noch kaputt.«

Unter *wanderlust* (gelegentlich *wandersmannslust*) versteht man im Englischen und in anderen Sprachen nicht nur eine Freizeitbeschäftigung, sondern auch das Gefühl des *fernwehs*, wofür z. B. im Spanischen keine eigene Bezeichnung zur Verfügung steht.

Unter einem *leitmotiv* verstehen Einsender/-innen aus Russland oder Spanien allgemein eine Orientierung bzw. Richtung; in Italien wird es für eine Tendenz in einem Fachgebiet oder für ein sich wiederholendes Hauptargument in einer Fernsehdiskussion verwendet. In der Literatur oder Musik steht *leitmotiv* (Wortprägung von Hans Paul Freiherr von Wolzogen[23]) für »etwas ständig Wiederkehrendes«.

Das Wort *fahrvergnuegen* wurde über eine Produktwerbung als Bezeichnung für ein allgemein angenehmes Gefühl beim Autofahren in einige Sprachen entlehnt (Abb. III). Ganz gleich, ob dieses Befinden auf der Straße immer vorherrscht, die Lust am Auto wirkt bestimmend für die Auswahl

Abb. 111: Internationale Automobilausstellung Berlin 1931. Entw.: Lucian Bernhard; Druck: Hollerbaum & Schmidt, 1931. Plakatsammlung Müller Medien, Nürnberg.

des deutschen Wortes – wenn auch, wie in den Belegen zu lesen ist, »Einheimische oft nicht wissen, was das Wort so richtig bedeutet.«

Das deutsche Wort *waldsterben* wird mit französischem Artikel (le) verwendet und steht – nach den vorliegenden Zuschriften – für die Bedrohung der natürlichen Wälder oder auch für die allgemeine Umweltverschmutzung.

Die *bratwurst* als typische deutsche Speise ist – wie schon historische Belege aus Amerika[24] oder die aktuellen Beispiele aus China nachweisen – weltweit beliebt.

Wörterbücher[25] erklären die Herkunft von *schnaps* mit dem Schluck, den man »mit einem Schnapp« herunterschlucken kann. In vielen Ländern (Estland, Griechenland, Tschechien oder in der Ukraine) wird – sicher auch zur Vereinfachung für das Personal bei Bestellungen in Gaststätten – Hochprozentiges so bezeichnet, um nicht alle

spezifischen Getränkesorten unterscheiden zu müssen.

Dass das Wort *fingerspitzengefuehl* in einigen asiatischen Sprachen vorkommt, haben uns mehrere Gewährspersonen mitgeteilt. Ein Arzt in Indonesien, der in Heidelberg studiert hat, spricht in seiner Muttersprache von *fingerspitzengefuehl* und meint damit ein behutsames Vorgehen im Arbeitsalltag. Ob sich dieses Wort nun im Laufe der Jahre in Indonesien verbreitet bzw. irgendwann fest etabliert und eventuell auch schriftlich gebraucht wird, ist noch nicht abzusehen. Das Englische kennt es in weiterer Bedeutung für etwas allgemein Emotionales.

Der Ausdruck *weltanschauung* bedeutet in der deutschen Sprache »die Gesamtheit von Anschauungen, die die Welt und die Stellung des Menschen in der Welt betreffen«[26]. Mit derselben Bedeutung wird das Wort im Französischen und Italienischen verwendet.

Einen *ersatz* kennen u. a. das Portugiesische und das Russische für eine (minderwertige) Alternative, sei es im praktisch-technischen Bereich (*ersatz* für Ersatzkaffee im Krieg) oder im gedanklichen und mithin übertragenen Sinne (Liebesersatz).

Unter *gemuetlichkeit* versteht sicher jeder bzw. jede etwas anderes: die Bierkneipe, den Schrebergarten oder die Sofaecke. Genau diese Dinge sind es, die im Ausland als typisch für die deutsche Lebensart angesehen und – zum Beispiel im englischen Sprachraum – mit dem deutschen Wort benannt werden.

Der *rucksack* dient in verschiedenen Sprachen (z. B. im Englischen, Russischen oder Japanischen) als Bezeichnung für die praktische Wanderausrüstung. Gegenstand und Ausdruck wurden mit der beliebten *wanderlust* übernommen; in den Zuschriften ist vermerkt, »dass das Wort außerordentlich gefällt, weil es so entschlossen klingt«.

Mehrere Gewährspersonen aus Norwegen versicherten uns, dass die Wörter *vorspiel* bzw. *nachspiel* aufgrund der hohen Kosten für Alkoholika für die Vorfeier, das Eintrinken, bzw. die Nachfeier, den »Absacker«, gebraucht werden.

Die zahlreichen Beispiele belegen, dass sich deutsche Wörter in anderen Sprachen großer Beliebtheit erfreuen. Hoffen wir, dass – wie es im Englischen und Russischen mitunter heißt – einige *knueller* dabei sind und der *caijtgeist* beschrieben ist.

1 Bei der Transkription der Beispiele folgen wir den Einsendungen (Kleinschreibung, eingesandte Varianten) und internationalen Standards. Dabei sind wir vor allem um einen hohen Grad an Verständlichkeit bemüht. Kleinere Abweichungen von den Vorstellungen der Leserinnen und Leser bitten wir zu entschuldigen.

2 Der »Berliner Tagesspiegel« vom 18. 2. 2001, S. W 3, führt beispielsweise 40 Wörter an.

3 Das große Wörterbuch der Gegenwartssprache, Bd. 10. Mannheim u. a. 1999, S. 4537, führt diesen Ausdruck für eine »unpräzise Äußerung« auf die Bestandteile »Wisch« für »wertloses Schriftstück« und »Gewäsch« für »leeres Gerede« zurück.

4 Die Belege liegen der Gesellschaft für deutsche Sprache vor (http://www.gfds.de).

5 Als Literatur zu dem Fachgebiet vgl. z. B. J. Alan Pfeffer und Garland Cannon: German Loanwords in English. An Historical Dictionary. Melbourne 1997. – Andrea Stiberc: Sauerkraut, Weltschmerz, Kindergarten und Co. Deutsche Wörter in der Welt, Freiburg u. a. 1999. – Vgl. etwa auch die Publikationen von Wolf Oschlies: »*Štimung* ohne *cugcvang* oder *cajtnot*. Betrachtungen zu Germanismen in Osteuropa 2004/2005. In: Muttersprache. Wiesbaden 2005, S. 150–167.

6 Ausführlicher dazu u. a. im hier zitierten Metzler Lexikon Sprache. Hrsg. von Helmut Glück. Stuttgart – Weimar 2000.

7 Vgl. Metzler Lexikon Sprache (Anm. 6), S. 662.

8 Hierzu liegt ebenfalls eine umfangreiche Literatur vor, z. B. Karl-Heinz Schönfelder: Deutsches Lehngut im amerikanischen Englisch. Naumburg 1957 oder J. A. Pfeffer und G. Cannon (Anm. 5).

9 Der Sprachdienst, H. 5–6, 2004, S. 183. Weitere Informationen zur Arbeit der Gesellschaft für deutsche Sprache und zu den Zeitschriften erhalten Sie unter http://www.gfds.de.

10 An dieser Stelle danke ich Steffen Heimke, der sich einer ersten Sichtung sowie einer computergestützten Erfassung und Kommentierung der Einzelbelege annahm.

11 Bei Veranstaltungen in den Zweigvereinen der Gesellschaft für deutsche Sprache boten sich hervorragende Möglichkeiten, mit Sprachinteressierten Beispiele für unser Thema zu sammeln und die Ergebnisse zu diskutieren.

12 Näheres unter http://www.goethe.de/ins/si/lju/lrn/deindex.htm. Ähnliches Lehrmaterial, das auf die deutsch-englischen Wortverbindungen eingeht, bietet der Goethe-Verlag (http://www.goethe-verlag.com/poster) an.

13 Näheres unter http://www.deutscher-sprachrat.de.

14 Vgl. Metzler Lexikon Sprache (Anm. 6).

15 Siehe u. a. Thea Schippan: Lexikologie der deutschen Gegenwartssprache. Tübingen 1992, S. 261 ff.

16 A. Stiberc (Anm. 5), S. 28.

17 Näheres über die Verbreitung der *Grummbeer* (»Grundbirne«) vgl. Jürgen Eichhoff: Wortatlas der deutschen Gegenwartssprachen, Bd. 4. Bern – München 1977, Karte 4–45.

18 Das große Wörterbuch der Gegenwartssprache, Bd. 5. Mannheim u. a. 1999, S. 2178, gibt den Wortursprung mit italienisch »calovi rape (Pl.) = Kohl Rübe« an.

19 Bei J. A. Pfeffer und G. Cannon (Anm. 5), S. 207 finden sich Erstbelege für das Jahr 1890.

20 Die Liste erhebt keinesfalls den Anspruch auf eine umfassende Darstellung, derartige Leistungen können nur weiterführende Erforschungen für die Einzelsprachen unter Einbeziehung von Muttersprachlerinnen und Muttersprachlern erbringen.

21 Näheres dazu z. B. in der Brockhaus Enzyklopädie, Bd. 11. Wiesbaden 1970, S. 322.

22 Vgl. Langenscheidts Handwörterbuch Französisch. Berlin u. a. 2001, S. 728.

23 Ausführlich z. B. in der Brockhaus Enzyklopädie, Bd. 10. Wiesbaden 1970, S. 164.

24 Die Erstbelege gehen bei J. A. Pfeffer und G. Cannon (Anm. 5), S. 153 auf das Jahr 1888 zurück.

25 Zum Beispiel im Etymologischen Wörterbuch des Deutschen, Bd. 2. Berlin 1993, S. 1228.

26 Vgl. Das große Wörterbuch der Gegenwartssprache, Bd. 10. Mannheim u. a. 1999, S. 4480.

Das Image der Deutschen in Deutschland und in Europa: Selbstbild und Fremdbild. Eine empirische Untersuchung

Ronald Frank

1. Einleitung

In Zusammenarbeit mit dem Germanischen Nationalmuseum hat der GfK-Nürnberg e. V. zum Jahresbeginn 2006 eine Befragung in Deutschland, Frankreich, Großbritannien, Italien, den Niederlanden, Österreich, Polen, Russland, Tschechien und der Türkei durchgeführt. Dabei geht es weniger darum, völkercharakterologische Zuschreibungen im engeren Sinne zu erforschen, als vielmehr darum, mehr als 60 Jahre nach dem Ende des Zweiten Weltkriegs und sechzehn Jahre nach der Wiedervereinigung Deutschlands, ein Bild von den Vorstellungen zu bekommen, die die Menschen in Deutschland über sich selbst und ihr Land haben. Diesem Selbstbild wird das Fremdbild, also das Bild, das die Menschen in anderen europäischen Ländern über die Deutschen haben, gegenübergestellt. Solche Images haben immer auch Normcharakter und prägen das Denken und Handeln gegenüber den Mitgliedern einer Gesellschaft[1].

2. Besuchshäufigkeit von Deutschland und Kenntnisse der deutschen Sprache

Zwischen Deutschland und seinen europäischen Nachbarländern besteht ein reger Austausch in Form von wirtschaftlichen Beziehungen, Reiseverkehr und Zu- und Fortzügen von Arbeitskräften. So kamen beispielsweise aus der Türkei seit 1961 circa 3,8 Mio. Menschen nach Deutschland, wovon

2,5 Mio. wieder zurückgingen[2]. Eine ähnliche Situation zeigt sich bei den Italienern: Nach offiziellen Schätzungen haben seit Mitte der 50er Jahre circa 4 Mio. Italiener eine längere Zeit in Deutschland verbracht[3]. Gegenwärtig leben etwa 548 Tausend Italiener in Deutschland, knapp jeder Dritte wurde hier geboren.

Deutschland ist in seiner Funktion als größter europäischer Binnenmarkt für Tschechien mit einem Anteil von 36,4 Prozent, für Österreich mit 32,2 Prozent, für Polen mit 30 Prozent, für die Niederlande mit 25,1 Prozent, für Frankreich mit 14,9 Prozent, für die Türkei mit 13,9 Prozent, für Italien mit 13,8 Prozent, für Großbritannien mit 11,6 Prozent (hinter den USA mit 15 Prozent) und für Russland mit 7,8 Prozent der mit Abstand wichtigste Absatzmarkt. Umgekehrt gehören diese neun Länder – neben den USA, China und Japan – zu den siebzehn wichtigsten Ausfuhrländern für deutsche Güter und Dienstleistungen[4].

Ob aus Vorurteilen über Länder und Völker Urteile werden, hängt stark davon ab, in welchem Maß direkte persönliche Kontakte zwischen den Menschen dieser Länder bestehen. Die Intensität der Wirtschaftsbeziehungen, des Reiseverkehrs, aber auch der Austausch von Schülern und Studenten kann hier einen merklichen Beitrag zum besseren Verständnis leisten. Gleiches gilt für Städtepartnerschaften.

Reisen nach Deutschland sowohl aus privaten als auch aus beruflichen Gründen prägen das Bild und die Vorstellungen, die man von den Deutschen hat, ganz besonders, und wohl auch sehr nachhaltig. Die Nachbarn aus den Niederlanden, Österreich und Tschechien haben hierbei nach eigener Einschätzung den intensivsten Kontakt mit den Menschen in Deutschland: Mehr als vier von fünf Niederländern, knapp zwei von drei Österreichern und fast 40 Prozent der Tschechen waren bereits mehr als dreimal in Deutschland, sowohl privat als auch beruflich bzw. zur Ausbildung. Die Niederländer stellen zudem seit langen Jahren den größten Anteil ausländischer Touristen in Deutschland. Reisen aus beruflichen bzw. geschäftlichen Gründen von den Niederlanden, Österreich, Tschechien oder Polen nach Deutschland hingegen finden überwiegend als Tagesreisen statt. Und gerade zwischen Tschechien und Deutschland haben sich die Kontakte auf politischer, wirtschaftlicher und privater Ebene seit dem Jahr 1990 besonders gut entwickelt[5].

Demgegenüber hat bisher nur ein sehr kleiner Teil der Menschen in der Türkei und in Russland Deutschland besucht. Nur in der Gruppe der älteren, über 60-jährigen Türken war jeder Fünfte schon einmal in Deutschland. Aber auch in Italien ist der Anteil derjenigen, die noch nie Deutschland

besucht haben mit knapp 80 Prozent relativ hoch, trotz der Bedeutung als eines der wichtigsten Herkunftsländer von Gastarbeitern.

Ein weiterer wichtiger Indikator für ein besseres Verständnis anderer Nationen, Völker, Kulturen und Traditionen sind die Kenntnisse der jeweiligen Landessprache. Das weltweit tätige Goethe-Institut versteht sich dabei mit seinen Angeboten und Aktivitäten als besonderer Förderer der deutschen Sprache und Kultur. Allein im Jahr 2004 nahmen knapp 175.000 Teilnehmer weltweit an deutschen Sprachkursen teil[6]. Vor allem die Befragten in den direkten Nachbarländern Niederlande und Tschechien verfügen über gute Deutschkenntnisse: So geben drei von vier Niederländern und jeder vierte befragte Tscheche an, deutsch zu sprechen bzw. zu verstehen.

Tabelle 2.1: Aufenthalte in Deutschland (Angaben in %)

	Gesamt 9 Länder	Frankreich F	Großbritannien GB	Italien I	Niederlande NL	Österreich A	Polen PL	Russland RUS	Tschechien CZ	Türkei TR
Gar nicht	73.4	56.6	59.1	78.2	2.5	14.2	58.4	**93.8**	30.5	**95.2**
1 bis 2-mal	13.2	24.2	22.4	15.5	9.9	20.7	22.5	4.6	29.0	2.9
3 bis 5-mal	4.3	6.4	7.4	3.4	15.5	17.1	7.6	0.4	15.2	0.8
Mehr als 5-mal	8.1	11.6	9.2	2.2	**71.4**	**46.4**	10.1	0.5	**24.0**	1.1
Anteil an den Übernachtungen ausländischer Gäste im Jahr 2005 (Jan. – Nov.)*	45.5	4.2	8.0	5.5	17.7	4.3	2.0	1.8	1.2	0.8

Quelle: GfK-Nürnberg e.V. 2006 / * Statistisches Bundesamt 2006

Tabelle 2.2: Kenntnisse der deutschen Sprache (Angaben in %)

	Gesamt 9 Länder	Frankreich F	Großbritannien GB	Italien I	Niederlande NL	Polen PL	Russland RUS	Tschechien CZ	Türkei TR
Gut bzw. sehr gut, auch schriftlich	2.0	1.6	1.9	1.0	**17.6**	2.2	0.7	**4.3**	2.0
Verstehe und benutze ich mündlich, zum Lesen	6.4	5.7	4.5	2.0	**57.3**	9.5	3.7	**21.2**	1.4
Geringe Kenntnisse	19.9	15.9	23.7	5.9	22.0	26.6	27.1	37.4	7.8
Keine Kenntnisse	68.9	76.4	66.7	**89.3**	3.1	61.1	65.9	36.2	79.0
Weiß nicht / keine Angabe	2.9	0.4	3.2	1.9	0.0	0.6	2.6	0.9	9.7

Quelle: GfK-Nürnberg e.V. 2006

Sehr geringe Kenntnisse der deutschen Sprache geben in den acht untersuchten Ländern knapp 90 Prozent der Italiener und mehr als drei von vier türkischen und französischen Befragten an. Deutlich besser sind erfreulicherweise die deutschen Sprachkenntnisse der jüngeren unter 30-Jährigen: Vor allem in den beiden neuen EU-Ländern Tschechien und Polen antwortet knapp mehr als jeder dritte bzw. jeder fünfte Jüngere, Deutsch gut zu verstehen und es auch zu benutzen. So haben an Maßnahmen des deutsch-polnischen Jugendwerks seit dem Jahr 1993 circa 650.000 polnische Jugendliche teilgenommen[7]. »Gemeinsam Brücken zu bauen« zwischen – vor allem jüngeren – Tschechen und Deutschen versucht die 1997 gegründete Brücke/Most-Stiftung. Schüler- und Jugendbegegnungen sind auch hierbei von zentraler Bedeutung.

In Frankreich geben immerhin noch 11 Prozent der unter 30-Jährigen an, gute Kenntnisse des Deutschen zu haben. Trotz mehr als 3 Mio. französischer Teilnehmer an Austauschmaßnahmen des Deutsch-Französischen Jugendwerks seit dessen Gründung im Jahr 1963 ist aber leider festzustellen, dass die deutsche Sprache in Frankreich zugunsten von Englisch und Spanisch an Beliebtheit eingebüßt hat[8]. Konträr dazu ist die deutsche Sprache nach Einschätzung des Goethe-Instituts durch die Erweiterung der Europäischen Union dank der neuen Staaten in Mittel- und Osteuropa stark aufgewertet worden. Hinter Englisch ist Deutsch mittlerweile zur zweitwichtigsten Sprache in der EU geworden[9]. Andererseits gibt nach wie vor fast jeder zweite Europäer laut aktueller Eurobarometer-Umfragen an, keine andere Sprache außer der eigenen zu sprechen.

3. Was verbindet man mit Deutschland und den Deutschen?

Grundlage dieser Untersuchung bildet eine einfache offene Frage, die den Bürgern in Deutschland und in neun weiteren ausgewählten europäischen Ländern gestellt wurde:

»*Wenn Sie jetzt bitte nun einmal an Deutschland und die Deutschen denken. Was verbinden Sie persönlich mit Deutschland und den Deutschen, wofür stehen ihrer Meinung nach Deutschland und die Deutschen?*«

Die Befragten erhielten dabei keinerlei stützende oder einschränkende Vorgaben für ihre Antworten. So umfassen diese – spontanen – Antworten ein breites Spektrum an mit Deutschland und den Deutschen assoziierten Eigenschaften, Ereignissen und Besonderheiten dieses Landes im Zentrum Europas. In einer solchen, offen formulierten Frage können bereits Antworten mit einer Häufigkeit von zwei bis fünf Prozent als relevant bezeichnet werden.

Diese Antworten lassen sich zu zwei übergeordneten Kategorien zusammenfassen, die zum einen all die positiven und negativen persönlichen Eigenschaften und Attribute umfassen, mit denen die Menschen in Deutschland – und nicht nur dort – beschrieben werden können. Die zweite Kategorie beinhaltet geschichtliche Ereignisse, gesellschaftliche Besonderheiten, wirtschaftliche Errungenschaften, politische Probleme und kulturell Herausragendes. So entsteht, jenseits offizieller Verlautbarungen und akademischer Diskurse, ein eher nüchternes Bild von Deutschland und den in diesem Land lebenden Menschen.

3.1 Was verbindet man mit den Menschen in Deutschland?
3.1.1 Ordnung, Fleiß und Zuverlässigkeit

Der Kanon klassisch preußischer Tugenden wie Ordnungssinn, Fleiß, Pflichtbewusstsein, Zuverlässigkeit und Diszipliniertheit dominiert sowohl bei der Beschreibung des Selbst- als auch des Fremdbilds. Knapp drei von vier Deutschen zeichnen ein

Tabelle 3.1.1: Ordnung, Fleiß und Zuverlässigkeit (Angaben in %)

	Deutsch-land D	Gesamt 9 Länder	Frank-reich F	Groß-britan-nien GB	Italien I	Nieder-lande NL	Öster-reich A	Polen PL	Russ-land RUS	Tsche-chien CZ	Türkei TR
Ordnung, gut organi-siert, pedantisch, genau, akribisch, akkurat	13.1	9.8	1.1	7.8	11.1	2.7	4.7	**19.3**	15.0	17.2	1.2
Fleißig und pflichtbewusst	**23.0**	4.3	2.3	3.0	2.4	0.5	6.7	7.6	5.5	7.4	4.4
Ordnungsliebend, sauber	**12.3**	3.9	3.3	2.0	0.4	0.3	0.3	4.8	7.5	10.3	1.1
Pünktlich	**13.1**	2.6	0.0	0.0	0.5	1.2	1.8	1.2	7.3	0.0	0.2
Zuverlässig	**8.7**	1.1	1.7	0.0	0.4	0.3	1.0	6.3	0.7	0.0	0.3
Diszipliniert	2.2	1.4	2.2	0.0	1.1	0.8	1.7	1.3	1.4	**6.3**	1.1
Faire und akkurate Menschen	0.0	0.2	0.0	0.0	**1.4**	0.0	0.0	0.0	0.0	0.0	0.0
	72.4	23.3	10.6	12.8	17.3	5.8	16.2	40.5	37.4	41.2	8.3

Quelle: GfK-Nürnberg e.V. 2006

solches Bild von sich und ihren Landsleuten, wobei der Fleiß und das Pflichtbewusstsein mit 23 Prozent am häufigsten betont werden. Ein ähnliches Profil erstellen die Befragten in Tschechien, Polen und in Russland von den Deutschen: Ordnung, Fleiß und Disziplin werden von 41 Prozent der Tschechen und Polen und von 37 Prozent der Russen genannt. Insgesamt ist die Selbsteinschätzung der Deutschen in Bezug auf Ordnung und Fleiß jedoch weitaus tugendhafter als das Urteil der Befragten in den neun anderen europäischen Ländern.

Am wenigsten fallen den niederländischen Nachbarn diese Tugenden an den Deutschen auf. Dies könnte darauf zurückzuführen sein, dass diese vermeintlich preußischen Eigenschaften in ihrem Ursprung calvinistische Bürgertugenden sind, die bereits in den Niederlanden sehr verbreitet waren, bevor sie von Friedrich Wilhelm I. im 18. Jahrhundert aus den Niederlanden mitgebracht wurden[10]. Und während die Briten auf die Frage: »Wie geht es?« antworten: »Thanks, fine« und die Franzosen: »Merci, tout va bien«, antworten die Deutschen darauf in den meisten Fällen »Danke, alles *in Ordnung*«[11].

3.1.2 Nette und freundliche Menschen

Ein sehr freundliches Bild der Menschen in Deutschland zeichnen diejenigen europäischen Nachbarn, die wirtschaftlich und touristisch am stärksten mit Deutschland verbunden sind: Jeder fünfte Niederländer hält die Deutschen für nett, freundlich und kultiviert und fünf Prozent attestieren ihnen Geselligkeit und Kontaktfreude. Neben den Niederländern sind es aber auch die Russen, die zu knapp 30 Prozent die Deutschen als normale, nette, freundliche und zivilisierte Menschen bezeichnen.

Demgegenüber assoziieren die Briten und die Italiener mit zwei bzw. fünf Prozent eher wenig positive Eigenschaften mit den Menschen in Deutschland. Die Deutschen selber dagegen halten sich zu immerhin sechs Prozent für ehrlich und hilfsbereit. Insgesamt ist das Verhältnis Innensicht zu Außensicht hinsichtlich dieser positiven Eigenschaften der Deutschen nahezu ausgeglichen.

3.1.3 Arroganz und Pessimismus

Insgesamt verbinden in allen neun untersuchten Ländern die Befragten merklich weniger Negatives als Positives mit den Menschen in Deutsch-

Tabelle 3.1.2: Nette, freundliche und normale Menschen Angaben in %)

	Deutsch-land D	Gesamt 9 Länder	Frank-reich F	Groß-britan-nien GB	Italien I	Nieder-lande NL	Öster-reich A	Polen PL	Russ-land RUS	Tsche-chien CZ	Türkei TR
Nette, freundliche Menschen, kultiviert	2.8	3.7	5.1	1.5	1.4	**19.5**	8.2	6.1	2.5	2.2	3.4
Normale Menschen wie überall, können nicht mit Stereotypen kate-gorisiert werden	0.3	3.8	2.7	0.0	0.0	2.7	0.9	2.3	**9.3**	5.7	0.2
Mag die Deutschen	0.4	3.4	2.2	0.0	0.6	0.9	3.6	1.8	**8.4**	0.0	0.6
Gesellig, kontaktfreudig	1.6	1.0	0.5	0.3	1.0	**5.1**	0.0	0.0	1.7	0.0	0.6
Intelligent, smart, clever	0.2	1.1	0.2	0.4	0.2	0.0	0.3	0.2	**2.8**	0.0	0.8
Ehrlich	**2.8**	0.5	0.3	0.0	0.3	0.1	0.4	0.3	1.0	0.0	0.8
hilfsbereit	**2.8**	0.0	0.0	0.0	0.0	0.0	0.0	0.0	0.0	0.0	0.0
Freundliche, zivilisierte Leute	0.0	0.8	0.0	0.0	0.0	0.0	0.0	0.0	**2.3**	0.0	0.0
Haben Ehrgefühl	1.1	0.2	0.2	0.0	**1.2**	0.0	0.0	0.0	0.1	0.0	0.0
Umweltbewusst	0.3	0.3	2.0	0.0	**0.5**	0.2	0.0	0.0	0.0	0.0	0.0
Tolerant	**0.4**	0.2	0.2	0.0	0.0	0.1	0.1	0.2	0.3	0.0	**0.4**
Reisefreudig	**0.9**	0.0	0.0	0.0	0.0	0.0	0.0	0.0	0.0	0.0	0.0
	13.6	15.0	13.4	2.2	5.2	**28.6**	13.5	10.9	**28.4**	7.9	6.8

Quelle: GfK-Nürnberg e. V. 2006

land. Bedeutsam ist sicherlich, dass knapp jeder vierte befragte Tscheche die deutschen Nachbarn als arrogant, aufdringlich und rechthaberisch beschreibt. Anderen Studien zufolge hat sich das deutsch-tschechische Verhältnis seit Anfang der 90er Jahre zwar kontinuierlich verbessert, ist aber weiterhin mehr durch Pragmatismus als durch ein gegenseitiges Interesse und Verstehen geprägt[12].

Auch die Nachbarn in Österreich äußern zu knapp 20 Prozent, dass sie die Deutschen nicht mögen, dass diese eingebildet und arrogant seien, und dies trotz intensiver und vielfältiger wirtschaftlicher und touristischer Kontakte. Das Klischee des deutschen Piefke scheint also noch sehr virulent zu sein. Nach Meinung des »Xenophobe's Guide to the Germans« ist für die Österreicher ein guter Deutscher jemand, der möglichst weit entfernt ist. Trotz kultureller Gemeinsamkeiten zwischen Österreich und Deutschland gebe es überhaupt keine Affinität zu den direkten Nachbarn, den Bayern[13]. Vom Beu-

gerl (Hörnchen) über das Pickerl (Plakette) bis zum Wimmerl (kleine Tasche) weist das Österreichische eine Vielzahl von sprachlichen Besonderheiten auf, so dass es nicht verwundert, wenn gerade einmal sieben Prozent der Befragten in Österreich die gemeinsame deutsche Sprache als etwas mit dem Nachbarland verbindendes nennen[14].

Ein eher negatives Bild der deutschen Nachbarn zeichnet aber auch knapp mehr als jeder siebte befragte Niederländer: Laut, grob, aufdringlich und unfreundlich seien die Menschen in Deutschland. Für acht Prozent der befragten Briten erscheinen die Deutschen gar als arrogant und aggressiv.

Eine pessimistische Haltung verbunden mit einer Neigung zum Jammern lässt sich durchaus als Ausdruck von »German Angst«, also einer übertriebenen Angst vor Veränderungen jeglicher Art interpretieren[15]. Immerhin sieben Prozent der befragten Deutschen halten ihre Landsleute im Rahmen dieser offen formulierten Frage für pessimis-

Tabelle 3.1.3: Negative Assoziationen mit den Deutschen (Angaben in %)

	Deutschland D	Gesamt 9 Länder	Frankreich F	Großbritannien GB	Italien I	Niederlande NL	Österreich A	Polen PL	Russland RUS	Tschechien CZ	Türkei TR
Arroganz der Deutschen	1.5	1.7	0.3	4.4	0.8	1.9	7.3	0.0	0.2	**18.8**	2.7
Mag die Deutschen nicht	0.5	1.8	1.5	1.4	2.1	2.9	**7.9**	2.5	2.0	2.2	0.2
Pessimistisch / jammern viel	**6.9**	0.0	0.0	0.0	0.0	0.0	0.0	0.0	0.0	0.0	0.0
Gemein, grob, unfreundlich, schlechte Menschen	0.5	0.9	0.4	1.3	1.3	**2.6**	1.4	1.3	0.7	0.0	0.1
Kleinlich, habgierig	1.5	0.6	0.0	0.0	0.1	0.2	0.7	**2.4**	1.1	0.0	0.1
Sind eingebildet, selbstsüchtig und versnobt	1.1	0.7	0.4	0.0	0.1	2.3	**3.6**	2.3	0.6	0.0	0.2
Aggressiv	0.0	0.6	0.0	**3.5**	0.8	0.1	0.0	0.0	0.2	1.3	0.0
Aufdringlich, herrisch, rechthaberisch	1.1	0.4	0.6	1.0	0.0	2.5	0.0	0.0	0.1	**4.5**	0.1
Ablehnend, feindlich	0.5	0.2	0.1	0.0	0.5	0.1	0.0	**1.1**	0.1	0.0	0.0
Laut	0.1	0.2	0.0	0.0	0.0	**2.7**	0.8	0.6	0.1	0.0	0.0
Faul	**0.6**	0.0	0.0	0.0	0.0	0.0	0.3	0.1	0.0	0.0	0.1
	14.3	7.1	3.3	11.6	5.7	15.3	**22.0**	10.3	5.1	**26.8**	3.5

Quelle: GfK-Nürnberg e. V. 2006

tisch. In der Gruppe der Deutschen mit Abitur oder Studium nennt sogar jeder Zehnte Pessimismus und einen Hang zum Jammern als deutsche Eigenart. Selbst- und Fremdbild der Deutschen halten sich – abgesehen vom Pessimismus – was die negativen Eigenschaften angeht, aber die Waage.

3.1.4 Leistung und Wohlstand

Neben Ordnung, Fleiß und Zuverlässigkeit scheint auch die Leistung – und daraus resultierend wirtschaftlicher Wohlstand – seit den Tagen der Industrialisierung in der zweiten Hälfte des 19. Jahrhunderts zu den historisch konstanten Tugenden der Deutschen zu gehören[16].

Wer hart arbeitet und sparsam ist (Abb. 112), der bringt es auch zu Wohlstand – immerhin 16 Prozent der polnischen und sechs Prozent der russischen Befragten skizzieren dieses Bild von den diesseits der Oder lebenden Menschen. In Deutschland selbst nimmt nur noch eine sehr kleine Gruppe von vier Prozent Sparsamkeit bewusst als deutschen

Abb. 112: »Pfennig auf Pfennig eifrig gespart, hat Manchen schon vor Sorgen bewahrt«. Neue Sparcasse von 1864 – Hamburg, nicht datiert. Die »Nürnberger Plakatsammlung« der GfK und NAA im Germanischen Nationalmuseum, Nürnberg.

Tabelle 3.1.4: Wohlstand und Leistung (Angaben in %)

	Deutsch-land D	Gesamt 9 Länder	Frank-reich F	Groß-britan-nien GB	Italien I	Nieder-lande NL	Öster-reich A	Polen PL	Russ-land RUS	Tsche-chien CZ	Türkei TR
Reich, betucht, Wohlstand	1.9	1.9	0.8	0.7	0.4	0.0	0.6	**9.2**	2.2	0.0	1.3
Genügsam, geizig	0.4	1.8	0.0	0.0	0.0	0.0	1.3	**6.9**	3.4	0.0	0.5
Sparsam	**3.5**	0.0	0.0	0.0	0.0	0.0	0.0	0.0	0.0	0.0	0.0
Schwer arbeitende Leute	0.0	0.4	0.0	0.0	**2.6**	1.2	0.0	0.0	0.0	0.0	0.0
	5.8	4.1	0.8	0.7	3.0	1.2	1.9	**16.1**	5.6	0.0	1.8

Quelle: GfK-Nürnberg e.V. 2006

Wesenszug wahr. Ein ausgeprägtes Arbeitsethos verbinden auch vier Prozent der Italiener mit Deutschland – und wer bereits mehr als dreimal in Deutschland gewesen ist, der nennt dies mit sieben Prozent noch häufiger.

3.1.5 Harte und ernste Menschen

Je stärker die eigene Lebensweise dem lustbetonten »dolce far niente« oder dem genussorientierten »savoir vivre« zugeneigt ist, umso eher scheint man auch die Schattenseiten des deutschen Charakters wahrzunehmen. So beschreiben vierzehn Prozent der Italiener und fünf Prozent der französischen Nachbarn links des Rheins die Deutschen als hart, kalt, streng und ernst. Einen Mangel an

Witz und Humor bescheinigen immerhin vier Prozent der befragten Deutschen ihren eigenen Landsleuten. Der »Xenophobe's Guide to the Germans« beschreibt es so: »Die Deutschen nehmen den Humor sehr ernst, denn er ist keine spaßige Angelegenheit«[17].

3.2 Was verbindet man mit dem Land Deutschland?

Die im Rahmen dieser offen formulierten Frage gewonnenen Antworten zu dem Land Deutschland umfassen eine Vielzahl von Aspekten der Geschichte, der Wirtschaft, der Gesellschaft, der Politik, der Kultur und der Geographie.

Tabelle 3.1.5: Harte und ernste Menschen (Angaben in %)

	Deutsch-land D	Gesamt 9 Länder	Frank-reich F	Groß-britan-nien GB	Italien I	Nieder-lande NL	Öster-reich A	Polen PL	Russ-land RUS	Tsche-chien CZ	Türkei TR
Harte, strenge Menschen	0.0	1.3	1.6	0.0	**5.9**	0.3	0.1	0.5	0.7	0.0	0.2
Humorlos, ernst, prüde	**2.9**	0.7	1.0	1.6	1.6	1.7	0.0	0.0	0.2	0.0	0.5
Kalte Menschen	0.0	0.9	0.0	0.0	**6.5**	0.0	0.0	0.0	0.0	0.0	0.0
Härte, Ernst	0.6	0.4	**2.3**	0.0	0.0	0.0	0.0	0.0	0.3	0.0	0.0
	3.5	3.3	**4.9**	1.6	**14.0**	2.0	0.1	0.5	1.2	0.0	0.7

Quelle: GfK-Nürnberg e.V. 2006

3.2.1 Zweiter Weltkrieg und Nationalsozialismus

Die mit der Herrschaft des Nationalsozialismus in Europa verbundenen Verbrechen prägen auch nach mehr als 60 Jahren weiterhin zumindest einen Teil des Bildes, das sich die Menschen in den europäischen Nachbarländern von Deutschland und den Deutschen machen. Der böse deutsche Nazi marschiert nach wie vor durch die Filmlandschaft – nicht nur in Hollywood – und bevölkert so weiterhin auch die Köpfe der Nachgeborenen[18]. Auch auf politischer Ebene sind Vergleiche mit NS-Schergen (so der italienische Regierungschef Silvio Berlusconi im Jahr 2003), mit der Gestapo oder KZ-Aufsehern (so der Londoner Bürgermeister Ken Livingstone gegenüber einem – jüdischen (!) – Journalisten) in Europa immer noch nichts seltenes[19].

Besonders britische Boulevardzeitungen kokettieren seit jeher gerne mit Klischees und Symbolen der Nazis (Titel: »Harry the Nazi«). Mit einer Unterrichtseinheit zur deutschen Geschichte von 1945 bis 2000 versucht die britische Regierung nun, den Schülern ein differenzierteres und realistischeres Bild von Deutschland im europäischen Kontext zu vermitteln[20].

Insgesamt verbindet in den neun untersuchten Ländern jeder fünfte Befragte das geschichtliche Geschehen des Zweiten Weltkriegs mit Deutschland. In Frankreich mit 41 Prozent und in Tschechien mit 39 Prozent sind die Erinnerungen an diese Ereignisse ganz besonders präsent. Auch in den Niederlanden nennen siebzehn Prozent den letzten Weltkrieg, während knapp jeder zehnte Italiener konkret Hitler bzw. die Nazis mit Deutschland verbindet. Vor dem Hintergrund entsprechender Äußerungen seitens italienischer Politiker in den letzten Jahren – als Beispiel seien nur Regierungschef Berlusconi und der Tourismus-Staatssekretär Stefani genannt – erscheinen diese Assoziationen mit Deutschland nicht mehr so überraschend[21]. Zudem findet nach wie vor eine strafrechtliche, gegen ehemalige Angehörige der SS und der Wehrmacht gerichtete, Verfolgung wegen während des Zweiten Weltkriegs begangener Kriegsverbrechen statt, über die in den italienischen Medien auch entsprechend berichtet wird.

Auch für elf Prozent der Tschechen gehören der Holocaust und die deutsche Besatzung weiterhin zu dem Bild, das sie mit dem deutschen Nachbarn ver-

Tabelle 3.2.1: Zweiter Weltkrieg und Nationalsozialismus (Angaben in %)

	Deutschland D	Gesamt 9 Länder	Frankreich F	Großbritannien GB	Italien I	Niederlande NL	Österreich A	Polen PL	Russland RUS	Tschechien CZ	Türkei TR
Krieg (allgemein)	0.2	8.8	**17.9**	12.9	6.2	8.0	0.3	7.9	7.6	**24.1**	0.2
Zweiter Weltkrieg	0.5	3.3	6.2	2.7	2.7	**8.7**	1.0	2.9	3.7	0.0	0.3
Hitler / Nazis	0.7	3.1	3.7	3.6	**9.2**	1.4	0.5	1.4	1.6	4.4	1.1
Faschisten	0.0	1.6	0.1	0.0	0.9	0.4	0.1	1.2	**4.1**	0.0	0.2
Töten Menschen, Feind, Gefahr, Angst	0.1	1.3	**3.1**	0.0	0.0	0.0	0.0	2.5	2.1	0.0	0.0
Wir müssen vergeben / es ist die Vergangenheit	0.6	0.8	**5.4**	0.0	0.4	1.4	0.0	0.0	0.0	0.0	0.0
Holocaust	0.0	0.7	1.0	1.2	2.6	0.6	0.0	0.2	0.0	**3.6**	0.0
Erster Weltkrieg	0.2	0.4	**1.9**	0.7	0.0	0.6	0.0	0.1	0.1	0.0	0.0
Besatzer, Angreifer	0.0	0.4	1.0	0.0	0.0	0.7	0.0	0.6	0.3	**3.9**	0.1
Die Juden	0.2	0.3	0.3	0.0	**1.8**	0.1	0.0	0.0	0.0	0.0	0.0
Dunkle frühere Zeiten	0.0	0.1	0.5	0.0	0.0	0.3	0.0	0.0	0.0	**3.3**	0.0
	2.5	20.8	**41.1**	21.1	23.8	22.2	1.9	16.8	19.5	**39.3**	1.9

Quelle: GfK-Nürnberg e. V. 2006

binden. Die deutsche Besatzung unter dem stellvertretenden Reichsprotektor Reinhard Heydrich und die Einrichtung eines jüdischen Ghettos in Theresienstadt haben hier sicherlich tiefe Wunden bei der tschechischen Bevölkerung hinterlassen[22].

In Frankreich nennen zwei Prozent der Befragten auf diese Frage auch explizit den Ersten Weltkrieg. Mit der 90 Jahre zurückliegenden Schlacht von Verdun, in der 200.000 deutsche und französische Soldaten fielen, stellt der Erste Weltkrieg sicherlich eine besondere geschichtliche Mahnung für die Aussöhnung zwischen Deutschland und Frankreich dar. So nennen denn fünf Prozent der Franzosen auch Vergebung und Aussöhnung als Notwendigkeit. Dass sich dann 1988 genau an diesem Ort François Mitterand und Helmut Kohl die Hand reichten, war sicherlich weit mehr als nur eine symbolische Geste[23]. Auch die Unterzeichnung des Elysée-Vertrags und die Gründung des Deutsch-Französischen Jugendwerks vor mehr als vierzig Jahren waren wichtige Schritte auf dem Weg zu einer Freundschaft der beiden ehemals verfeindeten Völker[24].

Sehr wenig in dieser historischen Hinsicht verbinden die Befragten in Österreich und der Türkei mit Deutschland. Die Türkei verhielt sich im Zweiten Weltkrieg neutral, gewährte aber einer kleinen Gruppe deutscher – und österreichischer – Wissenschaftler und Künstler Zuflucht, so u. a. dem späteren Bürgermeister von Berlin, Ernst Reuter, und dem Komponisten Paul Hindemith[25]. Österreich hingegen war im Gegensatz zu den anderen Ländern nicht direkt von einer Besatzung betroffen, sondern erlebte 1938 den unter Druck erzwungenen sogenannten »Anschluss« an das Deutsche Reich[26].

3.2.2 Wirtschaftsmacht und Handelspartner

Wie bereits erwähnt, ist Deutschland einerseits für die Mehrzahl der europäischen Länder einer der wichtigsten Absatzmärkte, und andererseits gehen circa zwei Drittel der deutschen Exporte in eben

diese Länder. Aufgrund dieser ökonomischen Verflechtung überrascht es nicht, dass sowohl in Deutschland selbst als auch in den neun untersuchten Ländern insgesamt knapp zehn Prozent der Befragten wirtschaftlichen Erfolg und Einfluss und einen hohen Lebensstandard mit Deutschland verbinden. Besonders die Russen, deren Kaufkraft nach Berechnungen der GfK nur ungefähr einem Drittel des Durchschnitts in der EU-25 entspricht, verbinden zu knapp zehn Prozent einen hohen Lebensstandard mit Deutschland[27].

Den Status als wirtschaftliche und industrielle Macht schreibt knapp mehr als jeder fünfte Tscheche dem Nachbarn im Westen zu und elf Prozent der Niederländer nehmen einen bedeutenden wirtschaftlichen Einfluss in Europa entsprechend der Größe Deutschlands wahr. Die hohen deutschen Direktinvestitionen – so gehört der Autohersteller Škoda seit 1991 zum VW-Konzern – haben hierbei einen großen Einfluss auf das Bild Deutschlands in den Köpfen der Tschechen. Auch in Polen wird die Stärke der deutschen Wirtschaft von fünf Prozent der Befragten genannt. Arbeit in Deutschland und ein gutes Einkommen verbinden dagegen sechs Prozent der Türken mit dem Land, das seit dem Beginn der sechziger Jahre mit 3,8 Mio. mit Abstand die meisten Zuzüge von Türken zu verzeichnen hat[28].

Die Briten und die Italiener dagegen betonen den wirtschaftlichen Einfluss und Erfolg Deutschlands nur in einem sehr geringen Maß. Die wirtschaftliche Verflechtung dieser beiden Länder mit Deutschland ist insofern geringer, als der Exportanteil Italiens und Großbritanniens nach Deutschland im Vergleich zu Österreich und den Niederlanden wesentlich niedriger ist. Für Großbritannien sind die USA der wichtigste Handelspartner und in Italien sind sowohl die Kenntnisse der deutschen Sprache als auch die Anzahl der Reisen nach Deutschland unterdurchschnittlich ausgeprägt.

Tabelle 3.2.2: Wirtschaftsmacht und Handelspartner (Angaben in %)

	Deutschland D	Gesamt 9 Länder	Frankreich F	Großbritannien GB	Italien I	Niederlande NL	Österreich A	Polen PL	Russland RUS	Tschechien CZ	Türkei TR
Hoher Lebensstandard	0.6	3.2	1.0	0.5	0.0	0.6	0.0	0.0	**9.3**	0.0	0.2
Wirtschaftlicher Erfolg / hoher wirtschaftlicher Status / große industrielle Macht	4.1	2.6	2.0	1.1	1.5	0.5	3.4	0.7	2.9	**21.5**	3.0
Starke Wirtschaft / Wirtschaft im Allgemeinen	1.6	1.8	2.0	0.0	0.8	1.5	0.1	**4.8**	1.7	0.0	3.7
Einkommen / Preisniveau	0.8	0.5	1.0	0.0	0.0	0.1	0.0	0.0	0.1	0.0	**2.4**
Beschäftigung in Deutschland / Job in Deutschland	0.0	0.6	0.3	0.0	0.0	0.2	1.1	1.3	0.0	0.0	**3.1**
Wirtschaftsbeziehungen	0.0	0.5	2.0	0.0	0.0	0.4	**3.2**	0.2	0.2	0.0	0.6
Hat einen großen Einfluss auf die europäische Wirtschaft / Macht	1.5	0.1	0.0	0.0	0.1	**3.8**	0.0	0.0	0.0	0.0	0.0
Großes Land	0.0	0.4	0.9	0.0	0.0	**7.1**	1.2	0.0	0.0	0.0	0.0
Ist ein globaler wirtschaftlicher Führer	0.0	0.1	0.0	0.0	0.5	0.0	0.0	0.0	0.0	0.0	0.0
	8.6	9.8	9.2	1.6	2.9	**14.2**	9.0	7.0	**14.2**	**21.5**	**13.0**

Quelle: GfK-Nürnberg e.V. 2006

3.2.3 Nachbar und Partner in Europa

Über 60 Jahre Frieden in Europa – der Prozess der europäischen Einigung seit Gründung der Montanunion im Jahr 1951 und der Unterzeichnung der Römischen Verträge im Jahr 1958 hat wesentlich dazu beigetragen, dass aus ehemaligen Feinden Freunde und Partner wurden, was ganz besonders für Deutschland und Frankreich gilt. So ist es mehr als erfreulich, dass knapp jeder fünfte befragte Franzose das Nachbarland mit Europa und der Europäischen Union verbindet, trotz der Ablehnung des europäischen Verfassungsentwurfs im Jahr 2005. Insgesamt nennt mehr als jeder dritte Franzose Ähnlichkeiten und Gemeinsamkeiten mit Deutschland. Ein Zitat des vor kurzem im Alter von 107 Jahren gestorbenen Weltkriegsveteranen Ferdinand Gilson formuliert es so: »Europa und die Freundschaft zwischen unseren beiden Völkern waren das Schönste im 20. Jahrhundert.«[29] Auch in Österreich und in den Niederlanden nennt jeder Vierte bzw. jeder Fünfte nachbarschaftliche und persönliche Verbindungen mit Deutschland.

Dieses Bild nachbarschaftlicher Ähnlichkeit ist in den beiden östlichen EU-Ländern Tschechien und Polen sehr unterschiedlich ausgeprägt. Während knapp fünfzehn Prozent der befragten Tschechen sich mit Deutschland nachbarschaftlich verbunden fühlen, bekunden in Polen gerade einmal fünf Prozent Ähnlichkeiten mit dem Nachbarn Deutschland. Persönliche Verbindungen mit Deutschland werden auch von vier Prozent der Befragten in der Türkei genannt. Die mit Abstand geringste Verbindung in dieser Hinsicht äußern die Italiener – trotz der hohen Anzahl an Gastarbeitern

Tabelle 3.2.3: Nachbar und Partner in Europa (Angaben in %)

	Deutsch-land D	Gesamt 9 Länder	Frank-reich F	Groß-britan-nien GB	Italien I	Nieder-lande NL	Öster-reich A	Polen PL	Russ-land RUS	Tsche-chien CZ	Türkei TR
Europa, EU Mitglied	0.1	3.5	**19.1**	0.0	1.5	0.6	2.3	0.6	1.1	3.0	2.5
Sind wie wir / sind wie jeder andere auch	0.0	2.8	**7.2**	3.2	0.0	3.0	0.0	0.0	4.3	0.0	0.1
Nachbarn, Nachbar-land, Ähnlichkeiten	0.0	2.4	7.3	0.0	0.0	**16.5**	8.3	3.3	0.2	**9.0**	1.5
Persönliche Verbin-dungen	0.0	2.2	4.3	1.5	0.0	4.5	**8.7**	0.6	1.4	2.1	4.2
Unsere Partner / wir arbeiten und koope-rieren mit ihnen	0.0	0.2	0.0	0.0	0.0	0.0	0.0	0.0	**0.7**	0.0	0.0
	0.1	11.1	**37.9**	4.7	1.5	**24.6**	**19.3**	4.5	7.7	**14.1**	8.3

Quelle: GfK-Nürnberg e.V. 2006

in den letzten Jahrzehnten und der Tatsache, dass Italien eines der beliebtesten Reiseziele der Deutschen ist. Immerhin kommt mehr als jeder dritte ausländische Reisende in Italien aus Deutschland.

3.2.4 Made in Germany

Deutsche Wertarbeit, deutsche Markenprodukte und deutsche Infrastruktur – für eine Vielzahl von Produkten und Dienstleistungen steht »Made in Germany« als Gütesiegel. Ob BMW, Siemens, adidas-Salomon, Nivea (Abb. 113) oder Deutsche Lufthansa, deutsche Marken sind bei vielen Produkten und Dienstleistungen in Europa und weltweit führend[30].

Während die Deutschen eher allgemein gute Qualität zu sechs Prozent mit ihrem eigenen Land verbinden, steht besonders nach Meinung von zwölf Prozent der befragten Russen Deutschland für Qualität, Zuverlässigkeit und Spitzentechnologie. Deutsches Know-how spielt für Innovationen in Schlüsselbereichen der russischen Wirtschaft eine zentrale Rolle, und Deutschland ist sowohl was die Ausfuhr als auch die Einfuhr anbelangt gegenwärtig der wichtigste Partner für Russland[31]. Vor dem Hintergrund der Kooperation

Abb. 113: Zwei Nivea Dosen (Nr. 370c und Nr. 368). Herst.: Beiersdorf & Co. AG, um 1935; 1940/1949. Privatbesitz.

Škoda-VW überrascht es nicht, dass in Tschechien fünf Prozent explizit die Automobilindustrie mit dem Nachbarland verbinden. Deutsche Autos erfahren auch in Großbritannien, Frankreich, Italien, Russland und in den Niederlanden eine überdurchschnittliche Wertschätzung. Und die deutschen Strassen ohne generelle Geschwindigkeitsbegrenzung sind vor allem den Niederländern eine Erwähnung wert.

Die Befragten in Polen und der Türkei, die eher vorrangig den deutschen Fleiß und Wohlstand betonen, nennen deutsche Produkte deutlich seltener. Mit zehn Prozent in Deutschland und acht Prozent in den neun untersuchten Nachbarländern liegt die Bedeutung von »Made in Germany« insgesamt auf einem ähnlichen Niveau.

3.2.5 Deutsche Küche

Jede dritte Brauerei weltweit steht in Deutschland und in einigen Regionen gilt Bier sogar als Lebensmittel. So verwundert es nicht, dass deutsches Bier, gebraut nach dem Reinheitsgebot aus dem Jahr 1516 (Abb. 114), von vierzehn Prozent der Niederländer, von elf Prozent der Italiener und von acht Prozent der Franzosen mit dem Land verbunden wird, auf dessen Getränkekarte mehr als 4.000

Tabelle 3.2.4: Produkte »Made in Germany« (Angaben in %)

	Deutschland D	Gesamt 9 Länder	Frankreich F	Großbritannien GB	Italien I	Niederlande NL	Österreich A	Polen PL	Russland RUS	Tschechien CZ	Türkei TR
Autos / qualitativ hochwertige Autos (z. B. BMW)	1.4	3.0	3.6	**5.0**	3.8	2.5	0.7	0.0	3.9	0.0	0.0
Gute Technologie / Spitzentechnologie	1.1	1.5	1.4	1.6	0.7	0.5	0.1	0.2	**2.9**	0.0	0.5
Gute Qualität	**5.5**	0.5	0.1	0.0	0.4	0.4	0.8	0.8	0.9	0.3	0.1
Zuverlässige Produkte / hohe Qualität	0.6	1.3	0.5	**2.1**	0.0	0.6	0.0	0.0	**3.0**	0.0	0.2
Autoproduktion / Automobilindustrie	0.0	0.6	0.7	0.0	0.0	0.9	2.9	1.0	0.7	**5.3**	0.2
Made in Germany	**1.1**	0.2	0.0	0.0	0.0	0.0	0.4	0.0	0.0	0.0	1.4
Haushaltsgeräte	0.0	0.3	0.0	0.0	0.0	0.0	0.0	0.0	**0.8**	0.0	0.0
Gute Straßen	0.0	0.2	0.2	0.0	0.0	**2.2**	0.0	0.1	0.4	0.0	0.0
Keine Geschwindigkeitsbegrenzung	0.0	0.1	0.1	0.0	0.0	1.2	0.0	0.0	0.0	0.2	0.0
	9.7	7.7	6.6	8.7	4.9	8.3	4.9	2.1	**12.6**	5.8	2.4

Quelle: GfK-Nürnberg e. V. 2006

Biermarken zu finden sind, wie der »Xenophobe's Guide to the Germans« anmerkt.

Wieder sind es die sehr oft nach Deutschland reisenden Niederländer, die, neben dem deutschen Bier, deutsche Würstchen und die deutsche Küche generell mit elf bzw. sechs Prozent besonders hervorheben. Neben den Österreichern, die ebenfalls die deutsche Küche nennen, sind es die Franzosen und die Italiener, für die das Sauerkraut typisch für Deutschland ist. Gerade in der Küche des Elsaß ist das Sauerkraut (frz. choucroute) ja nicht wegzu-

denken. Auch knapp mehr als jeder zehnte Brite schwärmt für die Mischung aus Bier, Würstchen und deutschem Wein (Abb. 115). Wenn man bedenkt, dass britische Touristen, hinter den Niederländern und den US-Amerikanern, den dritten Platz im Ranking ausländischer Gäste in Deutschland belegen, erscheint das nicht sehr überraschend[32].

Eine GfK-Studie aus dem Jahr 2004 bestätigt zudem, dass die deutsche Küche außerhalb Deutschlands bei Restaurantbesuchen nur bei den Nach-

Abb. 114: Bierkrug »Deutsches Bier – Reines Bier«. Herst.: Rastal, um 1920. Deutscher Brauer-Bund e. V., Berlin.

Abb. 115: Zwei Römer. Deutschland, Ende 18./ Anfang 19. Jhd. bzw. Ende 17./Anfang 18. Jhd. Germanisches Nationalmuseum, Nürnberg.

Tabelle 3.2.5: Deutsche Küche (Angaben in %)

	Deutschland D	Gesamt 9 Länder	Frankreich F	Großbritannien GB	Italien I	Niederlande NL	Österreich A	Polen PL	Russland RUS	Tschechien CZ	Türkei TR
Bier	1.0	5.0	8.4	4.7	11.0	**14.2**	1.1	2.7	3.3	0.2	0.1
Würstchen / Frankfurter	0.3	1.5	0.6	3.7	2.6	**10.9**	0.0	0.0	0.7	0.0	0.0
Deutsche Küche, Essen, Getränke	1.0	0.9	2.2	0.9	1.7	**6.0**	**4.0**	0.1	0.0	0.6	0.1
Sauerkraut	0.2	0.8	**3.4**	0.0	**2.6**	0.3	0.0	0.0	0.0	0.0	0.0
Wein	0.0	0.3	0.0	**1.5**	0.0	0.9	0.0	0.0	0.3	0.0	0.0
Kartoffeln	0.0	0.1	0.0	0.0	**0.9**	0.0	0.0	0.0	0.0	0.0	0.0
	2.5	8.6	14.6	10.8	18.8	**32.3**	5.1	2.8	4.3	0.8	0.2

Quelle: GfK-Nürnberg e. V. 2006

barn in Österreich und den Niederlanden mit fünf bzw. acht Prozent eine nennenswerte Bedeutung hat[33]. Das kulinarische Image beschränkt sich dabei weitgehend auf deutsches Bier und deutsche Wurst.

3.2.6 Sehenswürdigkeiten in Deutschland

Egal ob es die bayerischen Königsschlösser, das Mittelrheintal, der Schwarzwald, der Kölner Dom, das mittelalterliche Rothenburg ob der Tauber, das Münchener Oktoberfest oder deutsche Weihnachtsmärkte sind – wieder verbinden die Niederländer mit Abstand die meisten Sehenswürdigkeiten mit Deutschland. Mehr als jeder zweite Befragte in diesem Nachbarland, das den größten Anteil an ausländischen Gästen stellt, nennt touristische Sehenswürdigkeiten in einem schönen Land. Kunst, Kultur und Landschaft gehört ebenfalls für die Nachbarn in Tschechien und in Frankreich mit zehn bzw. acht Prozent klar zu Deutschland.

Für knapp jeden zehnten Österreicher dagegen gehören eher die deutschen Touristen, die das eigene Land besuchen, zu dem Bild, das man sich in der Alpenrepublik von Deutschland macht. Mit einem Anteil von knapp sechzig Prozent an den ausländischen Gästen prägen die deutschen Urlauber in Österreich klar das touristische Bild[34]. Die Briten verbinden mit Deutschland eher Autos, Bier und Fußball und weniger landschaftliche und kulturelle Besonderheiten, trotz des dritten Platzes auf der Rangliste ausländischer Gäste[35]. Auch die Polen denken bei Deutschland eher an Ordnung und Wohlstand, und seltener an Kultur und Landschaft. Allerdings bewegt sich die Anzahl polnischer Urlauber in Deutschland (noch) in einer relativ niedrigen Größenordnung.

Städte, Landschaften und kulturelle Sehenswürdigkeiten werden von den Deutschen und den europäischen Nachbarn gleichermaßen mit Deutschland verbunden. Und je häufiger man bereits Deutschland besucht hat, desto mehr landschaftliche und kulturelle Besonderheiten nimmt man auch wahr. Bestes Beispiel dafür sind die

Tabelle 3.2.6: Sehenswürdigkeiten in Deutschland (Angaben in %)

	Deutsch-land D	Gesamt 9 Länder	Frank-reich F	Groß-britan-nien GB	Italien I	Nieder-lande NL	Öster-reich A	Polen PL	Russ-land RUS	Tsche-chien CZ	Türkei TR
Kunst, Kultur, Sehens-würdigkeiten	3.5	1.9	1.6	0.0	0.7	3.4	1.9	0.4	3.3	**3.9**	2.0
Schönes Land	3.8	1.8	2.1	1.6	1.0	**17.5**	2.5	0.0	1.3	0.0	0.7
Tourismus in Deutschland	0.0	1.0	2.3	0.0	0.0	**17.8**	1.2	0.0	0.0	0.0	0.4
Deutsche Touristen im eigenen Land	0.0	0.7	1.0	0.0	0.0	3.1	**8.6**	0.3	0.0	1.9	1.7
Hauptstadt Berlin/ Berlin	0.1	0.5	0.2	0.0	0.6	**3.1**	0.2	0.1	0.5	2.4	0.1
Schöne Natur/ Landschaft	0.0	0.3	0.0	0.0	1.0	**4.0**	0.0	0.0	0.0	0.0	0.0
Landschaft	0.0	0.2	0.2	0.0	0.0	**2.2**	0.6	0.1	0.1	1.2	0.0
Würde gerne nach Deutschland reisen	0.0	0.2	0.0	0.0	0.2	0.0	0.0	0.0	**0.4**	0.0	0.0
Regionen und Städte	0.1	0.2	0.2	0.0	0.0	**2.3**	0.7	0.8	0.0	0.3	0.0
Der Schwarzwald	0.0	0.1	0.5	0.0	0.0	**0.4**	0.0	0.0	0.0	0.0	0.0
	7.5	6.9	8.1	1.6	3.5	**53.8**	15.7	1.7	5.6	9.7	4.9

Quelle: GfK-Nürnberg e.V. 2006

reisefreudigen Niederländer: Rhein und Mosel, das Sauerland, die Eifel und auch der Harz gehören für die Nachbarn im Westen fest zu dem Bild, das sie von Deutschland haben.

3.2.7 Wirtschaftliche, soziale und politische Probleme

Obwohl die Mehrzahl der Deutschen sich und ihre Landsleute für fleißig, zuverlässig und ordentlich halten, verbindet gegenwärtig doch jeder Sechste primär die Arbeitslosigkeit und die Frage der weiteren Finanzierung von Sozialleistungen auf dem bisherigen Niveau mit dem eigenen Land. Eine ähnlich hohe problembehaftete Einschätzung mit fünfzehn Prozent geben nur noch die Nachbarn im wirtschaftlich deutlich besser dastehenden Österreich ab. Dank des merklich höheren Anteils der florierenden Exporte an der Gesamtwirtschafts-

leistung liegt die Arbeitslosigkeit trotz ebenfalls stagnierender Binnennachfrage laut OECD bei nur fünf Prozent.

Im Nachbarland Tschechien spiegelt sich die politische Diskussion, die weiterhin von der Frage nach der Gültigkeit der sogenannten Beneš-Dekrete beeinflusst ist, auch in den Ergebnissen dieser Studie wider[36]. Sechs Prozent der befragten Tschechen sehen explizit nationalistische Tendenzen bzw. Konflikte oder sogar neofaschistische Äußerungen in Deutschland. Nicht ganz überraschend sind es gerade die befragten Türken in der Türkei, die zu sieben Prozent Ausländerfeindlichkeit bzw. Rassismus im Kontext mit Deutschland nennen. Die Anschläge in Mölln und in Solingen Anfang der neunziger Jahre dürften auch in der Türkei in Erinnerung bleiben[37].

Tabelle 3.2.7: Wirtschaftliche, soziale und politische Probleme (Angaben in %)

	Deutschland D	Gesamt 9 Länder	Frankreich F	Großbritannien GB	Italien I	Niederlande NL	Österreich A	Polen PL	Russland RUS	Tschechien CZ	Türkei TR
Wirtschaftliche Probleme / Arbeitslosigkeit	11.5	0.4	0.7	0.0	0.0	1.2	**9.2**	0.4	0.0	0.0	0.4
Soziale Probleme / Reduzierung der Sozialleistungen	**4.9**	0.1	0.2	0.0	0.0	0.1	0.0	0.1	0.0	0.0	0.3
Ausländerfeindlichkeit	0.5	0.7	0.2	0.0	0.0	0.1	1.1	0.0	0.1	0.0	**4.4**
Negative Nennungen zur Deutschen Politik	**2.6**	0.2	0.5	0.0	0.0	0.1	**2.0**	0.2	0.1	0.0	0.2
Probleme mit in Deutschland lebenden Ausländern	**2.7**	0.1	0.0	0.0	0.0	0.3	0.7	0.0	0.1	0.0	0.1
Probleme mit der Wiedervereinigung / Ost-Deutschland	0.6	0.2	0.6	0.0	0.0	0.9	**1.7**	0.0	0.1	0.0	0.2
Nationalismus / Rassismus	0.2	0.2	0.0	0.6	0.0	0.3	0.0	0.0	0.1	**1.2**	0.8
Konflikte / Probleme mit anderen Ländern	0.0	0.2	0.2	0.0	0.0	0.5	0.0	0.1	0.1	**2.6**	0.2
Neofaschismus, Neonazis	0.1	0.1	0.2	0.0	0.0	0.3	0.0	0.0	0.0	**1.5**	0.0
Fanatismus	0.0	0.1	0.0	0.0	0.0	0.1	0.0	0.0	0.1	**1.1**	0.0
	23.1	2.3	2.6	0.6	0.0	3.9	**14.7**	0.8	0.7	**6.4**	**6.6**

Quelle: GfK-Nürnberg e.V. 2006

Tabelle 3.2.8: Sozialstaat und Demokratie (Angaben in %)

	Deutsch-land D	Gesamt 9 Länder	Frank-reich F	Groß-britan-nien GB	Italien I	Nieder-lande NL	Öster-reich A	Polen PL	Russ-land RUS	Tsche-chien CZ	Türkei TR
Sozialstaat / soziales Land	**1.6**	0.8	0.1	0.0	0.0	0.1	0.2	0.5	1.1	0.0	**2.7**
Positive Nennungen zur Deutschen Politik	0.4	0.6	0.5	0.0	1.0	0.0	0.0	0.0	0.4	0.0	**2.3**
Angela Merkel	0.9	0.4	1.1	0.0	0.3	1.5	**3.1**	0.2	0.1	0.0	0.2
Bildung / hoher Bildungsstandard	**1.5**	0.2	0.5	0.4	0.0	0.0	0.0	0.0	0.0	0.0	0.6
Demokratie	**0.9**	0.2	0.3	0.0	0.2	0.0	0.0	0.0	0.4	0.0	0.0
Zivilisiertes, ent-wickeltes Land	0.0	0.2	0.0	0.0	0.0	0.0	0.0	0.0	**1.3**	0.0	0.0
Ist ein offenes und ein führendes Land	0.0	0.2	0.0	0.0	**1.5**	0.0	0.0	0.0	0.0	0.0	0.0
Gerhard Schröder	0.0	0.1	0.4	0.0	0.0	0.1	**0.8**	0.0	0.2	0.0	0.0
Stabilität	0.0	0.1	0.0	0.0	0.0	0.0	0.0	0.0	0.3	0.0	0.0
Wahlen / neue Regierung	0.3	0.0	0.1	0.0	0.0	0.0	1.0	0.0	0.0	0.0	0.0
	5.6	3.0	3.0	0.4	3.0	1.7	**5.1**	0.7	**3.8**	0.0	**5.8**

Quelle: GfK-Nürnberg e.V. 2006

3.2.8 Sozialstaat und Demokratie

Mit Deutschland assoziiert man nicht nur eine Wirtschaftsmacht sondern auch Demokratie, soziale Sicherheit und einen hohen Bildungsstandard. Neben den Deutschen selbst haben vor allem die Türken mit sechs Prozent einen positiven Eindruck vom deutschen Sozialstaat und der deutschen Politik. Sozialer Ausgleich, ein gutes Bildungssystem und eine funktionierende Demokratie – auch was einen Regierungswechsel anbelangt – gehören für sechs Prozent der befragten Deutschen zu ihrem Land. Ein positives Bild vom deutschen Staat und der deutschen Gesellschaft beschreiben ebenfalls vier Prozent der befragten Russen.

3.2.9 Ereignisse der jüngeren deutschen Geschichte

Der Fall der Berliner Mauer im Herbst 1989 und die ein Jahr später erfolgte Wiedervereinigung der beiden ehemals getrennten deutschen Staaten waren zweifelsohne die wichtigsten Ereignisse der

Tabelle 3.2.9: Ereignisse der jüngeren Geschichte (Angaben in %)

	Deutsch-land D	Gesamt 9 Länder	Frank-reich F	Groß-britan-nien GB	Italien I	Nieder-lande NL	Öster-reich A	Polen PL	Russ-land RUS	Tsche-chien CZ	Türkei TR
Berliner Mauer / Fall der Mauer	0.0	1.1	**2.6**	0.0	**2.2**	1.2	0.9	0.6	1.0	0.0	0.0
Deutschland / Deutsches Volk	0.3	0.5	0.0	0.0	0.0	0.0	0.0	0.0	**1.3**	0.0	0.8
Geschichte im Allgemeinen	0.6	0.4	1.8	0.0	0.0	**1.9**	0.4	0.0	0.2	0.9	0.2
Wiedervereinigung	0.8	0.2	**1.2**	0.0	0.0	0.1	0.0	0.0	0.0	0.0	0.0
	1.7	2.2	**5.6**	0.0	2.2	**3.2**	1.3	0.6	**2.5**	0.9	1.0

Quelle: GfK-Nürnberg e.V. 2006

europäischen Nachkriegsgeschichte. Der beschleunigte Prozess der europäischen Integration seit Anfang der neunziger Jahre mit den Maastrichter Verträgen im Jahr 1993, dem Abkommen von Schengen im Jahr 1995, der Einführung des Euro als Buch- und als Bargeld im Jahr 1999 bzw. 2002, der Erweiterung zur EU-25 im Jahr 2004 und dem – bisher aber nicht ratifizierten – Vertrag über eine Verfassung für Europa wären ohne diese politischen Veränderungen so wohl nicht möglich gewesen.

So verbinden sechs Prozent der befragten Franzosen mit dem Nachbarland den Fall der Mauer und die Wiedervereinigung. Der deutsch-französische Vertrag zwischen Charles de Gaulle und Konrad Adenauer, die Kooperation zwischen Valéry Giscard d'Estaing und Helmut Schmidt und die Zusammenarbeit zwischen François Mitterand und Helmut Kohl haben das Bild, das die ehemals verfeindeten Völker der Deutschen und der Franzosen mittlerweile voneinander haben, wesentlich mitgeprägt[38]. Diese wichtigen Ereignisse in der jüngeren deutschen Geschichte werden auch von jeweils drei Prozent der Niederländer und der Russen im Zusammenhang mit Deutschland genannt.

3.2.10 Fußball und Sport

Das Jahr 2006 ist nicht nur das Jahr der überaus erfolgreichen Teilnahme der deutschen Sportler, allen voran den Biathleten, an den olympischen Winterspielen in Turin, sondern auch das Jahr der in Deutschland stattfindenden Fußballweltmeisterschaft. Deutschland konnte seit 1954 bisher dreimal den Weltmeistertitel (1954, 1974 und 1990) und viermal den Titel des Vizeweltmeisters (1966, 1982, 1986 und 2002) für sich beanspruchen. Für knapp jeden zehnten Niederländer gehört der Fußball klar zu Deutschland (Abb. 116). Ebenso fünf bzw. drei Prozent der gleichfalls fußballbegeisterten Briten und Franzosen verbinden das Spiel um das runde Leder mit Deutschland. Konkret genannt wird die Fußballweltmeisterschaft jedoch nur von zwei Prozent der Italiener, die übrigens selbst bereits dreimal den Weltmeistertitel nach Hause holen konnten. Die Österreicher assoziieren dagegen zu vier Prozent eher allgemein deutsche Sportler mit dem Nachbarland.

Abb. 116: Tipp-Kick-Figur »Bayern München«. Herst.: Edwin Mieg oHG, Villingen-Schwenningen, nach 2000.

Tabelle 3.2.10: Fußball und Sport (Angaben in %)

	Deutschland D	Gesamt 9 Länder	Frankreich F	Großbritannien GB	Italien I	Niederlande NL	Österreich A	Polen PL	Russland RUS	Tschechien CZ	Türkei TR
Fußball	2.4	1.4	2.7	**4.6**	0.5	**9.0**	0.0	0.0	0.1	0.0	0.1
Sport	0.1	0.4	0.3	0.0	0.0	2.0	**3.9**	0.2	0.4	2.2	0.2
Fußball-Weltmeisterschaft	0.3	0.3	0.0	0.0	**2.4**	0.0	0.0	0.0	0.0	0.0	0.0
	2.8	2.1	3.0	4.6	2.9	**11.0**	3.9	0.2	0.5	2.2	0.3

Quelle: GfK-Nürnberg e. V. 2006

4. Die Eigenschaften der Deutschen

In Ergänzung zu der offenen Frage, was man mit Deutschland und den Deutschen verbindet, wurde den Befragten in Deutschland und den anderen neun untersuchten Ländern noch eine Reihe von Aussagen zur Einschätzung der Eigenschaften der Menschen in Deutschland vorgelegt.

Die Auswahl dieser Eigenschaften lehnt sich an das in der Persönlichkeitspsychologie verwendete Konzept der Big-Five-Persönlichkeitsdimensionen an[39]. Die Beschreibung von Personen lässt sich in fast allen Kulturen auf die folgenden fünf Dimensionen reduzieren: Extraversion, Verträglichkeit, Gewissenhaftigkeit, Emotionale Stabilität und Offenheit. Ergänzend wurde in diesem Kontext noch die Einschätzung der Deutschen hinsichtlich Pünktlichkeit, Sparsamkeit, Sauberkeit, Zuverlässigkeit, Optimismus und Entspanntheit erhoben.

Dabei geht es in dieser Untersuchung nicht um die Erfassung der Persönlichkeit eines konkreten Individuums, sondern um die Beschreibung der Eigenschaften einer Gruppe von Menschen eines Landes, also der Deutschen. Diese können durchaus unterschiedlicher nationaler Herkunft sein,

man denke nur an die in Deutschland lebenden Türken oder an die aus Russland stammenden Spätaussiedler. Die Antworten sind dabei sicherlich geprägt von einer Mischung aus eigenen persönlichen Erfahrungen mit den Deutschen einerseits und tradierten, und in vielen Medien nach wie vor reproduzierten Klischees und Ideologien über die Deutschen andererseits. Wie also schätzen sich die Deutschen selbst ein und welches Bild der Deutschen steht dem in den Nachbarländern gegenüber?

4.1 Gewissenhaftigkeit

Die Ergebnisse der offenen Frage danach, was man mit den Deutschen verbindet, also die klare Betonung von Eigenschaften wie Ordnungssinn, Fleiß, Pflichtbewusstsein, Zuverlässigkeit und Disziplin finden sich auch in den Antworten auf die den Befragten vorgelegten Eigenschaften wieder. Mehr als drei von vier Deutschen halten ihre Landsleute für pünktlich, ordentlich, gründlich und zuverlässig (Abb. 117). Sparsamkeit attestieren knapp mehr als zwei von drei Deutschen ihren Mitbürgern und 62 Prozent halten diese für tiefsinnige Men-

Abb. 117: Funkarmbanduhr Mega 1. Herst.: Firma Junghans, 1990. Deutsches Museum, Bonn.

Tabelle 4.1: Gewissenhaftigkeit (stimme voll und ganz/überwiegend zu; Angaben in %)

Die Deutschen ...	Deutsch-land D	Gesamt 9 Länder	Frank-reich F	Groß-britan-nien GB	Italien I	Nieder-lande NL	Öster-reich A	Polen PL	Russ-land RUS	Tsche-chien CZ	Türkei TR
Legen Wert auf Pünktlichkeit	87.0	80.5	73.2	79.6	78.2	73.9	75.7	83.3	86.6	90.0	72.3
Legen Wert darauf, dass immer alles sauber und ordentlich ist	84.9	78.2	80.8	71.3	68.1	75.0	72.3	82.5	88.4	85.6	62.7
Erledigen Aufgaben gründlich und gewissenhaft	82.8	76.8	73.2	79.2	72.3	74.3	72.4	78.0	81.1	87.9	70.3
Sind sparsam	69.1	67.8	50.8	49.2	49.7	19.3	56.8	79.2	88.5	62.2	64.3
Sind zuverlässig	82.4	56.7	55.6	71.7	61.8	60.9	69.9	69.3	50.2	77.5	44.0
Sind tiefsinnig und denken gerne über Sachen nach	61.9	55.9	57.4	46.9	42.2	23.0	41.1	28.2	70.6	58.1	58.0

Quelle: GfK-Nürnberg e.V. 2006

schen, die gerne über Dinge nachdenken und grübeln.

Die Einschätzung hinsichtlich der Dimensionen der Gewissenhaftigkeit ist in allen neun untersuchten Ländern etwas geringer ausgeprägt, wobei die Differenz (82 gegenüber 57 Prozent) bei der Frage nach der Zuverlässigkeit der Deutschen am deutlichsten ausfällt. Überdurchschnittlich zuverlässig eingeschätzt werden die Deutschen von den Tschechen, den Polen, den Österreichern und den Italienern. Und wer bereits mindestens einmal Deutschland besucht hat und somit über persönliche Erfahrungen verfügt, der hält die Deutschen ebenfalls für zuverlässiger als diejenigen, die noch nie in Deutschland waren. Gleiches gilt für die Gründlichkeit und Gewissenhaftigkeit. Auch eine Umfrage des Essener Zentrums für Türkeistudien aus dem Jahr 1998 unter Deutschen und Türken zeigt, dass die Türken die Deutschen eher für fleißig, patriotisch, ernst und ordentlich halten[40].

4.2 Verträglichkeit

Hinsichtlich der Emotionalität im zwischenmenschlichen Verhalten und der Umgänglichkeit differieren das Selbst- und das Fremdbild der Deutschen ähnlich stark wie in der Einschätzung der Zuverlässigkeit: Während 61 Prozent der Deutschen sich für umgänglich halten, äußert dies in den anderen Ländern nicht einmal mehr jeder Zweite. Lediglich die Niederländer, die Franzosen und die Österreicher halten mehrheitlich ihre deutschen Nachbarn für umgänglicher als dies die Befragten in den anderen sechs Ländern tun.

Mit Ausnahme der Österreicher und der Türken mit 46 bzw. 39 Prozent schätzt in den untersuchten neun Ländern nur etwas mehr als jeder Vierte die Menschen in Deutschland als gefühlsbetont im Verhalten ein. Die Deutschen selbst immerhin halten sich zu knapp 40 Prozent für emotional. Nahezu deckungsgleich erscheinen Selbst- und Fremdbild der Deutschen im Hinblick auf Kontaktfreudigkeit und Geselligkeit mit 46 Prozent in Deutschland und 43 Prozent in den anderen Ländern. Dass die Deutschen aus sich herausgehen, empfinden mehrheitlich nur die Befragten in der Türkei und in Österreich. In Italien und in Polen dagegen werden die Deutschen mehrheitlich als eher verschlossen eingeschätzt.

Sich viele Sorgen zu machen – bei keiner anderen abgefragten Eigenschaft ist die Diskrepanz zwischen der Selbst- und der Fremdeinschätzung derart groß: Während drei von vier Deutschen dieses Bild von ihren Landsleuten gegenwärtig haben, ist in den neun anderen europäischen Ländern gerade einmal knapp mehr als jeder Vierte der Ansicht, dass die Deutschen ständig voller Sorgen sind. Mit 58 und 43 Prozent ist diese Einschätzung nur unter den Österreichern und den Italienern stärker ver-

Tabelle 4.2: Verträglichkeit (stimme voll und ganz/überwiegend zu; Angaben in %)

Die Deutschen …	Deutschland D	Gesamt 9 Länder	Frankreich F	Großbritannien GB	Italien I	Niederlande NL	Österreich A	Polen PL	Russland RUS	Tschechien CZ	Türkei TR
Sind umgänglich	61.2	44.3	55.1	40.3	41.1	58.6	51.8	34.3	42.9	39.0	47.2
Gehen aus sich heraus, sind gesellig	45.9	43.4	47.2	43.9	30.3	45.3	59.0	31.1	41.8	48.0	61.9
Machen sich viele Sorgen	75.9	28.8	31.2	21.8	42.9	32.3	57.5	18.7	19.4	39.1	39.2
Sind emotional	39.3	28.3	28.7	23.3	24.3	17.4	45.6	29.3	26.9	30.8	38.5

Quelle: GfK-Nürnberg e.V. 2006

breitet. Michael Naumann sprach in der »Zeit« in diesem Zusammenhang etwas überspitzt denn auch von der »gefühlten Apokalypse« in Deutschland[41].

Und je häufiger man bereits in Deutschland gewesen ist und somit die Menschen in diesem Land aus eigener Erfahrung auch besser kennt, umso umgänglicher und geselliger schätzt man die Deutschen ein. Aber – auch umso sorgenvoller können einem die Deutschen erscheinen, wie gerade das Beispiel der Österreicher zeigt.

4.3 Offenheit und Optimismus

Dass die Deutschen Neuem gegenüber aufgeschlossen, und somit auch bereit sind, sich Veränderungen im eigenen Leben, in der Gesellschaft und der Wirtschaft offensiv zu stellen, dies glaubt sowohl in Deutschland als auch in den anderen Ländern nur knapp mehr als jeder Zweite. Eine höhere Offenheit für neue Erfahrungen, Erlebnisse und Eindrücke attestieren drei von vier Tschechen und zwei von drei befragten Türken den Deutschen. Mit Ausnahme der Niederländer mit nur 29 Prozent hält knapp die Hälfte der Befragten in den anderen acht untersuchten Ländern die Menschen in Deutschland für zuversichtlich und vertrauensvoll in die Zukunft blickend. Die Deutschen selbst dagegen scheinen ein eher verzagtes Bild von sich zu haben: Nur etwas mehr als jeder Dritte bescheinigt seinen Landsleuten Optimismus.

Entspannt und gelassen sind die Deutschen nur nach Meinung jedes dritten Befragten in den neun europäischen Ländern. Noch weniger gelassen und entspannt erscheinen die Deutschen aus ihrer eigenen Sicht: Nur jeder vierte Befragte verbindet mit seinen Landsleuten entspannte Gelassenheit. Lediglich die Türken, die als Urlaubsgastgeber womöglich häufiger Erfahrungen mit dann entspannteren deutschen Urlaubern machen, halten die Deutschen zu zwei Drittel für gelassen und entspannt.

Auch locker zu sein, scheint nach einvernehmlicher Einschätzung der Befragten in Deutschland und den anderen Ländern keine Stärke der Deutschen zu sein: Wiederum nur circa 30 Prozent der Befragten halten die Menschen in Deutschland für locker im Umgang. In etwas ausgeprägterer Form ist diese Einschätzung mit etwas über 40 Prozent bei den Österreichern, den Italienern und mit knapp 40 Prozent bei den Polen anzutreffen. Als überhaupt nicht locker dagegen, trotz bestehender intensiver Kontakte, stufen die Niederländer mit 13 Prozent ihre deutschen Nachbarn ein.

Tabelle 4.3: Offenheit und Optimismus (stimme voll und ganz/überwiegend zu; Angaben in %)

Die Deutschen ...	Deutsch-land D	Gesamt 9 Länder	Frank-reich F	Groß-britan-nien GB	Italien I	Nieder-lande NL	Öster-reich A	Polen PL	Russ-land RUS	Tsche-chien CZ	Türkei TR
Sind Neuem gegenüber aufgeschlossen	52.9	54.2	52.1	47.5	52.7	37.1	61.6	54.5	51.9	74.7	66.7
Sind optimistisch	36.2	47.8	51.1	48.9	43.6	28.7	45.3	44.9	49.4	59.4	49.3
Sind entspannt, lassen sich durch Stress nicht aus der Ruhe bringen	24.6	36.2	35.9	22.5	37.1	31.4	36.9	37.7	27.0	44.3	65.8
Sind locker	28.5	29.9	21.5	23.4	44.1	12.9	43.4	38.8	26.6	24.4	32.1

Quelle: GfK-Nürnberg e.V. 2006

Tabelle 4.4: Kritik und Zurückhaltung (stimme voll und ganz/überwiegend zu; Angaben in %)

Die Deutschen ...	Deutsch-land D	Gesamt 9 Länder	Frank-reich F	Groß-britan-nien GB	Italien I	Nieder-lande NL	Öster-reich A	Polen PL	Russ-land RUS	Tsche-chien CZ	Türkei TR
Neigen dazu andere zu kritisieren	66.4	51.9	44.0	50.3	62.2	46.6	69.4	62.1	44.8	75.8	54.5
Sind zurückhaltend, reserviert	39.5	35.0	30.5	20.5	64.3	18.1	24.4	43.5	32.4	46.2	23.2
Sind bequem und neigen zur Faulheit	18.0	15.3	10.3	7.2	19.9	10.5	22.4	13.9	12.9	21.2	26.2

Quelle: GfK-Nürnberg e. V. 2006

4.4 Kritik und Zurückhaltung

Die Einschätzung, dass die Deutschen gerne dazu neigen, das Verhalten und die Einstellungen anderer zu kritisieren ist unter den Deutschen selbst wesentlich verbreiteter als unter den europäischen Nachbarn. Während in den neun untersuchten Nachbarländern nur knapp mehr als die Hälfte dieser Aussage zustimmt, haben immerhin zwei von drei Deutschen dieses Bild von sich und ihren Landsleuten. Noch stärker wird diese Form des Besserwissens den Deutschen nur in Tschechien mit 76 Prozent und in Österreich mit 69 Prozent zugeschrieben. In Frankreich, Russland und in den Niederlanden dagegen stimmt weniger als jeder Zweite diesem Bild der Deutschen zu. Der »Xenophobe's Guide to the Germans« formuliert es etwas überspitzt so: »Die Deutschen wissen nicht alles, sie wissen alles nur besser«[42].

Reserviertes Verhalten und Zurückhaltung attestiert nur eine Minderheit der Befragten den Deutschen: 40 Prozent der Deutschen und nur knapp mehr als jeder dritte befragte Europäer bescheinigen den Deutschen Reserviertheit im Auftreten. Aber – die selber als extrovertiert und überschwänglich geltenden Italiener halten zu knapp zwei Drittel »i tedeschi« für eher zurückhaltend und reserviert. Ganz im Gegensatz zu den Niederländern, die nur zu knapp einem Fünftel ihre deutschen Nachbarn als reserviert einstufen.

Bequemlichkeit oder gar Faulheit verbinden wohl nicht ganz überraschend weder die Deutschen selbst noch ihre europäischen Nachbarn mit Deutschland. Nur weniger als jeder fünfte Befragte in Deutschland und den neun anderen untersuchten Ländern hält die Menschen in Deutschland für zur Faulheit neigend. In Großbritannien und den Niederlanden stuft gerade einmal jeder Zehnte die Deutschen als faul und bequem ein. Eine Ausnahme stellen nur die befragten Türken in der Türkei dar: Dort charakterisiert knapp mehr als jeder Vierte die Deutschen als eher faule und bequeme Menschen.

5. Fazit und Ausblick

Mehr als 60 Jahre nach dem Ende des Zweiten Weltkriegs und sechzehn Jahre nach der Wiedervereinigung Deutschlands ergibt sich ein doch sehr differenziertes Bild der Deutschen in Europa, das nicht mehr nur von den dunklen Ereignissen in der ersten Hälfte des 20. Jahrhunderts geprägt ist. Bemerkenswert ist dabei auch, dass 10 Prozent der befragten Deutschen auf diese offen formulierte Frage, was sie mit Deutschland verbinden, spontan antworten, dass dieses Land ihre Heimat sei.

Die Deutschen haben eben nicht mehr nur Hitler und den Holocaust, während die Italiener sich an ihren Spagetti erfreuen und die Engländer stolz auf ihre Queen sein können. Das Land ist doch deutlich mediterraner geworden. So formuliert es der

Stern-Autor Reinhard Mohr in seinem Versuch der Erkundung des gegenwärtigen Deutschlandgefühls[43]. Eigenschaften wie Geselligkeit und Umgänglichkeit ergänzen diese Einschätzung der Deutschen.

Je häufiger persönliche Kontakte mit den Deutschen bestehen, umso eher ist das Bild, das man von den Deutschen hat, von Eigenschaften wie Zuverlässigkeit, Umgänglichkeit und Geselligkeit gezeichnet. Dafür stehen die Niederlande und auch Frankreich. Auf der anderen Seite existieren natürlich auch alte und neue Ressentiments, wie das Beispiel der Tschechen und der Briten, aber auch der Österreicher zeigt. So betitelte beispielsweise das Magazin Stern im Sommer 2005 einen Artikel zur wirtschaftlichen Situation Österreichs mit der Frage: »Ist Österreich das bessere Deutschland?«[44]. Und immerhin knapp mehr als jeder fünfte befragte Österreicher stimmt der Aussage zu, dass die Deutschen bequem sind und zur Faulheit neigen.

Aufschlussreich erscheint auch, dass es vorrangig die Deutschen selbst sind, die dazu neigen, sich in übertriebenem Maße Sorgen zu machen und den Blick zu sehr auf die eigenen Schwächen zu verengen und dabei die Stärken dieses Landes und der hier lebenden und arbeitenden Menschen zusehends aus dem Blick zu verlieren. Über Form und Inhalt der Kampagne »Du bist Deutschland« ist in den Medien breit und viel diskutiert worden, aber diese Social Marketing Kampagne hat zumindest genau dieses versucht: Eben nicht permanent pessimistisch zu sein und viel zu jammern, was ja 7 Prozent der befragten Deutschen sich selber zuschreiben, sondern sich aktiv zu engagieren. Einer repräsentativen Umfrage zufolge kennen knapp 30 Prozent der Deutschen diese Kampagne *und* bewerten sie positiv[45].

Die Ausweitung und Intensivierung der Begegnungen und des Austauschs zwischen Schülern, Studenten, Berufstätigen, Geschäftsleuten und den durch Städtepartnerschaften verbundenen Bürgern von Städten kann, wie diese Untersuchung am Beispiel der Deutschen gezeigt hat, auch dazu beitragen, dass das Bild der Mentalitäten eines Landes bunter und facettenreicher wird.

Und es bleibt abschließend zu hoffen, dass der im Rahmen der fortschreitenden ökonomischen und kulturellen Globalisierung immer stärker notwendig werdende Austausch auf breiter gesellschaftlicher Ebene dazu beiträgt, dass über das rein Wirtschaftliche hinaus persönliche Beziehungen entstehen, so dass das Bild, das die Menschen in den europäischen Ländern – und nicht nur dort – voneinander haben, in Zukunft vielleicht stärker von persönlichen Erfahrungen und weniger von nationalen Vorurteilen und Stereotypen geprägt sein wird. Erst dann werden aus Vorurteilen persönliche Urteile werden.

Weitere Literatur:

Bundeszentrale für politische Bildung: Informationen zur politischen Bildung, Nr. 273/2001.

Bundeszentrale für politische Bildung: Informationen zur politischen Bildung, Nr. 285/2004.

GfK-Nürnberg e. V.: European Consumer Study 2004: Ernährung und Gesundheit, Nürnberg 2004.

GfK-Nürnberg e. V.: European Consumer Study 2005: Urlaub und Reisen, Nürnberg 2005.

Graf von Krockow, Christian: Über die Deutschen, 2. Aufl. München 2001.

Alfred Grosser: Wie anders sind die Deutschen?, München 2002.

Michael North: Geschichte der Niederlande, 2. Aufl. München 2003.

Statistik Austria: Statistisches Jahrbuch Österreichs 2006, Wien 2006.

Statistisches Bundesamt: Länderprofil Frankreich 2004, Wiesbaden 2004.

Statistisches Bundesamt: Länderprofil Italien 2004, Wiesbaden 2004.

Statistisches Bundesamt: Länderprofil Vereinigtes Königreich 2004, Wiesbaden 2004.

Statistisches Bundesamt: Länderprofil Niederlande 2005, Wiesbaden 2005.

Statistisches Bundesamt: Länderprofil Polen 2005, Wiesbaden 2005.

Statistisches Bundesamt: Länderprofil Tschechische Republik 2005, Wiesbaden 2005.

Statistisches Bundesamt: Länderprofil Türkei 2005, Wiesbaden 2005.

Statistisches Bundesamt: Rangfolge der Handelspartner im Außenhandel 2004, Wiesbaden 2004.

1 Gerhard Kleining: Über das nationale Selbstbild der Deutschen. In: Psychologie und Praxis, VII/2, 1963, S. 49–59.

2 Vgl. AID: Integration in Deutschland 1/2005, 21. Jg., Saarbrücken, 31. März 2005.

3 Vgl. Teutonisch hart. Italiener schätzen Deutsche ohne sie zu mögen – und geben Klischees immer wieder mal Nahrung. In: Frankfurter Rundschau, 14.12.2005.

4 Vgl. Statistisches Bundesamt: Länderprofil Russische Föderation. Wiesbaden 2005.

5 Vgl. Bundeszentrale für politische Bildung: Informationen zur politischen Bildung, Nr. 276/2002.

6 Vgl. Goethe-Institut: Goethe-Institut. Zahlen und Fakten 2005. München 2005.

7 Vgl. Deutsch-Polnisches Jugendwerk: Geschäftsbericht des Deutsch-Polnischen Jugendwerks über das Jahr 2004. Potsdam–Warschau 2005.

8 Vgl. Deutsch-Französisches Jugendwerk: 40 Jahre DFJW. Pressemappe, Berlin 2003.

9 Vgl. Deutsche Sprache macht Karriere. In: Süddeutsche Zeitung, 9. 03. 2006.

10 Vgl. Christian Graf von Krockow: Über die Deutschen, 2. Aufl. München 2001.

11 Vgl. Stefan Zeidenitz und Ben Barkow: Xenophobe's Guide to the Germans. London 2005.

12 Vgl. Bundeszentrale für politische Bildung (Anm. 5).

13 Vgl. S. Zeidenitz und B. Barkow (Anm. 11).

14 Vgl. Residenz Verlag: Wörterbuch Österreichisch-Deutsch, Salzburg – Wien 1995.

15 Vgl. Axel Schildt: Leistung und Gemütlichkeit. Zu zwei Stereotypen des »deutschen Charakters«. In: Was ist deutsch? Aspekte zum Selbstverständnis einer grübelnden Nation. Beiträge der Tagung im Germanischen Nationalmuseum am 20. und 21. Oktober 2005. Hrsg. vom Germanischen Nationalmuseum, Nürnberg 2006.

16 Vgl. A. Schildt (Anm. 15).

17 Vgl. S. Zeidenitz und B. Barkow (Anm. 11).

18 Vgl. Der filmische Albtraum vom Nazi. In: Die Welt, 8.03.2000.

19 Vgl. Zur Person: Ken Livingstone. In: Frankfurter Rundschau, 25.02.2006.

20 Vgl. Deutschland für Fortgeschrittene. Großbritanniens Schulen sollen ein objektiveres Bild vermitteln. In: Nürnberger Nachrichten, 04.01.2006.

21 Vgl. Teutonisch hart (Anm. 3).

22 Vgl. Bundeszentrale für politische Bildung (Anm. 5).

23 Vgl. Alfred Grosser: Wie anders ist Frankreich? München 2005.

24 Vgl. Deutsch-Französisches Jugendwerk (Anm. 8).

25 Vgl. Bundeszentrale für politische Bildung: Informationen zur politischen Bildung, Nr. 277/2002.

26 Vgl. Hermann Kinder und Werner Hilgemann: dtv-Atlas Weltgeschichte, 2. Aufl. München 2001.

27 Vgl. GfK Marktforschung: GfK-Studie zu Kaufkraft in über 1.600 europäischen Regionen. Pressemitteilung vom 3.05.2005, Nürnberg.

28 Vgl. AID: Integration in Deutschland 1/2005, (Anm. 2).

29 Vgl. Großer Krieger. Der französische Veteran Gilson ist tot, er wurde 107 Jahre alt. In: Süddeutsche Zeitung, 28.02.2006.

30 Vgl. GfK Marktforschung / Serviceplan Gruppe: Best brands 2006. Das deutsche Markenranking, Nürnberg–München 2006.

31 Vgl. Bundeszentrale für politische Bildung: Informationen zur politischen Bildung, Nr. 281/2003.

32 Vgl. Statistisches Bundesamt: Ankünfte, Übernachtungen und Aufenthaltsdauer der Gäste in Beherbergungsbetrieben (einschl. Camping) 2005. Wiesbaden 2006.

33 Vgl. GfK-Nürnberg e.V.: European Consumer Study 2004: Ernährung und Gesundheit. Nürnberg 2004.

34 Vgl. Statistik Austria: Statistisches Jahrbuch Österreichs. Wien 2006.

35 Vgl. Statistisches Bundesamt (Anm. 32).

36 Vgl. Bundeszentrale für politische Bildung (Anm. 5).

37 Vgl. Bundeszentrale für politische Bildung (Anm. 5).

38 Vgl. Henri Ménudier: Frankreich. In: Werner Wagenfeld (Hrsg.): Die Staatenwelt Europas, Bonn 2005.

39 Vgl. Beatrice Rammstedt, Karina Koch, Ingwer Borg und Tanja Reitz: Entwicklung und Validierung einer Kurzskala für die Messung der Big-Five-Persönlichkeitsdimensionen in Umfragen. In: ZUMA-Nachrichten 55, November 2004.

40 Vgl. GEO special: Türkei, Nr. 2, 1998.

41 Vgl. Gefühlte Apokalypse. In: Die Zeit, 45/2005.

42 Vgl. S. Zeidenitz und B. Barkow (Anm. 11).

43 Vgl. Reinhard Mohr: Das Deutschlandgefühl: Eine Heimatkunde, Reinbek bei Hamburg 2005.

44 Vgl. Ist Österreich das bessere Deutschland? In: Der Stern, 08.06.2005.

45 Vgl. GfK Marktforschung: Abschlussbericht »Du bist Deutschland«, Pressemitteilung vom 08.02.2006.

»Gedanken-Spiele«
Interaktive Beiträge des Kunst- und Kulturpädagogischen Zentrums der Museen in Nürnberg (KPZ) zur Ausstellung »Was ist deutsch?«

Lioba Pilgram

Konfrontation mit sich selbst

Warum eine Ausstellung dem Besucher interaktive Möglichkeiten anbietet, muss heute nicht mehr im Einzelnen begründet werden. Der Konsumhaltung im Museum wird allerorts etwas entgegengehalten. Längst hat sich die Überzeugung durchgesetzt, dass – unabhängig von Thematik und Zielpublikum – »Interaktives«, d. h. die Kommunikation zwischen Objekt und Besucher, eine Ausstellung grundsätzlich bereichern und deren Erfolg steigern kann. Angesichts der hier genannten Ausstellung möchte man jedoch interaktive Bemühungen nicht nur als selbstverständlich, sondern geradezu als zwingend voraussetzen. Denn hier ist zu erwarten, dass der Besucher vergleichsweise stärker mit sich selbst und seiner Lebenswirklichkeit konfrontiert wird als in anderen Ausstellungen.

Nordic-Walking-Stöcke, eine Mülltonne, eine Espressomaschine: In der Ausstellung »Was ist deutsch?« begegnet sich der Besucher – gewollt oder ungewollt – überall selbst. Die museale Präsentation hebt jedoch die räumliche Distanz zwischen Betrachter und Objekt bewusst nicht auf. Auch solche Gegenstände, die an das Warenangebot im nächsten Laden erinnern, bleiben unberührbare Ausstellungsobjekte. Bekanntes und Unbekanntes, scheinbar oder tatsächlich Alltägliches und einmalig Museales nimmt der Besucher als irritierendes Nebeneinander wahr. Es wirkt provokativ, verunsichert und macht neugierig. Hinter-

sinnig wird Spannung erzeugt, Zündstoff geliefert.

Das, was der eigenen Lebenswelt so nahe kommt, reizt zur Einmischung und Meinungsäußerung, Bestätigung oder Ablehnung/Distanzierung. Wer diese Ausstellung besucht, wird also mit sich selbst ins Gespräch kommen und Positionen beziehen müssen.

Das Fragezeichen

Mit einem Fragezeichen im Titel macht die Ausstellung auf fast provokative Art deutlich, dass sie keine endgültigen Antworten parat hält. Vielmehr lädt sie dazu ein, sich der Frage »Was ist deutsch?« von verschiedensten Seiten zu nähern. Sie zielt auf ein breites Publikum, d. h. auch auf Besucher, die nicht dem typischen Museumspublikum zuzurechnen sind, und auf viele Besucher nichtdeutscher Herkunft. Diese Heterogenität macht sie sich quasi zunutze und hofft auf kontroverse Auseinandersetzung unterschiedlichster Menschen.

Bilder, Objekte, Alltagsgegenstände, Fotos, Plakate, Installationen und Inszenierungen begegnen dem Besucher als eine Fülle von »Bausteinen«, die er zusammenfügen muss. Im Spannungsfeld zwischen Historie und eigener Lebenswirklichkeit muss er sich selbst verorten und einen Standpunkt finden. Irritationen und Brechungen sind als »Verstärker« eingebaut. Damit ist der Besucher vor hohe Anforderungen gestellt.

Kopf und Hand

Das interaktive Angebot setzt der Ausstellung nichts Neues hinzu, sondern nimmt in eigener Form die darin angelegten Inhalte/Impulse auf, unterstützt und verdichtet sie. Es übersetzt die einzelnen Ausstellungsthemen in überschaubare Einheiten, macht sie »greifbar« und der öffentlichen Auseinandersetzung zugänglich. Das interaktive Angebot fügt der Ausstellung keine weiteren Sachinformationen hinzu, sondern schafft Erfahrungsbereiche, die der Einzelbesucher als seine Person betreffend begreifen und erleben kann.

Die »Gedanken-Spiele« sind ein wiederkehrendes Element in fünf inhaltlich-thematisch und architektonisch unterschiedlichen Räumen. Sie sind so gestaltet, dass sie als zusammengehörig erkennbar sind. Damit begegnet der Besucher den Stationen nicht nur zufällig. Sie motivieren vielleicht auch dazu, die weiteren, noch nicht besuchten Ausstellungsräume anzusteuern.

Alle »Gedanken-Spiele« beziehen sich auf den gesamten Themenkomplex des jeweiligen Ausstellungsraumes: Sehnsucht, Vaterland, Glaube, Charakter und Geist. Sie schaffen eine Zäsur, ermöglichen Innehalten und Rückblendung auf das Gesehene. Wo es die Räumlichkeiten zulassen, laden sie die Besucher ein, auf Hockern und an quadratischen Tischen Platz zu nehmen. Damit erfüllen diese Stationen auch das oft sehr vordergründige Bedürfnis nach Entlastung des Bewegungsapparates.

Auf den Tischen findet der Besucher bewegliches Material, mit dem er hantieren kann. Es ist so beschaffen, dass mehrere Besucher miteinander oder parallel agieren können. Beim Ausprobieren erschließen sich die Denk-Spiel-Möglichkeiten so rasch, dass keine schriftliche Anweisung nötig erscheint.

Die »Gedanken-Spiele« lassen den Besucher in einer kleinen Aktion verschiedene Aspekte, die er in der Ausstellung bewusst oder auch unbewusst gespeichert hat, Revue passieren und sie mit Aspekten seines eigenen Lebens in Beziehung setzen. Wichtig dabei ist es, ihn zur Äußerung einer »eigenen Meinung« herauszufordern – und das unverkrampft und spielerisch. Idealerweise ist der Meinungsaustausch mit den Begleitern oder weiteren (auch unbekannten) Besuchern eine Folge dieser kommunikativ angelegten Spiele.

Der Doppelbegriff »Gedanken-Spiel« signalisiert dem Besucher zweierlei: Denken und Spielen, Kopf und Hand. Zum einen wird er angeregt zu kommentieren, zu sortieren, zu reihen, zu prämieren, zuzuordnen oder zu assoziieren. Zum anderen kann er seine Entscheidungen, bzw. Gedanken spielerisch handelnd »formulieren«, d. h. ihnen sichtbar Ausdruck verleihen. Er hinterlässt (zumindest für kurze Zeit) eine »Handlungsspur«, die den nächsten Besucher motiviert, das »Gedanken-Spiel« seinerseits fortzuführen.

Textbausteine – Begriffe, einzelne Worte, Namen, Satzteile – sind ein wiederkehrendes Element an allen Stationen. Sie überfordern jedoch nicht, sondern können mit einem Blick erfasst werden. Primäres Signal für den Besucher ist die Aufforderung, die Hände zu bemühen und den Spielmöglichkeiten »handelnd« auf die Spur zu kommen. Somit sind Besucher jeden Alters, deutscher und nichtdeutscher Herkunft, gleichermaßen angesprochen.

Auch liegt es nahe, mit anderen Besuchern Meinungen auszutauschen, gemeinsam nachzudenken und dabei persönliche Stellung zu beziehen. Diese Art der Kommunikation ist außerhalb des Museums – am Stammtisch genauso wie in der akademischen Runde – ein wichtiges soziales Instrument der Selbstverortung und Selbstbehauptung. Da die Ausstellung so viele mögliche Bezugspunkte liefert, bekommt der persönliche Kommentar ein besonderes Gewicht.

Es ist geplant, den Umgang der Besucher mit den interaktiven Angeboten immer wieder zu beobachten, zu dokumentieren und nach Beendigung der Ausstellung auszuwerten.

Die folgenden Abbildungen zeigen die interaktiven »Gedanken-Spiele« im Modell.

1. »Gedanken-Spiel Geist«

Die Ausstellung thematisiert ein Stück deutsches Selbstbewusstsein, das auf Geistesgrößen

Abb. 118: »Gedanken-Spiel« Geist. Kunst- und Kulturpädagogisches Zentrum der Museen in Nürnberg (KPZ), 2006.

Abb. 119: »Gedanken-Spiel« Sehnsucht. KPZ, Nürnberg, 2006.

spontan austauschbar. Das Spiel regt dazu an, den eigenen, manchmal vielleicht auch verschwiegenen, nicht offen zugegebenen Bewertungskriterien auf die Spur zu kommen.

Spielfläche: Collage aus Buchseiten, darauf in freier Anordnung ca. 15 Holzsockel in 5 unterschiedlichen Höhen (20, 16, 12, 8, 4 cm)

Spielmaterial: 15 stilisierte hölzerne Büsten mit Banderolen, darauf jeweils der Name eines »deutschen (Un)Geistes« *(Bertold Brecht, Richard Wagner, Alice Schwarzer, Günther Jauch, Johannes Rau, Albert Einstein usw.)*

Aktion: Der Besucher platziert die Büsten seiner persönlichen Wertung entsprechend auf den unterschiedlich hohen Sockeln.

aus unterschiedlichen künstlerischen und wissenschaftlichen Disziplinen beruht. Das »Gedanken-Spiel« (Abb. 118) übersetzt den Begriff »Geistesgröße« in ein Bild und relativiert ihn gleichzeitig. Fast respektlos liefert es zu unterschiedlich hohen Sockeln eine bunte Mischung von anerkannten und populären Namen und verwischt damit die Grenzen bewährter Kategorien. Namen und Sockel werden

2. »Gedanken-Spiel Sehnsucht«

Die Ausstellung beleuchtet drei als typisch deutsch geltende Formen von Sehnsucht: Sehnsucht nach Tiefe, Sehnsucht nach Ferne und Sehnsucht nach Größe. Das »Gedanken-Spiel« (Abb. 119) lädt dazu ein, die eigenen – vielleicht eben untypi-

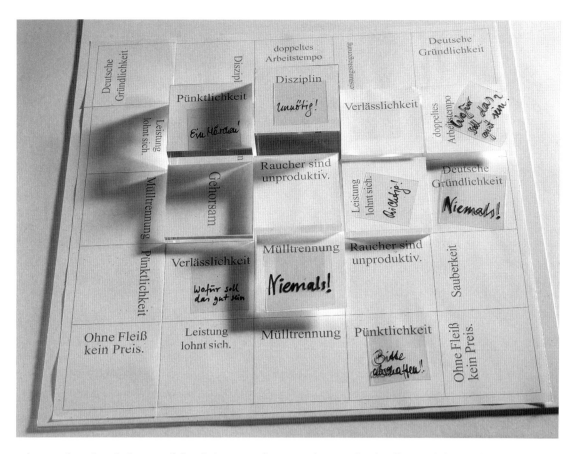

Abb. 120: »Gedanken-Spiel« Charakter. KPZ, Nürnberg, 2006.

schen und auch geheimen – Sehnsüchte zu erforschen.

Spielfläche: runder Bistrotisch

Spielmaterial: 16 »Büchlein« (ca. 10 × 10 cm), ohne Innenseiten, nur aus ihrem Umschlag bestehend, aufklappbar, außen mit schwarzem Wolkenmarmorpapier bezogen und einem Schildchen mit der Aufschrift »Sehnsucht nach«, innen auf pastellfarbenen Flächen Begriffe wie *Vergangenheit, Nähe, Leere, Stillstand, Abenteuer, Macht, Stille, Einfachheit, Gleichheit, Langsamkeit usw.* – ihrer Aussage entsprechend graphisch gestaltet. Zwei Ausnahmen: In einem »Büchlein« findet der Besucher ein Fragezeichen, in einem zweiten ein Zitat von Novalis (»*... Hätten die Nüchternen / einmal gekostet / alles verließen sie / und setzten sich zu uns / an den Tisch der Sehnsucht / der nie leer wird ...*)

Aktion: Der Besucher »liest« in den »Büchlein«, vergleicht benannte und eigene Sehnsüchte und versucht, das Fragezeichen gedanklich zu füllen ...

3. »Gedanken-Spiel Charakter«

Das »Gedanken-Spiel« (Abb. 120) provoziert, was im Allgemeinen nicht als sehr erhellend gilt: Gemeint sind »einsilbige, undifferenzierte Kommentare«, die auch komplexe Sachverhalte »ohne Umschweife auf den Punkt bringen«. In ihrer groben und stereotypen Art können sie aber Auslöser für weiterführende Diskussionen sein.

Spielfläche: 25 quadratische Flächen (8 × 8 × 8 cm), auf unterschiedlichen Höhen, mit Aufschrift, d. s. Reizwörter, provozierende Aussagen, Sprichwörter, Behauptungen, Slogans, Schlagwörter, evtl. mit aktuellem Bezug, d.h. alles, was sich kurz und knapp kommentieren lässt (*Arbeit ist das halbe Leben, Ohne Fleiß kein Preis!, Überstunden, doppeltes Arbeitstempo, Leistung lohnt sich, Disziplin, Gründlichkeit, Sauberkeit, Fleiß, Mülltrennung, Made in*

Germany, Leistungssteigerung, Deutsche sind quali-
tätsbewusst!, Deutsche Gründlichkeit, Qualität, Wir
arbeiten zu viel!, Raucher sind unproduktiv! usw.)

Spielmaterial: ca. 30 Täfelchen aus Plexiglas
(6 × 6 × 6 cm), darauf handschriftliche Kommentare
in roter Farbe *(Stimmt nicht!, Wofür soll das gut
sein?, Bitte abschaffen! Lohnt sich nicht!, Kein Kommentar!, Richtig!, Falsch!, Ganz meine Meinung!,
Wer sagt das?, Ohne mich!, Das war einmal!, Vielleicht!, Ein Märchen!, Typisch deutsch!, Ich bin stolz
drauf!, Nur ein Sprichwort! usw.)*

Aktion: Der Besucher »kommentiert« die verschiedenen Aufschriften, indem er Täfelchen auf
einzelne Flächen legt …

4. »Gedanken-Spiel Glaube«

Das »Gedanken-Spiel Glaube« (Abb. 121) streift
den Konflikt zwischen Religion und Wissenschaft,
zwischen Glauben und Wissen. Das Wesen des

Glaubens ist immer und überall kontrovers beschrieben worden: Einmal ist der Glaube der Ge-
genspieler der Lernwilligkeit, des Wissens und der
Wahrheit, ein Hindernis, zu wahrer Erkenntnis zu
kommen, dann aber auch deren unabdingbare Voraussetzung.

Das Wesen des Glaubens hat viele Denker inspi-
riert. Die oft bildhafte Sprache regt Ausstellungs-
besucher dazu an, diese zu interpretieren, sie in
eigenen Worten wiederzugeben, mit anderen darüber zu »philosophieren«, eigene Gedanken hin-
zuzufügen.

Spielfläche: blaue Fläche

Spielmaterial: 2 × 6 Würfel (ca. 7 × 7 × 7 cm)
beklebt mit 2 × 6 »zerstückelten« Zitaten, dazu 12
Kartonkärtchen mit Namen/Quellen

Aktion: Der Besucher puzzelt eines oder mehrere der 12 Zitate zusammen und überlegt, welcher
Person/welcher Quelle es wohl zuzuordnen ist …

5. »Gedanken-Spiel Vaterland«

Der Begriff »Vaterland« hat in jedem Ohr eine andere Färbung und eine eigene Bedeutung. Insbesondere verschiedene Altersgruppen verbinden mit dem Begriff Unterschiedliches. Ältere Menschen verknüpfen ihn mit der eigenen erlebten Vergangenheit und mit persönlichen Erinnerungen. Für Jüngere in der globalisierten Welt ist er eher ein abstrakter und hohler Begriff. Je nach kultureller Herkunft, politischer und religiöser Zugehörigkeit usw. werden sich bei den Besuchern eigene Assoziationen einstellen.

Das »Gedanken-Spiel« (Abb. 122) ermöglicht bildhaftes Denken und Formulieren. Es überbrückt damit unvermeidliche Sprachbarrieren – oder aber auch eine subjektiv begründete Unfähigkeit, den Gedanken verbal Ausdruck zu verleihen.

Spielfläche: 25-teiliger Setzkasten mit symbolträchtigen Objekten und Materialien *(Erde, Vogelnest, Trillerpfeife, Stempel, handgeschriebener Brief, Tube Klebstoff, Betonbrocken, Papierflieger, Seife, Stacheldraht usw.)*, abgedeckt mit einer Glasplatte

Spielmaterial: ca. 30 Wortkärtchen mit Reizworten *(Heimat, Schuld, Volk, Treu' und Ehr', Freiheit, Grenze, Recht und Ordnung, Toleranz, Identität, Muttersprache, Wahn, Gast, Wiedervereinigung usw.)*

Aktion: Der Besucher wird zu persönlichen Assoziationen angeregt und ordnet einzelnen Objekten und Materialien Wortkärtchen zu …

Abb. 122: »Gedanken-Spiel« Vaterland. KPZ, Nürnberg, 2006.

Liste der ausgestellten Werke

Eine Reihe von Werken sind in vorliegendem Ausstellungskatalog und dem Tagungsband zu »Was ist deutsch?« abgebildet. Die entsprechenden Abbildungen sind mit »Kat.Abb. Nr.« bzw. »TB.Abb. Nr.« und der zugehörigen Nummer ausgewiesen. Aus organisatorischen Gründen kann es zu Abweichungen der Liste mit den in der Ausstellung präsentierten Werke kommen.

Geist

Alt Heidelberg. Plakat des Films von Ernst Marischka
Entw.: unbekannt
1959; Offset-Lithographie; H. 83,5 B. 117
Deutsches Filmmuseum, Frankfurt a. M.;
Inv.Nr: 82: G 481

Baumeister. Abbildung der »Deutschen Abteilung« auf der Expo 1958 in Brüssel
Band 1958
Germanisches Nationalmuseum,
Nürnberg; Sign. 4° Zk 83

Baumeister. Abbildung des »Deutschen Pavillons« auf der Expo 1967 in Montreal
Band 1967
Germanisches Nationalmuseum,
Nürnberg; Sign. 4° Zk 83

Blechtrommel. Original-Requisit aus dem Film »Die Blechtrommel« (Kat.Abb. 13)
nicht datiert; H. 14,5 D. 29
Sammlung Volker Schlöndorff im Deutschen Filmmuseum, Frankfurt a. M.;
ohne Inv.Nr.

Charivari mit einem Büchlein von Schillers »Glocke«
um 1905; Metall, Papier, Koralle;
H. 2,5 B. 2,2 L. 76 (Kette)
Leihgabe aus Privatbesitz

Deutsche Grammophon. 12 Langspielplatten mit Porträts deutscher Dirigenten
Herst.: Deutsche Grammophon
1950/1960er Jahre; Karton, Vinyl;
H. 30 B. 30
Archiv der Deutschen Grammophon, Hamburg

Einstein zum 100. Geburtstag. Werbeplakat für Einsteins Schriften zur Relativitätstheorie
Verl.: Vieweg und P. v. Tresckow (Foto und Gestaltung)
1979; Offsetdruck; H. 83,5 B. 59,4
Germanisches Nationalmuseum,
Nürnberg; Inv.Nr. Kapsel 1042a

Feierabendstunden. Blätter, die dem Bürger und Landmann in seinem Berufe den geistigen Blick erweitern und ihn zugleich im Familienkreis erheitern sollen. Herausgegeben von mehreren Freunden des Volkes
Erfurt o. J. [1844]
Germanisches Nationalmuseum,
Nürnberg; Sign. 8° L 2841 db

Schwarze Feinstrumpfhose mit aufgedruckter »Gretchenfrage«
1999; Nylon; H. 81 B. 20
Leihgabe aus Privatbesitz

Le Figaro Illustré. Hors série. Abbildung des »Deutschen Hauses« auf der Weltausstellung in Paris
1900
Germanisches Nationalmuseum,
Nürnberg; Sign. 2° K 2481 hak

Die Gartenlaube, Band 1
1853
Germanisches Nationalmuseum,
Nürnberg; Sign. 4° L 2658

»Das Gute an Büchern ist …«. Einkaufstüte aus dem Buchhandel
1980er Jahre; Polyethylen; H. 60 B. 40
Germanisches Nationalmuseum,
Nürnberg; Inv.Nr. Des 1248/Bücher 101

Kopf des Bamberger Reiters
um 1935; Gips; H. 31,5 B. 18,5 T. 17
Leihgabe aus Privatbesitz

Die Manns. Ein Jahrhundertroman von Heinrich Breloer und Horst Königstein
2001; Offsetdruck; H. 84 B. 59
Germanisches Nationalmuseum,
Nürnberg; ohne Inv.Nr.

Die Manns. Ein Jahrhundertroman
Hrsg.: Programmdirektion Erstes Deutsches Fernsehen
Mainz 2005;
Germanisches Nationalmuseum,
Nürnberg; ohne Sign.

Originaldrehbuch des Films »Die Blechtrommel«, Arbeitsexemplar von Volker Schlöndorff
nicht datiert; Pappeinband, Typoskript mit zahlreichen handschriftlichen Anmerkungen (Bleistift und Kugelschreiber), eingeklebten Notizen und Foto;
H. 4,5 B. 22 L. 31
Sammlung Volker Schlöndorff im Deutschen Filmmuseum, Frankfurt a. M.;
ohne Inv.Nr.

Reiseleibstuhl in Form eines Folianten
Ende 18. Jhd.; Holz, Schafsleder, Papier;
H. 53,5 B. 42,3 T. 36,5
Germanisches Nationalmuseum,
Nürnberg; Inv.Nr. HG 9654

Schriftbeispiel aus der ersten deutschen Vollbibel
Druck: Johann Mentelin
Straßburg 1466
Germanisches Nationalmuseum,
Nürnberg; Sign. 2° Inc.BI 88392

Spielplan zu »Götterdämmerung«
Blätter der städtischen Bühnen Nürnberg
Mai 1939
Germanisches Nationalmuseum,
Nürnberg; Sign. 4° L 1319 azi

Taktstock des Dirigenten Max von Erdmannsdörffer
1872; Elfenbein; L. 50,9 D. 1
Germanisches Nationalmuseum,
Nürnberg; Inv.Nr. MI 465

Unter den Talaren Muff von 1000 Jahren. Demonstration beim Rektorenwechsel an der Universität Hamburg am 9.11.1967
dpa
1967; Photographie; Reproduktion
ullstein bild – dpa, Berlin;
Inv.Nr. 00353205

50 German Stars (Kat.Abb. 106)
Laas Abendroth
2003; Mixed Media auf Stoff hinter Glas;
H. 53 B. 73
Leihgabe Angela Klaus

Des Knaben Wunderhorn.
Alte deutsche Lieder
  Ludwig Achim von Arnim und Clemens
  von Brentano
  Erstausgabe. Heidelberg 1806–1808
  Germanisches Nationalmuseum,
  Nürnberg; Sign. 8° L 1735 a [S]

Sonate G-Dur für Flöte und Violine und
Continuo (BWV 1038)
  Johann Sebastian Bach
  nicht datiert; Tinte; eigenhändiger
  Autograph; H. 35,3 B. 22,2
  Germanisches Nationalmuseum,
  Nürnberg; Autographen, Kapsel 27

Brief an Mathias Schlemmer,
den Neffen Karl betreffend
  Ludwig van Beethoven
  Wien 1825; Tinte; eigenhändiger
  Autograph; H. 25,6 B. 40,7
  Germanisches Nationalmuseum,
  Nürnberg; Autographen, Kapsel 27

Dreiklang
  Rudolf Belling
  1919; Bronzeguss; Gießerstempel
  H NOACK BERLIN; H. 90 B. 85 T. 77
  Germanisches Nationalmuseum,
  Nürnberg; Inv.Nr. Pl.O. 3037

Naumburg und Merseburg. Berühmte
Kunststätten, Bd. 47
  Heinrich Bergner
  Leipzig 1909
  Germanisches Nationalmuseum,
  Nürnberg; Inv.Nr. LGA 2743 ao

Villa am Meer, 2. Fassung (Kat.Abb. 26)
  Arnold Böcklin
  1865; Öl auf Leinwand; H. 123,4 B. 173,2
  Bayerische Staatsgemäldesammlungen –
  Schack-Galerie, München; Inv.Nr. 11536

Tee-Extrakt-Kännchen (Kat.Abb. 110)
  Marianne Brandt
  1924; Kupfer, Neusilber, Ebenholz;
  H. 8,5 B. 15,5
  Germanisches Nationalmuseum,
  Nürnberg; Inv.Nr. HG 10256

56.000 – Buchenwald
  Fritz Cremer, HAP Grieshaber, Herbert
  Sandberg, Texte von Krzystof Kamil
  Baczynski, Mussa Dshalil, Paul Eluard,
  Margarete Hannsmann, Stephan Hermlin
  Leipzig 1980
  Neues Museum – Staatliches Museum
  für Kunst und Design in Nürnberg. Leih-
  gabe des Institutes für moderne Kunst
  Nürnberg; ohne Inv.Nr.

Hermenbüste Friedrich Schillers
  Johann Heinrich Dannecker (1805);
  Ausführung: Theodor Wagner (1837)
  1805/1837; Marmor; H. 56 B. 30 T. 22
  Germanisches Nationalmuseum, Nürn-
  berg. Dauerleihgabe der Letter-Stiftung,
  Köln; Inv.Nr. Pl.O. 3355

Uta von Naumburg
  Felix Dhünen
  Berlin 1941
  Leihgabe aus Privatbesitz

Vollständiges orthographisches
Wörterbuch der deutschen Sprache
  Konrad Duden
  Faksimile der Erstausgabe. Leipzig 1880
  Germanisches Nationalmuseum,
  Nürnberg; Sign. 8° Nk 198/1

Duden. Die neue Rechtschreibung
  Herausgegeben von der Dudenredaktion
  23. Auflage. Mannheim u. a. 2005
  Germanisches Nationalmuseum,
  Nürnberg; ohne Inv.Nr.

Melencolia I (Die Melancholie)
  Albrecht Dürer
  1514; Kupferstich; H. 23,7 B. 18,7
  Germanisches Nationalmuseum,
  Nürnberg; Inv.Nr. K 638 Kapsel 120

Der Reiter – Ritter, Tod und Teufel
(Kat.Abb. 21)
  Albrecht Dürer
  1513; Kupferstich; H. 24,4 B. 18,9
  Germanisches Nationalmuseum,
  Nürnberg; Inv.Nr. K 670, Kapsel 121a

Hieronymus im Gehäuse
  Albrecht Dürer
  1514; Kupferstich; H. 30 B. 23
  Germanisches Nationalmuseum,
  Nürnberg; Inv.Nr. StN 2118, Kapsel 119a

Aus dem Leben eines Taugenichts
  Joseph Freiherr von Eichendorff
  München 1914
  Germanisches Nationalmuseum,
  Nürnberg; Sign. 4° Om 191/5 [S]

Karl Jaspers
  Fritz Eschen
  1956 Photographie; Reproduktion
  ullstein bild – Fritz Eschen, Berlin;
  Inv.Nr. 00069886

Kathedrale des Sozialismus. Titelholz-
schnitt des Manifestes des Staatlichen
Bauhauses in Weimar (TB.Abb. 20)
  Lyonel Feininger
  1919; Holzschnitt; H. 32 B. 19,7
  Stiftung Bauhaus Dessau;
  Inv.-Nr. I 2849/1-2 D

Ruhende Nymphe
  Anselm Feuerbach
  1870; Öl auf Leinwand; H. 112 B. 190
  Germanisches Nationalmuseum,
  Nürnberg; Inv.Nr. Gm 1705

Faust. Eine Tragödie
  Johann Wolfgang von Goethe
  Erstausgabe. Tübingen 1808
  Germanisches Nationalmuseum,
  Nürnberg; Sign. 8° L 1216 fb [S]

Hermann und Dorothea. Mit
Illustrationen von Wilhelm Weimar
nach Gemälden von Arthur Freiherr
von Ramberg
  Johann Wolfgang von Goethe
  Berlin 1899
  Leihgabe aus Privatbesitz

Honorarforderung für »Hermann und
Dorothea«
  Johann Wolfgang von Goethe
  16. 1. 1797; Tinte; eigenhändiger
  Autograph; H. 23,2 B. 19,4
  Germanisches Nationalmuseum,
  Nürnberg; Autographen, Sammlung
  Böttiger, Kapsel 9

Albrecht Dürer
  Moritz Götze
  2004; Email; H. 315 B. 214
  Leihgabe. Courtesy Galerie Rothamel,
  Erfurt

Alexander von Humboldt in seinem
Arbeitszimmer
  Paul Grabow
  um 1845; Kreidelithographie, aquarelliert
  und koloriert; H. 41,2 B. 56,9
  Germanisches Nationalmuseum, Nürnberg; Inv.Nr. HB 25382, Kapsel 1388a

Deutsches Wörterbuch, 3 Bde.
  Jacob und Wilhelm Grimm
  Leipzig 1854
  Germanisches Nationalmuseum,
  Nürnberg; Sign. 4° NK 185/1

Phonosuper SK 4 –
Schneewittchensarg (TB.Abb. 39)
Entw.: Hans Gugelot und Dieter Rams;
Herst.: Max Braun AG
1956; Stahlblech, Metall, Kunststoff,
Rüsterholz; montiert, lackiert;
H. 24 T. 29 L. 58,5
Germanisches Nationalmuseum,
Nürnberg; Inv.Nr. Des 896

Deutschland im deutschen Buch
(Kat.Abb. 14)
Entw.: Christian von Hattingberg
1938; Offsetdruck; H. 84 B. 60
Die »Nürnberger Plakatsammlung« der
GfK und NAA im Germanischen National-
museum, Nürnberg; Inv.Nr. NAA 01550

Deutschland das Land der Musik.
Plakat der Reichsbahnzentrale für den
Deutschen Reiseverkehr (Kat.Abb. 22)
Entw.: Lothar Heinemann
1938; Offsetdruck; H. 100 B. 62
Die »Nürnberger Plakatsammlung« der
GfK und NAA im Germanischen National-
museum, Nürnberg; Inv.Nr. NAA 03855

Volkslieder
Johann Gottfried von Herder
Leipzig 1778–1779
Germanisches Nationalmuseum,
Nürnberg; Sign. 8° L 1734c

Von deutscher Art und Kunst.
Einige fliegende Blätter
Johann Gottfried von Herder
Hamburg 1773
Germanisches Nationalmuseum,
Nürnberg; Sign. 8° Gs. 1912csm

Johann Sebastian Bach.
Ein verpflichtendes Erbe
Paul Hindemith
Neu-Isenburg 1979
Germanisches Nationalmuseum,
Nürnberg; Sign. 4° B BAC 26/15 [S]

Melancholie
Karl Horst Hödicke
1983; Dispersionsfarbe auf Leinwand;
H. 230 B. 170
Neues Museum – Staatliches Museum
für Kunst und Design in Nürnberg. Leihgabe der Stadt Nürnberg; Inv.Nr. N 368

Hyperion oder: Der Eremit in
Griechenland
Friedrich Hölderlin
München 1919
Germanisches Nationalmuseum,
Nürnberg; Sign. 4° Om 191/6 [S]

Faust am Studiertisch (Kat.Abb.16)
Julius Hübner
nicht datiert; Bleistift; H. 23 B. 17
Germanisches Nationalmuseum,
Nürnberg, Inv.Nr. Hz 497, Kapsel 605

Heuler, Café Deutschland,
Zustand Nr. 11 (Kat.Abb. 28)
Jörg Immendorff 1982/1993; Linol-
schnitt, Schwarz und Braun auf Japan-
papier; H. 180 B. 230
Germanisches Nationalmuseum,
Nürnberg; Inv.Nr. H 8370

Almanach Der blaue Reiter
Wassily Kandinsky und Franz Marc
2. Aufl., München 1914
Germanisches Nationalmuseum,
Nürnberg; Sign. 4° Ki 191/5 [S]

Über das Geistige in der Kunst,
insbesondere in der Malerei
Wassily Kandinsky
München 1912
Staatsbibliothek zu Berlin – Preußischer
Kulturbesitz, Berlin; Sign. Nu 718/15 R

Mitgliedskarte des Germanischen
Nationalmuseums 1902 mit Faust
(TB.Abb. 17)
Entw.: Georg Kellner
1902; Farblithographie; H. 11,5 B. 14
Germanisches Nationalmuseum, Nürn-
berg; Inv.Nr. Sp 10907, Kapsel 1443

Nachtwachen des Bonaventura.
Mit 16 Radierungen von Michael Diller
Ernst August Friedrich Klingemann
Leipzig 1991
Germanisches Nationalmuseum,
Nürnberg; Sign. 8° Om 199/43

Hans Sachs. Nach einem Gemälde von
Theobald von Oer (TB.Abb. 36)
Moritz Edwin Kluge
1835; Kupferstich; H. 29 B. 24,4
Museen der Stadt Nürnberg; GrA 4078

Das Volk lebt im Buch. Plakat zur
Woche des deutschen Buches 1936 in
Weimar
Entw: Willy Knabe
1936; Offsetdruck; H. 84 B. 60
Die »Nürnberger Plakatsammlung« der
GfK und NAA im Germanischen National-
museum, Nürnberg; Inv.Nr. NAA 00604

Drift
Tobias Köbsch
2004; Öl auf Leinwand; H. 150 B. 190
Leihgabe aus Privatbesitz

Drift 2
Tobias Köbsch
2005; Öl auf Leinwand; H. 155 B. 180
Leihgabe aus Privatbesitz

Verwandlung der Maria aus dem Film
»Metropolis«
Regie: Fritz Lang
1926 (Abzug 2005); Photographie;
H. 43,6 B. 171,4
Lumas Art, Berlin;
ohne Inv.Nr.

Nathan der Weise. Ein dramatisches
Gedicht in 5 Aufzügen
Gotthold Ephraim Lessing
Erstausgabe. Berlin 1779
Germanisches Nationalmuseum,
Nürnberg; Sign. 8° L 1218 gb

Kartoffelbuddler in den Dünen von
Zandvoort
Max Liebermann
1891; Öl auf Leinwand; H. 75 B. 105
Germanisches Nationalmuseum,
Leihgabe der Stadt Nürnberg;
Inv.Nr. Gm 1747

Festkompositionen zu Goethes
100. Geburtstag (»Über allen Gipfeln
ist Ruh«)
Franz Liszt
Weimar 1849; Tinte, Buntstift;
H. 40 B. 60
Germanisches Nationalmuseum,
Nürnberg; Sign. Hs 107016

Doktor Faustus: das Leben des
deutschen Tonsetzers Adrian
Leverkühn erzählt von einem Freunde
Thomas Mann
Erstausgabe. Stockholm 1947
Heinrich-und-Thomas-Mann-Zentrum,
Buddenbrookhaus, Lübeck

Jahrhundertschritt (Kat.Abb. 29)
Wolfgang Mattheuer
1987; Öl auf Leinwand; H. 110 B. 135,5
Sammlung Guenter und Luise Roese,
Berlin

Landschaft
Wolfgang Mattheuer
1979; Linolschnitt; H. 61,8 B. 81,5
Germanisches Nationalmuseum,
Nürnberg; Inv.Nr. Slg. Schreiner 46

Sommertag
Will McBride
1966 (Abzug 2006); Photographie;
H. 60 B. 40
Germanisches Nationalmuseum,
Nürnberg; ohne Inv.Nr.

Fenster zum Pariser Platz
Harald Metzkes
1991; Öl auf Leinwand; H. 140 B. 130
Sammlung Guenter und Luise Roese,
Berlin; Lager Nr. BK 8174

**Lofotenlandschaft mit Wolke
(Kat.Abb. 27)**
Ernst Wilhelm Nay
1938; Öl auf Leinwand; H. 100,5 B. 130,5
Germanisches Nationalmuseum,
Nürnberg; Inv.Nr. Gm 1696

Archiv #11
Erik Niedling
2004; Diasec; H. 120 B. 90
Leihgabe. Courtesy Galerie Rothamel,
Erfurt

Hymnen an die Nacht
Novalis
Leipzig 1910
Germanisches Nationalmuseum,
Nürnberg; Sign. 4° OI 191/4 [S]

**Lebkuchenherz »Goethe-Schiller«
(TB.Tafel 6)**
Herst.: Pahna Lebkuchen GmbH
2005; Lebkuchen, Zuckerglasur;
H. 34 B. 36
Germanisches Nationalmuseum,
Nürnberg; ohne Inv.Nr.

Wagner und Ludwig II
Wolfgang Peuker
1993; Öl auf Leinwand; H. 95 B. 120
Sammlung Guenter und Luise Roese,
Berlin

Besetztes Haus (Kat.Abb. 30)
Gerhard Richter
1990; Offset in Schwarz und Grau;
H. 43,5 B. 60
Germanisches Nationalmuseum,
Nürnberg; Inv.Nr. VT 143

Stern 17 h 15 min / – 30°
Thomas Ruff
1991; Colorprint; H. 260 B. 188
Leihgabe Thomas Ruff, Düsseldorf

**»Die Nacht« aus dem Zyklus
»Die Zeiten«**
Philipp Otto Runge
1805/07; Kupferstich; H. 73 B. 49
Germanisches Nationalmuseum,
Nürnberg; Inv.Nr. K 23051, Kapsel 1074

Paar in Karnevalsstimmung
Erich Salomon
1929 (Abzug 2006); Photographie;
H. 44 B. 57,5
Germanisches Nationalmuseum,
Nürnberg; ohne Inv.Nr.

**Ankündigung der Monatsschrift
»Die Horen« (TB.Abb. 14)**
Friedrich Schiller
1794; Typendruck; H. 22,5 B. 18
Germanisches Nationalmuseum,
Nürnberg; Inv.Nr. HB 3717, Kapsel 1387

**Gotische Kirche auf einem Felsen am
Meer (Kat.Abb. 25)**
Karl Friedrich Schinkel (oder zeitge-
nössische Kopie?)
um 1815; Öl auf Leinwand;
H. 75,5 B. 100
Privatsammlung, courtesy Pommersches
Landesmuseum, Greifswald;
Inv.Nr. aa 001802

Ohne Titel. Aus der Serie: Beachshoot
Stefanie Schneider
2005; Photographie; H. 102 B. 100
Germanisches Nationalmuseum,
Nürnberg; ohne Inv.Nr.

**Auf der Wanderschaft (Kopie von
M. Mogensen nach dem 1931
verbrannten Original)**
Moritz von Schwind
1855/1860; Öl auf Holz; H. 37 B. 22
Bayerische Staatsgemäldesammlungen –
Neue Pinakothek, München;
Inv.Nr. 11696

**Shepp's World's Fair Photographed.
Abbildung des Deutschen Pavillons**
James W. und Daniel B. Shepp
Chicago und Philadelphia 1893
Germanisches Nationalmuseum,
Nürnberg; Sign. quer 8° Jm CHI 4/2

Eva mit ihrem Sohn Abel
Eduard von Steinle
1853; Öl auf Leinwand; H. 130 B. 107
Leihgabe aus Privatbesitz

Fußballfans im Frankfurter Waldstadion
Abisag Tüllmann
1961 (Abzug 2006); Photographie;
H. 60 B. 83
Germanisches Nationalmuseum,
Nürnberg; ohne Inv.Nr.

Erwartung (Träume II)
Heinrich Vogeler
1912; Öl auf Leinwand; H. 100,2 B. 101,3
Germanisches Nationalmuseum,
Nürnberg; Inv.Nr. Gm 1898

**Die Meistersinger von Nürnberg.
Oper in drei Akten. Partitur**
Richard Wagner
Genf und Triebschen 1866–1867; Tinte;
eigenhändiger Autograph; H. 34 B. 27
Germanisches Nationalmuseum,
Nürnberg; Sign. Hs 102655

Albert Bassermann (Kat.Abb. 23)
William Wauer
1921; Bronzeguss; Gießerstempel:
W. Füssel Berlin; H. 55,5 B. 25 T. 28
Germanisches Nationalmuseum,
Nürnberg; Inv.Nr. Pl 3227

St. Andreas als Templersitz
Adolf Wegelin
1845; Öl auf Leinwand; H. 75 B. 86
Leihgabe aus Privatbesitz

**Hilfe für Anna Amalia. Informations-
material zum Wiederaufbau der
Herzogin Anna Amalia Bibliothek in
Weimar**
Stiftung Weimarer Klassik und Kunst-
sammlungen
2004/2005; H. 21 B. 10,5
Germanisches Nationalmuseum,
Nürnberg; ohne Inv.Nr.

Der neue teutsche Merkur. 3. Stück
Christoph Martin Wieland (Hrsg.)
Weimar 1790
Germanisches Nationalmuseum,
Nürnberg; Sign. 8° L 5

Das Gretchen
Gert H. Wollheim
1922; H. 130,5 B. 105
Germanisches Nationalmuseum,
Nürnberg; Inv.Nr. Gm 2158

Charakter

42 cm Geschoß. Postkarte
1914/1917; Farbdruck mit aufgeklebtem
Papiertannenzweig/Schleife;
H. 10,5 B. 15
Leihgabe. Sammlung Weihnachten Rita
Breuer, Wenden

Aachener Märchenprinz
nicht datiert; Kette Celluloseregenerat,
Schuss Baumwolle, rispartige Leinwand-
bindung, andere Materialien;
H. 26,7 B. 39
Deutsches Fastnachtmuseum, Kitzingen;
ohne Inv.Nr.

**Abzeichen des Deutschen Frauenwerks
(DF)**
nicht datiert; H. 2,9
Germanisches Nationalmuseum,
Nürnberg; Inv.Nr. ZJ 1418

Abzeichen der Hitlerjugend (HJ)
1933/1945; B. 2,3
Germanisches Nationalmuseum,
Nürnberg; Inv.Nr. ZJ 1417

**Abzeichen des Nationalsozialistischen
Kraftfahrerkorps (NSKK)**
1933/1945; L. 1,85
Germanisches Nationalmuseum,
Nürnberg; Inv.Nr. ZJ 1420

**Abzeichen des Reichsbundes der Deut-
schen Jägerschaft (Hegerabzeichen)**
nicht datiert; H. 4,1
Germanisches Nationalmuseum,
Nürnberg; Inv.Nr. ZJ 1403

**Adolf Dietzel (Horja) stud. jur. seinem
Mauser. Trinkhorn**
19. Jhd.; Horn, Messingmontierung,
Silberblech, graviert; H. 18 B. 38 T. 25
Germanisches Nationalmuseum,
Nürnberg; Alter Bestand

**Aushangfahrplan der Deutschen Bahn
von 1946 (Hbf. Nürnberg)**
1946; H. 29,5 B. 21
DB Museum im Verkehrsmuseum
Nürnberg; ohne Inv.Nr.

**Band in schwarz-rot-gold der Burschen-
schaft »Bubenruthia« Erlangen**
um 1910; Baumwolle, Seide, Metallfäden;
H. 4
Germanisches Nationalmuseum
(Leihgabe der Friedrich von Praun'schen
Familienstiftung), Nürnberg;
Inv.Nr. T 7656

**Betreten des Grundstücks verboten!
Eltern haften für ihre Kinder!**
2006; Kunststoff, gefärbt, bedruckt;
H. 20 B. 30
Germanisches Nationalmuseum,
Nürnberg; ohne Inv.Nr.

Bocksbeutelflasche
nicht datiert; Glas; H. 21 B. 14
Leihgabe aus Privatbesitz

Christuskind
1. Hälfte 16. Jhd.; Nussbaumholz, farbig
gefasst; H. 36 B. 15
Germanisches Nationalmuseum,
Nürnberg; Inv.Nr. Pl. O. 320

**Das erste bayerische Bundesturnfest
zu München 1862 (Kat. Abb. 19)**
1862; Holzstich, Typendruck; H. 25,3 B. 37
Germanisches Nationalmuseum,
Nürnberg; Inv.Nr. HB 8215, Kapsel 1379a

**Deckelpokal mit Darstellung einer
Hirschjagd des Deutsch-Südwestafrika-
nischen Landesschützenverbandes**
1912; Silber, vergoldet; H. 28 D. 14
Germanisches Nationalmuseum,
Nürnberg; Inv.Nr. Z 2245

**Deutsches Bundesschießen 1900.
Werbeplakat**
Entw.: unbekannt
1900; Lithographie; H. 84 B. 60
Die »Nürnberger Plakatsammlung« der
GfK und NAA im Germanischen National-
museum, Nürnberg; Inv.Nr. NAA 11605

Deutsches Steuerrecht
1996/2004
Leihgabe aus Privatbesitz

Elle mit verschiedenen Maßeinheiten
nicht datiert; L. 85 D. 2
Germanisches Nationalmuseum,
Nürnberg; ohne Inv.Nr.

**Fahnenspitze mit Darstellung des
Handschlags der Arbeiterverbrüderung**
um 1920/1930; Messing; H. 45 B. 12,5
Leihgabe aus Privatbesitz

Federboa
nach 2000; Federn, gefärbt; L. 180 D. 15
Germanisches Nationalmuseum,
Nürnberg; ohne Inv.Nr.

**Festzugsfahne mit einem Motto des
Kronprinzen Ludwig**
1910; Leinen, bemalt; H. 112 B. 118
Münchner Stadtmuseum, München;
Inv.Nr. XII 131/4

**Freiwilliger Kameradschaftsdienst.
Plakette des ADAC mit Logo**
ADAC
vor 1960; Eisenblech, emailliert;
H. 10,1 B. 20,5
ADAC, Nürnberg

Fingerring »Gold gab ich für Eisen«
nach 1813; Eisenguss; D. 2,2
Germanisches Nationalmuseum,
Nürnberg; Inv.Nr. T 3970

**Fingerring mit dem Bildnis der Königin
Luise**
nach 1810; Eisenguss; D. 2,4
Germanisches Nationalmuseum,
Nürnberg; Inv.Nr. T 3961

**Fingerring »Vaterlandsdank«
(Kat.Abb. 31)**
1914; Nickel, Eisenanteil; D. 2,2
Germanisches Nationalmuseum,
Nürnberg; Inv.Nr. BA 3478

Gedenkring mit Bismarckportrait
nach 1885; Silber, teilvergoldet, geprägt,
graviert; H. 1,7 B. 1,4
Germanisches Nationalmuseum,
Nürnberg; Inv.Nr. T 7777

**Gesänge zum Deutschen Sängerfest
in Nürnberg vom 20. bis zum 23. Juli
1861 (Kat.Abb. 20)**
1861
Germanisches Nationalmuseum,
Nürnberg; Sign. 8° M 224d

**Der goldene Spiegel für die Jugend.
Tugend und Laster fasslich dargestellt
in Wort und Bild**
Nürnberg 1845
Germanisches Nationalmuseum,
Nürnberg; Sign. 8° L 1780 w

Herzinniger Weihnachtsgruß. Postkarte
1914/1917; Chromolithographie;
H. 10,5 B. 15
Leihgabe. Sammlung Weihnachten Rita
Breuer, Wenden

**Hexenliesel der Schwarze Veri Zunft
Ravensburg**
1995/2000; Kunststoff; H. 7,4 B. 7 T. 5
Leihgabe aus Privatbesitz

Inbusschlüssel
um 2000; Eisen, verzinkt, Eisendraht;
H. 1 B. 14 T. 14
Leihgabe aus Privatbesitz

Haarnetz der Bundeswehr
1970/1975; Mischgewebe; H. 10 B. 10
Militärhistorisches Museum, Dresden;
Inv.Nr. BAAA 7975

Hier verunglückte an der 20. Maß der ehrengeachte Pankratz Sailer. Gruß-karte vom Oktoberfest (Kat.Abb. 107)
nicht datiert; Lithographie, Tinte;
H. 14 B. 8,8
Gabriel Sedlmayr Spaten Brauerei-beteiligung und Immobilien KGaA
München Historisches Archiv, München;
ohne Inv.Nr.

Hofbräuhaus – Momentaufnahme bei 35 Grad im Schatten. Postkarte (Kat.Abb. 17)
nicht datiert; Lithographie; H. 8,9 B. 13,9
Gabriel Sedlmayr Spaten Brauerei-beteiligung und Immobilien KGaA
München Historisches Archiv, München;
ohne Inv.Nr.

Fünf Humpen mit Handwerksdarstellungen
1657 – ca. 1850; Glas mit Schmelzfarbenbemalung
Germanisches Nationalmuseum,
Nürnberg; Inv.Nr. LGA 3020, 3024, 3051, 3070, 3013

Kehrwoche
2006; Kunststoff, bedruckt; H. 20 B. 30
Germanisches Nationalmuseum,
Nürnberg; ohne Inv.Nr.

Kreiszirkel mit Stellschraube
um 1700; Eisen, geschnitten; H. 33
Germanisches Nationalmuseum,
Nürnberg; Inv.Nr. Z 2279

Kunststoffdeckchen (Kat.Abb. 40)
1950/1960; Polyvinylchlorid; D. 12,5
Germanisches Nationalmuseum,
Nürnberg; Inv.Nr. BA 3305

Lehrbrief des Maurergesellen Louis Oskar Kunath
14. Mai 1896; Lithographie, Tinte;
H. 48 B. 60,5
Germanisches Nationalmuseum, Nürn-berg; Lehr- und Arbeitsbriefe 1896 Mai 14

Lehrbrief des Schlossergesellen Konrad Zimmermann
11. Januar 1915; Lithographie, Tinte;
H. 44 B. 27,8
Germanisches Nationalmuseum,
Nürnberg; Lehr- und Arbeitsbriefe 1915
Januar 11

Love Parade. One World one Future
11. Juli 1998; Photographie
ullstein bild – Reuters, Berlin;
Inv.Nr. 00398890

Maskenballanzeige des Bayern-Vereins in Baltimore (Kat.Abb. 32)
1901; Klischee, Rasterdruck, Typendruck; H. 61,6 B. 41,6
Germanisches Nationalmuseum, Nürn-berg; Inv.Nr. HB 19007, Kapsel 1280

Medaillen der Nürnberger Chorvereinigung
1955/1962; Gusseisen und Metalllegie-rungen; Schließhaken Stahl, vernickelt;
zweifarbige Kordeln; H. 9,5 B. 6,2
Germanisches Nationalmuseum,
Nürnberg; WK Nürnberg, Nürnberger
Chorvereinigung, Nr. 5

Meisterbrief der Damenschneiderin Grete Strahl (TB.Abb. 38)
16. April 1914; Lithographie, Tinte;
H. 39,9 B. 26,6
Germanisches Nationalmuseum,
Nürnberg; Lehr- und Arbeitsbriefe 1914
April 16

Meisterbrief für den Korbmacher Johann Traugott Julius Nitzsche
23. Oktober 1851; Lithographie, Tinte;
H. 52,5 B. 62
Germanisches Nationalmuseum,
Nürnberg; Lehr- und Arbeitsbriefe 1851
Okt. 23

Meisterstück eines Brillenmachers
18. Jhd.; Holz, bemalt, Horn, Glas
Germanisches Nationalmuseum,
Nürnberg; Inv.Nr. Z 45

Meistertafel der Nürnberger Brillenmacher
1653; Zinn, gegossen, geschlagen;
H. 20,7 B. 9,9
Germanisches Nationalmuseum,
Nürnberg; Inv.Nr. Z 61

Militärischer Christbaumschmuck (1 Granate, 1 Handgranate, 1 Kugel mit dem Bild Hindenburgs)
1914/1917; Glas, in Form geblasen,
z. T. silbernitratverspiegelt, z. T. mit
Wasserbild, z. T. Gelatinefarbe; D. 10
Leihgabe. Sammlung Weihnachten Rita
Breuer, Wenden

Zwei Mineralwasserflaschen mit dem Stempel aus Selters
1851/1899; braunes Steinzeug, salz-glasiert; H. 30,5 D. 9,5
Germanisches Nationalmuseum,
Nürnberg; Inv.Nr. VK 415/6; VK 778/3

Mitgliedskarten der Nürnberger Chorvereinigung
1. Hälfte 20. Jhd.; H. 10,5 B. 15
Germanisches Nationalmuseum,
Nürnberg; WK Nürnberg, Nürnberger
Chorvereinigung, Nr. 1

Mütze in grün-weiß-schwarz des »Corps Hildeso-Guestphalia« Göttingen
nicht datiert; Wolltuch, Leinwand-bindung, Band, Wolle, Baumwolle, Leder,
schwarz lackiert, Schweißband;
H. 5,5 D. 17
Germanisches Nationalmuseum,
Nürnberg; ohne Inv.Nr.

Nach der Bierschlacht. Postkarte
nicht datiert; Lithographie; H. 8,9 B. 13,9
Gabriel Sedlmayr Spaten Brauerei-beteiligung und Immobilien KGaA
München Historisches Archiv, München;
ohne Inv.Nr.

Nadel des deutschen Automobilclubs
1933/1945; L. 1,35
Germanisches Nationalmuseum,
Nürnberg; Inv.Nr. ZJ 1993

Faschingszug. Werbeplakat
Entw.: unbekannt
um 1938
Plakatsammlung Müller Medien;
Inv.Nr. 7

Orden der Prinzengarde Köln 1906
nicht datiert; Messing, versilbert,
vergoldet, Kunststoff; D. 11
Deutsches Fastnachtmuseum, Kitzingen;
ohne Inv.Nr.

Orden der Mainzer Husaren Garde
1988; Zinkdruckguss, Strasssteine;
H. 10 B. 6
Deutsches Fastnachtmuseum, Kitzingen;
ohne Inv.Nr.

Palästinensertuch (TB.Abb. 41)
1960/1970; Baumwolle, weiß und grau,
gewebt; H. 125 B. 120
Leihgabe aus Privatbesitz

Parka
1970/1985; Mischgewebe (oliv), Chemie-
faser (oliv), Kunststoff (oliv), Kunststoff
(transparent), Metall (silberfarben),
Metall (oliv), Metall (messingfarben),
Regeneratzellulose (oliv) / köperbindig,
Webpelz; H. 87 B. 80 T. 3
Leihgabe aus Privatbesitz

**Photo zur Erinnerung an das
10. Deutsche Sängerfest in Wien
(TB.Abb. 37)**
1928; Pappe, Photographie; H. 20 B. 46
Germanisches Nationalmuseum,
Nürnberg; WK Nürnberg, Nürnberger
Chorvereinigung, Nr. 4

**Pokal des Schützenvereins Windhuk
(Kat.Abb. 33)**
1913; Silber, vergoldet; H. 33,5 D. 17,5
Germanisches Nationalmuseum,
Nürnberg; Inv.Nr. Z 2208

Privatweg. Durchfahrt verboten!
2006; Kunststoff, gefärbt, bedruckt;
H. 20 B. 30
Germanisches Nationalmuseum,
Nürnberg; ohne Inv.Nr.

Römer (Kat.Abb. 115)
Deutschland, 1878;
Glas, grünlich; H. 14 D. 8
Germanisches Nationalmuseum,
Nürnberg; Inv.Nr. LGA 7107, 7110

Sargschild des Metzgerhandwerks
Goldschmied AO
1730; Silber, getrieben, z. T. vergoldet,
punziert; H. 36 B. 31 T. 2
Germanisches Nationalmuseum
(Leihgabe), Nürnberg; Inv.Nr. Z 1909

**Sargschild des Nürnberger
Schuhmacherhandwerks**
2. Hälfte 17. Jhd.; Kupfer, getrieben,
versilbert und Silber, getrieben, punziert;
H. 2 D. 29
Germanisches Nationalmuseum,
Nürnberg; Inv.Nr. Z 1747

Schloss für eine Tür
um 1720; Schmiedeeisen, Stahl,
Messing, geschmiedet, genietet, gelötet,
geschnitten, gefeilt, gepunzt, graviert,
gebläut und geätzt; H. 22,5 B. 36
Germanisches Nationalmuseum,
Nürnberg; Inv.Nr. A 3103

Sparbüchse (TB.Abb. 35)
16. Jhd.; Eisen; H. 10,8
Germanisches Nationalmuseum,
Nürnberg; Inv.Nr. HG 198

**Spendenbüchse des Deutschen Roten
Kreuzes**
nicht datiert; Eisenblech, bedruckt;
H. 17 D. 11
Deutsches Rotes Kreuz, Berlin

**Süddeutsches Arbeiter-Turnfest.
Werbeplakat (Kat.Abb. 51)**
Entw.: unbekannt
1912; Lithographie; H. 84 B. 60
Die »Nürnberger Plakatsammlung« der
GfK und NAA im Germanischen National-
museum, Nürnberg; Inv.Nr. NAA 05381

Vietnam-Demos Berlin (Kat.Abb. 52)
15. November 1969; Photographie
ullstein bild – dpa, Berlin;
Inv.Nr. 00418925

**Violettfarbenes Tuch der Frauen-
bewegung (ursprünglich eine Windel)**
1969; Baumwolle, gefärbt; H. 70 B. 70
Leihgabe aus Privatbesitz

Wackel-Schäferhund
nach 2000; Kunstharz, beflockt;
H. 19 B. 29 T. 15
Germanisches Nationalmuseum,
Nürnberg; ohne Inv.Nr.

**Der Weihnachtsabend. Aus: Häusliche
Familienszenen (Kat.Abb. 34)**
Entw.: unbekannt
um 1825; Kupferstich, Radierung,
koloriert; H. 18,7 B. 26,8
Germanisches Nationalmuseum, Nürnberg; Inv.Nr. HB 25389, Kapsel 1234a

Weinheber
um 1970/1972; Schmiedeeisen,
geschmiedet und gelötet, Edelstahl,
Glas, graviert und geätzt;
H. 52 B. 17 T. 23
Leihgabe aus Privatbesitz

**Wie dieser hier mit frohem Sinn, sitz
ich unter Masskrüg drin; nur ein Narr
ein krasser, trinkt in München Wasser.
Gruß aus München. Postkarte**
nicht datiert; Lithographie, Tinte;
H. 9,3 B. 14,1
Gabriel Sedlmayr Spaten Brauerei-
beteiligung und Immobilien KGaA
München Historisches Archiv, München;
ohne Inv.Nr.

Winnetou I. Filmplakat aus der DDR
1985; Offsetdruck; H. 81 B. 29
Haus der Geschichte der Bundesrepublik
Deutschland, Bonn;
Inv.Nr. 1996/10/0038

Wurstmaß
1601; Messing; H. 5 B. 15
Germanisches Nationalmuseum,
Nürnberg; Inv.Nr. Z 1

**Zunftordnung der Buchbinder von
Altenburg**
18. Februar 1758; Tinte; H. 34,5 B. 43,5
Germanisches Nationalmuseum,
Nürnberg; WK Altenburg, Stadt

**Deutscher als die Deutschen.
Photoserie aus Brasilien
(Kat.Abb. 42 und TB.Abb. 42)**
Valeska Achenbach und Isabela Pacini
2002; Photographie; H. 50 B. 50
Leihgabe der Künstlerinnen Valeska
Achenbach und Isabela Pacini, Hamburg

Fön
Herst.: AEG
um 1925
Eisen, z. T. verchromt, Holz, gefasst,
Kunststoff, Kupfer, Mischgewebe;
H. 25 B. 25 T. 15
Germanisches Nationalmuseum,
Nürnberg; Inv.Nr. HG 12503

**Wir sagen Ja zum Meisterbrief.
Aufkleber**
Aktion Modernes Handwerk
2003/2004; Kunststofffolie,
selbstklebend; H. 10 B. 10
Handwerkskammer für Mittelfranken,
Nürnberg

**Ausgabe der Zeitschrift »Bravo« vom
20. Oktober 1969 mit der ersten
Aufklärungsseite von Dr. Sommer**
Verl.: Heinrich Bauer Zeitschriften
Verlag KG
Oktober 1969
Germanisches Nationalmuseum,
Nürnberg; ohne Inv.Nr.

TV Hören und Sehen. Fernsehzeitschrift
Verl.: Heinrich Bauer Zeitschriften
Verlag KG
1.–7. April 2006
Germanisches Nationalmuseum,
Nürnberg; ohne Inv.Nr.

Plastiktüte mit Abbildung der Marke
Aspirin.
Herst.: Bayer AG
nicht datiert; Polyethylen; H. 32 B. 24
Germanisches Nationalmuseum,
Nürnberg; Inv.Nr. Des 1248/Apotheke 3

Tesafilmabroller mit Tesafilm
Herst.: Beiersdorf & Co. AG
1992; Kunststoffe, Edelstahl, rostfrei,
Tesafilm; H. 7,8 B. 11 T. 3
Leihgabe aus Privatbesitz

Zwei Nivea Dosen, Nr. 368 und
Nr. 370c (Kat.Abb. 113)
Herst.: Beiersdorf & Co. AG
um 1935; 1940/1949; Eisenblech,
bedruckt; H. 4 D. 9,5
Leihgabe aus Privatbesitz

Zwei Labellostifte
Herst.: Beiersdorf & Co. AG
1991/2000; Kunststoff; H. 7 D. 1,8
Germanisches Nationalmuseum,
Nürnberg; ohne Inv.Nr.

Modell des Benz Patent-Motorwagens
(im Maßstab 1:2,5) (Kat.Abb. 15)
Entw: Karl Benz
1886; Messing, Kupfer, Eisen, Holz,
Leder, Kautschuk; H. 47 B. 91 T. 54
Mercedes-Benz Museum, Stuttgart;
ohne Inv.Nr.

Tipp-Ex Rapid
Herst.: BIC Deutschland GmbH & Co.
2006; Plastik, Schaumstoff, Korrektur-
fluid; H. 8 D. 3
Germanisches Nationalmuseum,
Nürnberg; ohne Inv.Nr.

Birkenstock-Sandale »Arizona«
(Kat.Abb. 38)
Herst.: Firma Birkenstock
2005; Leder, Kork, Metall, Gummi;
H. 26 B. 25
Birkenstock Orthopädie GmbH & Co.KG,
Vettelschloß

Kondom zur Love Parade 1999
(abc / no limits)
Herst.: Blausiegel
1999; Latex, Aluminiumfolie, Karton;
H. 7,1 B. 5,6 T. 0,7
Deutsches Historisches Museum, Berlin;
GOS-Nr. 20002064

Internationale Automobilausstellung
Berlin 1931. Werbeplakat (Kat.Abb. 111)
Entw.: Lucian Bernhard; Druck:
Hollerbaum & Schmidt
1931; Lithographie; H. 69 B. 94
Plakatsammlung Müller Medien,
Nürnberg; Inv.Nr. 1052

Beethovens Rache – Bonn Sampler
Bönnsche Tön
1988; Vinyl, Karton; H. 31,1 B. 31,5
Leihgabe aus Privatbesitz

Ordner mit DIN-Normen
Deutsches Institut für Normung e. V.
20. Jhd.
Landesgewerbeanstalt Bayern –
Normenverkaufsstelle, Nürnberg

Zuglaufschild des IC 923 Friedrich
Harkort (Berlin Ostbahnhof – München)
Herst.: Deutsche Bahn
2000; Kunststoff; H. 21 B. 30
DB Museum im Verkehrsmuseum
Nürnberg; ohne Inv.Nr.

Sammelschiff der Deutschen Gesell-
schaft zur Rettung Schiffbrüchiger
2000/2005; Plastik, Metallkette;
H. 11 B. 32,5 T. 11
Deutsche Gesellschaft zur Rettung
Schiffbrüchiger, Bremen

Formatschablone »Brief« der
Deutschen Post (Kat.Abb. 108)
Herst.: Deutsche Post AG
nach 2000; PVC; H. 25 B. 35,5
Deutsche Post eFiliale, Bonn

Im Verein ist Sport am schönsten.
Werbeplakat
Hrsg.: Deutscher Sportbund
1990; Offsetdruck; H. 59,5 B. 42
Germanisches Nationalmuseum,
Nürnberg; ohne Inv.Nr.

Orden des Comitee Düsseldorfer
Carneval »Lot d'r Mot nit senke!«
Herst.: Donner
1983; Messing, bemalt, Strasssteine;
H. 13 B. 10
Deutsches Fastnachtmuseum, Kitzingen;
ohne Inv.Nr.

Erstausgabe der Zeitschrift »Emma«
Verl.: EMMA-Frauenverlags GmbH
26. Januar 1977
Stadtarchiv, Nürnberg;
Sign. E 47/III 4005

Orden des Landesverbandes Thüringer
Karnevalsvereine e. V.
Entw.: R.F.; Herst.: Th. Brehmer GmbH
nicht datiert; Edelstahl, z. T. emailliert,
patiniert, Strasssteine; H. 12 B. 10
Deutsches Fastnachtmuseum, Kitzingen;
ohne Inv.Nr.

Treppen scheuern (Kat.Abb. 35)
Petra Flemming
1986; Holzschnitt; H. 48 B. 36
Germanisches Nationalmuseum,
Nürnberg; Inv.Nr. Slg. Schreiner 998

Das edle Handwerk
Bernhard Fröhlich, Verl.: Kaspar Braun,
Friedrich Schneider
nach 1871; Holzstich, Typendruck;
H. 44,3 B. 35,2
Germanisches Nationalmuseum,
Nürnberg; Inv.Nr. H 3802, Kapsel 1213

Werden Sie Mitglied der Gesellschaft
zur Förderung der Frauenkirche
Dresden e. V.
Gesellschaft zur Förderung der
Frauenkirche Dresden e. V.
2000/2005
Germanisches Nationalmuseum,
Nürnberg; ohne Inv.Nr.

Pünktlich und schnell – Deutsche
Bundesbahn. Werbeplakat
(Kat.Abb. 89)
Entw.: Grave / Schmandt
1957; Offsetdruck; H. 84,1 B. 59,4
DB Museum im Verkehrsmuseum
Nürnberg, Nürnberg; Inv.Nr. MG 19-8/57

Punks vor der Christuskirche in Halle
Moritz Götze
1983; Photographie; H. 13 B. 18
Zeitgeschichtliches Forum Leipzig der
Stiftung Haus der Geschichte der
Bundesrepublik Deutschland, Leipzig;
Inv.Nr. H 2005/01/0164

Adlerpulli (Kat.Abb. 2)
Entw.: Eva Gronbach
2003; Baumwolle, gefärbt;
H. 50 B. 76 T. 3
eva gronbach gmbh&co.kg, Köln

Weihnachtsmenü aus der Zeitschrift
»essen & trinken«
Verl.: Gruner und Jahr
Dezember 2005
Leihgabe aus Privatbesitz

Der heilige Rock von Köpenick oder die
Macht der Uniform. In: Simplicissimus,
Jg. 11, Nr. 33 (Kat.Abb. 7)
Olaf Gulbransson
12. November 1906
Germanisches Nationalmuseum,
Nürnberg; Sign. 2° L 2703h

Ich bin Handwerker! Aufkleber
(Kat.Abb. 43)
Handwerkskammer für Mittelfranken
1996/1997; Kunststofffolie,
selbstklebend; H. 10 B. 14,5
Germanisches Nationalmuseum,
Nürnberg; ohne Inv.Nr.

Vier Kaffee-Gedecke (Kat.Abb. 48)
Herst.: Heinrich & Co
1920/1930; Porzellan, polychrom
bemalt, teilvergoldet; D. 20
Germanisches Nationalmuseum,
Nürnberg; Tassenslg. Schaub 31 (10-15),
57 (1-3), 88 (1-6,10-12)

Zu Heinrich Mann »Der Untertan«
(TB.Tafel 13)
Bernhard Heisig
1992; Feder, Tusche auf Papier;
H. 41 B. 29
Galerie Berlin, Berlin

Deutsche Weihenacht. Postkarte
Karl Heising
23. Dezember 1939; H. 14,7 B. 10,5
Haus der Geschichte der Bundesrepublik
Deutschland, Bonn; Inv.Nr. 1990/3/404

Internationale Automobil-Ausstellung in
Frankfurt 2005. Werbeplakat
Entw.: heller & partner
2005; Offsetdruck; H. 84 B. 59,4
Verband der Automobilindustrie e.V.,
Frankfurt a.M.

Pril Spülmittel
Herst.: Henkel
um 1970/1980; Kunststoff;
H. 17,4 B. 10,5 T. 3,6
Haus der Geschichte der Bundesrepublik
Deutschland, Bonn;
Inv.Nr. 2004/03/0234

Angehörige des Heidelberger Corps
Saxo-Borussia
Bernhard Höfling (Stecher), Druck: Jakob
Jung
1863/1864; Lithographie;
H. 60,8 B. 82,1
Germanisches Nationalmuseum, Nürn-
berg; Inv.Nr. HB 18891a, Kapsel 1366a

Unschuld
Ottmar Hörl
1997; Seife, Kunststoff; H. 5,2 B. 8 T. 3,2
Germanisches Nationalmuseum,
Nürnberg; Inv.Nr. Pl. O. 3297

Drollige Geschichten und lustige Bilder.
Die Geschichte vom wilden Jäger und
der Struwwelpeter
Heinrich Hoffmann
1844; Tinte, Buntstift, koloriert;
H. 21 B. 16,8
Germanisches Nationalmuseum,
Nürnberg; Sign. 8° Hs 100921

Deutsches Volksthum
Friedrich Ludwig Jahn
Lübeck 1810
Germanisches Nationalmuseum,
Nürnberg; Sign. 8° Gs 1916 g

Die deutsche Turnkunst zur Errichtung
der Turnplätze
Friedrich Ludwig Jahn und Ernst Eiselen
Berlin 1816
Germanisches Nationalmuseum,
Nürnberg; Sign. 8° Gs 1608 z

Sitzkissen in Schwarz-Rot-Gold
Herst.: Jung Garten + Freizeitvertriebs-
ges. mbH
2006; Schaumstoff, gefärbt;
H. 30 B. 35 T. 5
Germanisches Nationalmuseum,
Nürnberg; ohne Inv.Nr.

Funkarmbanduhr Mega 1 (Kat.Abb. 117)
Herst.: Junghans
1990; B. 3,3 L. 24
Deutsches Museum, Bonn;
Inv. 1994-481.000

Hochdruckreiniger K 5.80 M plus
Herst.: Alfred Kärcher Vertriebs-GmbH
2005; verschiedene Kunststoffe und
Metalle; H. 90 B. 35,5 T. 40
Alfred Kärcher Vertriebs-GmbH,
Winnenden

Schäferhund aus Porzellan
(Kat.Abb. 47)
Entw.: Theodor Kärner, Herst.:
Nymphenburg
Entw.: 1916, Ausf.: 1931; Porzellan,
polychrome Unterglasurbemalung;
H. 13 B. 31
Deutsches Porzellanmuseum, Sammlung
Woeckel, Hohenberg; Inv.Nr. 20568/04

Kritik der reinen Vernunft
Immanuel Kant
Riga 1781
Germanisches Nationalmuseum,
Nürnberg; Sign. 8° Ph 35 k

Kippenberger bei Matthesie
(Kat.Abb. 39)
Martin Kippenberger und Charlotte
Matthesie
1977/1998; Photographie; H. 88 B. 88
Germanisches Nationalmuseum,
Nürnberg; Inv.Nr. VT 89

Über den Umgang mit Menschen
Adolf Freiherr von Knigge
2 Bde., 7. Aufl., Hannover 1801
Germanisches Nationalmuseum,
Nürnberg; Sign. 8° Gs 2051h

Knirps-Regenschirm mit Etui
Herst.: Knirps Licence Corporation
GmbH & Co.KG
1940/1960; Stoff, verschiedene Metalle,
Kunstleder; H. 25 B. 65
Leihgabe aus Privatbesitz

Teller mit Portrait der Königin Luise
von Preußen
Ambrosius Nikolaus Lamm (Bemalung)
um 1910; Porzellan, Aufglasurmalerei;
H. 2,8 D. 24,5
Germanisches Nationalmuseum,
Nürnberg; Inv.Nr. Des 714

Jeansjacke aus Leuna
Herst.: Levis Strauss & Co.
1970; Baumwolle, gefärbt; H. 63 B. 65
Geburtshaus Levi Strauss Museum
»Jeans & Kult«, Buttenheim; ohne Inv.Nr.

Odol-Mundspray (Edition zum
100jährigen Jubiläum des Firmen-
bestehens)
Herst.: Lingner + Fischer GmbH
1993; Glas, Papier, Kunststoff;
H. 12 B. 6 T. 3
Germanisches Nationalmuseum,
Nürnberg; ohne Inv.Nr.

Geige. Meisterstück
Günter Lobe
2005; Bergahorn, Bergfichte, Palisander,
Silber, Stahl; H. 50 B. 25 T. 6
Leihgabe. Günter Lobe. Geigenbau-
meister, Bubenreuth

Weihnachtsfeier auf der Feldwacht.
In: Illustrirte Zeitung
nach Theo Matejko
1915/1916; H. 23,5 B. 34
Leihgabe. Sammlung Weihnachten Rita
Breuer, Wenden

Winnetou I
Karl May
Bamberg 1951
Leihgabe aus Privatbesitz

Grashalmprojekt (Kat.Abb. 46)
Thomas May
2006; Holz, bemalt, Gras, Erde;
H. 45 B. 45 L. 120
Leihgabe aus dem Privatbesitz des
Künstlers, Nürnberg

Melitta-Kaffeefilter 102 mit Filtertüte
Herst.: Melitta
nicht datiert; Porzellan, Papier;
H. 11 B. 15,3 T. 12
Leihgabe aus Privatbesitz

Tipp-Kick-Figuren der deutschen
Bundesliga-Vereine (Kat.Abb. 116)
Herst.: Edwin Mieg oHG
nach 2000; Zink, gegossen, handbemalt;
H. 7,5 B. 2 T. 3,8
Edwin Mieg oHG, Villingen-Schwennin-
gen

Schrägschnitt Rasierapparat
(Kat.Abb. 44)
Herst.: Mulcuto
um 1910/1930; H. 2,7 B. 9,5 T. 4,7
Museen der Stadt Nürnberg. Museum
Industriekultur, Nürnberg; ohne Inv.Nr.

Pfennig auf Pfennig eifrig gespart, hat
Manchen schon vor Sorgen bewahrt.
Werbeplakat (Kat.Abb. 112)
Hrsg.: Neue Sparcasse von 1864 –
Hamburg
nicht datiert; Offsetdruck; H. 84 B. 60
Die »Nürnberger Plakatsammlung« der
GfK und NAA im Germanischen National-
museum, Nürnberg; Inv.Nr. NAA 00799

Stuhl mit Kissen
Ansgar Nierhoff
1969; Holzstuhl, auf Sitzfläche silbernes
Kissen aus Edelstahl; H. 85 B. 45 T. 45
Germanisches Nationalmuseum,
Nürnberg; Inv.Nr. Pl. O. 3336

Ohropax
Herst.: Ohropax GmbH
frühes 20. Jhd.; Wachs, Karton
Ohropax GmbH, Wehrheim

Die neuen Leiden des jungen W.
(mit Originalholzschnitten von Harald
Metzkes)
Ulrich Plenzdorf
Leipzig 1996
Germanisches Nationalmuseum,
Nürnberg; Sign. 4° Om 199/116 [S]

Winnetou
Herst.: Firma Preiser
2005; Elastolan, koloriert;
H. 8,4 B. 4,7 T. 2,5
Germanisches Nationalmuseum,
Nürnberg; ohne Inv.Nr.

Bierkrug »Deutsches Bier – Reines
Bier« (Kat.Abb. 114)
Herst.: Rastal
um 1920; Steinzeug, lackiert;
H. 14 D. 13
Deutscher Brauer-Bund e. V., Berlin

Büste der Königin Luise von Preußen
als Schlafende (TB.Abb. 13)
Christian Daniel Rauch
1817; Marmor; H. 52 B. 39 T. 35
Germanisches Nationalmuseum,
Nürnberg; Inv.Nr. Pl 3147

Immanuel Kant (TB.Tafel 12)
Christian Daniel Rauch
Original 1848/1855; Guss 1906/1907;
Bronze, goldgelb patiniert;
H. 28,5 B. 11 T. 10
Staatliche Museen zu Berlin – PK, Alte
Nationalgalerie, Berlin; Inv.Nr. B I 257

Resopal. Muster des Dekors
»Acadia Melange«
Herst.: Resopal GmbH
2006; Resopal; H. 21 B. 14,9
Germanisches Nationalmuseum,
Nürnberg; ohne Inv.Nr.

Die Königin Luise in 50 Bildern für Alt
und Jung
Carl Röchling, Richard Knötel, Waldemar
Friedrich
Berlin 1896
Germanisches Nationalmuseum,
Nürnberg; Sign. quer 8° PU 189/3

Brieföffner aus Plexiglas
Entw. Otto Röhm, Herst.: Fa. Johann
Christian Schwarz & Co.
vor 1945; Plexiglas, handgesägt;
H. 23 B. 3
Germanisches Nationalmuseum,
Nürnberg; Inv.Nr. Des 1242

Plastiktüte mit der Aufschrift
»Geiz ist geil«
Herst.: Saturn
2006; Polyethylen; H. 30 B. 29
Germanisches Nationalmuseum,
Nürnberg; ohne Inv.Nr.

Antibabypille Anovlar 21
Herst.: Schering AG
1964; Karton; H. 1,4 B. 14,3 T. 5,6
Haus der Geschichte der Bundesrepublik
Deutschland, Bonn;
Inv.Nr. 1996/12/0540

Bier. Werbeplakat (Kat.Abb. 36)
Franz Oswald Schiffers
um 1930/1940; Farblithographie;
H. 45,8 B. 32,5
Germanisches Nationalmuseum, Nürn-
berg; ABK Nachlass F.O. Schiffers I, B-13

Fest der deutschen Traube und des
Weines. Werbeplakat (Kat.Abb. 10)
Franz Oswald Schiffers
1936; Farblithographie; H. 82,5 B. 58,5
Germanisches Nationalmuseum, Nürn-
berg; ABK Nachlass F.O. Schiffers I, B-13

Ortelsburger Bier. Werbeplakat
(Kat.Abb. 50)
Franz Oswald Schiffers
um 1930/1940; Farblithographie;
H. 47,8 B. 33
Germanisches Nationalmuseum, Nürn-
berg; ABK Nachlass F.O. Schiffers I, B-13

Mensch ärgere Dich nicht!
Herst.: Joseph Schmidt, München
Mitte 20. Jhd.; Karton; H. 5 B. 21,5 L. 41
Germanisches Nationalmuseum,
Nürnberg; Inv.Nr. SZ 11

Singendes, klingendes Weinland
Willy Schneider
nicht datiert; Vinyl, Karton; H. 31 B. 31,5
Germanisches Nationalmuseum,
Nürnberg; ohne Inv.Nr.

Die Martinsgans
Carl Schröder
vor 1867; Öl auf Leinwand; H. 41 B. 44
Städtisches Museum Braunschweig;
Inv.Nr. 1200-0722-00

Dr. Martin Luther im Kreise seiner
Familie zu Wittenberg am
Weihnachtsabend (Kat.Abb. 49)
Carl August Schwerdgeburth,
Druck: F. A. Zehl
1843; Stahlstich; H. 25 B. 31
Germanisches Nationalmuseum,
Nürnberg; Inv.Nr. K 19606, Kapsel 1494

Wo soll das alles enden. 1 kleiner
Leitfaden durch die Geschichte der
undogmatischen Linken
Gerhard Seyfried
Berlin 1979
Germanisches Nationalmuseum,
Nürnberg; ohne Inv.Nr.

Handy Siemens S 35
Herst.: Siemens AG
2000; Kunststoff, verschiedene Metalle;
H. 12 B. 4,5
Leihgabe aus Privatbesitz

Mönch zum Fischen gehend
Reproduktion nach: Carl Spitzweg
Original 1865; Reproduktion nicht
datiert; Repro-Verfahren Reproduction
Rudolphe; H. 45,5 B. 24,5
Germanisches Nationalmuseum,
Nürnberg; ohne Inv.Nr.

Der deutsche Schäferhund in Wort und
Bild (Kat.Abb. 8)
Max von Stephanitz-Grafrath
2. Aufl., Augsburg 1905
Germanisches Nationalmuseum,
Nürnberg; Sign. 8° V 194 iwm

Gaststätte Großmarkthalle
Florian Süßmayr
2001; Öl auf Leinwand; H. 140 B. 80
Leihgabe aus dem Privatbesitz des
Künstlers, München

Tonnen zur Mülltrennung (TB.Tafel 15)
Herst.: SULO GmbH
nicht datiert; Kunststoff;
H. 107 B. 58 T. 74
Arbeitsgemeinschaft Nürnberger
Abfallwirtschaft und Stadt Nürnberg

Feiern wir Weihnachten im Wald …
In: Bunte, Heft 50, S. 40–41
Wolfgang Thielke (Texter) und Peter
Winkler (Photograph)
1984
Germanisches Nationalmuseum,
Nürnberg; Sign. 4° L 2661 rh

Zwei Verpackungen zu Uhu Alleskleber
Herst.: UHU GmbH & Co. KG
vor 1961; Karton; H. 3,5 B. 14 T. 3,5
Museen der Stadt Nürnberg. Museum
Industriekultur; Inv.Nr. 3603

Stiefel eines Punks (TB.Abb. 54)
Herst.: Undercover
1999/2002; Leder, Kunststoff, Metall,
Stoff; H. 27 B. 22 T. 31
Leihgabe aus Privatbesitz

Der Fahrplan ist Gesetz! Plakat
der Deutschen Reichsbahn der DDR.
Werbeplakat (TB.Tafel 14)
Herst.: VEB Graphische Werkstätten
Leipzig
1950/1960; Offsetdruck; H. 59,4 B. 42
DB Museum im Verkehrsmuseum
Nürnberg; Inv.Nr. MG 20-DRO 0035

Auflaufform aus Jenaer Glas
Herst.: VEB Jenaer Glaswerk Schott &
Gen.
ab 1955; Glas; H. 20 B. 30 T. 12
Germanisches Nationalmuseum,
Nürnberg; Inv.Nr. Des 455

Festgabe der Zeitschrift »Daheim«
Verl.: Velhagen & Klasing
Weihnachten 1915
Leihgabe. Sammlung Weihnachten Rita
Breuer, Wenden

Tempo Papiertaschentücher
(Kat.Abb. 45)
Herst.: Vereinigte Papierwerke
Schickedanz AG
1975; Cellulose, Pergaminpapier;
H. 11,2 B. 5,8 T. 2,5
Germanisches Nationalmuseum,
Nürnberg; ohne Inv.Nr.

Wer sein Stiefel nit trinken kann, ist
fürwahr kein teutscher Mann.
Trinkstiefel
Herst.: Villeroy & Boch, Mettlach
1852/1873; Steingut, bemalt;
H. 14,6 B. 8,4
Leihgabe aus Privatbesitz

Schnäppchenführer Fabrikverkauf
Baden-Württemberg
Heinz Waldmüller
Filderstadt 2005
Germanisches Nationalmuseum,
Nürnberg; ohne Inv.Nr.

Deutsches Reichs-Einkochglas
Herst.: J. WECK GmbH und Co. KG
um 1930/1940; Glas; H. 14,5 D. 10,7
Leihgabe aus Privatbesitz

Weihnachtswünsche eines deutschen
Soldaten. Propagandamaterial der
UdSSR
Erich Weinert
um 1941/1944; H. 18,7 B. 14,1
Haus der Geschichte der Bundesrepublik
Deutschland, Bonn;
Inv.Nr. 1995/11/0809

Buch der Tugenden
Ulrich Wickert
Hamburg 1995
Germanisches Nationalmuseum,
Nürnberg; Sign. 8° Oa 199/49

Vier Cognacgläser mit Ständer
Herst.: Wohl Württembergische Metall-
warenfabrik
um 1955; Farbiges Glas, eloxiertes
Metall, Bambus; H. 16 L. 21
Germanisches Nationalmuseum,
Nürnberg; Inv.Nr. Des 703/1-5

Glaube

Berlin Mitte, Synagoge in der
Oranienburgerstraße
1. August 2000; Photographie (Repr.)
ullstein bild – ZEITORT, Berlin;
Inv.Nr. 00764016

Besominbüchse in Form eines
Türmchens
18. Jhd.; Silber, vergoldet; H. 44
Germanisches Nationalmuseum,
Nürnberg; Inv.Nr. JA 23

Bravo. Ausgabe der Zeitschrift mit
Poster Benedikts XVI.
Nr. 34, 2005;
Leihgabe aus Privatbesitz

Davidstern als Button (Kat.Abb. 60)
1980/1989; D. 3,2
Haus der Geschichte der Bundesrepublik
Deutschland, Bonn;
Inv.Nr. 2004/10/0383

Degen
um 1590/1640; Eisen; L. 123
Germanisches Nationalmuseum,
Nürnberg; Inv.Nr. W 2681

Die drei guten Christen (TB.Abb. 24)
Augsburg, um 1520; Rechteckscheiben
mit weißem Glas. Bemalung mit
Schwarzlot und Silbergelb;
H. 29,2 B. 22
Germanisches Nationalmuseum,
Nürnberg; Inv.Nr. MM 254

Die drei guten Christinnen
um 1520/1530; Rechteckscheiben mit
weißem Glas. Bemalung mit Schwarzlot
und Silbergelb;
H. 29,4 B. 22
Germanisches Nationalmuseum,
Nürnberg; Inv.Nr. MM 255

Einladungskarte zur Jugendweihe
1959; H. 13,9 B. 11,5
Haus der Geschichte der Bundesrepublik
Deutschland, Bonn;
Inv.Nr. 1996/11/0179

Zwei Engel als Kerzenträger
19. Jhd.; Nadelholz, bemalt; H. 15
Germanisches Nationalmuseum,
Nürnberg; Inv.Nr. BA 354, 355

**Ersttagsbrief: »80. Deutscher
Katholikentag 1964«**
Offset- und Stempeldruck; H. 9,7 B. 16,4
Haus der Geschichte der Bundesrepublik
Deutschland, Bonn;
Inv.Nr. 2001/07/0283

**Ersttagsbrief: »11. Deutscher
Evangelischer Kirchentag«**
1963; Offset- und Stempeldruck;
H. 9,5 B. 16,5
Haus der Geschichte der Bundesrepublik
Deutschland, Bonn;
Inv.Nr. 2001/07/0275

**Esoterik Tage 2006. Alles rund um
Körper – Geist – Seele und Gesundheit**
2006; Offsetdruck; H. 84 B. 59
Germanisches Nationalmuseum,
Nürnberg; ohne Inv.Nr.

Evangelischer Kirchentag in Berlin
12.7.1961; Photographie (Repr.)
ullstein bild – dpa; Inv.Nr. 00241678

**Extra. Ökumenische
Kirchentagszeitung**
2003;
Haus der Geschichte der Bundesrepublik
Deutschland, Bonn;
Inv.Nr. 2004/06/0139

**Faltblatt des Ökumenischen
Kirchentages**
2003;
Haus der Geschichte der Bundesrepublik
Deutschland, Bonn;
Inv.Nr. 2004/07/0104

Faltblatt zur Jugendweihe 1984
Haus der Geschichte der Bundesrepublik
Deutschland, Bonn;
Inv.Nr. 1997/01/0145

**Gebete der Israeliten.
Hebräisch/deutsch.**
Revidierte übersichtlich geordnete
Ausgabe. Deutsch übersetzt von
Dr. M. Sachs.
Tel Aviv 1988;
Haus der Geschichte der Bundesrepublik
Deutschland, Bonn; Inv.Nr. B 2002/1291

Hellebarde
Anfang 17. Jhd.; Holz, Eisen; L. 211,5
Germanisches Nationalmuseum,
Nürnberg; Inv.Nr. W 954

**Die Hinrichtung des Juden Süß Oppen-
heimer am 4. Februar 1738 in Stuttgart**
1738; Kupferstich, Radierung,
Typendruck; H. 58 B. 39,2
Germanisches Nationalmuseum,
Nürnberg; Inv.Nr. HB 1299, Kapsel 1279

Karfreitagsgeläut
wohl 18. Jhd.; Birnbaum, Nussbaum,
Buche, Eiche; Schmiedeeisen;
H. 49,5 B. 20,5 T. 15
Germanisches Nationalmuseum,
Nürnberg; Inv.Nr. MIR 521

**Konfirmationsgeschenk. Elfenbein-
döschen mit Goldabschlag vom Taler**
1745; Elfenbein; Münze: Gold; D. 3,4
Germanisches Nationalmuseum,
Nürnberg; Inv.Nr. MÜ 27903

Zwei Kopftücher (Kat.Abb. 70)
um 2005; Baumwolle und Seide;
B. 88 L. 88
Leihgabe aus Privatbesitz

Kruzifix mit Maria (TB.Abb. 25)
Oberammergau, 19. Jhd.; Fichtenholz,
polychrom gefaßt; H. 61 B. 31,8
Germanisches Nationalmuseum,
Nürnberg; Inv.Nr. BA 3599

Luntenschloßmuskete
Anfang 17. Jhd.; Eisen, Holz; L. 180
Germanisches Nationalmuseum,
Nürnberg; Inv.Nr. W 2940

Lutherglas mit Futteral
1546; Glas mit mehrfach erneuerter
Kaltbemalung; Futteral: Holz, gedrech-
selt, farbig bemalt;
H. 10,2 D. 10,4
Germanisches Nationalmuseum,
Nürnberg; Inv.Nr. Gl 206

Mesusa
19. Jhd.; Eisenblech; H. 10,5 B. 2,7 T. 0,6
Germanisches Nationalmuseum,
Nürnberg; Inv.Nr. JA 2

**Muslime in Deutschland. Titelblatt des
»Spiegel« (Kat.Abb. 58)**
Nr. 40, 2003; Offsetdruck; H. 43,3 B. 35
Germanisches Nationalmuseum,
Nürnberg; ohne Inv.Nr.

Partisane
Anfang 17. Jhd.; Holz, Eisen; L. 248,5
Germanisches Nationalmuseum,
Nürnberg; Inv.Nr. W 1467

Passierscheine für Juden
18. Jhd.; Typendruck; H. 10 B. 10
Germanisches Nationalmuseum,
Nürnberg; Inv.Nr. HB 7771 und 7772,
Kapsel 1279

Sanduhr
18. Jhd.
Messing, Glas, Sand; H. 17,5 B. 22 T. 6
Germanisches Nationalmuseum,
Nürnberg; Alter Bestand

Rosenkranz
16. Jhd.; Koralle, Gold, Silber, vergoldet;
L. 54
Germanisches Nationalmuseum,
Nürnberg; Inv.Nr. KG 298

Sabbatlampe
um 1800; Messing; H. 76,5 D. 26,5
Germanisches Nationalmuseum,
Nürnberg; Inv.Nr. JA 27

Segenskoffer (Kat.Abb. 57)
1999; Papier, Stoff, Holz, Wachs, Bronze,
Metall, Lebensmittel;
H. 8,7 B. 41,5 T. 29,4
Haus der Geschichte der Bundesrepublik
Deutschland, Bonn;
Inv.Nr. 2003/05/0157

Shofar
vor 1913; Widderhorn; L. 56 D. 4,2
Germanisches Nationalmuseum,
Nürnberg; Inv.Nr. MIR 8

**So seh'n sie aus die »deutschen«
Arbeiterführer! (Antisemitisches
Hetzblatt)**
1925; Typendruck, Klischee;
H. 38,6 B. 31,9
Germanisches Nationalmuseum, Nürn-
berg; Inv.Nr. HB 24325, 2, Kapsel 1326

**Mehrteilige Spielzeug-Garnitur zur
Feier der Heiligen Messe**
um 1900; Lindenholz, Zinn, bemalt;
mehrteilig, max. Höhe: H. 10,8
Germanisches Nationalmuseum,
Nürnberg; Inv.Nr. BA 2973

Spottbild auf den Papst (TB.Abb. 30)
18. Jhd.; Radierung und Kupferstich;
H. 16,3 B. 18,1
Germanisches Nationalmuseum, Nürnberg; Inv.Nr. HB 5447, Kapsel 1337a

Spottbild auf die Juden
1601/1615; Kupferstich; H. 35,3 B. 26,2
Germanisches Nationalmuseum, Nürnberg; Inv.Nr. HB 3489, Kapsel 1279

Spottblatt auf Papst Leo X. »Lutherus Triumphans«
1601/1605; Kupferstich, Radierung, Typendruck; H. 37,2 B. 27,9
Germanisches Nationalmuseum, Nürnberg; Inv.Nr. HB 78, Kapsel 1336

Torgau an der Elbe, Innenansicht der Schlosskapelle in Schloss Hartenfels
unbekannter Photograph
15. Juni 1931; Photographie (Repr.)
ullstein bild, Inv.Nr. 00808174

Traumfänger (Kat.Abb. 56)
2006; Holz, Vogelfedern, Stoff;
H. 55 B. 37 T. 2
Germanisches Nationalmuseum, Nürnberg; ohne Inv.Nr.

Türke als Gewürzbehälter (Kat.Abb. 69)
Unbekannter Holzschnitzer
Süddeutschland, Anfang 18. Jahrhundert;
Lindenholz, gefasst; H. 15 B. 12 T. 8
Germanisches Nationalmuseum, Nürnberg; Inv.Nr. Pl.O. 2487

Türkenkopf
Deutschland, 17. Jhd.; Pappmaché, bemalt; H. 35
Germanisches Nationalmuseum, Nürnberg; Inv.Nr. W 1333

Votivgabe als Kopfurne
18./19. Jhd.; hellbrauner Ton;
H. 10,5 D. 15
Germanisches Nationalmuseum, Nürnberg; Inv.Nr. VK/Slg. Richter VGT 5

Zwei Wallfahrtsfähnchen aus Kevelaer
um 1950; Papier, beidseitig bedruckt;
H. 21 B. 26,2
Germanisches Nationalmuseum, Nürnberg; Inv.Nr. BA 3375, 3376

Weltgebetstag in Assisi
27.10.1986, Photographie (Repr.)
ullstein bild, ohne Inv.Nr.

Zwölf Zigarettendosen mit orientalischen Motiven
nicht datiert (frühes 20. Jhd.);
Weißblech, farbig bedruckt
Leihgabe aus Privatbesitz

Konfirmationsandenken, Gedenkblatt Nr. 12 (TB.Abb. 31)
Verl.: Agentur des Rauhen Hauses, Hamburg
1911; Holz, Glas, z.T. vergoldet;
H. 43 B. 34,5
Germanisches Nationalmuseum, Nürnberg; Inv.Nr. BA 2762

Präventivsport für Frauen. Kursprogramm April–Juni
Hrsg.: Alhilal Schwimm- und Sportverein e. V., Bonn
2006;
Germanisches Nationalmuseum, Nürnberg; ohne Inv.Nr.

Evangelisches Gesangbuch (TB.Abb. 26)
Valentin Babst
o. O. 1570;
Germanisches Nationalmuseum, Nürnberg; Sign. 8° M 384

Wir sind Papst! Titelblatt der Bildzeitung (Kat.Abb. 61)
Bild
20. April 2005;
Leihgabe aus Privatbesitz,

Schüssel mit der Madonna von Kevelaer (Kat.Abb. 63)
Wellem Bosmans
1713; Hafnerkeramik; D. 50
Germanisches Nationalmuseum, Nürnberg; Inv.Nr. Kl 13829

Model eines Landsknechts
Timoteus Brunner
1641; Apfelbaumholz; H. 33 B. 15,8
Germanisches Nationalmuseum, Nürnberg; Inv.Nr. HG 1259

Bildnis Martin Luthers im fünfzigsten Lebensjahr (Kat.Abb. 62)
Lucas Cranach d. Ä.
1533; Öl auf Holz; H. 20,5 B. 14,5 T. 7
Germanisches Nationalmuseum, Nürnberg; Leihgabe der Bayerischen Staatsgemäldesammlungen Inv.Nr. Gm 216

Anhänger mit Bildnis König Gustav Adolfs von Schweden
Sebastian Dadler
1634; Silber; B. 3,9 L. 6,5
Germanisches Nationalmuseum, Nürnberg; Inv.Nr. Med. 1460

Medaille auf den Tod König Gustav Adolfs von Schweden
Sebastian Dadler
1634; Silber; D. 7,9
Germanisches Nationalmuseum, Nürnberg; Inv.Nr. Depositum Merkel 1.5.3

Medaille auf den Tod König Gustav Adolfs von Schweden
Sebastian Dadler
1634; Silber; D. 7,9
Germanisches Nationalmuseum, Nürnberg; Inv.Nr. Med. 7053

Basstuba in B. Instrument der Evangelischen Posaunenchorbewegung (Kat.Abb. 64)
Herst.: E. David
um 1900; Messing; H. 38 B. 32 L. 90
Germanisches Nationalmuseum, Nürnberg; Inv.Nr. MI 685

Gedenktuch an die für die jüdischen Soldaten des deutschen Heeres am Versöhnungstag (Jom Kippur) 1870 vor Metz abgehaltenen Gottesdienste (TB.Tafel 10)
Herst.: Gebrüder Elbers (?)
1870/1871; lithographischer Druck in schwarz und rot auf weißem Baumwollgrund, rechts und links Webekante, oben und unten handgesäumt; H. 66,5 B. 70
Germanisches Nationalmuseum, Nürnberg; Inv.Nr. Gew 4189

Jud Süß
Lion Feuchtwanger
München 1928;
Germanisches Nationalmuseum, Nürnberg; ohne Inv.Nr.

Walzenkrug mit Lutherbildnis
Johann Leonhard Förster
1730; Fayence, Zinn (Blaumalerei);
H. 19,5 D. 12
Germanisches Nationalmuseum, Nürnberg; Inv.Nr. Ke 1051

Kriegsserie (Kat.Abb. 93)
Hans Ulrich Franck
um 1650; Radierung; H. 10,2 B. 13,1
Germanisches Nationalmuseum, Nürnberg; K 15569, K 13281, K 13276 Kapsel 145

Judenfamilie im Zimmer
Matthäus Christoph Hartmann
1830; Zeichnung, koloriert; H. 29,6 B. 36
Germanisches Nationalmuseum,
Nürnberg; Inv.Nr. Hz 5738, Kapsel 1542

Osterbelustigung. Aus: Berliner Wespen. Illustriertes humoristisches Wochenblatt (TB.Abb. 22)
Gustav Heil und R. Kunze
April 1873; Holzstich; H. 27,6 B. 20
Germanisches Nationalmuseum,
Nürnberg; Bismarck-Karikaturen, Nr. 79

Papst-Teddy (Kat.Abb. 55)
Herst.: Hermann-Spielwaren GmbH
2005; Mohair-Plüsch, Holzwolle,
Baumwolle, Porzellan; H. 35
Hermann-Spielwaren GmbH, Coburg

Erscheinung
Hubertus Heß
1998; Photographie, Glas, Stahl;
H. 180 B. 117
Leihgabe aus Privatbesitz

Kommunionbild
Hans Huber-Sulzemoos
1933; Chromolithographie;
H. 28,5 B. 34,5 (im Rahmen)
Germanisches Nationalmuseum,
Nürnberg; Inv.Nr. VK 25

Für Volksherrschaft und Sozialismus. Nieder mit Reaktion und Kapitalismus. Jede Stimme den Mehrheitssozialisten
Entw.: Kirchbach; Druck: Rotophot
1919; Flachdruck; H. 72 B. 92
Plakatsammlung Müller Medien,
Nürnberg; Inv.Nr. 319

Verantwortung wahrnehmen für die Schöpfung. Gemeinsame Erklärung des Rates der Evangelischen Kirche in Deutschland und der Deutschen Bischofskonferenz
Hrsg.: Kirchenamt des Rates der
Evangelischen Kirche in Deutschland und
der Deutschen Bischofskonferenz
Köln 1985;
Leihgabe des Caritas Pirckheimerhauses,
Nürnberg;

Kidduschbecher (TB.Abb. 33)
Conrad Klein
1710/1720; Silber, getrieben, graviert,
teilweise vergoldet; H. 14
Germanisches Nationalmuseum,
Nürnberg; Inv.Nr. HG 12547

Bildniskopf Max Liebermann (Kat.Abb. 65)
Fritz Klimsch
1912; Bronzeguss; H. 36,5 T. 14
Germanisches Nationalmuseum,
Nürnberg; Inv.Nr. Pl. O. 3069

Büste von Friedrich Nietzsche (Kat.Abb. 12)
nach Max Klinger
nach 2000; Gipsabguss;
H. 25 B. 15,5 T. 13
Germanisches Nationalmuseum,
Nürnberg; ohne Inv.Nr.

Gesangbuch
Joseph Klug (Faksimile, herausgegeben
von Konrad Ameln, Lüdenscheid 1954)
1533;
Germanisches Nationalmuseum,
Nürnberg; Sign. 8° Cg 195/21, Bl 5b

Arbeiterkopf
Fritz Koelle
1928; Bronzeguss; H. 43 B. 16 T. 23,5
Germanisches Nationalmuseum,
Nürnberg; Inv.Nr. Pl. O. 3081

Der edle Qur'ān und die Übersetzung seiner Bedeutungen in die deutsche Sprache
Hrsg.: König Fahd-Komplex zum Druck
vom Qur'ān
Madina al-Munauwara 2002;
Geschenk des Zentralrates der Muslime
in Deutschland; Germanisches Nationalmuseum; Nürnberg; ohne Inv.Nr.

Model einer Ofenkachel mit Abbild Karls V.
Umkreis der Nürnberger Leupold-Werk-
statt; Sign.: Pressstempel HB 1626
1626; Weißlicher gebrannter Ton;
H. 47 B. 37 T. 8
Germanisches Nationalmuseum,
Nürnberg; Inv.Nr. LGA 9516

95 Thesen gegen den Ablasshandel (Nachdruck) (Kat.Abb. 53)
Martin Luther; Verl.: Jobst Gutknecht
1518;
Germanisches Nationalmuseum,
Nürnberg; Sign. 8° RI 2668 Postinc.

Biblia das ist die gantze heilige Schrifft deudsch, 2 Bde. (Kat.Abb. 5)
Martin Luther
Wittenberg 1535;
Germanisches Nationalmuseum,
Nürnberg; Sign. 4° RI 310 Postinc.

Deudsch Katechismus (Kat.Abb. 54)
Martin Luther
Wittenberg 1529;
Germanisches Nationalmuseum,
Nürnberg; Sign. 8° RI 3343 Postinc.

Von der freyheyt eynes Christen menschen (TB.Abb. 28)
Martin Luther
Wittenberg 1520;
Germanisches Nationalmuseum,
Nürnberg; Sign. 8° RI 2451 Postinc.

Soutane an der Wäscheleine
Marcus
Würzburg 1965;
Leihgabe aus Privatbesitz

Ersttagsbrief: »Ökumenisches Pfingsttreffen Augsburg 1971«
Entw.: Marschler
1971; Offset- und Stempeldruck;
H. 9,6 B. 16,5
Haus der Geschichte der Bundesrepublik
Deutschland, Bonn;
Inv.Nr. 2001/08/0136

Schalmei
Herst.: Max B. Martin
um 1920/1925; Messing; L. 109 D. 35
Germanisches Nationalmuseum,
Nürnberg; Inv.Nr. MI 827

Das Kapital. Kritik der politischen Ökonomie
Karl Marx
Berlin 1985;
Leihgabe aus Privatbesitz

Manifest der Kommunistischen Partei (Kat.Abb. 67)
Karl Marx und Friedrich Engels
München 1890;
Germanisches Nationalmuseum,
Nürnberg; Sign. 8° Gs 2310 ky

Chanukkaleuchter
G. Mendelssohn
1920/30; Messing;
H. 22,6 B. 27,7 T. 10,5
Germanisches Nationalmuseum,
Nürnberg; Inv.Nr. JA 28

Heiligenbild: Ignatius von Loyola, Franz Xaver und das Jesuskind
Abraham van Merlen
1. H. 17. Jhd.; Kupferstich; H. 9,9 B. 7,2
Germanisches Nationalmuseum,
Nürnberg; Inv.Nr. HB 2458, Kapsel 1236

Also sprach Zarathustra. Ein Buch für alle und keinen (Kat.Abb. 68)
Friedrich Nietzsche
Leipzig 1908;
Germanisches Nationalmuseum,
Nürnberg; Sign. 2° Kz VEL 12/11 [S]

Aufkleber: »Die Juden sind unser Unglück«
Hrsg.: NSDAP/Auslandsorganisation
1990/1994; H. 5,2 B. 10,7
Haus der Geschichte der Bundesrepublik
Deutschland, Bonn;
Inv.Nr. 1997/06/0227,4

Aufkleber: »Rotfront verrecke!«
Hrsg.: NSDAP/Auslandsorganisation
1990/1994; H. 5,2 B. 10,7
Haus der Geschichte der Bundesrepublik
Deutschland, Bonn;
Inv.Nr. 1997/06/0227,3

Aufkleber: »Trotz Verbot - nicht tot«
Hrsg.: NSDAP/Auslandsorganisation
1990/1994; H. 21,6 B. 13,6
Haus der Geschichte der Bundesrepublik
Deutschland, Bonn;
Inv.Nr. 1997/06/0225

Aufkleber: »Wir sind wieder da«
Hrsg.: NSDAP/Auslandsorganisation
1990/1994; H. 5,2 B. 10,7
Haus der Geschichte der Bundesrepublik
Deutschland, Bonn;
Inv.Nr. 1997/06/0227,5

Karte Deutschlands, mit der Auflistung der Hauptschlachten französischer und schwedischer Garnisonen sowie einer Liste der Truppenteile
Entw.: Carl Henri von der Osten; Verl.:
Cornelius von dem Busch
1648; Radierung und Kupferstich;
H. 87 B. 101
Germanisches Nationalmuseum,
Nürnberg; Inv.Nr. HB 714, Kapsel 1344

Türkischer Bogenschütze
Hans Peisser (?)
um 1540/1550; Bronzeguss; H. 22,4
Germanisches Nationalmuseum,
Nürnberg; Inv.Nr. Pl. O. 2948

Spottblatt: »Entlauffener AblaßKramer Und Helleuchtendes Evangelisches Liecht …«
Johann de Perre (Zeichner), Konrad
Grahle (Stecher) und Georg Liger
(Drucker)
1617; Kupferstich und Typendruck;
H. 38,2 B. 26,9
Germanisches Nationalmuseum, Nürnberg; Inv.Nr. HB 24919, Kapsel 1336a

Hochaltar der Katharinenkirche zu Nürnberg
Hans Pleydenwurff (Umkreis)
gestiftet zwischen 1468 und 1475;
Malerei auf Nadelholz; Schrein und
Skulpturen: Laub- und Nadelholz, farbig
gefasst; Gm 880: H. 183 B. 111, Gm 881:
H. 184 B. 113, Gm 882: H. 183 B. 111,
Gm 883: H. 184 B. 113
Germanisches Nationalmuseum,
Nürnberg; Inv.Nr. Gm 880-883

Hamasa oder die ältesten arabischen Volkslieder
Friedrich Rückert
Stuttgart 1846;
Germanisches Nationalmuseum,
Nürnberg; Sign. L 2628 pd

Rostem und Suhrab. Ein Heldengedicht in 12 Büchern
Friedrich Rückert
Erlangen 1838;
Germanisches Nationalmuseum,
Nürnberg; Sign. L 1095 cm

Die Wittenbergisch Nachtigall (TB.Abb. 29)
Hans Sachs
o. O. 1523;
Germanisches Nationalmuseum,
Nürnberg; Sign. 8° RI 1716m Postinc.

Spottbild auf das evangelische Abendmahl »Eigentliche Abcontrafehung einer newen unerhörten Monstrantzen«
Verl.: David Sartorius
1588; Holzschnitt, aquarelliert, Typen-
druck, Handschrift, Tinte; H. 18,6 B. 12,4
Germanisches Nationalmuseum,
Nürnberg; Inv.Nr. HB 39, Kapsel 1336

Morgenland und Abendland. Mein west-östliches Leben
Annemarie Schimmel
4. Aufl., München 2003;
Germanisches Nationalmuseum,
Nürnberg; ohne Inv.Nr.

Programm der Jugendweihefeier von Marcus Steven
Hrsg.: Schulbereichsausschuss für
Jugendweihe, FDJ-Grundorganisation
41. OS Leipzig (Aussteller)
1986;
Zeitgeschichtliches Forum Leipzig der
Stiftung Haus der Geschichte der
Bundesrepublik Deutschland, Leipzig;
H 2003/03/0185

Reliquiar (Kat.Abb. 59)
Johann Christoph Steinbacher
um 1720; Silber, vergoldet, Kristall;
H. 48 B. 23,5
Germanisches Nationalmuseum,
Nürnberg; Inv.Nr. KG 842

Ist Gott ein Deutscher? Titelblatt der tageszeitung
tageszeitung
21. April 2005;
Leihgabe aus Privatbesitz

Oh, mein Gott! Titelblatt der tageszeitung
tageszeitung
20. April 2005;
Leihgabe aus Privatbesitz

Der Islam und die Moschee. Informationsbroschüre
Hrsg.: Türkisch islamische Union der
Anstalt für Religion e.V.
Köln 2002;
Germanisches Nationalmuseum,
Nürnberg; ohne Inv.Nr.

Erzengel Michael
Unterfränkischer (?) Bildhauer
um 1750 (?); Lindenholz, gefasst;
H. 340 B. 250
Germanisches Nationalmuseum,
Nürnberg; Inv.Nr. Pl.O. 1873

Arbeiter mit Kind
Christoph Voll
1922; Eichenholz; H. 80 B. 46 T. 45
Germanisches Nationalmuseum,
Nürnberg; Inv.Nr. Pl.O. 3377

Luther im Kreise seiner Familie (TB.Abb. 27)
F.E. Wachsmuth
1917; Farbdruck; H. 65,3 B. 104,5
(im Rahmen)
Germanisches Nationalmuseum,
Nürnberg; Inv.Nr. BA 2937

**Kommt 1931 nach Nürnberg. Ein
herzliches Willkommen erwartet heute
schon die Katholiken Deutschlands in
der bayerischen Diaspora**
Entw.: Wed; Druck: Sebaldus Verlag
1931; Lithographie; H. 125 B. 85
Plakatsammlung Müller Medien,
Nürnberg; Inv.Nr. 208

**Fanfare in Es mit Fahne der Musik-
kapelle des katholischen Arbeiter-
vereins Nordhorn**
Herst.: E. Wendler
um 1920/1925; Messing; Kunstseide,
bestickt; H. 53 L. 78 D. 17
Germanisches Nationalmuseum,
Nürnberg; Inv.Nr. MI 842

**Nikaragua – bereit zur Verteidigung der
Revolution (aus der Serie: 1818 Karl
1883 Marx 1983 – Seine Ideen in ihrem
Herzen)**
Entw.: Horst Wendt, Fotogr.: Thomas
Billhardt, Druck: Ostsee-Druck
1983; Offsetdruck; H. 81 B. 57,2
Deutsches Historisches Museum, Berlin;
Inv.Nr. P 90/1352; PLI 05479

Jüdische Zeremonien
Verl.: Johann Peter Wolff (Erben)
1. H. 19. Jhd.; Kupferstich, koloriert;
H. 28,5 B. 36,5
Germanisches Nationalmuseum, Nürn-
berg; Inv.Nr. HB 22997, Kapsel 1279

**Karl Marx. Sein Werk ist Gegenwart
und Zukunft. Karl-Marx-Jahr 1983**
Entw.: Lothar Ziratzki; Druck: Druck-
kombinat Berlin
1983; Offsetdruck; H. 40,3 B. 57,5
Deutsches Historisches Museum, Berlin;
Inv.Nr. P 90/1693; PLI 05821

Urkunde zur Jugendweihe
Hrsg.: Zentraler Ausschuß für Jugend-
weihe in der Deutschen Demokratischen
Republik
1972;
Leihgabe aus Privatbesitz

**Leitfaden für jüdische Zuwanderer
aus der ehemaligen Sowjetunion
(Kat.Abb. 66)**
Hrsg.: Zentralwohlfahrtsstelle der Juden
in Deutschland e. V.
3. neu bearbeitete Aufl., 2001;
Germanisches Nationalmuseum,
Nürnberg; ohne Inv.Nr.

Evangelischer Kirchentag in Berlin
dpa
12.7.1961; Photographie (Repr.)
ullstein bild – dpa; Inv.Nr. 00241678

Sehnsucht

Apoll vom Belvedere
Ende 19. Jhd.; Bronzeguss; Gießerei: Fér-
dinand Barbédienne; H. 45 B. 28 T. 22
Leihgabe aus Privatbesitz

**Gedenkstein aus Untersberger Marmor
zu Ehren Bismarcks**
1899; Marmor; H. 10,7 B. 15,3 T. 2
Leihgabe aus Privatbesitz

**Italienware. Schale mit italienischem
Motiv: Rom, Engelsburg**
unbez.
Entw.: 2. H. 1950er/1960er Jahre;
Porzellan; H. 4,5 B. 14,8 T. 8,3
Leihgabe aus Privatbesitz

**Italienware. Anrichteplatte aus der
Serie »Rialto« mit einem Motiv aus
Venedig (Kat.Abb. 84)**
Herst.: Alka-Kunst, Bavaria
Entw.: Mitte 1950er/1. H. 1960er Jahre;
Porzellan; H. 27 B. 31
Leihgabe aus Privatbesitz

**Italienware. Kleine Platte aus der
Serie »Rialto« mit Italien-Motiven
(Kat.Abb. 84)**
Herst.: Alka-Kunst, Bavaria
Entw.: Mitte 1950er/1. H. 1960er Jahre;
Porzellan; H. 13,5 B. 16
Leihgabe aus Privatbesitz

**Italienware. Schälchen mit Motiv
Eiskarren aus der Dekurserie »Lido«,
Formserie (Mokkaservice) »Grazie«
(Kat.Abb. 84)**
Herst.: H & G Heinrich Porzellan Selb,
Bavaria
Entw.: Mitte 1950er Jahre; Porzellan;
H. 7 B. 10
Leihgabe aus Privatbesitz

**Italienware. Schälchen mit Motiv
Sonnenschirm aus der Dekorserie
»Lido«, Formserie (Mokkaservice)
»Grazie« (Kat.Abb. 84)**
Herst.: H & G Heinrich Porzellan Selb,
Bavaria
Entw.: Mitte 1950er Jahre; Porzellan;
H. 7,3 B. 7,3
Leihgabe aus Privatbesitz

**Italienware. Teller mit Italienmotiv
(Kat.Abb. 84)**
Herst.: Hindelanger Keramik
Entw.: 2. H. 1950er/1960er Jahre;
Keramik; H. 23,5 B. 24
Leihgabe aus Privatbesitz

**Italienware. Schälchen mit Motiv aus
Italien (Kat.Abb. 84)**
Herst.: Hutschenreuther, Selb
Entw.: Mitte 1950er/1. H. 1960er Jahre;
Porzellan; H. 10 B. 10,3
Leihgabe aus Privatbesitz

**Italienware. Tasse und Untertasse mit
neapolitanischen Motiven (Kat.Abb. 84)**
Herst.: Keramische Werke Zehendner &
Co., Tirschenreuth
Entw.: Mitte 1950er/Anfang 1960er
Jahre; Porzellan; H. 7,5D. 15
Leihgabe aus Privatbesitz

**Italienware. Drei Becher mit Motiven
aus dem Saftservice »Italien«
(Kat.Abb. 84)**
Herst.: Porzellan- und Steingutwerk der
Unternehmensgruppe Melitta, Varel
(heute: Friesland, Porzellan)
Entw.: Anfang 1960er Jahre; Steingut;
H. 10,3 D. 7,5
Leihgabe aus Privatbesitz

**Italienware. Schälchen mit
italienischem Motiv (Kat.Abb. 84)**
Herst.: Schumann & Schreider Porzellan-
fabrik Schwarzenhammer bei Selb
Entw.: 1950er Jahre; Porzellan; H. 8 B. 8
Leihgabe aus Privatbesitz

**Italienware. Kuchenplatte mit
Italienmotiv (Kat.Abb. 84)**
Herst.: Steingutfabrik Grünstadt
Entw.: 2. H. 1950er/1960er Jahre;
Steingut; H. 15,5 B. 38
Leihgabe aus Privatbesitz

Jagdhorn mit Riemen
15. Jhd.; Holzkern mit Lederbezug,
Fassung Silber vergoldet;
H. 65 L. 40 D. 10
Germanisches Nationalmuseum,
Nürnberg; Inv.Nr. W 3036

**Männer auf die es ankommt.
Werbeplakat (Kat.Abb. 88)**
Entw.: unbekannt
um 1960; Offsetdruck; H. 120,8 B. 84
Die »Nürnberger Plakatsammlung« der
GfK und NAA im Germanischen National-
museum, Nürnberg; Inv.Nr. NAA 03055

Mousepad mit Darstellung von Michael Schuhmacher
(Michael Schuhmacher Collection)
2005; Schaumstoff, Kunststoff; H. 17,2 B. 23,7
Germanisches Nationalmuseum, Nürnberg; ohne Inv.Nr.

Fragmente aus: »Der Nibelungen Not«
um 1300; Tinte auf Pergament; H. 27 B. 22
Germanisches Nationalmuseum, Nürnberg; Inv.Nr. Hs 4365 a

Der Petri-Mantel. Ein Mantel von Format. Werbeplakat
Entw.: unbekannt
nicht datiert (um 1960); Offsetdruck; H. 120 B. 84
Die »Nürnberger Plakatsammlung« der GfK und NAA im Germanischen National-museum, Nürnberg; Inv.Nr. NAA 00221

Privileg Kaiser Heinrichs IV. die Stadtrechte Pisas betreffend
1081 (Kopie aus dem 12. Jhd.); Tinte auf Pergament; H. 77 B. 46,5
Germanisches Nationalmuseum, Nürnberg; Inv.Nr. Or. Perg. 1081

Reiseprопekte aus und über Italien. Konvolut
1950er bis 1970er Jahre
Germanisches Nationalmuseum, Nürnberg; Inv.Nr. H 1792hk

Spazierstock-Instrument (Stockvioline mit Bogen)
um 1825; verschiedene Hölzer, Decke Fichte, Garnitur Neusilber
Germanisches Nationalmuseum, Nürnberg; Inv.Nr. MIR 770/ MIR 1013

Teil eines Gerätes in Gestalt eines Wilden Mannes
spätes 15. Jhd.; Messing, gegossen und ziseliert; H. 12 B. 7 T. 5
Germanisches Nationalmuseum, Nürnberg; Inv.Nr. Pl.O. 2982

Waidbesteck, bestehend aus Waidblatt mit Scheide, Messer, Gabel und Feile
um 1700; Klinge geätzt und teilvergoldet, Griffe Messing gegossen und vergoldet, Lederscheide mit getriebenen und gegossenen Messingbeschlägen; B. 14 L. 42
Germanisches Nationalmuseum, Nürnberg; Inv.Nr. W 2964

Wandbrunnen aus dem Hof des Hauses Burgstraße 13 in Nürnberg mit Neptun-Figur
um 1550 bzw. um 1650; Sandstein, Bronze; H. 82 B. 146 T. 98
Germanisches Nationalmuseum, Nürnberg; Inv.Nr. A 2796 bzw. Pl. 0. 1874

Wandervogel-Basslaute
1. H. 20. Jhd.; Holz, Silber, Perlmutt, Nylonsaiten, Kunststoff; B. 36,4 T. 9,7 L. 112,2
Germanisches Nationalmuseum, Nürnberg; Inv.Nr. MI 878

Wotan – Bismarck (TB.Abb. 12)
Illustrierte deutsche Lieder, No. 44
1897; Lithographie; H. 30,5 B. 23,2
Germanisches Nationalmuseum, Nürnberg; Inv.Nr. HB 15296, Kapsel 1311a

Küste bei Sorrent
Oswald von Achenbach
1880; Öl auf Leinwand; H. 41 B. 59
Germanisches Nationalmuseum, Nürnberg; Inv.Nr. Gm 1824

Deutscher Wald. Werbeplakat
Otto Altenkirch
1920/1940; Lithographie; H. 101,5 B. 63,7
Die »Nürnberger Plakatsammlung« der GfK und NAA im Germanischen National-museum, Nürnberg; Inv.Nr. NAA 04147

Italien von den Alpen bis Neapel (TB.Abb. 43)
Karl Baedeker
7. Aufl. Leipzig 1926
Germanisches Nationalmuseum, Nürnberg; Sign. 8° H 1792

Mittel-Italien
Karl Baedeker
14. Aufl. Leipzig 1908
Germanisches Nationalmuseum, Nürnberg; Sign. 8° H 1792

Ober-Italien bis Livorno
Karl Baedeker
18. Aufl. Leipzig 1911
Germanisches Nationalmuseum, Nürnberg; Sign. 8° H 1792

Unter-Italien und Sicilien
Karl Baedeker
15. Aufl. Leipzig 1911
Germanisches Nationalmuseum, Nürnberg; Sign. 8° H 1792

Modell der Innenkonstruktion des Hermannsdenkmals
Ernst von Bandel
1863; Eisen; H. 210 B. 72 T. 72
Lippisches Landesmuseum, Detmold; Inv.Nr. 1671/97

Holzfällen. Eine Erregung
Thomas Bernhard
Frankfurt a.M. 1984
Leihgabe aus Privatbesitz

Büste Adolf Hitlers
Bernhard Bleeker
1933/1940; Bronze; H. 50,5 B. 29 T. 34
Germanisches Nationalmuseum, Nürnberg; Inv.Nr. Pl. O. 3313

Campagnahirte (Kat.Abb. 75)
Hermann Blumenthal
1937; Zinkguss; H. 47,8 T. 43,7
Germanisches Nationalmuseum, Nürnberg; Inv.Nr. Pl.O. 3068

Repertorium librorum trium Joannis Boemi de omnium gentium ritibus
Johannes Böhm
Augsburg 1520
Germanisches Nationalmuseum, Nürnberg; Sign. 4° Gs 1826 Postinc.

Osteria bei Rom (TB.Abb. 5)
Heinrich Bürkel
nach 1832; Öl auf Leinwand; H. 57 B. 86,5
Germanisches Nationalmuseum, Nürnberg; Inv.Nr. Gm 1653

1813–1913 Weiheschrift zu Deutsch-lands Denkmal der Völkerschlacht
Hrsg.: Deutscher Patriotenbund (bearb. von Alfred Spitzner)
Leipzig 1913
Leihgabe aus Privatbesitz

Jagdpokal des Kurfürsten Friedrich August von Sachsen
Johann Melchior Dinglinger (Umkreis)
um 1720; Silber, vergoldet; H. 50
Germanisches Nationalmuseum, Nürnberg; Inv.Nr. HG 11167

Wunderbaum
Herst: Dufti-Lufti AG
2005; Karton, koloriert, und Kunststoff; H. 12 B. 7
Germanisches Nationalmuseum, Nürnberg; ohne Inv.Nr.

Waldinneres (TB.Tafel 1)
Louis Eysen
1892; Öl auf Leinwand; H. 48 B. 39,5
Germanisches Nationalmuseum,
Nürnberg; Inv.Nr. Gm 1730

Italienische Landschaft
Bernhard Fries
um 1850; Öl auf Leinwand; H. 70 B. 97,5
Germanisches Nationalmuseum,
Nürnberg; Inv.Nr. Gm 1734

Die Toscana-Therapie: Schauspiel in 19 Bildern (Kat.Abb. 6)
Robert Gernhardt
Frankfurt a. M. und Zürich 1986
Leihgabe aus Privatbesitz

Ischialandschaft
Werner Gilles
1951; Aquarell, Deckfarbe; H. 31,5 B. 48,3
Germanisches Nationalmuseum,
Nürnberg; Inv.Nr. Hz 6999, Kapsel 2000

Die italienische Reise. Mit den Zeichnungen Goethes, seiner Freunde und Kunstgenossen
Johann Wolfgang von Goethe (Hrsg.: Goethe-Nationalmuseum)
Leipzig 1925
Germanisches Nationalmuseum,
Nürnberg; Sign. 4° B GOT 46/14 Slg. Hch 40

Das Kap der Circe
Ferdinand Gregorovius
Neu-Isenburg 1984
Germanisches Nationalmuseum,
Nürnberg; Sign. 4° Om 198/41 [S]

Landschaft bei Olevano
Max Wilhelm Großmann
1872; Öl auf Leinwand auf Pappe aufgezogen; H. 28,5 B. 40
Staatliche Kunsthalle, Karlsruhe;
Inv.Nr. 1689

Angst (Kat.Abb. 79)
Hannah Höch
1936; Öl auf Leinwand; H. 100 B. 70,5
Germanisches Nationalmuseum,
Nürnberg; Inv.Nr. Gm 2015

San Giuliano Terme (Kat.Abb. 76)
Axel Hütte
1988–1989; Photographie; H. 214 B. 152,5
Neues Museum – Staatliches Museum für Kunst und Design in Nürnberg.
Leihgabe der Stadt Nürnberg Nürnberg;
Inv.Nr. N 383

Die Nibelungen dem deutschen Volke wieder erzählt. Bilder und Ausstattung von C.O. Czeschka, Gerlachs Jugendbücherei (Kat.Abb. 87)
Franz Keim
Wien und Leipzig 1924
Germanisches Nationalmuseum,
Nürnberg; Sign. 4° Pt 192/5 [S]

Nordic Walking-Stöcke (TB.Abb. 9)
Herst.: Komperdell
nach 2000; Metall, Kunststoff, Synthetik, Gummi; L. 135 D. 5
Germanisches Nationalmuseum (zur Verfügung gestellt von Karstadt an der Lorenzkirche), Nürnberg; ohne Inv.Nr.

Die Blaue Grotte auf Capri (Kat.Abb. 82)
August Kopisch
nach 1826; Öl auf Leinwand; H. 30 B. 39 T. 5
Stiftung Preußische Schlösser und Gärten Berlin-Brandenburg, Schloss Sanssouci, Potsdam; Inv.Nr. GK I 683

Erwin von Steinbach: Die Erfindung der Gotik (TB.Tafel 8)
August von Kreling
um 1849; Öl auf Leinwand; H. 46 B. 36,5
Germanisches Nationalmuseum,
Nürnberg; Inv.Nr. Gm 1987

Den teutschen Künstlern zu Rom. Brief von Ludwig, Kronprinz von Bayern
Ludwig von Bayern
1818; Tinte; eigenhändiger Autograph; H. 24,8 B. 18,9
Germanisches Nationalmuseum,
Nürnberg; Sign. Autographen, Kapsel 24

Der Tod in Venedig
Thomas Mann
Berlin 1913
Germanisches Nationalmuseum,
Nürnberg; Sign. 8° L 4002 ami

Espressomaschine »Caffèconcerto CF 32« (Kat.Abb. 85)
Entw.: Alberto Meda und Aldo Rossi;
Herst.: Girmi, Mailand
Ausf.: um 1984; Grauer und Schwarzer Kunststoff, Metallteile; H. 34 B. 33 T. 16,4
Germanisches Nationalmuseum,
Nürnberg; Inv.Nr. Des 1247

Kennst du das Land. Werbeplakat der Italienischen Fremdenverkehrsbehörde ENIT (Kat.Abb. 72)
Entw.: Michahelles
nicht datiert; Lithographie; H. 99,5 B. 62,8
Die »Nürnberger Plakatsammlung« der GfK und NAA im Germanischen Nationalmuseum, Nürnberg; Inv.Nr. NAA 03861

Die Großen Alten (Auswahl)
Stefan Moses
Paula Busch (1963)
Tilla Durieux (1963)
Käthe Kruse (1963)
Oskar Maria Graf (1964)
Willi Brandt (1983)
Marion Gräfin Dönhoff (1983)
Hans Georg Gadamer (1983)
Herbert Wehner (1983)
Stefan Heym (1991)
Grete Weil (1995)
Gunter Grass (1996)
Vicco von Bülow (1997)
Photographien; H. 40 B. 30
Stefan-Moses-Archiv, Fotomuseum im Münchner Stadtmuseum München

Man spricht deutsh. Filmplakat (Kat.Abb. 74)
Regie: Hans Christian Müller; Buch: Hans Christian Müller und Gerhard Polt
D, 1987; Offsetdruck; H. 54 B. 39
Germanisches Nationalmuseum,
Nürnberg; ohne Inv.Nr.

Der Nibelungen Liet. Ein Rittergedicht aus dem 13. oder 14. Jahrhundert zum ersten Male aus der Handschrift ganz abgedruckt
Hrsg.: Christoph Heinrich Myller
Berlin 1782
Germanisches Nationalmuseum,
Nürnberg; Sign. 8° Slg. N 1056

Dornröschen
Eugen Napoleon Neureuther
1836; Radierung; H. 78 B. 60
Germanisches Nationalmuseum,
Nürnberg; Inv.Nr. K 15234, Kapsel 1016

Italien. Ein Führer, Bd. 2: Rom und Latium
Eckart Peterich
München 1961
Germanisches Nationalmuseum,
Nürnberg; Sign. 8° Wc 195/11 [2]

Häuser in Tivoli
Max Prätorius
1844; Graphitstift, Öl und Deckfarben
auf Karton; H. 23,1 B. 36,9
Germanisches Nationalmuseum,
Nürnberg; Inv.Nr. Hz 1450, Kapsel 620

Olevano von Osten
Max Prätorius
1852; Öltempera auf grundiertem
Karton; H. 34,2 B. 54,6
Germanisches Nationalmuseum,
Nürnberg; Inv.Nr. Hz 1475, Kapsel 1543

Fischer bei Positano mit der Insel Capri
in der Ferne (TB.Abb. 6)
Joseph Rebell
1818; Öl auf Leinwand; H. 40 B. 59,1
Germanisches Nationalmuseum,
Nürnberg; Inv.Nr. Gm 1962

Italienische Landschaft mit Schloss
(Kat.Abb. 71)
Johann Christian Reinhart
1804; Öl auf Holz; H. 36,2 B. 49
Germanisches Nationalmuseum,
Nürnberg; Inv.Nr. Gm 1978

Olevano
Heinrich Reinhold
1822; Öl auf Papier; H. 12,6 B. 20,8
Germanisches Nationalmuseum,
Nürnberg; Inv.Nr. Hz 3413, Kapsel 639a

St. Vito, Gebirgsszene am Abend
Heinrich Reinhold
1822; Kreide und Tinte, laviert und
aquarelliert; H. 14 B. 20,8
Germanisches Nationalmuseum,
Nürnberg; Inv.Nr. Hz 3412, Kapsel 639a

Gefunden. Aus: Für's Haus von Ludwig
Richter: Herbst. Dresden, Verlag von
J. Heinrich Richter. Druck von Breitkopf
und Härtel in Leipzig
Ludwig Richter
1861; Holzschnitt; H. 24,7 B. 17,5
Germanisches Nationalmuseum,
Nürnberg; Inv.Nr. H 7140, Kapsel 74

Märlein von Hänsel und Grethel. Aus:
Für's Haus von Ludwig Richter: Som-
mer. Dresden, Verlag von J. Heinrich
Richter. Druck von Breitkopf und Härtel
in Leipzig (TB.Abb. 7)
Ludwig Richter
1860; Holzschnitt; H. 29,5 B. 22,5
Germanisches Nationalmuseum,
Nürnberg; Inv.Nr. H 7124, Kapsel 73

Via Appia I
Karl Rössing
1950; Linolschnitt; H. 50,2 B. 42,5
Germanisches Nationalmuseum,
Nürnberg; Inv.Nr. H 8009, Kapsel 1012c

Webicht bei Weimar
Christian Rohlfs
um 1888/1889; Öl auf Leinwand;
H. 57 B. 75
Germanisches Nationalmuseum (Leih-
gabe der Stadt Nürnberg), Nürnberg;
Inv.Nr. Gm 2041

Die Sternthaler (Münchner Bilderbogen,
Nr. 235)
Ferdinand Rothbart (Zeichner), K. Braun
und F. Schneider (Verleger), C. Wolf &
Sohn (Drucker)
1858–59; Lithographie, Typendruck;
H. 44,4 B. 34,5
Germanisches Nationalmuseum,
Nürnberg; Inv.Nr. H 3816, Kapsel 1213a

Sonnenuntergang in den Sabiner
Bergen
Carl Rottmann
nicht datiert (1830er Jahre); Öl auf
Leinwand; H. 39,5 B. 47,6 (im Rahmen)
Städtisches Museum Brauschweig
Braunschweig; Inv.Nr. 1200-0659-00

Sonnenland
Herst.: Rüdisühli
1926; Chromolithographie
Germanisches Nationalmuseum,
Nürnberg; Inv.Nr. VK 3317

Tavolara (Kat.Abb. 78)
Wolfram Scheffel
2004; Öl auf Leinwand; H. 75 B. 150 T. 4
Galerie Schwind, Frankfurt a.M.;
Inv.Nr. WS 26/04

A 20 – Peenebrücke Jarmen
Hans-Christian Schink
2002; Photographie, Originalabzug vom
Negativ; H. 178 B. 211
Leihgabe. Courtesy Galerie Rothamel,
Erfurt

A 71 – Brücke Schwarzbachtal
(Kat.Abb. 81)
Hans-Christian Schink
2001; Photographie, Originalabzug vom
Negativ; H. 178 B. 211
Leihgabe. Courtesy Galerie Rothamel,
Erfurt

Südliche Bucht mit Segelbooten
Konrad Schreiber
nicht datiert (1. H. 19. Jhd.); Öl auf
Papier; D. 38
Germanisches Nationalmuseum, Nürn-
berg; Inv.Nr. StN. 13211, Kapsel 1544

Der Graf von Habsburg
Moritz von Schwind
um 1855; Öl auf Leinwand; H. 74 B. 57
Germanisches Nationalmuseum,
Nürnberg; Inv.Nr. Gm 1767

Spaziergang nach Syrakus
Johann Gottfried Seume
Braunschweig und Leipzig 1815
Germanisches Nationalmuseum,
Nürnberg; Sign. 8° H 1867z

Friedrich I.
Christian Siedentopf
nicht datiert; Stahlstich; H. 47,5 B. 34,5
Germanisches Nationalmuseum,
Nürnberg; Inv.Nr. K 19612, Kapsel 1494

Friedrich II.
Christian Siedentopf
nicht datiert; Stahlstich, koloriert;
H. 49,5 B. 34,5
Germanisches Nationalmuseum,
Nürnberg; Inv.Nr. K 19609, Kapsel 1494

Otto I.
Christian Siedentopf
nicht datiert; Stahlstich; H. 50 B. 32,5
Germanisches Nationalmuseum,
Nürnberg; Inv.Nr. K 19610, Kapsel 1494

Otto III.
Christian Siedentopf
nicht datiert; Stahlstich; H. 39,5 B. 26
Germanisches Nationalmuseum,
Nürnberg; Inv.Nr. K 19611, Kapsel 1494

Laßt uns nicht im Regen stehen
(TB.Tafel 5)
Klaus Staeck
1983; Offsetdruck; H. 84 B. 59,4
Germanisches Nationalmuseum,
Nürnberg; ohne Inv.Nr.

Kaiser Wilhelm I. auf dem Paradebett
(Kat.Abb. 86)
Fritz Steinmetz 1889; Öl auf Leinwand;
H. 189 B. 92
Germanisches Nationalmuseum,
Nürnberg; Inv.Nr. Gm 1260

Studien. Zweiter Band: Hochwald
Adalbert Stifter
Pesth und Leipzig 1844
Germanisches Nationalmuseum, Nürnberg; Sign. 8° Ok 184/3 Slg N 1326

Motiv aus der Campagna (Kat.Abb. 83)
Hans Thoma
1883; Öl auf Leinwand; H. 85 B. 111
Germanisches Nationalmuseum, Nürnberg; Inv.Nr. Gm 1782

Pastateller
Herst.: Thomas (Rosenthal Group)
nach 1990; Porzellan; H. 6 D. 30
Leihgabe aus Privatbesitz

Ein Morgen in Pompeji (Kat.Abb. 77)
Werner Tübke
1997; Öl auf Leinwand; H. 55 B. 75
Galerie Schwind, Frankfurt a.M.; Inv.Nr. G 318

Informationsmaterial zum Volksbegehren »Aus Liebe zum Wald«
Hrsg.: Wald Bündnis Bayern
2005; H. 28,1 B. 21,2
Germanisches Nationalmuseum, Nürnberg; ohne Inv.Nr.

Bismarck-Fenster
Entw.: Friedrich Wanderer; Herst.: Sebastian Eisgruber
1883; farbige Hüttengläser mit Schwarzlotmalerei; H. 330 B. 170
Germanisches Nationalmuseum, Nürnberg; Inv.Nr. Glf 1

Eichenwald bei Querum (TB.Abb. 8)
Pascha Johann Friedrich Weitsch
sign. und dat. 1800; Öl auf Leinwand; H. 84 B. 115,5
Städtisches Museum Braunschweig Braunschweig; Inv.Nr. 1969-0163-00

Deutscher Wald. Plakat der Reichsbahnzentrale für den Deutschen Reiseverkehr (TB.Tafel 2)
Entw.: Jupp Wiertz
um 1935; Offsetdruck; H. 108 B. 62,5
Die »Nürnberger Plakatsammlung« der GfK und NAA im Germanischen Nationalmuseum, Nürnberg; Inv.Nr. NAA 03826

Johann Winckelmanns Geschichte der Kunst des Alterthums
Johann Joachim Winckelmann
Dresden 1764
Germanisches Nationalmuseum, Nürnberg; Sign. 8° Tf 176/2 Slg N 969

Capri-Fischer. Lied und Tango-Serenade
Musik: Gerhard Winkler; Text: Ralph Maria Siegel
Leipzig 1943; Papier; H. 31 B. 46,5
Leihgabe aus Privatbesitz

Vaterland

Antrag auf Ausreise aus der DDR (TB.Abb. 53)
nicht datiert; H. 10,4 B. 14,8
Haus der Geschichte der Bundesrepublik Deutschland, Bonn; Inv.Nr. 1990/8/328

Armeedenkzeichen 1866 (Kgr. Bayern)
1866; Bronze, Stoff; H. 9,3 B. 3,8
Leihgabe aus Privatbesitz

August 1968 in Prag. Prospekt
1968; H. 21 B. 21
Zeitgeschichtliches Forum Leipzig der Stiftung Haus der Geschichte der Bundesrepublik Deutschland, Leipzig; Inv.Nr. H 1998/10/0018

Bordfanfare in Es des Linienschiffs SMS Helgoland
um 1900; Messing, Zwingen und Stürzenkranz Neusilber, graviert; H. 17 L. 75 D. 12,5
Germanisches Nationalmuseum, Nürnberg; Inv.Nr. MI 740

Dederon-Einkaufsbeutel
1980er Jahre; Kunststoff; H. 50 B. 35
Leihgabe aus Privatbesitz

Denkzeichen für das Jahr 1849 (für treu gebliebene Militärs und Beamte) mit König Maximilian II. von Bayern
1849; Bronze; H. 4,7 B. 3,2
Leihgabe aus Privatbesitz

Deutsch die Saar immerdar. Anstecknadel
1935; Kunststoff, Metallnadel; D. 2,5
Leihgabe aus Privatbesitz

Deutsche Ausgabe eines Reisepasses der Europäischen Gemeinschaft (Kat.Abb. 11)
1994; Papier mit Sicherheitsmerkmalen, laminiert; Karton, gebunden; H. 13 B. 9,4
Leihgabe aus Privatbesitz

Eine Deutsche Mark in Gold
Deutsche Bundesbank
2002; Gold; D. 2,35
Germanisches Nationalmuseum, Nürnberg; Inv.Nr. MÜ 31532

Deutschland-Stuhl (Kat.Abb. 102)
Aisha Queitzsch
1989; Holz, bemalt; H. 83 B. 50 T. 43
Leihgabe aus Privatbesitz

Drei-Mark-Stück. Sonderprägung zur Hundertjahrfeier der Völkerschlacht von Leipzig (TB.Abb. 16)
1913; Silber-Nickel-Legierung; D. 3,3
Leihgabe aus Privatbesitz

Einkaufsnetz
1980er Jahre; Leder, Stahlringe, Baumwollmischgewebe; H. 42 B. 34
Leihgabe aus Privatbesitz

Einweihung des Völkerschlachtdenkmals zu Leipzig durch Kaiser Wilhelm II.
1913; Photographie; H. 18,2 B. 24
Germanisches Nationalmuseum, Nürnberg; Nachlass B. Schmitz, I, B

Eisernes Kreuz 1. Klasse (Kgr. Preußen)
1813; Samtkern, Eisen; H. 4,2 B. 4,2
Leihgabe aus Privatbesitz

Entwertetes Silbergeld der Deutschen Mark
Deutsche Bundesbank
2002; Kupfer-Nickel-Legierung; D. 2,35
Germanisches Nationalmuseum, Nürnberg; Inv.Nr. MÜ 31647

Erinnerungskreuz für 1866, sog. Königgrätz-Kreuz (Kgr. Preußen) (Kat.Abb. 98)
1866; Bronze, Stoff (Band wohl erneuert); H. 8 B. 3,7
Leihgabe aus Privatbesitz

Kriegsdenkmünze für den Feldzug gegen Dänemark 1864 (Preußen und Österreich)
1864; Bronze (aus eroberten Kanonen gegossen); H. 3,5 B. 3
Leihgabe aus Privatbesitz

Hohenzollern-Kriegsdenkmünze für 1848-1849 (Kgr. Preußen)
1849; Bronze; H. 4,4 B. 3
Leihgabe aus Privatbesitz

Ersttagsbrief: »Dem deutschen Widerstand zum Jahrestag des 20. Juli 1944«
1964; Offset- und Stempeldruck;
H. 16 B. 22,9
Haus der Geschichte der Bundesrepublik
Deutschland, Bonn; Inv.Nr. 2001/07/0281

Ersttagsbrief: »Kardinal von Galen zum 20. Todestag«
1966; Offset- und Stempeldruck;
H. 9,5 B. 16,5
Haus der Geschichte der Bundesrepublik
Deutschland, Bonn;
Inv.Nr. 2001/07/0324

Ersttagsbrief: »Verfolgung und Widerstand 1933–45 « (TB.Abb. 56)
1983; Offset- und Stempeldruck;
H. 9,3 B. 16,3
Haus der Geschichte der Bundesrepublik
Deutschland, Bonn;
Inv.Nr. 2001/08/0366

Es zogen zwei Burschen über den Rhein. Postkarte zur Emigration Wilhelms II.
1918; Offsetdruck; H. 13,8 B. 9
Deutsches Historisches Museum, Berlin;
GOS-Nr. JU002935

Euro-Starter-Kit (Kat.Abb. 95)
Deutsche Bundesbank
2001; H. 1 B. 9,5 T. 8,5
2 EUR: D 2,57, Kupfer-Nickel, Nickel-Messing, Nickel; 1 EUR: D 2,32, Nickel-Messing, Kupfer-Nickel, Nickel; 50 Cent: D 2,45, nordisches Gold; 20 Cent: D 2,25, nordisches Gold; 10 Cent: D 1,97, nordisches Gold; 5 Cent: D 2,12, Stahl mit Kupferauflage; 2 Cent: D 1,87, Stahl mit Kupferauflage; 1 Cent: D 1,62, Stahl mit Kupferauflage.; H. 1 B. 9,5 T. 8,5
Leihgabe aus Privatbesitz

Für gutes Lernen in der sozialistischen Schule und für vorbildliche gesellschaftliche und außerunterrichtliche Arbeit. Urkunde
um 1969/1970; Papier; H. 21,1 B. 14,8
Haus der Geschichte der Bundesrepublik
Deutschland, Bonn; Inv.Nr. 1990/9/043

Gedächtnismedaille für das preußische »Befreiungsheer«, sog. »Brudermordmedaille« (Großherzogtum Baden)
1849; Geschützbronze; H. 3,4 B. 3,1
Leihgabe aus Privatbesitz

Gemeinsame Erklärung von Bürgerrechtsgruppen der DDR (Repr.)
4. Oktober 1989; H. 29,7 B. 21
Archiv der Bürgerbewegung Leipzig e. V.,
Leipzig

Grenzschild der DDR »Deutsche Demokratische Rep(ub)lik« (TB.Abb. 52)
vor 1989; Aluminiumguss, bemalt;
H. 27,5 B. 22 T. 3
Leihgabe aus Privatbesitz

Hausbuch
Deutsche Demokratische Republik;
1970/1989
Leihgabe aus Privatbesitz

Krupp-Kanone als Spielzeug
1914/1918; Holz, bemalt, Karton, Blech;
H. 3 B. 7,4 L. 10,4
Leihgabe aus Privatbesitz

Die Lügen-Nachrichten unserer Feinde! Bestes deutsches Abort-Papier
1914/1918; Papier; H. 19 B. 12,2
Leihgabe aus Privatbesitz

Mecki. Stoffpuppe
nicht datiert; Leder, Kordel, Filz,
Baumwolle, Kunstfaser, Kunststoff;
H. 26 B. 16 T. 10
Leihgabe aus Privatbesitz

Messemännchen. Maskottchen der Leipziger Messe
1960er Jahre; Kunststoff, Baumwolle;
H. 17 B. 11
Leihgabe aus Privatbesitz

Miniaturtrikots ausländischer Fußballspieler in deutschen Bundesligavereinen
2006; Polyester, bedruckt und beflockt
Germanisches Nationalmuseum,
Nürnberg; ohne Inv.Nr.

Münzen des Königreichs Bayern (1806–1871)
1 Krone, Gold, 1860, Inv.Nr. MÜ 24647;
1 Isardukat, Gold, 1830, Inv.Nr. MÜ 24610; 1 Goldgulden, 1835-39, Inv.Nr. MÜ 16074; 2 Taler 3 1/2 Gulden, Silber, 1854, Inv.Nr. MÜ 24640; 2 Gulden, 1876, Silber, Inv.Nr. MÜ 7027; 1 Taler, Silber, 1860, Inv.Nr. MÜ 16174; 1 Kreuzer, Silber, 1854, Inv.Nr. MÜ 31705; 1/2 Kreuzer, Kupfer, 1851, Inv.Nr. MÜ 31706; 2 Pfennig, 1849, Kupfer, Inv.Nr. MÜ 31700; 1 Pfennig, 1850, Kupfer, Inv.Nr. MÜ 31707; 1 Heller, Kupfer, 1851, Inv.Nr. MÜ 31708
Germanisches Nationalmuseum,
Nürnberg

Münze im Wert von zweihundert Euro in Gold. Inschriftlich bezeichnet: »Übergang zur Währungsunion. Einführung des Euro«
2002; Gold; D. 3,05
Germanisches Nationalmuseum,
Nürnberg; Inv.Nr. MÜ 31566

Münzsatz der Deutschen Mark
1994; 5 Deutsche Mark, D 2,9, Kupfer-Nickel-Legierung; 2 Deutsche Mark, D 2,675, Kupfer-Nickel-Legierung; 1 Deutsche Mark, D 2,35, Kupfer-Nickel-Legierung; 50 Pfennig, D 2,00, Kupfer-Nickel-Legierung; 10 Pfennig, D 2,15, Stahlkern mit beidseitiger Messingauflage; 5 Pfennig, D 1,85, Stahlkern mit beidseitiger Messingauflage; 2 Pfennig, D 1,925, Stahlkern mit beidseitiger Kupferauflage; 1 Pfennig, D 1,65, Stahlkern mit beidseitiger Kupferauflage
Germanisches Nationalmuseum,
Nürnberg; Inv.Nr. MÜ 31645

Pappkarton mit Abzeichen der DDR
1980/1989; Karton, Metall, Kunststoff;
H. 7,8 B. 22 T. 14,5
Haus der Geschichte der Bundesrepublik
Deutschland, Bonn;
Inv.Nr. 1999/08/0337

Pickelhaube eines Infanterieoffiziers (Kat.Abb. 97)
Schleswig-Holstein 1848/1850; Leder, Messing, vergoldet und teilweise versilbert, Seidenfutter; H. 20,5
Germanisches Nationalmuseum,
Nürnberg; Inv.Nr. W 251

Pittiplatsch. Spielzeugfigur
1980/1989; Holz, Kunstfaser;
H. 6,8 B. 2,4 T. 4
Haus der Geschichte der Bundesrepublik
Deutschland, Bonn;
Inv.Nr. 2003/02/0330

Sandmännchen (Ost)
nach 1958; Filz, verschiedene Kunststoffe, Wolle, Synthetik; H. 23 B. 9,5 T. 7
Germanisches Nationalmuseum,
Nürnberg; ohne Inv.Nr.

Tischgarnitur – Markierung der Staats-
grenze der DDR zur BRD (Kat.Abb. 90)
1975/76; Marmor, Filz, Messing;
H. 5,8 B. 25,3 T. 9,2
Haus der Geschichte der Bundesrepublik
Deutschland, Bonn;
Inv.Nr. 1990/07/630

Verfassung des Deutschen Reiches
Bremen o. J. [1848]
Germanisches Nationalmuseum,
Nürnberg; Inv.Nr. St 1357

Wandteller zum 20. Jahrestag des
Ministeriums für Staatssicherheit
1970; Porzellan; D. 36
Haus der Geschichte der Bundesrepublik
Deutschland, Bonn; Inv.Nr. 1990/7/165

Wehrdienst oder Ersatzdienst.
Ansichtskarte
1950/1960; H. 10,3 B. 14,7
Haus der Geschichte der Bundesrepublik
Deutschland, Bonn;
Inv.Nr. 1994/05/0320

Wir sind das Volk. Aufkleber
1990; H. 6,8 B. 11
Haus der Geschichte der Bundesrepublik
Deutschland, Bonn; Inv.Nr. 1990/11/077

Fanfare in Es mit Fahne des
Stabsmusikkorps der NVA
Herst.: Amati (?)
ca. 1955; Messing, vernickelt;
Kunstseide, bestickt; H. 57 L. 78,5 D. 13
Germanisches Nationalmuseum,
Nürnberg; Inv.Nr. MI 792

Single zur X. Fußball-Weltmeisterschaft
1974 – Nationalmannschaft der DDR
Verl.: Amiga
1974; Vinyl; Karton; H. 18 B. 18,2
Germanisches Nationalmuseum,
Nürnberg; ohne Inv.Nr.

Zwei Vivatbänder
Verl.: Amsler und Ruthardt
1914; Kette Seide, Schuss Baumwolle,
Atlasbindung; H. 40,2 B. 6,5
Germanisches Nationalmuseum,
Nürnberg; Inv.Nr. Gew 4312

Die verlorene Ehre der Katharina Blum
oder: Wie Gewalt entstehen und wohin
sie führen kann
Heinrich Böll
Köln 1974
Leihgabe aus Privatbesitz

Leben des Galilei. Mit 22 Fotos aus der
Aufführung des Berliner Ensemble
Bertolt Brecht
Berlin 1958
Germanisches Nationalmuseum,
Nürnberg; ohne Sign.

Weimarer Reichsverfassung
Hrsg.: Bremer Presse
1929
Germanisches Nationalmuseum,
Nürnberg; Sign. 4° St. 1365 ss [S]

Burda-Moden
Verl.: Burda
Heft 2/1967
Germanisches Nationalmuseum,
Nürnberg; ohne Sign.

Jedes Opfer des staatlichen
Machtmißbrauchs: Ich zeige an!
Manfred Butzmann
1989; Offsetdruck; H. 81,2 B. 57,4
Zeitgeschichtliches Forum Leipzig der
Stiftung Haus der Geschichte der
Bundesrepublik Deutschland, Leipzig;
Inv.Nr. H 1998/12/0078

Wrapped Reichstag. Gewebeprobe
Christo und Jeanne-Claude
1995; Polypropylengewebe in Leinwand-
bindung, Aluminiumbeschichtung;
H. 8,5 B. 12,3 T. 0,5
Germanisches Nationalmuseum,
Nürnberg; Inv.Nr. Gew 4984

Die Wacht am Rhein (TB.Abb. 15)
Herst.: Gebrüder Elbers (?)
1870/1871; lithographischer Druck in
schwarz und rot auf weißem Baumwollgrund; H. 68 B. 67
Germanisches Nationalmuseum,
Nürnberg; Inv.Nr. HB 1080, Kapsel 1321

Medaille mit dem Abbild Friedrich
Eberts, rückseitig bez.: DAS BANNER
STEHT WENN DER MANN AUCH FÄLLT
BENNO ELKAN (Kat.Abb. 99)
Benno Elkan
1925; Bronze; D. 6,5
Germanisches Nationalmuseum,
Nürnberg; Inv.Nr. Med 14399

Sandmännchen (West)
Herst.: Goebel
nach 1961; Filz, verschiedene Kunst-
stoffe, Kunstfaser, Baumwolle;
H. 20 B. 9 T. 7,5
Germanisches Nationalmuseum,
Nürnberg; ohne Inv.Nr.

Ein weites Land (Günter Grass: Werk-
ausgabe, herausgegeben von Volker
Neuhaus und Daniela Hermes, Band 13)
Günter Grass
Göttingen 1995
Leihgabe aus Privatbesitz

Tick… Tack… Tick… Tack…
Mail-Art-Postkarte
Bernd Hanke
1989; Siebdruck; H. 10,5 B. 14,5
Zeitgeschichtliches Forum Leipzig der
Stiftung Haus der Geschichte der
Bundesrepublik Deutschland, Leipzig;
Inv.Nr. H 2000/09/0495

Deutschland – Ein Wintermärchen
Heinrich Heine
München 1993
Germanisches Nationalmuseum,
Nürnberg; Sign. 8° OI 199/20

Plastiktüte mit Weihnachtsmotiv
(Kat.Abb. 100)
Hörzu
um 1985; Polyethylen; H. 44,5 B. 36
Germanisches Nationalmuseum, Nürn-
berg; Inv.Nr. Des 1248/Weihnachten 13

Trauerzug für Kurt Eisner
Heinrich Hoffmann
26.2.1919; Bromsilberdruck;
H. 8,8 B. 13,9
Fotomuseum im Münchner Stadt-
museum, München; Inv.Nr. 93/727/27

Demonstrationszug der Räteanhänger
auf der Theresienwiese
Heinrich Hoffmann
12.6.1919; Bromsilberdruck;
H. 8,8 B. 13,9
Fotomuseum im Münchner Stadtmuseum, München; Inv.Nr. 93/727/89

Ansichten zu Deutschland. Photoserie
(Kat.Abb. 105)
Pater Norbert Plogmann, Ehepaar
Kunert, Alexander Herz, Ekkehard Schall,
Katrin Muschner, Wolfgang Thierse,
Sabine Schmidt, Alexander Osang,
Brigitte Meyer und Heiner Müller, Heinz
Knobloch, Cindy und David, Alexander
Longolius, M. Prasser
Konrad Hoffmeister
1990-95; Photographie;
H. 39 - 40 B. 29,2 – 30,5
Haus der Geschichte der Bundesrepublik
Deutschland, Bonn;
Inv.Nr. 1998/09/0024, – 0023, – 0018,
– 0326, – 0325, – 0083, – 0082,
– 0078, – 0071, – 0057, – 0029, – 0339
und – 0061

Unser Schneiderbuch für Sie zum
Lernen und zum Nachschlagen
Antonie Jannusch
Leipzig – Weimar 1991
Leihgabe aus Privatbesitz

Allerlei-Rauh. Eine Chronik
Sarah Kirsch
3. Aufl. Stuttgart 1996
Germanisches Nationalmuseum,
Nürnberg; ohne Sign.

Wildwechsel
Franz Xaver Kroetz
Wollerau – Wien – München 1973
Leihgabe aus Privatbesitz

Kartenserie mit Briefmarken. Titel: In
Buchenwald ermordete Antifaschisten:
»Rudolf Breitscheid«
Hrsg.: Kuratorium für den Aufbau
nationaler Gedenkstätten
1958; Offset- und Stempeldruck;
H. 14,8 B. 10,5
Haus der Geschichte der Bundesrepublik
Deutschland, Bonn;
Inv.Nr. 1999/01/0282.2

Kartenserie mit Briefmarken. Titel: In
Buchenwald ermordete Antifaschisten:
»Rudolf Renner«
Hrsg.: Kuratorium für den Aufbau
nationaler Gedenkstätten
1958; Offset- und Stempeldruck;
H. 14,8 B. 10,5
Haus der Geschichte der Bundesrepublik
Deutschland, Bonn;
Inv.Nr. 1999/01/0282.6

Kartenserie mit Briefmarken. Titel: In
Buchenwald ermordete Antifaschisten:
»Ernst Thälmann«
Hrsg.: Kuratorium für den Aufbau
nationaler Gedenkstätten
1958; Offset- und Stempeldruck;
H. 14,8 B. 10,5
Haus der Geschichte der Bundesrepublik
Deutschland, Bonn;
Inv.Nr. 1999/01/0282.1

Kartenserie mit Briefmarken. Titel: In
Buchenwald ermordete Antifaschisten:
»Albert Kuntz«
Hrsg.: Kuratorium für den Aufbau
nationaler Gedenkstätten
1958; Offset- und Stempeldruck;
H. 14,8 B. 10,5
Haus der Geschichte der Bundesrepublik
Deutschland, Bonn;
Inv.Nr. 1999/01/0282.4

Versuchte Einheit
Eberhard Linke
1990; Bronze, gegossen; D. 15
Germanisches Nationalmuseum,
Nürnberg; Inv.Nr. Med 12518

Schwarzwaldmädel. Plakat des Films
von Hans Deppe
Entw.: Ernst Litter
1950; Offset-Lithographie; H. 84 B. 59
Deutsches Filmmuseum Frankfurt,
Frankfurt a.M.; Inv.Nr. 91:G 9440

Der Untertan. Roman. Mit einem
Nachwort von Wilfried F. Schoeller.
Zeichnungen von Bernhard Heisig
Heinrich Mann
Frankfurt a. M. – Wien 1992
Leihgabe aus Privatbesitz

Barbie-Traumhaus
Herst.: Mattel
nach 1985; verschiedene Kunststoffe,
Nylon, Metall; H. 36 B. 23 T. 16
Germanisches Nationalmuseum,
Nürnberg; ohne Inv.Nr.

Prof. Johann Gottlieb Fichte als
preußischer Landsturmmann
Bez:. Mueller fecit 813
1813; Goldgrundgravüre; H. 7,5 B. 6,8
Germanisches Nationalmuseum,
Nürnberg; Inv.Nr. Min 140

Mutterzunge
Emine Sevgi Özdamar
Köln 2002
Germanisches Nationalmuseum,
Nürnberg; ohne Inv.Nr.

Der Führer spricht. Reproduktion.
In: Die Kunst im Deutschen Reich,
Bd. 4, Heft 8/9, Ausgabe B, 1940
Paul Matthias Padua
1937
Germanisches Nationalmuseum,
Nürnberg; Sign. 2° ZK 291

Single zur X. Fußball-Weltmeisterschaft
1974 – Nationalmannschaft der
Bundesrepublik Deutschland
Verl.: Polydor
1974; Vinyl, Karton; H. 31,2 B. 31,2
Germanisches Nationalmuseum,
Nürnberg; ohne Inv.Nr.

Quelle Katalog Frühjahr 1983
Verl.: Quelle Versandhaus Fürth
1983
Germanisches Nationalmuseum,
Nürnberg; Sign. 4° Qm QUE 45/1

Heimat 3. Chronik einer Zeitenwende
Edgar Reitz
2004; Offsetdruck; H. 59 B. 86
Deutsches Filmmuseum Frankfurt,
Frankfurt a. M.; ohne Inv.Nr.

Ut mine Stromtid
Fritz Reuter
Berlin 1905
Germanisches Nationalmuseum,
Nürnberg; Sign. 8° L 2298d

Noch ein Todtentanz. Folge von sieben Blättern
Titelblatt
Die Freiheit besiegt den Tod
Der Tod in Gestalt eines Jesuiten wiegelt den Landesfürsten auf
Der Tod wiegelt das Proletariat auf
Der Tod als Feldherr
Der Tod führt in die Schlacht gegen das Volk
Der Tod nach der Schlacht gibt sich als wahrer Herrscher zu erkennen
Anschließendes Blatt mit Gedicht
Emil Roller (Stecher und Verleger) und Karl Wolf (Drucker)
1848/1849; Holzschnitt, Typendruck;
H. 21–28,5 B. 30.4–37,1
Germanisches Nationalmuseum, Nürnberg; Inv.Nr. HB 12690, 12696, 12689, 12692, 12691, 12693, HB 12694, 12695, 12690, Kapsel 1318b

Milestones
The Rolling Stones
1971; Vinyl, Karton; H. 31 B. 30
Leihgabe aus Privatbesitz

Szene nach der Völkerschlacht
Johann Lorenz Rugendas
1813; Aquatinta, Radierung, koloriert;
H. 46 B. 57
Germanisches Nationalmuseum, Nürnberg; Inv.Nr. K 22235, Kapsel 1033

Hermann befreit Germania (TB.Abb. 10)
Karl Russ
1813; Radierung; H. 15,6 B. 16,7
Germanisches Nationalmuseum, Nürnberg; Inv.Nr. HB 50213, Kapsel 1315

Deine Welt sind die Berge. Photoarbeit Nr. 24
Anne-Marie von Sarosdy
2005; Photographie; H. 120 B. 90
Leihgabe Anne-Marie von Sarosdy, Düsseldorf

**Ihr Lächeln lässt die Blumen blühen …
Oder: Maria, die schöne Magd vom Bergerhof. Photoarbeit Nr. 27**
Anne-Marie von Sarosdy
2005; Photographie; H. 120 B. 90
Leihgabe Anne-Marie von Sarosdy, Düsseldorf

Volksempfänger VE 301 dyn
Herst.: TKD
1936–1945; Bakelit, Glas, Stoffbespannung, Radiotechnik; H. 31,5 B. 27,2 T. 21
Museen der Stadt Nürnberg. Museum Industriekultur, Nürnberg; ohne Inv.Nr.

**Ost-Berliner Treppengespräche.
Wundes und Unumwundenes aus der Wendezeit (TB.Abb. 55)**
Jan Silberschuh
Berlin 1990
Germanisches Nationalmuseum, Nürnberg; Sign. 8° Om 199/31 [S]

**Jagdszenen auf Außenseiter.
›Jagdszenen aus Niederbayern‹**
Martin Sperr
München 1971
Germanisches Nationalmuseum, Nürnberg; ohne Sign.

Monopoly-Spiel
Herst.: Spiele-Schmidt
um 1960–65 ; Karton, Holz, Papier;
H. 4 B. 25,5 L. 25,5
Leihgabe aus Privatbesitz

Briefwechsel eines bayerischen Landtagsabgeordneten
Ludwig Thoma
München o. J.
Germanisches Nationalmuseum, Nürnberg; Sign. L 2000 de

Schweigendes Grauen. Photoserie aus den Konzentrationslagern in Polen (Kat.Abb. 104, TB.Abb. 57)
Majdanek: Krematorium und Exekutionsgräben
Rogoznica (Groß-Rosen): Transportabler Kremationsofen und die Todeswand unterhalb der »Deutschen Eiche«
Rogoznica (Groß-Rosen): Appellplatz in der Dämmerung. Im Hintergrund die Lagerglocke
Oswiecim (Auschwitz I): Hof von Block 11, Folterpfähle, Verschlag an den Fenstern von Block 10
Oswiecim-Brzezinka (Auschwitz II – Birkenau): Gleise, Rampe und Hauptwache
Majdanek: Magazin für Zyklon B
Oswiecim-Brzezinka (Auschwitz II – Birkenau): Treppe in die Gaskammer von Krematorium III
Axel Thünker
1992/1994; Photographien;
je H. 40 B. 60
Privatbesitz des Künstlers, Bad Münstereifel

Deutschland, Deutschland über alles
Kurt Tucholsky
Berlin 1929
Germanisches Nationalmuseum, Nürnberg; Sign. 8° Gs 192/1 [S]

Hundertjahrfeier der Befreiungskriege. Plakat
Entw.: Ty
1913; Lithographie; H. 84 B. 60
Die »Nürnberger Plakatsammlung« der GfK und NAA im Germanischen Nationalmuseum, Nürnberg; Inv.Nr. NAA 06349

Shaved Fish – Lennon Plastic Ono Band (DDR-Version)
Herst.: VEB Deutsche Schallplatten
Berlin
um 1983; Vinyl, Karton; H. 31,2 B. 31,2
Leihgabe aus Privatbesitz

Der kleine Großblock-Baumeister Typ 1
Herst.: VEB Gothaer Kunststoffverarbeitung
1964/1967; Karton, Papier, Kunststoff;
H. 21,5 B. 26,5 T. 2,5
Germanisches Nationalmuseum, Nürnberg; ohne Inv.Nr.

PKW-Bestellbestätigung (Trabant)
Herst.: VEB IFA-Betrieb
1988; Offsetdruck, Tinte; H. 14,1 B. 10,2
Leihgabe aus Privatbesitz

Herr Fuchs. Spielfigur
Herst.: VEB Plüti
1980/1989; Kunststoff;
H. 14,5 B. 5,7 T. 8
Haus der Geschichte der Bundesrepublik Deutschland, Bonn;
Inv.Nr. 1992/07/072

Frau Elster. Spielfigur
Herst.: VEB Plüti
1980/1989; Kunststoff;
H. 14 B. 15,7 T. 4,9
Haus der Geschichte der Bundesrepublik Deutschland, Bonn;
Inv.Nr. 1992/07/071

Stadtplan Berlin, Hauptstadt der DDR (Kat.Abb. 101)
Herst.: VEB Tourist Verlag
um 1982/1983; H. 25 B. 14 T. 1
Leihgabe aus Privatbesitz

Germania (Kat.Abb. 96)
Philipp Veit
1848; Öl auf Leinwand; H. 482 B. 320
Germanisches Nationalmuseum, Nürnberg; Inv.Nr. Gm 608

Sybille-Schnitt S 249
Verl.: Verlag für die Frau
1980/1990; Papier; H. 21 B. 14
Leihgabe aus Privatbesitz

Hinweise der Volkspolizei zur Meldepflicht
Hrsg.: Volkspolizei der Deutschen Demokratischen Republik
nicht datiert; Papier; H. 40 B. 29
Leihgabe aus Privatbesitz

Prospekt zum VW Käfer
Hrsg.: Volkswagenwerk AG Wolfsburg
1961/1970
Germanisches Nationalmuseum, Nürnberg; ohne Inv.Nr.

Wacht auf Verdummte dieser Erde. Mail-Art-Postkarte
Carla Weckeßer
1988; H. 10,5 B. 14,6
Zeitgeschichtliches Forum Leipzig der Stiftung Haus der Geschichte der Bundesrepublik Deutschland, Leipzig; Inv.Nr. H 1996/02/0119

Dein Päckchen nach Drüben – sie warten darauf. Handzettel
Entw.: Westerdorf
1950/1960; H. 21 B. 15
Haus der Geschichte der Bundesrepublik Deutschland, Bonn; Inv.Nr. 2001/01/0218

Die Deutsche Reichsbremse, No. 6
Druck: Alexander Wiede
Leipzig 1849; Typendruck, Holzstich; H. 28,5 B. 20,5
Germanisches Nationalmuseum, Nürnberg; Inv.Nr. HB 10559, Kapsel 1317

Kultur im Heim, 29. Jahrgang, Heft 5
Verl.: Die Wirtschaft Berlin
Heft 5, 1984
Leihgabe aus Privatbesitz

Der pflügende Bauer (Kat.Abb. 103)
Franz Wörnle
1936/1937; Lindenholz, geschnitzt, mit Wasserfarben bemalt; H. 39 B. 90 T. 16,5
Germanisches Nationalmuseum, Nürnberg; Inv.Nr. BA 3171

Auswahlbibliographie

Celia Applegate: *A Nation of Provincials. The German Idea of Heimat.* Berkeley 1990.

Steven E. Aschheim: *Nietzsche und die Deutschen. Karriere eines Kults.* Stuttgart 1996.

Oswald Astfäller (Hrsg.): *Deutsche National-Helden.* München 1994.

Klaus J. Bade (Hrsg.): *Deutsche im Ausland – Fremde in Deutschland: Migration in Geschichte und Gegenwart,* 3. Aufl. München 1993.

Evemarie Badstübner (Hrsg.): *Befremdlich anders. Leben in der DDR.* Berlin 2000.

Egon Bahr: *Der deutsche Weg. Selbstverständlich und normal.* München 2003.

Detlef Bald: Die Bundeswehr. *Eine kritische Geschichte 1955–2005.* München 2005.

Arnd Bauernkämper: *Die Sozialgeschichte der DDR.* München 2005.

Bodo-Michael Baumunk und Gerhard Brunn: *Hauptstadt – Zentren, Residenzen, Metropolen in der deutschen Geschichte.* Köln 1989.

Hermann Bausinger: *Typisch deutsch. Wie deutsch sind die Deutschen?* München 2000.

Hermann Bausinger, Klaus Beyer und Gottfried Korff (Hrsg.): *Reisekultur. Von der Pilgerfahrt zum modernen Tourismus.* München 1991.

Ulrich Beck: *Was ist Globalisierung?* Frankfurt a. M. 1997.

Hans Belting: *Die Deutschen und ihre Kunst. Ein schwieriges Erbe.* München 1992.

Etta Bengen: *Die große Welt der Gartenzwerge: Mythen, Herkunft, Traditionen. Ein historischer Rückblick.* Suderburg 2001.

Volker R. Berghahn, Stefan Unger und Dieter Ziegler (Hrsg.): *Die deutsche Wirtschaftselite im 20. Jahrhundert. Kontinuität und Mentalität.* Essen 2003.

Elizabeth Boa und Rachel Palfreyman: *Heimat. A German Dream. Regional Loyalties and National Identity in German Culture 1890–1990.* Oxford 2000.

Frank Böckelmann: *Deutsche Einfalt. Betrachtungen über ein unbekanntes Land.* München 1999.

Karl Heinz Bohrer: *Provinzialismus.* München 2000.

Dieter Borchmeyer und Helmuth Kiesel (Hrsg.): *Das Judentum im Spiegel seiner kulturellen Umwelten. Symposium zu Ehren von Saul Friedländer.* Neckargemünd 2004.

Louis Bosshart und Wolfgang Hoffmann-Riem (Hrsg.): *Medienlust und Mediennutz. Unterhaltung als öffentliche Kommunikation.* München 1994.

Wolfgang Brückner: *»Arbeit macht frei«. Herkunft und Hintergrund der KZ-Devise.* Opladen 1998.

Maxim Micha Brumlik: *Wer Sturm sät. Die Vertreibung der Deutschen.* Berlin 2005.

Bundesverband deutscher Banken (Hrsg.): *Aufbau Ost: Was bringt die neuen Länder voran?* Berlin 2002.

René Burri: *Die Deutschen. Photographien 1957–1997.* München 1999.

Constanze Carcenac-Lecomte (Hrsg.): *Steinbruch. Deutsche Erinnerungsorte. Annäherung an eine deutsche Gedächtnisgeschichte.* Frankfurt a. M. 2000.

Gertrude Cepl-Kaufmann und Antje Johanning: *Mythos Rhein. Zur Kulturgeschichte eines Stromes.* Darmstadt 2003.

Daniel Cohn-Bendit und Thomas Schmid: *Heimat Babylon. Das Wagnis der multikulturellen Demokratie.* Hamburg 1992.

Alan Confino: *A Nation as a Local Metaphor. Württemberg, Imperial Germany and National Memory, 1871–1918.* Chapel Hill – London 1997.

Gordon Craig: *Über die Deutschen,* 5. Aufl. München 1985.

Das XX. Jahrhundert – ein Jahrhundert Kunst in Deutschland. Berlin 1999.

Christoph Daxelmüller (Hrsg.): *Weihnachten in Deutschland – Spiegel eines Festes.* München – Zürich 1992.

Deutsche sehen Deutsche. Hrsg. vom Haus der Geschichte der Bundesrepublik Deutschland. Brauweiler 1995.

Deutschlandbilder: Das vereinigte Deutschland in der Karikatur des Auslands. Hrsg. vom Haus der Geschichte der Bundesrepublik Deutschland. München 1994.

Friedrich Dieckmann: *Was ist deutsch? Eine Nationalerkundung.* Frankfurt a. M. 2003.

Eckart Dietzfelbinger und Gerhard Liedtke: *Nürnberg – Ort der Massen. Das Reichsparteitagsgelände. Vorgeschichte und schwieriges Erbe.* Berlin 2004.

Peter Dinzelbacher (Hrsg.): *Europäische Mentalitätsgeschichte.* Stuttgart 1993.

Dieter Düding u. a. (Hrsg.): *Öffentliche Festkultur. Politische Feste in Deutschland vor der Aufklärung bis zum Ersten Weltkrieg.* Reinbek bei Hamburg 1988.

Béatrice Durand: *Die Legende vom typisch Deutschen. Eine Kultur im Spiegel der Franzosen.* Leipzig 2004.

Joachim Eibach und Marcus Sandl (Hrsg.): *Protestantische Identität und Erinnerung. Von der Reformation bis zur Bürgerrechtsbewegung in der DDR.* Göttingen 2003.

Barbara Eichner: *»Was ist deutsch?« Musical Solutions To Problems of National Identity.* Oxford 2005 (mschr.).

Norbert Elias: *Studien über die Deutschen. Machtkämpfe und Habitusentwicklung im 19. und 20. Jahrhundert.* Frankfurt a. M. 1990.

Endlich Urlaub! Die Deutschen reisen. Hrsg. vom Haus der Geschichte der Bundesrepublik Deutschland. Köln 1996.

Theodor Eschenburg, Joachim C. Fest und Karl Dietrich Bracher (Hrsg.): *Geschichte der Bundesrepublik,* 5. Bde. Stuttgart 1995.

ULLRICH FICHTNER: *Tellergericht – Die Deutschen und das Essen.* München 2004.

MONIKA FLACKE (Hrsg.): *Mythen der Nationen. Ein europäisches Panorama.* München – Berlin 1988.

MONIKA FLACKE (Hrsg.): *Mythen der Nationen. 1945 – Arena der Erinnerungen, 2 Bde.* Mainz 2004.

ETIENNE FRANÇOIS und HAGEN SCHULZE (Hrsg.): *Deutsche Erinnerungsorte, 3 Bde.* München 2001.

NORBERT FREI: *1945 und wir. Das Dritte Reich im Bewusstsein der Deutschen.* München 2005.

Freiheit, Gleichheit, Brüderlichkeit. 200 Jahre Französische Revolution in Deutschland. Hrsg. von Gerhard Bott, Germanisches Nationalmuseum, Nürnberg 1989.

SUSANNE FREMBS: *Nibelungenlied und Nationalgedanke nach 1900. Über den Umgang der Deutschen mit ihrem »Nationalepos«.* Stuttgart 2001.

KARL-HEINZ FÜSSEL: *Deutsch-amerikanischer Kulturaustausch im 20. Jahrhundert.* Frankfurt a. M. 2004.

LOTHAR GALL: *Die Germania als Symbol nationaler Identität im 19. und 20. Jahrhundert.* Göttingen 1993.

GERHARD GAMM: *Der deutsche Idealismus. Eine Einführung in die Philosophie von Fichte, Hegel und Schelling.* Stuttgart 1997.

TIMOTHY GARTON ASH: *Im Namen Europas. Deutschland und der geteilte Kontinent.* München 1993.

VOLKER GEBHARDT: *Das Deutsche in der deutschen Kunst. Ein Gang durch die Geschichte der deutschen Kunst mit unverstelltem Blick.* Köln 2004.

HANS-DIETER GELFERT: *Was ist Kitsch?* Göttingen 2000.

BERNHARD GIESEN und CHRISTOPH SCHNEIDER (Hrsg.): *Tätertrauma. Nationale Erinnerungen im öffentlichen Diskurs.* Konstanz 2004.

HERMAN GLASER: *Deutsche Kultur. Ein historischer Überblick von 1945 bis zur Gegenwart,* 2. Aufl. Bonn 2000

HERMANN GLASER: *Kleine deutsche Kulturgeschichte. Eine west-östliche Erzählung vom Kriegsende bis heute.* Frankfurt a. M. 2004.

HERMANN GLASER: *Kulturgeschichte der Bundesrepublik Deutschland, 3 Bde.* München 1989.

Good bye Bayern, Grüss Gott America. Auswanderung aus Bayern nach Amerika seit 1683. Hrsg. von Margot Hamm. Augsburg 2004.

MAXIM GORSKI: *Gebrauchsanweisung für Deutschland.* München 1996.

MARTIN und SYLVIA GREIFFENHAGEN: *Ein schwieriges Vaterland. Zur politischen Kultur im vereinigten Deutschland.* München 1993.

ALBRECHT GREULE (Hrsg.): *Entstehung des Deutschen. Festschrift für Heinrich Tiefenbach.* Heidelberg 2004.

JOHANNES GROSS: *Über die Deutschen.* Zürich 1992.

SABINE HAKE: *Film in Deutschland. Geschichte und Geschichten seit 1895.* Reinbek bei Hamburg 2004.

THOMAS HAUSCHILD: *Inspecting Germany. Internationale Deutschland-Ethnographie der Gegenwart.* Münster 2002.

BERND HEIDENREICH und EWALD GROTHE (Hrsg.): *Kultur und Politik – Die Grimms.* Frankfurt a. M. 2004.

FRIEDRICH HECKMANN: *Ethnische Minderheiten, Volk und Nation. Soziologie interethnischer Beziehungen.* Stuttgart 1992.

JOST HERMAND: *Avantgarde und Regression. 200 Jahre deutsche Kunst.* Leipzig 1995.

WERNER HOFMANN: *Wie deutsch ist die deutsche Kunst?* Leipzig 1999.

PETER IHRING und FRIEDRICH WOLFZETTEL (Hrsg.): *Deutschland und Italien. 300 Jahre kultureller Beziehungen.* Berlin 2004.

Im Lichte des Halbmonds. Das Abendland und der türkische Orient. Hrsg. von den Staatlichen Kunstsammlungen Dresden und der Kunst- und Ausstellungshalle der Bundesrepublik Deutschland. Dresden 1995.

JOANNA JABLKOWSKA: *Zwischen Heimat und Nation – das deutsche Paradigma? Zu Martin Walser.* Tübingen 1995.

WOLFGANG JACOBSEN: *Geschichte des deutschen Films,* 2. Aufl. Stuttgart 2004.

HAROLD JAMES: *Deutsche Identität 1770–1990.* Frankfurt a. M. 1991.

WOLFGANG KASCHUBA (Hrsg.): *Kulturen – Identitäten – Diskurse. Perspektiven Europäischer Ethnologie.* Berlin 1995.

MICHAEL KLÖCKER und UDO TWORUSCHKA: *Religion in Deutschland. Kirche, Glaubensgemeinschaften, Sekten.* München 1994.

BIANCA KNOCHE und ALFRED HENRICKS (Hrsg.): *Auf den Hund gekommen? Natur- und Kulturgeschichte des Hundes.* Münster 2001.

HERLINDE KOELBL und MANFRED SACK: *Das deutsche Wohnzimmer.* München – Luzern 1980.

GUDRUN KÖNIG: *Eine Kulturgeschichte des Spaziergangs. Spuren einer bürgerlichen Praktik 1780–1850.* Wien u. a. 1996.

GOTTFRIED KORFF: *Spione, Hütchenspiele und Bananen. Alltags-Symbole und -Metaphern im Prozeß der kulturellen Integration von Ost- und Westdeutschland.* In: Zeitschrift für Volkskunde, Jg. 91, 1995, S. 248–264.

KARL-RUDOLF KORTE und WERNER WEIDENFELD (Hrsg.): *Deutschland-Trendbuch. Fakten und Orientierungen.* Bonn 2001.

RUDY KOSHAR: *German Travel Cultures.* Oxford 2002.

Krauts – Fritz – Piefkes …? Deutschland von außen. Hrsg. vom Haus der Geschichte der Bundesrepublik Deutschland. Bonn 1999.

JÖRG KRICHBAUM (Hrsg.): *Deutsche Standards. Marken des Jahrhunderts.* Köln 1997.

CHRISTIAN GRAF VON KROCKOW: *Die Deutschen in ihrem Jahrhundert 1890–1990.* Reinbek bei Hamburg 1990.

CHRISTIAN GRAF VON KROCKOW: *Heimat. Erfahrungen mit einem deutschen Thema.* Stuttgart 1989.

CHRISTIAN GRAF VON KROCKOW: *Über die Deutschen.* München 1999.

MICHAEL KRÜGER: *Leibeserziehung im 19. Jahrhundert. Turnen fürs Vaterland.* Schorndorf 1993.

Kunst in der DDR. Eine Retrospektive der Nationalgalerie, hrsg. von Eugen Blume. Berlin 2003.

SIMONE LÄSSIG: *Jüdische Wege ins Bürgertum. Kulturelles Kapital und sozialer Aufstieg im 19. Jahrhundert.* Göttingen 2004.

ALBRECHT LEHMANN: *Von Menschen und Bäumen. Die Deutschen und ihr Wald.* Reinbek bei Hamburg 1999.

ALBRECHT LEHMANN und KLAUS SCHRIEWER (Hrsg.): *Der Wald ein deutscher Mythos? Perspektiven eines Kulturthemas.* Berlin 2000.

INES LEHMANN: *Die deutsche Vereinigung von außen gesehen. Angst, Bedenken und Erwartungen, 4 Bde.* Frankfurt a. M. 1996–2004.

LEIBNIZ-INSTITUT FÜR LÄNDERKUNDE (Hrsg.): *Nationalatlas Bundesrepublik Deutschland – Unser Land in Karten, Texten und Bildern, 6 Bde.* Heidelberg 2002.

MICHAEL LEY: *Kleine Geschichte des Antisemitismus.* München 2003.

BERND LINDNER: *Die demokratische Revolution in der DDR 1989/90.* Bonn 2001.

JÜRGEN LINK und WULF WÜLFING (Hrsg.): *Nationale Mythen und Symbole in der zweiten Hälfte des 19. Jahrhunderts.* Stuttgart 1991.

CHRISTOPH LINKS, SYBILLE NITSCHE und ANTJE TAFFELT: *Das wunderbare Jahr der Anarchie. Von der Kraft des zivilen Ungehorsams 1989/90.* Berlin 2004.

HUBERT LOCHER: *Deutsche Malerei im 19. Jahrhundert.* Darmstadt 2005.

HERMANN LÜBBE: *Die Aufdringlichkeit der Geschichte. Herausforderungen der Moderne vom Historismus bis zum Nationalsozialismus.* Graz u. a. 1989.

HARTMUT LÜDTKE: *Expressive Ungleichheit: zur Soziologie der Lebensstile.* Opladen 1989.

GEORG MEISTER und MONIKA OFFENBERGER: *Die Zeit des Waldes. Bilderreise durch die Geschichte und Zukunft unserer Wälder.* Frankfurt a. M. 2004.

ROBERT MINDER: *Die Entdeckung deutscher Mentalität.* Leipzig 1992.

FRANK MÖLLER (Hrsg.): *Charismatische Führer der deutschen Nation.* München 2004.

PAUL MOG und HANS-JOACHIM ALTHAUS (Hrsg.): *Die Deutschen in ihrer Welt. Tübinger Modell einer integrativen Landeskunde.* Berlin u. a. 1992.

REINHARD MOHR: *Das Deutschlandgefühl. Eine Heimatkunde.* Reinbek bei Hamburg 2005.

UTE MOHRMANN: *Festhalten am Brauch. Jugendweihe vor und nach der »Wende«.* In: Wolfgang Kaschuba u. a. (Hrsg.): Alltagskultur im Umbruch. Weimar u. a. 1996, S. 197–213.

LACHLAND MOYLE: *Deutschland und seine Nachbarn. Briten, Franzosen, Niederländer und Polen blicken auf Deutschland.* Hrsg. von der Niedersächsischen Landeszentrale für Politische Bildung. Hannover 2000.

RALF MÜLLER: *Sonntags Schuhplattln, Freitags in die Moschee. Der Münchner Hans Lehrer wirbt als »Bayer, Trachtler und Moslem« für Verständigung.* In: Nürnberger Zeitung, 13. 05. 2004.

THOMAS NIPPERDEY: *Nachdenken über die deutsche Geschichte,* 2. Aufl. München 1991.

ANSGAR und VERA NÜNNING (Hrsg.): *Der Deutsche an sich. Einem Phantom auf der Spur.* München 1994.

BERNARD NUSS: *Das Faust-Syndrom. Ein Versuch über die Mentalität der Deutschen.* Bonn 1992.

BEN MÖBIUS: *Die liberale Nation. Deutschland zwischen nationaler Identität und multikultureller Gesellschaft.* Opladen 2003.

KRISTA O'DONNELL, RENATE BRIDENTHAL und NANCY REAGIN (Hrsg.): *The Heimat Abroad. The Boundaries of Germaness.* Chicago 2005.

URSULA PETERS: *Moderne Zeiten. Die Sammlung zum 20. Jahrhundert. Kulturgeschichtliche Spaziergänge im Germanischen Nationalmuseum, Bd. 3.* Hrsg. vom Germanischen Nationalmuseum, Nürnberg 2000.

NORA RÄTHZEL: *Gegenbilder. Nationale Identität durch Konstruktion des Anderen.* Opladen 1997.

PETER REICHEL: *Schwarz, Rot, Gold. Kleine Geschichte Deutscher Nationalsymbole nach 1945.* München 2005.

FRANZISKA ROLLER: *Abba, Barbie, Cordsamthosen. Ein Wegweiser zum prima Geschmack.* Leipzig 1997.

ANTONELLA ROMEO: *La deutsche Vita.* Hamburg 2004.

DIRK SCHINDELBECK: *Marken, Moden und Kampagnen. Illustrierte deutsche Konsumgeschichte.* Darmstadt 2003.

BRIGITTA SCHMIDT-LAUBER: *Gemütlichkeit. Eine kulturwissenschaftliche Annäherung.* Frankfurt a. M. 2003.

GERHARDT SCHMIDTCHEN: *Protestanten und Katholiken. Soziologische Analyse konfessioneller Kultur.* Bern 1979.

GREGOR SCHÖLLGEN: *Der Auftritt. Deutschlands Rückkehr auf die Weltbühne.* Berlin 2003.

SYLVIA SCHROLL-MACHL: *Die Deutschen – Wir Deutsche. Fremdwahrnehmung und Selbstsicht im Berufsleben.* Göttingen 2003.

SYLVIA SCHROLL-MACHL: *Doing Business with Germans. Their Perception, our Perception.* Göttingen 2005.

ANDREAS SCHULZ: *Lebenswelt und Kultur des Bürgertums im 19. und 20. Jahrhundert.* München 2005.

GERHARD SCHULZE: *Die Erlebnis-Gesellschaft. Kultursoziologie der Gegenwart,* 5. Aufl. Frankfurt a. M. 1995.

HEIMO SCHWILK und ULRICH SCHACHT (Hrsg.): *Die selbstbewusste Nation. Anschwellender Bocksgesang und weitere Beiträge zu einer deutschen Debatte.* Frankfurt a. M. 1994.

JOSEF SIMON: *Kant. Die fremde Vernunft und die Sprache der Philosophie.* Berlin – New York 2003.

BARRY SMART (Hrsg.): *Resisting McDonaldization.* London 1999.

THEO SOMMER (Hrsg.): *Leben in Deutschland. Anatomie einer Nation.* Köln 2004.

KURT SONTHEIMER: *So war Deutschland nie. Anmerkungen zur politischen Kultur der Bundesrepublik.* München 1999.

RUDOLF SPETH: *Nation und Revolution. Politische Mythen im 19. Jahrhundert.* Opladen 2000.

CORA STEPHEN: *Der Betroffenheitskult. Eine politische Sittengeschichte.* Hamburg 1993.

KLAUS STIERSDORFER (Hrsg.): *Deutschlandbilder im Spiegel anderer Nationen. Literatur, Presse, Film, Funk, Fernsehen.* Reinbek bei Hamburg 2003.

ROLF STOLZ: *Deutschland, deine Zuwanderer. Fakten, Analysen.* München 2002.

ROBERT SUCKALE: *Kunst in Deutschland. Von Karl dem Großen bis Heute.* Köln 1998.

TOMASZ SZAROTA: *Der deutsche Michel. Die Geschichte eines nationalen Symbols und Autostereotyps.* Osnabrück 1998

JOHANNES THIELE (Hrsg.): *Das Buch der Deutschen. Alles, was man kennen muß.* Bergisch Gladbach 2004.

GÜNTER TRAUTMANN (Hrsg.): *Die hässlichen Deutschen? Deutschland im Spiegel der westlichen und östlichen Nachbarn.* Darmstadt 1991.

Unterm Strich. Karikaturen und politische Zeichnungen der DDR. Red. Anne Martin. Leipzig 2005.

CHRISTOPH VITALI (Hrsg.): *Ernste Spiele. Der Geist der Romantik in der deutschen Kunst 1790–1990.* München 1995.

Von teutscher Not zu höfischer Pracht 1648–1701. Hrsg. von Ulrich G. Großmann, Germanisches Nationalmuseum. Nürnberg 1998.

KLAUS WAGENBACH (Hrsg.): *Deutsche Orte.* Berlin 1991

WOLF WAGNER: *Kulturschock Deutschland.* Hamburg 1996.

ROGER WILLEMSEN: *»Die Deutschen sind immer die anderen«.* Berlin 2001.

HEINRICH AUGUST WINKLER: *Der lange Weg nach Westen, 2 Bde.,* 4. Aufl. München 2001.

WOLFGANG WIPPERMANN und DETLEF BERENTZEN: *Die Deutschen und ihre Hunde. Ein Sonderweg der Mentalitätsgeschichte?* München 1999.

EDGAR WOLFRUM (Hrsg.): *Die Deutschen im 20. Jahrhundert.* Darmstadt 2004.

EDGAR WOLFRUM: *Geschichtspolitik in der Bundesrepublik Deutschland. Der Weg zur bundesrepublikanischen Erinnerung 1948–1990.* Darmstadt 1999.

STEFAN WOLLE: *DDR.* Frankfurt a. M. 2004.

STEFAN WOLLE: *Die harte Welt der Diktatur. Alltag und Herrschaft in der DDR 1971–1989.* Berlin 1999.

MARTIN WREDE: *Das Reich und seine Feinde. Politische Feindbilder in der reichspatriotischen Publizistik zwischen Westfälischem Frieden und Siebenjährigem Krieg.* Mainz 2004.

WULF WÜLFING u. a.: *Historische Mythologie der Deutschen 1798–1918.* München 1990.

DARIUŠ ZIFONUM: *Gedenken und Identität. Der deutsche Erinnerungsdiskurs.* Frankfurt a. M. 2004.

ANNETTE ZIMMER (Hrsg.): *Vereine heute – zwischen Tradition und Innovation. Ein Beitrag zur Dritten-Sektor-Forschung.* Basel u. a. 1992.

Bildnachweis

Abendroth, Laas (Mülheim a.d. Ruhr): Abb. 106 ▣ Achenbach, Valeska und Pacini, Isabela (Hamburg): Abb. 42 ▣ Becker, Hans-Joachim (Deutsches Museum): Abb. 117 ▣ Blauel, Joachim/ Gnamm (ARTOTHEK): Abb. 26 ▣ Blauel, Joachim (ARTOTHEK): Abb. 22 ▣ Dettmar, Uwe: Abb. 13 ▣ Deutscher Brauer-Bund e.V. (Berlin): Abb. 114 ▣ Deutsches Porzellanmuseum (Hohenberg): Abb. 47 ▣ Haus der Geschichte der Bundesrepublik Deutschland (Bonn): Abb. 57, 60, 90, 105 ▣ HERMANN-Spielwaren GmbH (Firmenarchiv, Coburg): Abb. 55 ▣ Klassik Stiftung Weimar: Abb. 91 ▣ Kuhnert, Bernd (Berlin): Abb. 29 ▣ Little German Band and Dancers, Inc. (Raleigh, USA): Abb. 41

▣ May, Thomas (Nürnberg): Abb. 46 ▣ Mercedes-Benz Classic (Stuttgart): Abb. 15 ▣ Münchner Stadtmuseum: Abb. 80 ▣ Musolf, Jürgen (GNM, Nürnberg): Abb. 1, 2, 4, 5, 6, 7, 8, 9, 10, 11, 12, 14, 16, 18, 19, 20, 21, 23, 24, 27, 28, 30, 31, 32, 33, 34, 35, 36, 37, 38, 39, 40, 43, 44, 45, 48, 49, 50, 51, 53, 54, 56, 58, 59, 61, 62, 63, 64, 65, 66, 67, 68, 69, 70, 71, 72, 73, 74, 75, 79, 83, 84, 85, 86, 87, 88, 89, 92, 93, 95, 96, 97, 98, 99, 100, 101, 102, 103, 108, 110, 111, 112, 113, 115, 116, 118, 119, 120, 121, 122 ▣ Neues Museum für Kunst und Design in Nürnberg: Abb. 76 ▣ Pommersches Landesmuseum (Greifswald): Abb. 25 ▣ Schink, Hans-Christian (Leipzig): Abb. 81 ▣ Schroll-Machl, Sylvia (Deggendorf): Abb. 109 ▣ Spaten-Brauerei, Historisches Archiv (München): Abb. 17, 107 ▣ Stiftung Preußische Schlösser und Gärten Berlin Brandenburg/ Lindner, Daniel: Abb. 82 ▣ Stöss, Adriana (Nürnberg): Abb. 94 ▣ Thünker, Axel – DGPh: Abb. 104 ▣ ullstein bild (Berlin): Abb. 52

Copyright:

© VG Bild-Kunst (Bonn): Abb. 29, 65, 76, 77, 78, 79, 110
© Elisabeth Nay-Scheibler (Köln): Abb. 27
© Elfa Blumenthal (Berlin): Abb. 75

Leider ist es uns trotz aufwändiger Bemühungen nicht immer gelungen, sämtliche Urheberrechte eindeutig auszuweisen. Bitte wenden Sie sich an das Germanische Nationalmuseum, wenn Sie Ihre Rechte an der Abbildung verletzt glauben.

Wir danken

Die Ausstellung wurde gefördert vom Kulturfonds Bayern und dem Bayerischen Staatsministerium für Unterricht und Kultus

Die Ausstellung steht unter der Schirmherrschaft des Bundespräsidenten der Bundesrepublik Deutschland Horst Köhler

Hauptsponsoren

Co-Sponsoren

Partner